CORPUS
SCRIPTORUM ECCLESIASTICORUM
LATINORUM

EDITUM CONSILIO ET IMPENSIS

ACADEMIAE LITTERARUM CAESAREAE

VINDOBONENSIS

VOL. I.

SULPICII SEVERI OPERA EX REC. C. HALMII

VINDOBONAE

APUD C. GEROLDI FILIUM BIBLIOPOLAM ACADEMIAE

MDCCCLXVI.

Verlag der
Österreichischen Akademie
der Wissenschaften

ÖAW

SULPICII SEVERI

LIBRI QUI SUPERSUNT

RECENSUIT

ET COMMENTARIO CRITICO INSTRUXIT

CAROLUS HALM

VINDOBONAE

APUD C. GEROLDI FILIUM BIBLIOPOLAM ACADEMIAE

MDCCCLXVI.

TYPIS CAROLI GEROLD FILII.

Praefatio.

Chronicorum libri, quos Sulpicius Seuerus composuit, primum editi sunt a Flacio Illyrico sub hoc titulo: 'Sulpitii Seueri | sacrae historiae | a Mundi exordio ad sua usque | tempora deductae libri | II. nunc primum in | lucem editi. Basileae, per Joannem Oporinum (a. 1556)', eruti, ut ipse in 'epistola nuncupatoria' scribit 'ex quadam celeberrimae Saxonum ciuitatis Hildesiae bibliotheca'. ex iis, qui postea libellum ediderunt, cum alii tum Victor Giselinus (1574 Antuerpiae), Carolus Sigonius (1581 Bononiae), Jo. Drusius (1607 Arnhemi) optime de uerbis scriptoris non admodum deprauati emendandis meruerunt, sed nulli curae fuit aut contigit ut codicem manu scriptum, unde liber depromptus erat, iterum inueniret. felicius res cessit Hieronymo de Prato, qui cum amplissimam bibliothecam Vaticanam perquirendam curasset, certior factus est in ea exstare codicem qui Sulpicii librum diu desideratum contineret. atque accepit lectiones ab homine in libris manu scriptis legendis parum uersato exscriptas, quarum ope haud paucos locos corruptos emendauit: poterat etiam plures sanare, nisi uulgatae quam uocant, quamquam in hoc libro, ut ipsius uerbis utar, 'ab homine ecclesiae Romanae maxime infenso' profecta erat, nimium addictus fuisset. iam Hieronymus de Prato ad eam sententiam inclinauerat, ut codicem Romanum eum ipsum esse, quem Flacius usurpauerat, existimaret, nec tamen coniecturam suam Jacobo Bernaysio probauit, qui in egregia commentatione, quam de Chronicis Seueri Berolini a. 1861 edidit, p. 72 negauit fieri potuisse ut Flacius Illyricus, si codice Romano uteretur, tot tantosque errores committeret. nobis noua codicis collatione, quam Carolus Zangemeister curauit, res, de qua antequam codicis scripturae accurate cognitae essent dubitare posses, confecta uidetur: certis enim argumentis in commentatione academica, quam anno superiore edidi (u. *Sitzungsberichte der k. bayer. Academie der Wiss.* 1865. II, 2, p. 37 sqq.), mihi demonstrasse uideor editionem principem non ex alio codice quam ex Vaticano fluxisse. de hac re ut cuiuis suo iudicio uti liceret, in commentarium criticum lectiones quoque editionis principis, quamquam omni eam auctoritate carere iam apparet, recipiendas putauimus, sed ita ut inde a libro secundo nonnulla minora eius uitia praetermitteremus. ne quis autem miretur quod codex, qui quondam in bibliotheca ciuitatis Hildesiensis fuerat, hodie in Vaticana inueniatur; nam liber ex eo numero est, quos a. 1623 ex bibliotheca Palatina Romam auectos et ex litterarum luce ablatos esse nos Germani hodie quoque summo nostro iure deploramus. similis est causa libelli Firmici Materni de errore profanarum religionum, quem cum idem Flacius Illyricus in bibliotheca Mindensi inuenisset, postea in Palatinam atque inde in Vaticanam migrauit. ceterum ego in Seueri chronicis recensendis duobus libris rarioribus usus sum, quos nemo priorum editorum adhibuerat, specimine obseruationum criticarum, quod Gotefridus Richterus Jenae a. 1713 edidit, et Cornelii Valerii Vonck lectionum latinarum libris duobus Traiecti Viltorum a. 1745 impressis. in utroque horum librorum complures locos recte emendatos inuenimus.

Praeter chronicorum libros non alii Sulpicii Seueri ad aetatem nostram peruenisse uidentur nisi quos de uita S. Martini episcopi composuit. hoc corpus tribus libris compositum fuisse uidetur, quorum primus est qui proprie de uita S. Martini inscriptus est. hunc secutae sunt tres epistulae tam exiguo ambitu comprehensae, ut hunc proprium libellum fuisse aegre credas: immo ita compositae sunt, ut aut appendix uitae aut prooemium dialogorum esse uideantur. his accessit dialogorum liber, qui in exemplis uulgatis tres numerantur; sed eum non constitisse nisi duobus dialogis, cum ex codd. mss. melioribus, in quibus inter dialogum primum et secundum editionum uulgatarum nullum spatium intercedit, apparet, tum ab Hieronymo de Prato in quinta dissertatione (Vol. I p. 266 sqq.) luculenter demonstratum est. nos uerum quidem dialogorum numerum in inscriptione restituimus, sed ne numeris plane nouis introductis confusio oreretur, semel receptam capitum descriptionem et enumerationem in indicibus retinuimus.

Quod Seuerus ipse gloriatus est librum quem de uita Martini edidisset studiose legi (u. Epist. 1, 1) et per totum fere orbem terrarum penetrasse (Dial. I, 20, 3, cf. etiam Dial. III, 17, 4 sqq.), hoc hodie quoque ex parte testari possumus: nam uix ulla amplior bibliotheca exstat, in qua non exempla horum opusculorum inueniantur. sed quo frequentius lectitata et descripta sunt, eo procliuior erat eorum interpolatio, exstiteruntque duae codicum familiae, quarum scripturae admodum inter se discrepant. harum alteram Italicam, alteram Gallicam et Germanicam nominare possis. neutrius familiae lectiones adhuc accurate cognitae erant, bonasque complures inuenimus, quae etsi in utraque inueniuntur, nondum tamen in uerborum contextum receptae erant. prioris autem familiae, quae alteri bonitate longe praestat, agmen ducit liber ille uetustissimus, qui in bibliotheca capituli Veronensis adseruatur. is ipse quidem saeculo VII post Chr. n. exaratus est, sed, ut ex subscriptione apparet (fol. 114), apographum est libri a. 519 conscripti, u. Reifferscheidii Bibl. Patrum Italica I, p. 112. hunc librum primus usurpauit Hieronymus de Prato, sed non ea diligentia lectiones exscripsit, quae hodie in his rebus merito requiritur. codicem praestantissimum Augustus Reifferscheid in nostrum usum iterum contulit multasque optimas lectiones, quas in commentario Hieronymi de Prato frustra quaeras, ex eo protulit. ad eandem familiam pertinet codex Brixianus ab eodem de Prato excussus: qui etsi saeculo demum XIIII scriptus esse fertur, inter optimos tamen recensendus est. quamquam autem eius scripturae plerumque cum Veronensi conspirant, ex aliquot tamen locis eum non ex

Veronensi defluxisse certe apparet. ex altera familia, ad quam pars longe maior librorum manu scriptorum pertinere uidetur, satis habuimus tres libros adhibuisse, ne nimia lectionum discrepantium mole perspicuitas tolleretur. horum unus est codex Quedlinburgensis saeculo VIIII scriptus (v. Pertzii Arch. VIII, 660), cuius lectiones Tobias Eckhardus in libro sic inscripto publicauit: 'Codices mss. Quedlinburgenses. Quedlinburgi 1723. 4°' p. 57 sqq. sed multas lectiones ab Eckhardo praetermissas esse ex duobus libris eiusdem familiae, quos ipsi excussimus, certo conicere licet. horum alter est codex olim Frisingensis, nunc Monacensis (lat. n. 6326), saeculo decimo conscriptus, alter olim bibliothecae Augustanae ciuitatis, nunc item Monacensis (lat. n. 3711) saec. XI.

Vulgatae quam uocant lectionis ratio in his libris tam peculiaris est, ut non possit silentio praetermitti. cum enim Wolfgangus Lazius haec opuscula primus, ut sibi uidebatur, in lucem protraxisset et ad calcem Pseudo-Abdiae Babylonii ex codice multis uitiis inquinato Basileae a. 1551 edidisset, Giselinus, qui eum secutus est, ex nouem codicibus, quos ipse adhibuerat, multa quidem uitia emendauit, sed ab uniuerso editionis Lazianae fundamento non recessit. atque ita exstitit lectio uulgata, ex codice multis mendis repleto profecta neque constanter ex libris melioribus perpurgata. aliam haberemus uulgatam, si editoribus prioribus, id quod H. de Prato primus monuit, cognitum fuisset hos libellos iam in Bonini Mombritii Sanctuario siue Vitis Sanctorum editos fuisse ex optimo codice, qui ad familiam Veronensis pertinet, recensitos. nec haec tantum editio Lazianam antecessit, sed tres praeterea aliae, una quae Zwollis typis Petri Os de Breda circiter a. 1500*) impressa est, altera, quam Aldus in Sylloge poetarum Christianorum a. 1501 edidit**), tertia denique ab Jodoco Clichtouio Parisiis a. 1511 curata. ceterum ego in his libris recensendis hanc mihi legem posui, ut optimi Veronensis lectiones, nisi manifesto corruptae uiderentur, summa cum fide exprimerem: nam in libris, qui quo saepius lectitabantur, eo magis interpolati sunt, res anceps uidebatur inter diuersas codicum familias modo hanc modo illam sequi et lectionum optionem quasi arbitrariam facere. hos autem libros iam pridem interpolatos esse inde luculentissime apparet, quod in altera familia locus de Antichristo (Dial. II c. 14) deletus est, scilicet quia praesagium a Sulpicio factum falsum fuisse paulo post cognitum est: contra in altera desideratur uehemens in Brictionem inuectio (Dial. III, c. 15 sq.), quam ob Sancti reuerentiam in multis libris exstinctam esse

*) Alii eam anno 1490, alii a. 1495 adscribunt. Titulus libelli 36 foliis constantis hic est: In hoc opere continetur uita Martini | Turonensis archiepiscopi Cum tri | bus opusculis dyologorum per | scripta ab eloquẽtissimo | Oratore Seuero Sul | pitio eiusdem uiri | sanctissimi discipulo.

**) Jac. Carolus Brunet describit (Manuel du Libraire uol. V col. 322 ed. V.) editionem sic inscriptam: 'Sulpicius Seuerus de uita et obitu S. Martini episcopi Turonensis. Beati Nicolai myrensis uita etc.' quam Venetiis typis expressam esse suspicatur. haec coniectura utique uera est: nam editio ab eo descripta non alia est nisi ipsa Aldina siue pars sylloges poetarum Christianorum: quod idem in aliis quoque Aldinis factum inuenimus, ut a librariis aut ab exemplorum possessoribus in partes singulas dissecarentur. partis illius, quae solas uitas Martini et Nicolai continet, exemplum a reliquo corpore seiunctum in bibliotheca quoque Monacensi inuenimus.

probabile uidetur. Quod autem in rebus quas uocant orthographicis ueterem scribendi rationem, quae in codice Veronensi et plerumque etiam in Frisingensi constanter seruata est, ubique restituendam putaui, hoc multos fore qui uituperent prouideo: sed quaero ex istis, num nobis liceat in his rebus a ueterum exemplorum fide declinare et eam scribendi rationem, quae multis denique post saeculis in consuetudinem uenit, ex nostro arbitrio substituere. nam si hoc criticorum munus est librum ueterem non ad commenta recentiorum aut ad lectiones cuiuslibet exempli typis expressi, sed ad scripturas in antiquissimis libris manu scriptis expressas redigere, ne in rebus quidem minutioribus recte tradita abicere licebit.

Restat ut de appendice septem epistolarum quas Jo. Clericus primus opusculis Seueri prius notis in ed. Lipsiensi a. 1709 adiecit, pauca dicamus. harum duas priores Stephanus Baluzius in Miscellaneorum primo uolumine a. 1678 ex codice Cantabrigiensi edidit. prioris ex his duabus, quae nondum in alio codice inuenta esse uidetur, apographum mihi misit H. A. J. Munro, scientissimus Lucretii editor, cuius ope complura exempli Baluziani uitia mihi corrigere licuit. alia est causa secundae epistolae. haec iam in appendice Codicis Regularum, quem Lucas Holstenius edidit, Athanasii nomine inscripta Romae a. 1661 et iterum Parisiis a. 1663 uulgata erat, idque ex libris Cantabrigiensi longe melioribus. sed ne haec quidem editio prima epistolae fuerat, cum iam dudum inter Hieronymi epistolas edita esset, idque iam in uetustissimis exemplis, ut ipse testari possum tribus quae possidet bibliotheca Monacensis inspectis. in ed. Vallarsii legitur inter scripta Hieronymo supposita uol. XI p. 127 sqq. denique pars eiusdem epistolae inuenitur in actis concilii Aquisgranensis, quae recensio proxime ad optimos libros, quibus L. Holstenius usus est, accedit. nobis in epistola recensenda ad manus erant lectiones codicis Romani, unius ex iis quibus Holstenius usus est, ab Aug. Reifferscheidio exscriptae, codicis Cantabrigiensis, quas et ipsas insigni Angli Munro beneuolentiae debeo, codicis denique Vindobonensis Theolog. num. 664 (u. Codd. mss. theol. ed. Denis I, 1, p. 891 et Tabulae codd. Vindob. I, p. 143), quas Kuerschnerus sodalis seminarii philologici Vindobonensis in meum usum exscripsit. horum subsidiorum ope aliquot saltem locis optimam Holstenii recensionem emendare potuimus.

Reliquas quinque epistolas Lucas D'Achery primum in Spicilegio V, p. 532 sqq. ex codice Romano in lucem protulit, quem ipsum Augustus Reifferscheid in bibliotheca Vaticana inter libros Palatinos n. 829 iterum inuenit et qua est in me officiositate lectiones discrepantes mecum communicauit. ex eodem codice descriptae praeterea exstant in cod. Palatino n. 828.

Cum mihi quidem manifestum uideatur nullam harum septem epistolarum, quippe quarum sermo a stilo genuinorum Sulpicii librorum prorsus abhorreat, ad eum auctorem referri posse, diu multumque mecum reputaui num in nouam editionem recipiendae essent.

secunda utique omitti poterat, quoniam alius locus in nouo scriptorum ecclesiasticorum corpore inter libros spurios Hieronymi patebat, minus facile reliquae, quae in aliquo saltem uolumine repetendae erant. re longe ponderata denique ob eam solam causam recipiendas existimaui, ne quid quod in superiore editione extaret in noua desideraretur. ob eandem causam breuem uitam Sulpicii ex Gennadii catalogo uirorum illustrium huc adiciendam putauimus.

* * *

Seuerus presbyter cognomento Sulpicius, Aquitanicae prouinciae, uir genere et litteratura nobilis et paupertatis atque humilitatis amore conspicuus, carus etiam sanctorum uirorum Martini Turonensis episcopi et Paulini Nolensis, scripsit non contemnenda opuscula. nam epistolas ad amorem Dei et contemptum mundi hortatorias scripsit sorori suae multas, quae et notae sunt. scripsit et ad supradictum Paulinum Nolanum duas et ad alios alias, sed quia in aliquibus etiam familiaris necessitas inserta est, non digeruntur. composuit et chronica. scripsit et ad multorum profectum uitam beati Martini monachi et episcopi, signis et prodigiis ac uirtutibus illustris uiri: et collationem Postumiani et Galli se mediante et iudice de conuersatione monachorum orientalium et ipsius Martini habitam in dialogi speciem duabus in concisionibus comprehendit, in quarum priore refert suo tempore apud Alexandriam synodo episcoporum decretum, Origenem et cautius a sapientibus pro bonis legendum et a minus capientibus pro malis repudiandum. hic in senectute sua a Pelagianis deceptus et agnoscens loquacitatis culpam silentium usque ad mortem tenuit, ut peccatum quod loquendo contraxerat tacendo penitus emendaret*).

*) Additum est in codice Cusano (u. Jos. Klein, Ueber eine Handschrift des Nicolaus von Cues Berl. 1866 p. 8): Antiochiae scripsit aduersus auaritiam unum et longum uolumen, et in curatione caeci, qui a Saluatore inluminatus est, omiliam composuit conpunctione timoris Dei et humilitatis plenam. Moritur Arcadii imperatoris tempore.

Scripsi Monachii mense Augusto a. 1866.

Carolus Halm.

SVLPICII SEVERI CHRONICA.

P = codex quondam Palatinus, nunc Vaticanus num. 824 saec. XI.

b = editio princeps Basileensis a 1556.

SVLPICII SEVERI
CHRONICORVM

LIBER PRIMVS

Res a mundi exordio sacris litteris editas breuiter constrin- 1
gere et cum distinctione temporum usque ad nostram memoriam
carptim dicere aggressus sum, multis id a me et studiose efflagi-
tantibus, qui diuina compendiosa lectione cognoscere properabant,
quorum ego uoluntatem secutus non peperci labori meo, quin ea, 2
quae permultis uoluminibus perscripta continebantur, duobus li-
bellis concluderem, ita breuitati studens, ut paene nihil gestis
subduxerim. uisum autem mihi est non absurdum, cum usque ad 3
Christi crucem Apostolorumque actus per sacram historiam cucur-
rissem, etiam post gesta conectere: excidium Hierosolymae uexa-
tionesque populi Christiani et mox pacis tempora, ac rursum
ecclesiarum intestinis periculis turbata omnia locuturus. ceterum 4
illud non pigebit fateri, me, sicubi ratio exegit, ad distinguenda
tempora continuandamque seriem usum esse historicis mundia-
libus atque ex his, quae ad supplementum cognitionis deerant,
usurpasse, ut et imperitos docerem et litteratos conuincerem.
uerumtamen ea quae de sacris uoluminibus breuiata digessimus, 5
non ita legentibus auctor accesserim, ut praetermissis his, unde

INCIPIT PROLOGVS SVLPITII SEVERI IN CHRONICA. QVAE IPSE FECIT AB EXORDIO MVNDI VSQ. AD TEMPVS SVVM *P, uerbis* usq. ad tempus suum *super* ab exordio mundi *scriptis* 3 a me studiose *b* 10 conectere *P, ut coniecit Giselinus:* conuertere *b* || hierusolimae *P* 12 locuturo *Hieron. Mercerus; 'magis placeret, si hoc uerbum penitus deesset' de Prato; cf. tamen* I, 28, 5: erat Allophylis moris.. Samson quasi in pompam publicum producere, capto insultantes *et* 1, 38, 6 Huius eum facti mox piguit paenituitque, ueniam a Deo petens *etc.* 14 hystoricis *P* || mundialibus *P, add. sup. lin. manu saec. XV vel XVI* ethnicis, *ut est in b;* cf. 2, 14, 6 18 acutor *P* || praetermissis his unde *P:* praetermissis illis unde haec *b*

deriuata sunt, appetantur: nisi cum illa quis familiariter nouerit,
6 hic recognoscat quae ibi legerit: etenim uniuersa diuinarum rerum
mysteria non nisi ex ipsis fontibus hauriri queunt. nunc initium
narrandi faciam.

2 Mundus a Deo constitutus est abhinc annos iam paene sex
milia, sicut processu uoluminis istius digeremus: quamquam
inter se parum consentiant, qui rationem temporum inuestigatam
2 ediderunt. quod cum uel Dei nutu uel uitio uetustatis eueniat,
calumnia carere debebit. mundo autem condito homo factus est:
uiro Adam, mulieri Eua nomen fuit. sed constituti in paradiso,
cum interdicta sibi arbore degustassent, in nostram uelut exules
3 terram eiecti sunt. deinde ex his Cain atque Abel nascitur: sed
Cain impius fratrem interemit. filium Enoch habuit, a quo pri-
4 mum ciuitas condita est, auctoris nomine uocitata. ex hoc Irad
atque ex eo Maüiahel nascitur. hic Mathusalam filium habuit
isque Lamech genuit, a quo iuuenis occisus traditur, nec tamen
nomen refertur occisi: quod quidem futuro mysterio fuisse prae-
5 missum a prudentibus aestimatur. igitur Adam post necem filii
minoris Seth filium procreauit, cum iam trigesimum et ducen-
tesimum annum aetatis implesset, uixit autem annos DCCCCXXX.
Seth uero Enos, Enos Kainan, Kainan Malaleel, Malaleel Iared,
Iared Enoch genuit: qui ob iustitiam translatus a Deo traditur.
6 huius filius Mathusalam dictus est, qui Lamech genuit: ex quo
Noë natus, iustitia egregius et prae ceteris mortalibus Deo carus
7 acceptusque. qua tempestate cum iam humanum genus abundaret,
angeli, quibus caelum sedes erat, speciosarum forma uirginum

5 Gen. 1. 9 Gen. 2. 13 Gen. 4. 19 Gen. 5.

1 diriuata *P* 4 faciam INCIPIT LIBER *P* 5 a Deo *P et Sigonius:* a Domino *b* || annorum *malebat Giselinus* 6 millia *b* 8 uenustatis *P* 10 constutiti *P* 11 interdicta sibi arbore *scripsi:* interdictã sibi arbore *P*, interdictam sibi arborem *b* 12 nascitur *P:* nascuntur *b* 13 Is filium *Vonck (in Lectionum Latinarum libris II. Traiecti 1745)* || enoc *P* 14 ex eo Irad atque ex hoc *malebat de Prato* 15 mauiahel *P:* Mamahel *b* || hic Mathusael *Vorstius* 16 iuuenis *P:* iuuenis quidam *b* 17 p̃missum *P (non* p̧missum, *ut ait de Prato)* 20 ducentesimum] *sic LXX, contra textus hebr. et vulg.* centesimum 21 Kainan *P (bis), ut coni. Gelasinius*: Nainan *b* || Maleleel *LXX et Lucas* 24 iustitiã *P* || deo *P:* Domino *b* 26 sedis *P, sed eadem manu* sedes *corr.* || spetiosarum *P*

capti illicitas cupiditates appetierunt: ac naturae suae originis-
que degeneres, relictis superioribus, quorum incolae erant, ma-
trimoniis se mortalibus miscuerunt. hi paulatim mores noxios 8
conserentes humanam corrupere progeniem, exque eorum coitu
Gigantes editi esse dicuntur, cum diuersae inter se naturae per-
mixtio monstra gigneret.

Quibus rebus offensus Deus maximeque malitia hominum, **3**
quae ultra modum processerat, delere penitus humanum genus
decreuerat. sed Noë, uirum iustum, uita innocens destinatae
exemit sententiae. idem admonitus a Deo diluuium terris immi- 2
nere, arcam inmensae magnitudinis ex lignis contexuit ac bitumine
illitam inpenetrabilem aquis reddidit, qua ille cum uxore ac
filiis tribus et totidem nuribus clausus: uolucrum etiam paria
itidemque diuersi generis bestiarum eodem claustro recepta, reli-
qua omnia diluuio absumpta. igitur Noë, cum iam imbrium uim 3
destitisse et quieto in salo arcam circumferri intellegeret, ratus,
id quod erat, aquas decedere, coruum primum explorandae rei
gratia, eoque non reuertente — ut ego conicio, cadaueribus deten-
tum — emisit columbam: quae cum consistendi locum non rep-
perisset, reuersa est. rursum emissa folium oliuae retulit, mani- 4
festum indicium, nudari cacumina arborum. tertio demum emissa
non rediit: unde animadversum aquas destitisse. ita Noë arcam 5
egressus est. id gestum a mundi exordio post annos, ut ego
comperio, $\overline{\text{II}}$ CC duos et quadraginta.

Ac primum Noë aram Deo statuit hostiasque ex uolucribus **4**
immolauit. mox a Deo cum filiis benedicitur, praeceptumque acce-
pit, ne sanguine uesceretur aut sanguinem hominis effunderet,
quia mundi primordia mandati istius liber Cain maculauerat.
igitur uacuo tum saeculo ex filiis Noë semen fuit: tres enim 2

9 Gen. 7. 26 Gen. 9.

4 humanum *P* || exque eorum *Vonck:* ex quẽ eorum *P*, ex quorum *b* 10 a deo *P:* a Domino *b* 13 nuribus est clausus *b* 14 universi generis *malebat de Prato* 15 imbrium uim *scripsi:* imbrium *P*, imbrem *b* 16 et *P:* ac *b* || intelleret *P* 17 decedere *P corr. 1 m. ex* decerere 18 conitio *P* || detentũ *P:* detento *b* 19 reperiisset *b* 20 emissa *Giselinus:* remissa *Pb* 21 iudicium *P* 22 desedisse *Vonck* 24 .$\overline{\text{II}}$. (*i. e.* II milia) *P:* II *b* 25 et 26 deo *P:* Domino *b* 26 accipit *coni. de Prato* 29 semen *amicus Vonckii et de Prato:* Sem *Pb pro* señ, *ut vox in P scribi solet*

habuit, Sem, Cham, Iaphet. sed Cham, quod sopitum uino pa-
3 trem riserat, maledictum a patre meruit. huius filius, Chus no-
mine, Nebroth gigantem genuit, a quo Babylon ciuitas con-
structa traditur. pleraque etiam oppida ea tempestate condita me-
morantur, quae nominatim persequi animus non fuit. sed cum
4 multiplicaretur humanum genus diuersaque loca atque insulas
mortales haberent, una tamen omnes lingua utebantur, donec se
5 in unum dispergenda per totum orbem multitudo contraxit. his
more humani ingenii consilium fuit, insigni aliquo opere famam
6 quaerere, priusquam a se inuicem deducerentur. ita turrim facere
aggressi, quae caelo accederet, nutu Dei, ut officia operantium
praepedirentur, a sueto sermonis genere multa diuerso neque ulli
inuicem intellecto linguarum ritu loquebantur: quo promptius
dispersi sunt, quia alter alterum uelut alienigenam facile relinque-
7 bat. sed filiis Noë ita diuisus orbis fuit, ut Sem intra Orientem,
Iaphet Occidentem, Cham mediis contineretur. ita usque Abraham
ducta successio nihil sane insigne aut memorabile in se habuit.

5 Abraham autem patre Thara natus post diluuium anno mil-
lesimo et septuagesimo. Abraham uxor Sara dicta est, prima-
que eius in regione Chaldaeorum habitatio fuit. inde apud Charras
2 una cum patre diuersatus est. qua tempestate admonitus a Deo,
domum patriam ac patrem relinquens, assumpto Loth fratris
filio in terram Chananaeorum profectus in loco, cui Sychem no-
3 men est, consedit. mox annonae inopia Aegyptum concessit, ac
rursum reversus. Loth, prae multitudine familiae a patruo di-
gressus, ut laxioribus uacuae tum regionis spatiis uterentur, in

5 Gen. 10. 10 Gen. 11. 21 Gen. 12,

3 Nebrod *b* || meruit *P, sed ead. m.* genuit *corr.* || babyl | lon *P* 7 tamen *P:* tantum *b* || om̃is *P* 10 diducerentur *Hornius* 12 assueto *P,* inassueto *b* 14 quia *P:* quum *b* 16 iaphe *P* 18 natus *P:* natus est *b* 19 septuagesimo secundo *H. Mercier* || Sarai *Io. Arcerius, cuius emendationes Vonckius in Lectt. latt. publicauit* 20 eius *nos:* eis *Pb*, ei *de Prato* || Carras *Drusius* 21 a Domino *b* 22 domum, patriam *edd.* 23 chananeorum *P* || sychem *P ut est in LXX:* Sichem *b* 24 concessit, ac rursum reuersus Loth *b; uerborum distinctionem mutauit de Prato* (concessit. ac rursum reuersis, Loth *Sigonius* 26 uacui *P; de scriptura* uacuae *Drusius in notis p. 45 suspicionem mouit, nec tamen* uacui *lectio ferenda uidetur*

Sodomis consedit. id oppidum infame incolis, uiris in uiros
irruentibus, atque ob id inuisum Deo fuisse traditur. ea tempe- 4
state reges uicinarum gentium in armis erant, cum antea nullum
inter mortales certamen fuisset. sed aduersum hos, qui bello
uicina temptabant, reges Sodomorum et Gomorrae uicinarumque
regionum in proelium erumpunt, primoque impetu fusi uictoriam
concessere. tum a uictoribus Sodoma direpta praedae hostibus fuit,
ductusque Loth in captiuitatem. quod cum Abraham comperisset, 5
propere armatis seruis suis, numero trecentis decem et octo, reges
uictoria feroces exutos praeda armisque in fugam compulit. tum 6
a Melchisedech sacerdote benedictus est, eidemque praedae deci-
mas dedit. reliqua his, quibus erepta erant, reddidit.

Per idem tempus Abrahae Deus locutus est, multiplican- **6**
dumque semen eius, sicut arenas maris stellasque caeli, spopon-
dit: peregrinumque eius semen futurum praedictum ac posteros
in hostili solo per quadringentos annos laturos seruitium, post
libertati restituendos. tunc ei atque uxori eius adiectione unius 2
litterae nomen inmutatum: ita nunc ex Abram Abraham, ex Sara
Sarra dicitur. cuius quidem rei non inane mysterium non est
huius operis exponere. eodem tempore Abrahae lex circumcisionis 3
imposita est, erat ei autem ex ancilla filius Ismahel. et cum ipse
esset annorum centum, uxor autem eius nonaginta, futurum eis
filium Isaac Deus pollicetur, qui cum duobus angelis ad eum
uenerat. inde Sodomam missi angeli Loth in porta sedentem rep- 5
pererunt. quos cum ille, homines existimans, hospitio receptos

2 Gen. 14. 13 Gen. 15 et 17. 23 Gen. 18. 25 Gen. 19.

2 Domino *b* 3 erant cum *b:* erant inmortales cum *P* 5 sodomum et gomorrum *P;* Sodomorum, Gommoreorum *b;* Gomorrhae *coni. Vorstius, coll. interprete Graeco:* βασιλεὺς Σοδόμων, βασιλεὺς Γομόῤῥας (Sodomitarum et Gomorrhaeorum *coni. de Prato*) || uicinarumque urbium *coni. Drusius* 6 uictoria *P; at cf. 1, 34, 5* 11 decimas *b sed ante* praedae: *om. P* 13 Dominus *b* 15 praedictum futurum *b* 16 post *P:* postea *b*
18 inmutatum *P corr.* || ex Abram Abraam *Drusius* || ex Sara Sarra *Sigonius:* ex sarai sara *Pb; cf. Genes. 17, 5 et 15 ex interpret. LXX, August. de ciu. Dei XVI, 26, 25* 21 Ismael *b* || ipse esse *P* 22 annorum fere (*uel* prope) centum *coni. de Prato* 23 Dominus *b* || cum duobus *b:* duobus *P, at u. Gen. 18, 2* apparuerunt ei tres uiri stantes prope eum.
24 sedente *P* || reperierunt *b*

cenatosque domi haberet, iuuentus improba ex oppido nouos ho-
spites ad stuprum flagitabant. Loth pro hospitibus filias offerens,
non adquiescentibus, quibus illicita potius desiderio erant, ipse
5 ad stuprum trahebatur. quem angeli propere ab iniuria uindican-
tes luminibus impudicorum caecitatem offuderunt. tum Loth ab
hospitibus edoctus perdendum oppidum, propere cum uxore et
filiabus egressus: interdictum tamen est, ne retrorsum respicerent.
6 sed mulier parum dicto audiens — humano malo quo aegre uetitis
abstinetur —, reflexit oculos statimque in molem conuersa traditur.
7 at Sodoma diuinis ignibus conflagrauit. Loth autem filiae existi-
mantes humanum genus interisse concubitum inebriati patris
appetiuerunt, unde Moab et Ammon nati sunt.

7 Per idem tempus fere, cum Abraham esset iam centum
annorum, Isaac filius natus est. tum ancillam, de qua Abraham
filium susceperat, Sara expulit: quae habitasse in deserto una
2 cum filio et praesidio Dei defensa traditur. nec multum post Deus
Abrahae fidem temptans immolandum sibi a patre filium Isaac
poscit. quem ille non cunctatus offerre, cum arae puerum super-
posuisset gladiumque educeret, uox missa de caelo est, puero
parceret: uictimae aries praesto fuit. consummatoque sacrificio
Abrahae Deus locutus est, promittens ea quae iam spoponderat.
3 at Sara, cum septimum et uigesimum et centesimum annum
ageret, decessit: corpus cura uiri sepultum in Chebron, Chana-
4 naeorum oppido, etenim illic Abraham commorabatur. tum Abra-
ham Isaac filium iuuenilis aetatis uidens, siquidem cum quadra-
gesimum annum aetatis ageret, seruo suo imperauit uxorem ei
quaereret, ex ea tamen tribu atque terra, de qua ipse oriundus
uidebatur: modo ut inuentam puellam in regionem Chananaeorum

14 Gen. 21. 16 Gen. 22. 22 Gen. 23. 24 Gen. 24.

1 coenatosque *b* 4 *trahebatur *P* 7 egressus *P:* est egressus *b* || tamen eis est *b* || respicerent *P*: conspicerent *b* 8 aegre *nos:* aeger *P*, aegrius *b* 9 immolem *P* 11 interiisse *b* 13 esset iam *Wopkens(lect. Tull. I, 9):* esset etiam *Pb* 14 habraham *P* 16 Domini *b* || nec *P:* Non *b; immo* nec multo post, *ut est I, 21, 2 et 3. 50,* 6. *II, 18, 5* || Dominus *b* 17 habrahae *P* 19 puero ut parceret *b* 21 abrehae *P* || Dominus *b* 22 et cent. *P:* supra centesimum *b* 23 Hebron *b* || chananeorum *P* 25 iam uirilis aetatis *coni. de Prato* || cum — ageret *P:* tum — agebat *b* 28 chananeorum *P*

deduceret, nec putaret is causa coniugis in solum patrium redi-
turum. atque ut ea strenue mandata exequeretur, contacto domini
femine sacramentum dedit. ita seruus profectus in Mesopotamiam 5
ad oppidum Nachor, Abrahae fratris, deuenit. successitque in
domum Bathuelis Syri, Nachore patre geniti: huius filiam Re-
beccam, speciosam uirginem, conspicatus poposcit atque ad domi-
num adduxit. post id Abraham accepit uxorem Cethuram nomine, 6
quae in Paralipomenis concubina dicitur, suscepitque ex ea filios.
sed Isaac Sara edito substantiam tradidit, his autem, quos ex
concubinis susceperat, dona distribuit. atque ita ab Isaac separati
sunt. Abraham diem functus est, impletis annis centum et quin- 7
que et septuaginta: corpus sepulcro Sarae uxoris appositum.

At Rebecca, diu sterilis, assiduis mariti ad Dominum pre- 8
cibus a die matrimonii uigesimo fere anno geminos edidit: qui in
matris aluo exultasse saepius traduntur, dictumque responso Dei
est, duos in his populos praenuntiari, et maiorem minoris sub-
dendum esse principio. sed prius editus, asper saetis, Esau uoca-
tus, minori Iacob nomen fuit. ea tempestate grauis annonae 2
inopia incesserat. qua necessitate Isaac in Geraris ad regem Abi-
melech cessit, admonitus a Domino, ne in Aegyptum descen-
deret: eidemque uniuersae terrae illius possessio promittitur ibi-
que benedicitur, multiplicatusque pecore atque omni substantia
agente inuidia ab incolis pellitur: pulsus apud puteum iuramenti
consedit. igitur annis grauior, luminibus obductis, cum Esau 3
filium benedicere pararet, consilio Rebeccae matris Iacob se bene-
dicendum pro fratre obtulit. ita Iacob adorandus principibus et
gentibus fratri praeponitur. quis rebus Esau accensus fratri necem 4
moliebatur. quo metu Iacob hortante matre in Mesopotamiam
confugit, admonitus a patre ut ex domo Laban, fratris Rebeccae,
uxorem acciperet: tanta illis cura fuit, cum in alienis terris con-

7 Gen. 25. 8 I Paral. 1, 32. 13 Gen. 25. 19 Gen. 26. 23 Gen. 27. 28 Gen. 28.

1 is *P*: eum *b* 2 exequerentur *b* 5 Nahore *b* 7 Ceturam *Drusius* 8 paralipomenonis concubina edicitur *P* 12 sepulcro *P, sed ead. m.* sepulchro *corr.* 15 Domini *b* 16 minoris *Barthius*: minori *Pb* 17 setis *Pb* 19 incesserat *P:* terras incesserat *b* || Gerara *Sigonius* 20 concessit *malebat Vorstius* 25 se *b: om. P* 27 queis *b* 29 amonitus *P*

5 sisterent, genus tamen intra familiam suam ducere. ita Iacob
profectus in Mesopotamiam, per soporem Dominum uidisse traditur: atque ob id locum somnii sacratum habens, lapidem ex eo sumpsit: uouitque, si rebus prosperis reuertisset, titulum sibi domus Dei futurum decimasque omnium, quae adquisita sibi
6 forent, Deo daturum. inde se ad Laban fratrem matris contulit: quem ille sororis filium agnitum in hospitium benigne recepit.
9 Erant Laban duae filiae, Lia et Rachel: sed Lia oculis deformior, Rachel pulchra traditur. cuius specie Iacob captus amore uirginis conflagrabat, eamque sibi in matrimonio a patre
2 postulans septem annorum seruitio se mancipauit. sed impleto tempore, Lia ei supponitur: ac rursum septennii seruitio subditur, atque ei Rachel traditur. sed hanc diu sterilem, Liam fecundam
3 fuisse accepimus. filiorum, quos ex Lia Iacob habuit, haec sunt nomina: Ruben, Symeon, Leui, Iudas, Isachar, Zabulon, Dina: ex ancilla uero Liae Gad et Aser, ex ancilla Rachel Dan et Nephtalin nati sunt. at Rachel desperata iam partitudine Ioseph edidit.
4 tum Iacob redire ad patrem cupiens, cum ei Laban socer partem pecorum mercedem seruitii dedisset, obque id parum sibi eum aequum gener Iacob ratus, dolum ab eo suspectans, clam profectus est uigesimo post fere anno, quam aduenerat. Rachel uiro inscio patris idola furto abstulit: qua iniuria Laban generum persecutus, non repertis idolis, pace facta regressus est, multum
5 obtestatus generum, ne uxores filiabus suis superduceret. inde
digressus Iacob uidisse angelos et castra Dei traditur. sed cum

6 Gen. 29. 15 Gen. 29. 30. 18 Gen. 31. 24 Gen. 32. 33.

1 suam *in P deesse falso tradidit de Prato* 4 properis *P* 5 domũ *P, addita* s *sup.* ũ *ead. manu* || dei *P, ut coni. Drusius:* Domini *b* 6 Domino *b* 9 pulchra *P:* pulchra fuisse *b* 10 in matrimonium *Vorstius coll. I, 11. 34. 35; at cf. I, 43* 11 mancipatũ *P* 12 septennii *P, ut coni. G. Fabricius:* septem in *b* 15 Symeon *P:* Simeon *edd. cf. LXX* 16 lię *P, ut coni. Giselinus:* hae *b* || neptalin *Pb* 17 desperato iam partu *b* 19 in mercedem *malebat Vonck* || obque id *P:* ob quae *b* 20 gener Iacob *glossema uidetur* 21 p' (*i. e.* post) *P:* primo *b* || uiro *b:* uero *P* 23 pace facta *b:* patefacta *P* 24 obtestus *P* || superduceret *de Prato:* perduceret *P,* superinduceret *b; cf. Capitolini Anton. phil. c. 29 extr.* ne tot liberis superduccret nouercam, *Sulp. Vict. inst. rhet. 36 (Rhett. lat. p. 333 ed. Lips.)* nouercam filio superduxit 25 Domini *b*

praeter regionem Edom, quam Esau frater incolebat, iter desti-
naret, missis prius legatis et muneribus suspectum sibi fratrem
explorauit. tum ille obuiam fratri processit: nec tamen Iacob se
ultra fratri credidit. sed pridie, quam inter se fratres conuenirent, 6
Deus humana specie assumpta, colluctatus cum Iacob refertur.
et cum aduersus Deum praeualuisset, tamen non esse mortalem
non ignorauit: benedici se ab eo flagitabat. tum a Deo ei immu- 7
tatum nomen est, ut ex Iacob Israël diceretur. sed cum ille ui-
cissim a Deo nomen Dei quaereret, non esse quaerendum, quia
admirabile esset, responsum. ex colluctatione autem latitudo
feminis Iacob obtorpuit.

Igitur Israël declinans fratris domum, promouit agmen in **10**
Salem Sicimorum oppidum, atque ibi loco pretio accepto taberna-
culum statuit sibi. huic oppido Emor, Chorraeus princeps, prae-
erat. huius filius Sychem Dinam filiam Iacob ex Lia genitam 2
stupro subdidit. quo comperto Symeon et Leui, Dinae fratres,
omnes in oppido sexus uirilis dolo peremerunt atque impigre so-
roris ulti iniuriam : oppidum a filiis Iacob direptum praedaque
omnis abducta. id factum aegre admodum tulisse Iacob traditur. 3
mox a Deo monitus Bethel petiit ibique altarium Deo statuit.
inde in parte turris Gader tabernaculum fixit. Rachel ex partu
obiit: puer Beniamin uocatus est. Isaac decessit annos natus cen-
tum et octoginta. at Esau potens diuitiis erat, uxoribus sibi etiam 4
e Chananaeorum gente assumptis: cuius progeniem in hoc tam
praeciso opere inserendam non putaui. si quis studiosior erit, ad
originem reuertatur. post excessum patris Iacob in solo eo, in quo

12 Gen. 33. 16 Gen. 34. 20 Gen. 35. 22 Gen. 36.

3 fratri *Vonckio glossa uidetur* 5 Dominus *b* || asumpta *P* 6 Dominum *b* 7 ignorans *Fabricius; contra de Prato malebat* ideoque benedici *uel* et ben. || se *P:* sibi *b* || a Deo *b:* abeo *P* || ei *P:* illi *b* 9 a Domino nomen Domini *b* 10 responsum est *b* 11 femoris *b* 14 Chorreus *Sigonius:* chorrens *P* (rrens *in rasura, sed prima m. ita scriptum*)*:* Chemoreus *b; LXX in Gen. 34, 2:* Ἐμμὼρ ὁ Εὐαῖος, ὁ ἄρχων τῆς γῆς *cf. tamen de Prato ad h. l.* 15 Sichem *b, at cf. LXX* 16 Simeon *edd.* 17 atq. *nos:* at *P,* ac *b* 18 ulti sunt *b* 19 est abducta *b* 20 Domino *b* || Bethel *Drusius:* Bethleem *Pb; cf. Genes. 35* || altare Domino *b* 23 octaginta *P* || diuitiis *b:* diuinitus *P* 24 chananeorum gentē *P* 25 miserendam *P* 26 originem *P:* origines *b*

Isaac uixerat, commorabatur. filii eius aliquando ab eo pascui
gratia cum gregibus secesserunt, Ioseph tamen et Beniamin par-
6 uus domi resederant. carus admodum Ioseph patri obque id
inuisus fratribus, simul quia frequentibus eius somniis maiorem
eum omnibus futurum portendi uidebatur. igitur ad inspiciendos
greges reuisendosque fratres a patre missus oportunus iniuriae
7 fuit. namque uiso fratre consilium necis eius ceperunt. sed
obsistente Ruben, cui a tanto facinore abhorrebat animus, in
lacum demissus: mox suadente Iuda deducti ad mitius consilium
negotiatoribus eum, qui tum Aegyptum petebant, uendiderunt.
atque ab his Petefrae, praeposito Pharaonis, traditus est.

11 Per idem tempus Iudas, Iacob filius, Sauam Chananaeam
in matrimonium assumpsit. ex qua tres filios sustulit, Her, Onan,
Selam. sed Her Thamar concubio sociatur. quo mortuo Onan fra-
tris uxorem accepit: qui, quia spermata in terram effunderet, ex-
2 tinctus a Deo refertur. tum Thamar meretricio habitu assumpto
3 socero mixta est, exque eo geminos edidit. in partu autem illo
mirabile fuit, quod cum prodeunti puero, ad dinoscendum qui
prius nasceretur, obstetrix manum eius cocco illigasset, reductus
in aluum matris puer posterior editus est. nomen infantibus
4 Fares et Zara inditum. at Ioseph, cum benigne a curatore regio,
qui eum pretio acceperat, haberetur domumque eius et familiam
procuraret, decorus ipse insigni specie uxoris domini oculos in se
conuerterat. cumque amore turpi deperiret, appetitum saepius
nec adquiescentem sibi falso scelere infamat, ac uiro queritur stu-
prum sibi intentatum. ita Ioseph in carcerem coniectus. erant in

2 Gen. 37. 12 Gen. 38. 20 Gen. 39. 26 Gen. 40.

1 aliquando *nos:* aliquanto *P,* aliquantum *b* 2 cum] oum *P* || secesserant *b* || et *P:* ac *b* 6 opportunus *b* 7 coeperunt *P* 11 petefre *P* Potifari *b; illud reponendum esse docuit de Prato coll. LXX atque Hieronymo in Quaestt. hebr. et August. in Quaestt. in Gen.* || praeposito coquorum Phar. *coni. de Prato cum LXX et Aug. Q. in Gen. 77* 12 Sauam *Drusius:* suam *Pb, cf. LXX et August. Q. 128 in Gen.* || chananeam *P* 13 *Ἢρ, Αὐνάν, Σηλώμ LXX* 14 concubio *P:* connubio b
15 quia spermata *b:* qui afer uasta *P* 16 a Domino *b* 17 illud *malebat de Prato, ac paulo post* prodeunte 20 posterior editus *Drusius:* postero die reductus *P,* postero die editus *b* 23 decorũs *P* 24 turpi *P:* ipsius *b* 26 est coniectus *b* || erant *P ead. m. ex* irati *corr.*

eadem custodia ministri regii duo: qui cum somnia sua ad Ioseph 5
retulissent, futura ex somnio coniectans, unum eorum poenas
capite luiturum, alium absoluendum pronuntiauit. atque ita ac-
cidit. igitur post biennium somnium regi obiectum est. quod cum 6
a prudentibus Aegyptiorum non posset absolui, minister regis ille
carcere exemptus regem admonet, Ioseph esse mirum somniorum
interpretem. ita Ioseph soluitur interpretatusque est regi som- 7
nium: septem annis proximis maximam frugum ubertatem futu-
ram, consequentibus inopiam. quo metu rex perculsus, uidens di-
uinum in Ioseph spiritum, rei eum annonariae praefecit, aequato
secum imperio. tum Ioseph abundantibus per totam Aegyptum 8
frumentis magnam copiam congessit: multiplicatisque horreis ad-
uersus futuram famem consuluerat. ea tempestate spes atque salus
Aegypti in illo sita erat. per idem tempus duos ex Asenet 9
filios genuit, Manassen et Ephraem: ipse autem, cum summam a
rege potestatem accepit, erat annorum xxx: nam a fratribus sep-
tem decem annos natus uenundatus est.

Interea rebus in Aegypto aduersus famem bene compositis, **12**
orbem terrae grauis frumenti inopia quatiebat. qua necessitate
compulsus Iacob filios in Aegyptum misit, Beniamin tantum
secum domi retento. igitur Ioseph rerum potentem, penes quem 2
annonae arbitrium erat, fratres adeunt et more regio adorant. qui-
bus ille uisis callide agnitionem dissimulans, hostiliter eos uenisse
et subdole loca explorare arguebat. angebatur autem, quod Ben- 3
iamin fratrem non uidebat. res ergo in id deducitur, ut praesen-
tiam eius pollicerentur, nimirum ut ex eo quaereretur, an isti ex-
plorandi causa Aegyptum intrassent. ad promissi autem fidem
Symeon obses traditur: ipsis frumentum gratis datum. rursum
igitur reuertentes Beniamin, ut conuenerat, deduxerunt. tum se 4
cognoscendum Ioseph fratribus praebuit, non sine pudore male
merentium. ita eos oneratos frumento multisque donatos domum

3 Gen. 41. 19 Gen. 42. 28 Gen. 43—45.

1 regii *nos:* regio *P*, regis *b* 2 peonas *P* 13 consulerat *P* 14 erat *b:* est *P* || tempus *P:* tempus vero *b* || Asenec *Pb* 15 Manassem *b* || effrem *Pb* 16 septemdecim *b* 21 Ioseph *Pb: casu excidit in edd. plerisque* 23 agnicionem *P* 25 deducitur *P:* deducta *b* 28 Simeon *edd.*

remisit, praemonens quinque adhuc annos famem futuram: cum
5 patre atque omni progenie et familia commigrarent. ita Iacob in
Aegyptum descendit, Aegyptiis admodum laetantibus, gaudente
rege, benigne a filio susceptus. id gestum anno aetatis Iacob centesimo et trigesimo, a diluuio autem anno MCCC et LX. ceterum
ab eo tempore, quo Abraham in terra Chananaeorum consedit, in
6 id, quo Iacob Aegyptum ingressus est, referuntur anni CCXV. igitur Iacob septimo et decimo anno, quam in Aegypto aduenerat,
urgente morbo Ioseph filium obtestatur, corpus sepulchro red-
7 deret. tum Ioseph benedicendos filios suos obtulit, quibus benedictis, cum tamen benedictionis merito maiori minorem praeposuisset, filios omnes benedictione lustrauit. decessit autem annos
natus CXLVII. funus magnifice curatum: corpus in sepulchro pa-
8 trum Ioseph condidit. fratres post patris obitum pro conscientia
pauentes benigne habuit. decessit autem Ioseph ipse aetatis anno
decimo et centesimo.

13 Igitur Hebraei, qui in Aegyptum deuenerant, incredibile
memoratu est quam cito numero aucti sint multiplicataque pro-
2 genie Aegyptum repleuerint. sed defuncto rege, qui eos ob merita
Ioseph benigne fouebat, succedentium regum imperio deprimebantur. nam et opus durum aedificandarum ciuitatium eis impositum, et quia iam multitudo abundans metuebatur, ne quandoque libertatem armis uindicarent, paruulos recens editos aquis
3 mergere edicto regio cogebantur. nec dissimulari cruentum imperium licebat. qua tempestate filia Pharaonis infantem in flumine repertum nutriendum pro filio curauit: nomen puero Moyses
4 dedit. Moyses hic, cum uiriles annos ageret, conspicatur Hebraeum
ab Aegyptio pulsari: quo permotus dolore, fratrem ab iniuria uin-

2 Gen. 46. 47. 7 Gen. 48. 17 Exod. 1. 25 Exod. 2.

1 annos *b*: *om. P* 2 et *P*: *ac b* || ad se commigrarent *b* || ita *P*: Igitur *b* 5 annos m̃i ccc *P erasa* c *post* ccc || LX *Giselinus*: .XL. *P* 6 chananeorum *P* 7 id quod *Pb* 8 septimo decimo *Sigonius* || quam in *de Prato*: quam (*vel* quain) *P* || Aegyptum *Sigonius* 9 sepulchro suo *b* 10 benedicendos *P*: patri benedicendos *b* 13 patrum *P*: maiorum *b* 17 Hebraei igitur *b* || aegypto *P* || incredibili *P* 19 merito *P*, meritum *b* 21 ciuitatium *P*: ciuitatum *b* 27 conspicatus *b* 28 quo *P*: *om. b*

dicans, Aegyptium calce perculsum interemit. mox supplicium e 5
facto metuens in terram Madian profugit: et apud Iothor sacer-
dotem regionis illius diuersatus filiam eius Sepphoram in matri-
monium accepit exque ea duos filios Gersam et Eliezer sustulit.
hoc tractu temporum Iob fuit, lege naturae et agnitionem Dei et 6
omnem iustitiam complexus, praediues opibus atque eo illustrior,
quod his neque integris corruptus neque amissis deprauatus est. 7
nam cum per diabolum exutus bonis, filiis etiam esset orbatus, ad
extremum diris ulceribus affectus, non potuit uinci, ut prae dolo-
ris impatientia aliqua in parte peccaret. mercedem denique diuini 8
testimonii consecutus, sanitati redditus omnia quae amiserat in
duplum recepit.

At Hebraei multiplicato seruitutis malo pressi, querelis in **14**
caelum conuersis, spem auxilii a Deo expectabant. tum Moysi
pascenti oues repente rubus ardere uisa, flammis tamen, quod erat
mirabilius, innoxiis. qua nouitate obstupefactus rubo propius ac- 2
cessit, statimque ad eum istius modi fere uerbis Deus locutus est:
Dominum se esse Abraham, Isaac et Iacob, quorum progeniem,
Aegyptiorum dominatione depressam, ereptam malis cupiat: iret
ergo ad regem Aegypti ducemque se populi in libertatem resti-
tuendi praestaret. cunctantem potestate confirmat, uirtutem ei
signorum faciendorum impertiens. ita Moyses in Aegyptum pro- 3
fectus, signis prius apud suos editis, assumpto fratre Aaron regem
adiit: missum se a Deo prodit uerbisque se Dei dicere, populum
Hebraeum uti dimitteret. at ille negans se Dominum nosse parere
imperio abnuebat. cumque Moyses in testimonium mandatorum 4
Dei ex uirga draconem fecisset, mox aquas omnes in sanguinem
conuertisset totamque terram ranis opplesset, facientibus similia
Chaldaeis, magicas esse artes, quaecumque per Moysen fierent,
potius quam Dei uirtutem pronuntiabat, donec superductis scini-

14 Exod. 3. 21 Exod. 4. 24 Exod. 5. 25 Exod. 6—8.

2 Madiam *de Prato cum LXX* || iothor *P*, *ut uoluit Drusius:* Iethor *b* 4 Gersam *de Prato:* gersan *P*, Gersom *b* || Elieser *b* 5 lege *P*, *ut coni. Vonck:* legem *b* 9 prae doloris *b:* predoris *P* 14 conuersis *Vonck:* conuersi *Pb* 18 Deum *Drusius coll. Exod. 3, 6* 19 dominationẽ *P* || iret ergo *P:* iter ergo susciperet *b* 21 potestatẽ *P* 30 scyniphibus (*ex Graeco σκνίψ*) *P*, cyniphibus *b*, ciniphibus *uulgo*

phibus terra oppleta est, Chaldaeis fatentibus maiestate diuina ista
5 fieri. tum rex malo coactus, aduocato ad se Moyse et Aaron, dat
populo discedendi potestatem, modo ut superductam cladem auer-
6 terent. sed ubi clades exempta est, impotens sui animus, in se
reuersus, exire, ut conuenerat, Israelitas non patiebatur. ad
extremum decem plagis corporis et regni sui contusus et euic-
tus est.

15 Sed pridie quam Aegypto populus egressus est, mandatis Dei
instruitur rudis adhuc temporum, mensem illum, qui tunc erat,
primum omnium mensium esse cognosceret: sacrificium autem
diei illius in sollemnitatem consequentium saeculorum ita esse
celebrandum, ut quarta decima die mensis agnus inmaculatus, anni-
culus, uictima caederetur, eiusdem sanguine postes illinirentur:
carnem penitus exedendam, os autem non conterendum: septem
diebus fermento abstinerent, azymis uterentur, ritumque hunc
2 posteris traderent. ita populus egressus diues et suis copiis et
Aegypti spoliis cumulatior: cuius numerus ex quinque et septua-
ginta Hebraeis, qui primi in Aegyptum descenderant, ad milia
uirorum sescenta peruenerat...ab eo autem, quo primum Abraham
terram Chananaeorum accesserat, anno trigesimo et quadringen-
tesimo, a diluuio autem mille quingentis quinque et septuaginta.
3 igitur propere egressis columna nubis interdiu, noctu columna
ignis praeferebatur. sed cum ob interiectum sinum rubri maris
praeter terram Phylistiim uia duceret, ne postea Hebraeis eremum
aspernantibus redeundi in Aegyptum continentibus terris noto
itinere facultas panderetur, nutu Dei auersi in rubrum mare illati
4 sunt castraque ibi cunctantes constituerunt. quod ubi regi nuntia-

4 Exod. 9—11 7 Exod. 12 sq. 19 Exod. 12. 23 Exod. 14.

1 fatentibus *b:* facientibus *P* 2 moysen *P* 3 populũ *P* 5 israhelitas *P* 8 pridic *de Prato:* pridem *P*, prius *b* || est egressus *b* 9 Domini *b* 11 solennitatem *b* 16 dives et *P:* et *om. b* || et] ex *P* 18 primi in *scripsi:* primum *Pb* 19 sexcenta *b* || peruenerat *Pb:* peruenerant *edd. priores pleraeque* || ab eo autem] *nisi malis Vorstium secutus* ab eo tempore *scribere, uerum de Prato uidisse existimandus est, qui hic enuntiatum intercidisse statuit, quod sic explere conatus est:* peruenerat [id factum post annos ccv ab eo tempore quo Jacob in Aegyptum peruenerat:] ab eo autem *etc.* 24 Philistiim *de Prato (secundum Graecum* Φυλιστιείμ*),* phylistim *P*, Philistim *b* || heremum *P*

tum est, Hebraeum populum uiae errore in obiectum mare deue-
nisse, nullum ei esse exitum obsistente elemento, furens animi, quo-
niam angebatur, tot hominum milia regno suo et potestati decedere,
exercitum propere educit. iamque eminus arma signaque et pro- 5
tentae patentibus late campis acies uisebantur, cum Hebraeis metu
trepidis et caelum aspectantibus Moyses a Deo monitus percussum
uirga mare discidit. ita populo, cedentibus in latera aquis, uelut 6
in continenti iter peruium fuit. nec cunctatus rex Aegyptius ceden-
tes insequi mare, qua patebat, ingressus: mox coëuntibus aquis
cum omni exercitu deletus est.

Tunc Moyses incolumitate suorum, exitio hostium uirtute **16**
exultans canticum Deo cecinit, idemque omnis turba uirilis ac
muliebris sexus fecit. sed ingressos eremum, cum iam per tri- 2
duum iter agerent, aquae penuria urgebat, repertaque ob amaritudi-
nem usui non erat. ac tum primum impatientis populi contumacia 3
apparuit iamque in Moysen ferebatur, cum edoctus a Deo lignum
aquis intulit, cuius haec uis fuit, ut dulcem saporem fluentis red-
deret. exin promotum agmen apud Elim duodecim fontibus aqua- 4
rum et septuaginta arboribus palmarum repertis consedit. rursum
populus famem conquerens Moysen increpabat, Aegypti seruitium
cum saturitate uentris desiderans: tum grex coturnicum superne
missus castra oppleuit. postero autem die animaduertunt qui extra 5
castra processerant, paruis quibusdam siliquis oppletum solum:
quarum species in modum coriandri seminis glaciali albitudine
erat, ut crebro hibernis mensibus superductis pruinis tegi terram 6
uidemus. tum per Moysen populus admonetur, panem hunc eis
munere missum Dei: unumquemque in id paratis uasculis tantum

11 Exod. 15. 19 Exod. 16.

2 *fort.* nec ullum 3 quoniam *scripsi:* quo *Pb* (*pro* quō), quod *de Prato* 4 excercitum *P, item v. 10* excercitu 7 *verba* uelut — aegyptius *P in litura scripta habet, sed prima manu* 11 incolumitate suorum, exitio hostium *b*: incolumitate exitium hostium *P*, *an* ob incolumitatem suorum et exitium h. ? || uirtute *P:* uirtuteque *b*, uirtuteque Dei *Sigonius* 12 Domino *b* 13 mulieris *P* || ingressus *P*, *em. Sigonius* || heremum *P* 15 impatentis (*non* impatientis) *P*, impotentis *b* || contumatia *P* 19 arborum *Pb*, *em. Sigonius; cf. 1, 27, 3* oliuarum arbores exustae 21 tum rex coturnuscum *P*, *em. in b* 24 albedine *b* 26 pannem *P*

usurpare debere, quantum in diem unum pro numero singulis satis esset: sexto tamen die, quia sabbato colligi non liceret, duplum
7 praesumerent. uerum populus, ut semper parum dicto audiens, more humani ingenii non refrenauit cupiditatem, ex reconditis in posterum quoque diem consulens. sed reposita foetore diro in uer-
8 mes efferuescebant, cum die sexto in sabbatum reseruata integra permanerent. hoc Hebraei per XL annos cibo usi, cuius sapor melli proximus: nomen manna traditur. in testimonium autem diuini muneris reseruasse Moyses gomor plenum in uase aureo dicitur.

17 Inde progressus populus, cum aquae penuria temptaretur, aegre ab exitio ducis temperabat. tum Moyses mandante Domino apud locum, cui Choreb nomen est, uirga petram percutiens large
2 aquae copiam fecit. sed ubi Raphidin peruentum, Amalecitae populum incursionibus uastabant. Moyses suis in proelium eductis, cum Iesum bellantibus praefecisset, assumpto Aaron et Vr spectator pugnae futurus, simul precandi Dominum gratia, montem conscendit. sed cum dubio euentu acies concurrissent, Moysi precibus
3 uictor Iesus hostes in noctem cecidit. per idem tempus Iothor, Moysi socer, cum filia Sepphora, quae Moysi nupta, proficiscente in Aegyptum uiro, domi resederat, liberisque eius, cognitis rebus
4 quae per Moysen gerebantur, ad eum uenit. huius consilio Moyses ordines populi distribuit: tribunos centurionesque et decuriones praeficiens necessarium disciplinae ritum posteris tradidit: Iothor
5 in patriam regressus. exin ad Sinam montem peruentum. ibi Moyses a Domino monetur, populus ut sanctificaretur, auditurus Dei uoces: idque sollicite curatum. sed ubi Deus monti institit, ualidis tubarum clangoribus aër quatiebatur, crassaeque nubes
6 crebris cum fulminibus aduoluebantur. sed Moyses et Aaron in

11 Exod. 17. 19 Exod. 18. 25 Exod. 19.

1 pro numero domesticorum (*uel* familiae) *malebat de Prato* 5 fetore *P* 7 cibo sunt usi *b* || cuius *b:* cũ *P* (*pro* cui', *ut* cuius *semper scriptum est)* 8 tradit *P* 9 diuini *b:* diluuii *P* 12 teperabat *P* 13 Choreb *Exod. 17, 6:* chreph *P*, Oreb *b* 14 amalechitae *Pb* 15 uexabant *malebat Sigonius* 16 Ὢρ *LXX* 19 hiesus *P* 19 *et* 24 Jethro *b* 23 distribuit et *malebat de Prato (ad 1, 25 pag. 41)* 25 synam *P* 26 sanctificaret *P* 29 fluminibus *P*

montis cacumine Dominum propter, populus circa ima montis con-
stitit. ita lex lata multiplex et copiosa Dei uerbis, et saepe repe-
tita: cuius si quis erit curiosior, fontem ipsum adeat, nos eam
breuiter perstringimus. Non erunt, inquit, tibi dii alieni praeter 7
me: non facies tibi idolum: non sumes nomen Dei tui in uanum:
sabbato nullum opus facies: honorifica patrem tuum et matrem
tuam: *non occides*: non moechaberis: non furtum facies: non fal-
sum testimonium dices aduersus proximum tuum: non concu-
pisces quicquam proximi tui.

His a Deo dictis, cum tubae circumstreperent, lampades in- **18**
ardescerent, montem fumus obtegeret, populus prae timore inhor-
ruit, uerba Dei non sustinens: poposcitque a Moyse, ut ipsi tantum
loqueretur Deus atque ita audita ad populum referret. edicta au- 2
tem Dei ad Moysen istius modi sunt: Hebraeus puer pecunia
emptus sex annis seruiet, post haec liber erit: sponte autem per-
manenti in seruitute auris forabitur. qui hominem occiderit, capite
poenas luet: qui imprudens, rite exul erit. qui patrem matremue
pulsauerit conuiciumue eis dixerit, capitali supplicio afficitor. si 3
quis Hebraeum subreptum uendiderit, morti dabitur. si quis ser-
uum proprium seruamue percusserit exque eo ictu obierit, reus in
iudicio fiet. si quis partum non deformatum mulieri excusserit . . .
neci dabitur. si quis seruo oculum aut dentem extorserit, seruus
uindicta liberabitur. taurus si hominem occiderit, lapidabitur: si 4
dominus sciens bestiae uitium non consuluerit, et ipse lapidabitur,
aut pretio se redimat, in quantum accusator poposcerit. si seruum
taurus occiderit, in triginta didrachmis pecunia domino numera-
bitur. si quis defossum lacum non cooperuerit pecusque in lacum 5

2 Exod. 20. 14 Exod. 21.

4 Dei alieni *b* 5 sūmes *P* 7 non occides *om. P* 13 Dominus *b* 16 qui prudens hominem *Sigonius* 18 conuiciumque *Pb*, *em. de Prato* || afficitur *P* 20 isque *malebat Vonck* || in *om. b* 21 excusserit] *Exod. 21, 22: Ἐὰν δὲ μάχωνται δύο ἄνδρες καὶ πατάξωσι γυναῖκα ἐν γαστρὶ ἔχουσαν, καὶ ἐξέλθῃ τὸ παιδίον αὐτῆς μὴ ἐξεικονισμένον, ἐπιζήμιον ζημιωθήσεται· καθότι ἂν ἐπιβάλῃ ὁ ἀνὴρ τῆς γυναικός, δώσει μετὰ ἀξιώματος. ἐὰν δὲ ἐξεικονισμένον ᾖ, δώσει ψυχὴν ἀντὶ ψυχῆς. Suppleuit de Prato secundum Drusium:* si quis partum non deformatum mulieri excusserit, [multam pendet; si deformatum] neci dabitur. 26 dragmis *P*, *em. Drusius ex LXX Exod. 21, 32*

ceciderit, pretium pecudis domino dabit. si taurus alterius taurum
occiderit, pecus uenumdabitur pretiumque domini partientur, per-
emptum etiam diuident. quod si dominus uitium tauri sciens non
6 consuluerit, taurum dabit. si quis uitulum subripuerit, quinque
restituet: si ouem subripuerit, quadrupli poena erit: si uiua penes
abactorem pecora reperientur, dupla restituet. nocturnum furem
occidi licet, diurnum non licet. si cuius pecora alterius sata depa-
uerint, dominus pecoris euersa restituet. si depositum perierit, is,
penes quem depositum fuit, iurabit nihil se dolo egisse. fur inuen-
tus duplum dabit. commendatum pecus a bestia interceptum non
7 restituetur. si quis uirginem nondum desponsatam corruperit, do-
tabit puellam et ita eam uxorem accipiet: si pater puellae nuptias
recusauerit, dotem raptor dabit. si quis se pecudi miscuerit, morti
8 dabitur. sacrificans idolis pereat. uiduam et orphanum non pre-
mendos: pauperem debitorem non perurguendum, nec usuram po-
scendam: vestimentum pauperis pro pignore non accipiendum.
principem populi non increpandum. primogenita omnia Deo offe-
renda. carnem a fera captam non edendam. coitiones in testimo-
nium falsum aut in quamcunque malitiam non esse faciendas. [ini-
mici pecus errans non praeteribis, sed reduces. si animal inimici
9 succubuisse oneri inueneris, erigere debebis. innocentem et iustum
non occides. non iustificabis impium pro muneribus.] munera non
accipienda. aduenam benigne habendum. sex diebus opus facien-
dum, sabbato requiescendum. fructus septimi anni non metendos,
sed pauperibus et egenis relinquendos.

19 Haec fere Moyses ad populum verba Dei retulit altariumque
2 ex duodecim lapidibus sub monte constituit. ac rursum montem,
in quo Deus consistebat, conscendit, adhibito secum Aaron, Nabad

18 Exod. 23. 27 Exod. 24.

1 si taurus alicuius alterius taurum *malebat Vorstius, ut est in LXX Exod. 21, 35: ἐὰν δὲ κερατίσῃ τινὸς ταῦρος τὸν ταῦρον τοῦ πλησίον* 2 uenũndabitur *P* 4 non concluserit *Latinus Latinius, at u. ind.* 5 subripuerit (*post* ouem) *redundare uidetur* 10 a bestia *P:* ab hoste *Sigonius* 14 orfanum *P* 15 perurgendum *b* 17 Domino *b* 18 edendum *P* 19 in quacunque malitia *Pb, em. Vonck et de Prato* 20 inimici — muneribus] *haec spuria esse intellexit Bernays, über die Chronik des Sulp. Sev. p. 35 sq.* 25 pauperibus gentis *Bernays p. 41 n. 56* 28 Dominus *b* || adhybito *P* || Nadab *Drusius*

et Abiud maioribusque natu septuaginta. sed hi non ualentes Do-
minum intueri, locum tamen, in quo Deus stabat, uiderunt: cuius
mirabilis forma et claritudo eximia refertur. Moyses accersitus
autem a Deo interiorem nubem, quae circum Deum steterat, in-
gressus, quadraginta diebus totidemque noctibus ibi fuisse tradi-
tur. quo tempore super aedificando tabernaculo atque arca rituque 3
sacrificandi edoctus uerbis Dei est: quae ego, quia prolixa admo-
dum uidebantur, inserenda huic tam praeciso operi non putaui. sed 4
immorante diutius Moyse, quippe qui XL dies apud Dominum du-
ceret, populus desperato eius reditu Aaron compulit simulacra fa-
cere. tunc ex metallis conflatis uituli caput extitit. cui cum popu- 5
lus, Dei immemor, hostias obtulisset uinoque se et uentri dedisset,
Deus spectans haec iusto dolore improbum populum nisi a Moyse
exoratus delesset. sed regressus Moyses, cum duas ex lapide ta- 6
bulas manu Dei scriptas detulisset, populumque luxui et sacrilegio
deditum deprehendisset, tabulas confregit, indignam esse gentem
existimans, cui lex Domini traderetur. multis tamen increpitos
Leuitas ad se gregauit eisdemque praecepit, ut districtis gladiis
populum caederent. quo impetu XX tria milia uirorum perempta
traduntur. tum Moyses tabernaculum extra castra constituit: quod 7
quotiens fuisset ingressus, columna nubis astare pro foribus uise-
batur coramque ad Moysen Deus loquebatur. poscente autem Moyse 8
ut Dominum in maiestate propria uideret, responsum formam Dei
mortalibus oculis perspici non posse, posteriora tamen eius uidere
concessum: tabulaeque, quas Moyses prius confregerat, refectae.
sed in hoc colloquio Dei XL diebus diuersatus apud Dominum
Moyses traditur. cumque de monte descenderet tabulas praeferens, 9
tanta claritudine facies eius renidebat, ut intueri eum populus non

3 Exod. 25—31. 9 Exod. 32. 20 Exod. 33. 27 Exod. 34.

1 ualentes *P ut coni. Sigonius:* uolentes *b* 2 Dominus *b* 3 Moyses autem accersitus a Domino *b* 4 Dominum *b* 12 Domini *b*, item u. 15 13 deus spectans *scripsi:* despectans *P* (despectans haec iusto dolore Deus *b*) 14 exoratus *P:* fuisset exoratus *b* 15 manũ *P* 17 increpitos *Drusius (cf. 2,10,4):* increpitis *Pb; 'historiae ueritas suaderet legendum:* multis t. Aarone increpito' *de Prato* 18 gregauit *P:* aggregauit *b* || *immo* destrictis 19 .XX. tria milia *P*, tria milia *malebat Vorstius cum textu Hebr. et LXX (Exod. 32, 28), sed est in Vulg.* XXIII m. 22 Dominus *b* 26 sed *Pb:* et *Vonck*

ualeret. sed cum mandata Dei relaturus esset, uultum uelamento
obtexit, atque ita ad populum uerbis Dei locutus est. hoc in loco
tabernaculum interiorumque eius aedificatio referetur. quo con-
10 summato nubes superne decidit atque ita tabernaculum obumbra-
uit, ut ipsum Moysen aditu excluderet. haec fere duobus libris,
Genesi atque Exodo, continentur.

20 Exin Leuiticus liber sequitur, in quo litandi praecepta tradun-
tur, mandata etiam latae superius legi adduntur, plena omnia sacer-
dotalibus institutis. quae si quis cognoscere uolet, perfectius inde
capiet. nos enim suscepti operis modum custodientes solam histo-
2 riam persequimur. Igitur Leui tribu in sacerdotium segregata re-
3 liquae tribus dinumeratae repertaque hominum $\overline{\text{DC}}$ et $\overline{\text{III}}$ D. cum
ergo populus mannae cibo, ut supra retulimus, uteretur, tot tan-
tisque beneficiis Dei, ut semper, ingratus uiles, quibus in Aegypto
4 assueuerat, desiderabat. tum Deus inmensam copiam coturni-
cum castris intulit: quas cum auide diriperent, primoribus labiis
admotis carnibus interibant. magnaque eo die in castris clades fuit,
adeo ut $\overline{\text{XX}}$ et $\overline{\text{III}}$ virorum perisse tradantur. ita populus eo, quem
5 desiderabat, cibo punitus est. inde promotum agmen et in Faran
uentum est: edoctusque a Deo Moyses, uicinam esse terram, cuius
possessionem eis promiserat Deus, exploratoribus in eam missis
renuntiatur, felicem omni copia esse regionem, sed gentes ualidas
6 et munita ingentibus muris oppida. quod ubi populo compertum,
magna mentes omnium formido incesserat: eoque mali uentum,

11 Num. 1 sqq. 14 Num. 11. 17 Num. 12, sq. 22 Num. 14.

2 Domini *b* 3 tabernaculū *P:* tabernaculi *b* || referetur *P:* refertur *b, quo recepto* hoc in loco *interpretantur 'scilicet ab Exodi cap. 35 usque ad finem libri'. Quodsi codicis scriptura uera est, adnotationem Seueri de re habemus, quam exsecuturus erat, sed incertum qua causa praetermisit* 8 legi *Vonck:* legis *Pb* 10 hystoriam *P* 11 persequimur] *sic P, non* prosequimur, *ut ait de Prato* 12 .$\overline{\text{DC}}$. et .III. .D. *P,* DC et III M *b; nos scripsimus* $\overline{\text{III}}$ *addito signo millenario, ut iam sit numerus hominum 603,500; in quarto libro Pentateuchi (Num. 1, 46) numerus est 603 milia et 550* 15 desiderabat *P* (*sc.* cibos): dapes desiderabat *b* || Dominus *b, item u. 21* 17 clades in castris *b* 18 .$\overline{\text{XX}}$. et .$\overline{\text{III}}$. uirorum *P:* XX et III virorum millia *b* || perisse traduntur *P,* periisse tradantur *b* 19 desiderauerat *de Prato* 20 a Domino *b* 21 ei *malebat de Prato*

ut spreto Moysi imperio ducem sibi constituere pararent, cuius
ductu in Aegyptum reuerterentur. tum Iesus et Chaleb, qui inter 7
exploratores terrae fuerant, conscissis uestibus flentes populum
obtestantur, ne exploratoribus credant, formidolosa referentibus:
se quoque una cum his fuisse, nihil metuendum in solo illo rep-
perisse: promissis illos Dei confidere oportere, hostes praedae po- 8
tius quam exitio fore. sed gens indomita, sanis consiliis male re-
nitens, in perniciem eorum ferebatur. quis rebus commotus Deus
partem populi hostibus caedendam obiecit, exploratoribus inter-
fectis ad uulgi formidinem.

Secuta est eorum contumacia, qui se Dathan et Abiron du- **21**
cibus aduersum Moysen et Aaron erigere conati sunt: sed eos uiuos
hiatu suo terra obsorbuit. nec multo post totius populi in Moysen 2
et Aaron orta seditio est, adeo ut tabernaculum, quod erat nefas
ni sacerdotibus introire, irrumperent. tum uero cateruatim in eos
grassata mors est: momentoque omnes interissent, nisi Moysi pre-
cibus placatus Dominus cladem auertisset. numerus tamen per-
emptorum septingenti et XIIII milia fuit. nec multo post ob aquae 3
penuriam, ut iam saepius, populi exorta seditio est. tum Moyses
a Deo monitus, ut petram uirga feriret, familiari sibi experimento,
siquidem id iam ante fecisset, semel atque iterum petram percus-
sit, atque ita aqua effluxit. in quo quidem notatus a Deo Moyses
refertur, quod per diffidentiam non nisi iterato ictu aquam edu-
xerit: denique ob hoc peccatum promissam sibi terram non in-
gressus est, sicut inferius ostendam. igitur Moyses ex eo loco pro- 4
mouens, cum praeter Edom agmen ducere pararet, missis ad re-
gem legatis transeundi copiam poposcit, ob ius sanguinis bello abs-
tinendum ratus: etenim gens illa Esau progenies erat. sed rex
supplices aspernatus transitum negauit, paratus armis contendere.

11 Num. 16 sq. 13 Num. 20.

1 spreto *b:* exp̃to *P* 2 Tunc *b* 5 unã *P* || nibil *P* || reperisse *b* 8 in perniciem suam *Drusius et de Prato; at refertur* eorum *ad Jesum et Chalebum, u. Num. 14, 10* || queis rebus commotus Dominus *b* 9 obiecit. Exploratoribus *b et edd. priores; uerborum distinctionem emendauit de Prato* 11 contumatia *P* || Abirom *Drusius* 13 obsorbuit *P:* absorbuit *b* 15 ni *P:* nisi *b* 18 .DCC. et .XIIII. milia *P* 19 Tunc Moises a Domino *b* 20 familiare *P* 22 a Domino *b* 26 ducere *de Prato:* educere *Pb*

5 tum Moyses in Or montem iter conuertit, uetita uia abstinens, ne
quam inter consanguineos causam belli praeberet, in eoque cursu
regem gentis Chananaeorum deleuit. Seon quoque regem Amor-
raeorum perculit omnibusque eorum oppidis potitus est: Basan
etiam et Balac reges deuicit. castra super Iordanem haud longe
ab Iericho molitus est. tum aduersus Madianitas certatum uicti-
6 que et subacti sunt. Moyses mortuus est, cum XL in deserto annos
populo praefuisset. ceterum Hebraei ob hanc causam tanto tem-
pore in eremo fuisse traduntur, donec omnes, qui uerbis Dei non
crediderant, interirent. excepto enim Iesu et Chaleb nemo ultra
7 XX annos natus, Aegypto profectus, Iordanem transiit. ipse
Moyses ut terram promissam uideret tantum nec contingeret, pec-
cato eius adscribitur, quod eo tempore, quo saxum ferire et aquam
producere praeceptus est, post tot uirtutum suarum experimenta
8 dubitauerit. decessit autem anno aetatis uigesimo et centesimo. de
sepulchri loco parum compertum.

22 Moyse mortuo summa rerum penes Iesum Naue filium erat:
etenim illum sibi Moyses successorem constituerat, uirum uirtu-
2 tibus sui simillimum. principio autem suscepti imperii dimissis
per castra nuntiis populum certiorem facit frumentum uti para-
3 rent, triduoque proximo iter pronuntiat. sed Iordanis flumen uali-
dissimum transitum prohibebat, quia neque nauium copia pro
tempore erat neque uadari fluuius poterat, qui tum pleno alueo
ferebatur. igitur arcam praeferri a sacerdotibus eosdemque aduerso
flumine consistere iubet, quo facto incisus Iordanis traditur: ita
4 per siccum copiae traductae. erat in his locis oppidum nomine
Iericho, muris ualidissimis munitum neque expugnationi neque

2 Num. 21 et Deut. 3, 20. 3 Num. 22 sqq. 7 Num. 31. Deut. 34. 11 Deut. 32. 17 Jos. 1. 24 Jos. 3.

1 in Hor m. *Drusius* || ne quam *b*: nequaquã *P* 2 in eoque *de Prato:* in eo quoque *Pb* 3 amorreorum *Pb* 4 omnibusque *Vonck:* omniumque *Pb* 5 etiam *Pb: quoque edd. pleraeque* || castra *P:* et castra *b* 6 iericho *P, sed infra c. 22* hiericho || Tunc *b* 9 heremo *P*

13 asscribitur *P* 15 de sepulchri loco *b:* depulchro loco *P* 17 Moyses *P ante rasuram* || Naue] *Ναυῆ in LXX corruptum esse ex Ναῦν notauit Drusius* 19 sui simillimum *Sigonius:* suis simillimum *Pb* 21 flumen uadosissimum *malebat de Prato* 26 erant *P* 27 Hiericho *Pb*

obsidioni facile. sed Iesus Deo fretus, non armis aut uiribus urbem
aggressus, ferri arcam Dei circa muros iubet sacerdotesque prae-
ire arcam et tuba canere. sed cum arca septies circumacta esset,
muri ac turres conciderunt, direptum oppidum atque incensum.
tum Iesus Deum traditur . . . inde aduersus Geth ductus exercitus, 5
locatisque a tergo urbis insidiis, Iesus metum simulans, terga
hosti dedit. quo uiso qui in oppido erant patentibus portis ceden-
tibus instare. ita hi, qui in insidiis fuerant, uacuam urbem cepere,
caesique omnes absque ullius effugio: rex captus summoque sup-
plicio affectus.

Quod ubi uicinarum gentium regibus compertum est, in **23**
bellum conspirant Hebraeos armis depellere. uerum Gabaonitae,
gens ualida ex urbe opulenta, ultro se Hebraeis dediderunt, iussa
facturos pollicentes, receptique in fidem: ut ligna et aquam con-
ueherent imperatum. sed regibus proximarum urbium deditio eo- 2
rum iras conciuerat. itaque admotis copiis oppidum eorum Ga-
baoth nomine obsidione circumsistunt. igitur oppidani, artis rebus
suis, nuntios ad Iesum mittunt, obsessis uti succurreret. ita ille 3
maturato itinere inopinantibus superuenit caesaque ad internecio-
nem multa hostium milia. cum dies caedentes deficeret noxque uictis
futura praesidio uideretur, merito fidei dux Hebraeus noctem auer-
tit, dies perseuerauit: ita nullum hostibus effugium fuit. quinque
reges capti interfecti sunt. eodem impetu uicinae quoque urbes
imperio adiectae regesque earum perempti. uerum quia omnia haec 4
in ordinem persequi non fuit consilium, dum breuitati studemus,

1 Jos. 6. 5 Jos. 8. 11 Jos. 9. 16 Jos. 10. 23 Jos. 11. 24 Jos. 12.

1 facilis *Pb* || Domino *b* 3 circumacta *P:* circumlata *b* 4 turres *Pb:* turris *edd. multae uitiose* 5 Dominum *b* || traditur] *supplet Galesinius ex Josuae cap. 6, 26:* Tum Jesus Dominum traditur allocutus, iis male precando, qui Hierichon oppidum ope diuina disturbatum instaurare aggrederentur. || Geth *Pb:* Gai *de Prato (praeeunte Drusio) cum graecis Bibliis et Hieronymo de locis Palestinae* || excercitus *P* 12 '*mallem tantum uel* in bellum conspirant *uel* conspirant H. armis depellere' de Prato; *cf. II, 11, 4* 13 dediderunt *Galesinius:* dederunt *Pb* 14 *malim* receptisque in fidem . . imperatum 16 Gabaoth *Pb:* Gabaon *Drusius* 17 artis *P :* arctis *b* 18 nuntiiss *(sic) P* || succurret *P* 19 internecionem | ulta *P*

id modo annotandum curauimus, XX et nouem regna imperio
Hebraeorum subiecta: quorum terra per undecim tribus uiritim
distributa est. Leuitis enim in sacerdotium assumptis nulla portio
5 data, quo liberius seruirent Deo. equidem hoc exemplum non ta-
citus praeterierim, legendumque ministris ecclesiarum libenter
ingesserim. etenim praecepti huius non solum immemores, sed
etiam ignari mihi uidentur: tanta hoc tempore animos eorum ha-
bendi cupido ueluti tabes incessit. inhiant possessionibus, praedia
excolunt, auro incubant, emunt uenduntque, quaestui per omnia
6 student. at si qui melioris propositi uidentur, neque possidentes
neque negotiantes, quod est multo turpius, sedentes munera expec-
tant, atque omne uitae decus mercede corruptum habent, dum
7 quasi uenalem praeferunt sanctitatem. sed longius quam uolui
egressus sum, dum me temporum nostrorum piget taedetque: ad
inceptum redeo. igitur, ut supra dixi, diuiso per tribus captiuo
solo, pace summa Hebraei perfruebantur, finitimis bello territis
8 tot uictoriis nobiles armis temptare. eodem tractu Iesus mortuus
est, anno aetatis decimo et centesimo. de imperii autem eius tem-
pore parum definio: frequens tamen opinio est, XX et VII annis
eum Hebraeis praefuisse. quod si ita est, a mundi exordio in ex-
cessum eius anni sunt $\overline{\text{III}}$ D CCC LXXX et IIII.

24 Iesu mortuo populus sine duce agebat. sed cum aduersus Cha-
nanaeos bellandum esset, dux belli Iudas assumptus est. huius
ductu res prospere gestae: domi militiaeque summum otium:
populus subactis aut per deditionem acceptis gentibus imperitabat.
2 inde, ut semper fieri secundis rebus solet, morum disciplinaeque
immemor matrimonia ex uictis assumere paulatimque externos
mores trahere ac mox profano ritu idolis sacrificare occepit: adeo

3 Jos. 13. sqq. 15 Jos. 23. 24. 22 Jud. 1.

1 XXXI *Sigonius coll. Jos. 12, 24.* 2 terra per undecim tribus uiritim *b:* trib; per undecim tribus uirtutem *P; uerum erat* per XII tribus, *sed uidetur error ipsius Seueri* 6 immoemores *P* 7 labendi *P* 15 incoeptum *Pb* 17 armis nemine audente tentare *b ex interpolatione* || tractu temporis *malebat de Prato,* temporum tractu *Vonck coll. I, 13. II, 5. 9. 12. 33.* 21 $\overline{\text{III}}$ *P, ut coni. Giselinus:* M *b* 22 chananeos *P* 23 Juda *coni. Drusius, quoniam de tribu sermo est* 25 populus aut subactis *b* 27 assumere *b:* assumpsere *P*

cuncta cum externis societas perniciosa est. quae Deus longo ante
prospiciens salubri Hebraeos responso instruxerat, deuictas gentes
ut internecioni darent. sed plebs cupida dominandi imperare vic-
tis cum pernicie malebat. igitur cum relicto Deo idola colerent, 3
destituti diuino auxilio, a rege Mesopotamiae euicti et subacti
VIII annis captiuitatem pependerunt, donec Gothoniel duce in li-
bertatem restituti per quinquaginta annos rerum potiti sunt. rur- 4
sumque corrupti longae pacis malo idolis litauerunt. moxque ade-
rat poena peccantibus: ab Eglom rege Moabitarum deuicti duo-
deuiginti annis seruierunt, donec instinctu Dei Aod regem hostium
dolo interemit contractoque tumultuario exercitu libertatem armis
uindicauit. idem per LXXX annos in pace Hebraeis praefuit. huic
Semigar successit: isque aduersus Allophylos congressus secun-
dum euentu proelium fecit. rursumque Hebraeos sectantes idola 5
rex Chananaeorum Iabin nomine subiugauit grauissimamque in
eos per XX annos dominationem exercuit, donec pristinum Deb-
bora mulier statum reddidit. adeo nihil spei in eorum ducibus
erat, ut muliebri auxilio defenderentur. quamquam haec in typum
ecclesiae [forma] praemissa sit, cuius auxilio captiuitas depulsa
est. sub hac duce uel iudice XL annis Hebraei fuerunt. rursumque 6
ob peccata Madianitis traditi duro imperio habebantur, afflictique
malo seruitutis diuinum auxilium implorauerunt. ita semper in
secundis rebus immemores caelestium beneficiorum idolis suppli-
cabant, in aduersis Deo. unde cum reputare in animo soleo, po- 7
pulum tot beneficiis Dei obligatum, tot cladibus cum peccaret
coercitum, expertumque et misericordiam et seueritatem Dei ne-
quaquam emendatum, et cum semper ueniam erroris acciperet,
semper peccasse post ueniam, nihil mirum uideri potest Christum

4 Jud. 3. 14 Jud. 4 sq. 20 Jud. 5.

1 pernitiosa *P, item u. 4* pernitie || longo *P*: longe *b* 3 internetioni *P* 5 *malim* Mesopotamiae uicti 6 VIII *Vorstius (cf. Jud. 3, 8):* VII *Pb* || libertate *P* 7 quadraginta *Judicum 3, 11, cf. de Prato ad h. l.* 9 Eglom *Vorstius:* eglo *P* (ab Eglo enim rege *b*) 10 intinctu *P* || Aod *Drusius:* Adon *Pb* 11 exercitui *P* 13 Samegar *LXX et August. Quaest. 25 in lib. Jud.* || isque *P* (*corr. 1 m. ex* icque): hicque *b* || aduersum *P corr.* || allofilos *P* || secundo euentu *Drusius* 19 forma *J. C. Hofmeisterus (in ed. Tiguri 1708) glossema esse uidit* || est depulsa *b* 23 coelestium *b* 25 Deo *malebat de Prato*

ab his non receptum, cum iam inde ab initio totiens in Domino rebelles deprehendantur: magisque mirum est, illis semper peccantibus numquam Dei, si quando eum implorauerunt, defuisse clementiam.

25 Igitur cum eis, ut supra retulimus, Madianitae dominarentur, conuersi ad Dominum, misericordiam solitam flagitantes,
2 impetrauerunt. erat in Hebraeis Gedeon quidam nomine, uir iustus
et carus Deo acceptusque. huic angelus de campo messis domum
reuertenti astitit et 'Dominus' inquit 'tecum, potens in uirtute'.
3 at ille uoce humili non esse in se Deum ingemescebat, siquidem
quod populum captiuitas premeret, uirtutumque Domini, qui eos
4 de terra Aegypti eduxerat, flens recordabatur. tum angelus 'uade'
inquit 'in hoc spiritu, quo locutus es, et populum de captiuitate eripe.' ille uero abnuere se infractis suorum uiribus, cum
ipse minimus esset, tantum onus suscipere. perstare angelus, ne
5 dubitaret posse fieri, quae Deus loquebatur. perfecto sacrificio
dirutaque ara, quam Baalis idolo Madianitae sacrauerant, ad suos profectus castra castris hostium contulit. sed Madianitis etiam gens Amalech se coniunxerat: Gedeon uero non amplius quam ad
6 triginta et II milia exercitum parauerat. sed priusquam confligeret, Deus ad eum locutus est, nimiam esse hanc multitudinem, quam in proelium uellet educere: Hebraeos pro solita perfidia euentum pugnae non Deo, sed uirtuti suae daturos: itaque daret uolentibus discedendi potestatem. quod ubi populo diuulgatum, XX et II a castris recesserunt. sed ex decem milibus, quae rese-
7 derant, admonitus a Deo non amplius quam trecentos tenuit: reliquos ab armis dimisit. ita media uigilia castra hostium ingressus, iussis omnibus tuba canere, magnum terrorem iniecit: neque cuiquam resistendi animus fuit: turpi fuga quo quisque potuit dilapsi.

19 Jud. 7.

1 non esse receptum *b* || toties *b* || in Dominum *Vorstius* 8 Domino *b* 9 et *addidit Vorstius* || inquid *P* 10 Dominum ingemiscebat *b* || siquidem populum *Giselinus* 14 abnuere in se *Hornius; si quid mutandum, potius* se *delendum uidetur* 15 perstare *P:* perstare contra *b* 16 Dominus *b* || perfecto *P:* perfecto igitur *b* 17 bachili *P corr. in* bachali 18 perfectus *P* 19 Amalec *Drusius* 20 II milia] II *P* 22 prꝫlio *P* || solitā *P* 26 a Domino *b* 29 quisque *b:* quisquā *P* || dilapsi *P:* dilapsis *b*

sed occurrentibus omni ex parte Hebraeis passim fugientes cadunt.
reges Gedeon persecutus ultra Iordanem, comprehensos neci dedit.
ea pugna $\overline{\text{C}}$ et $\overline{\text{XX}}$ ex hostibus caesa, $\overline{\text{XV}}$ capta traduntur. tum 8
consensu omnium Gedeoni, ut princeps populi esset, delatum.
quod ille aspernatus communi iure cum ciuibus uiuere quam
praeesse suis maluit. depulsa igitur captiuitate, quae septem
annos populum continuerat, pax per XL annos fuit.

Sed defuncto Gedeon filius eius Abimelech, ex concubina **26**
ortus, fratribus interemptis, pessimis quibusque consentientibus
et maxime Sicimorum principibus operam nauantibus, regnum 2
occupauit. isque discordiis ciuilibus exercitus, cum suos bello
premeret, turrim quandam, in quam se amisso oppido fugientes
receperant, expugnare aggressus, dum incautius subit, saxo a
muliere ictus periit, cum triennio imperium tenuisset. huic suc- 3
cessit Thola, qui duobus et XX annis regno potitus est. post hunc
Iair fuit, qui cum aeque uiginti et duos annos principatum obti-
nuisset, populus relicto Deo idolis se mancipauit. obque id Isra-
elitae subacti sunt ab Allophylis et Ammonitis duoque de XX
annis sub eorum imperio fuerunt. quo tempore eis Deum inuo- 4
cantibus diuinum responsum redditum est, simulacra potius inuo-
carent, se non ultra misericordiam ingratis praestiturum. at illi
flentes culpam fateri et ueniam precari, abiectisque idolis Deum
implorantes negatam licet misericordiam impetrauerunt. igitur 5
Iepta duce ad libertatem armis uindicandam frequentes conue-
niunt, missis prius ad Ammon regem legatis, finibus suis con-
tentus bello abstineret. at ille proelium non abnuens aciem in-
struxit. tum Iepta prius quam signum pugnae daretur, uouisse
dicitur, si prospere pugnasset, eum, qui sibi primus reuertenti
obuius fuisset, hostiam Deo dandum. ita uictis hostibus, cum 6

2 Jud. 8. 8 Jud. 9. 13 Jud. 10. 24 Jud. 11.

3 $\overline{\text{xv}}$ *b:* xv *P* || Tunc *b* 8 Gedeoni *b*, Gedeone *Vonck* 10 Sichimorum *b* || operam *P:* operam ei *b* 15 Thola *Galesinius:* cholias *Pb* 17 Domino *b* || israhelitae *P; item p. 30, 11* 18 ab illophilis *P* || duoq. *b:* duo *P* 19 Dominum *b* 20 diuinum *P:* diuinum scilicet *b* 22 precari ueniam *b* 24 Jephtha *Drusius* 25 Amon ad regem *P,* ad Amõ regem *b*, ad Ammonitarum regem *Vorstius,* ad regem filiorum Ammon *Drusius; at cf. 1, 35, 4* ad regem Moab || finibus *P:* ut finibus *b* 26 abstinere *P* 29 damdũ *(sic) P, sed* ũ *ex* ã *ead. m. corr.*

domum rediret, filia ei obuiam fit, quae patrem exceptura uic-
torem cum tympanis et choris laeta processerat. tum Iepta con-
sternatus, dolore conscissis uestibus, indicat filiae uoti necessi-
tatem. at illa non feminea constantia, mori non recusans, duos
tantum tamen menses uitae spatium petit, ut aequales suas prius
uideret. quibus actis ultro ad patrem rediit uotumque Deo red-
7 didit. Iepta principatum sex annis tenuit. huic Esebon successit,
et tranquillis rebus exacto imperio anno septimo decessit. postque
eum Ailon Zabulonites annis x itemque Abdon annis VIII rerum
potiti, pacis tempore nihil quod historia loqueretur ediderunt.
27 Rursum Israelitae ad idola conuersi, diuino destituti prae-
sidio, subiecti Allophylis per XL captiuitatis annos poenas per-
2 fidiae pependerunt. ea tempestate Samson natus traditur. huius
mater diu sterilis angelum uidit, dictumque ei est, uino et sicera
atque inmundis abstineret: fore uti puerum ederet libertatis uin-
dicem et hostium ultorem. ita mulier enixa puerum Samson
3 nomen ei indidit. is intonso capite mirae uirtutis fuisse traditur,
adeo ut leonem in uia obuium manu discerperet. uxorem ex Allo-
phylis habuit: quae cum absente uiro in alterius matrimonium
conuenisset, dolore ereptae coniugis perniciem genti molitus est:
fretus Deo et uiribus palam uictores clade afficiebat. CCC siquidem
uulpibus captis, ardentes lampades earum illigauit caudis atque
eas agris hostium inmisit. ac tum forte maturis messibus facile
4 incendium fuit, uineaeque et oliuarum arbores exustae. grandi
Allophylorum exitio abreptae uxoris iniuriam ultus uidebatur. quo
dolore Allophyli permoti mulierem tanti mali causam cum domo
et patre incendio consumpserunt. sed Samson parum se uindicatum
ratus, urguere omnibus incommodis profanam gentem non desine-
5 bat. tum compulsi Iudaei uinctum eum Allophylis tradiderunt:

7 Jud. 12. 11 Jud. 13. 17 Jud. 14 21 Jud. 15.

4 foeminea *b* 5 tamen *del. Fabricius, item Vonck, nisi* tantum *delendum sit* 6 rediit *Pb:* redit *edd. recentiores* || Domino *b* 7 *'Εσεβάν* LXX 8 et *b: om. P* 9 Allon *Pb, Αἰλών LXX,* Ahialon *uulgo* 12 allophilis *P et sic infra semper* allophili 14 dictuque *P* || sicera *P, sed* s *eadem m. ex* c *corr.* 17 fuisse *Pb: om. edd. recentt. pleraeque* 21 Domino *b* || uictoris *P* 23 immisit. At tum *b* 28 urgere *b*

sed traditus ruptis uinculis, arrepto osse asini, quod casus telum
dederat, mille ex hostibus prostrauit. ingrauescente autem aestu,
cum siti affectus esset, inuocato Deo ex osse, quod manu tene-
bat, aqua fluxit.

Ea tempestate Samson Hebraeis praeerat, Allophylis unius **28**
uirtute domitis. igitur insidiantes uitae eius nec palam eum temp-
tare audentes uxorem eius, quam ille postea acceperat, pecunia
corripiunt, uirtutem uiri uti proderet. illa eum blandimento mu- 2
liebri aggressa diu eludentem et multa cunctantem perpulit ut
indicaret, in crinibus capitis uirtutem suam subsistere. mox dor- 3
mienti insidiata crinem eius abstulit atque ita eum Allophylis
tradidit: nam saepe prius traditum comprehendere nequiuerant.
tum illi effossis oculis uinctum compedibus in carcerem conie-
cerunt. sed spatio temporis accisus crinis crescere et cum eo uirtus 4
redire occeperat. iamque Samson conscius recepti roboris tempus
modo iustae ultionis opperiebatur. erat Allophylis moris, cum dies
festos agerent, Samson quasi in pompam publicam producere, capto 5
insultantes. ita die quodam, cum publicum epulum in honorem idoli
dedissent, Samson exhiberi iubent. templum autem, in quo omnis
populus omnesque Allophylorum principes epulabantur, duabus
subnixum columnis mirae magnitudinis erat: productus Samson 6
inter columnas statuitur. tum ille tempore arrepto, inuocato prius
Domino, columnas disiecit: turbaque omnis ruina domus obruta,
ipse cum hostibus non inultus occubuit, cum XX annis Hebraeis
praefuisset. huic Simmichar successit, de quo nihil amplius scrip- 7
tura prodidit. nam neque finem imperii eius repperi et fuisse po-
pulum sine duce inuenio. ideo, cum aduersus Beniamin tribum
ciuile bellum fuit, Iudas temporarius dux belli assumptus est. sed
plerique, qui de temporibus scripserunt, annuum imperium eius
annotauerunt: plerique ita eum praeterierunt, ut post Samson

6 Jud. 16.

3 Domino *b* 6 teptare *P* 8 corripiunt *P:* corrumpunt *b* 9 multa *P:* multum *b* 10 captis *P* 14 accisos *Pb* || cum eo *P:* cum eis *b* || occoeperat *b* 18 idolis *P* 19 exhyberi *P* 21 mire *P* 25 Simmichar *Pb, at infra c. 29,* 7 Semigar 26 reperi *b* 27 ideo *b:* adeo *P* || tribuum *de Prato* 29 plerique] *immo* pauci *(uel* aliqui*); uidetur enim librarius sequens* plerique *calamo praecepisse* || annuum imperium *scripsi:* annũunũ imperiũ *P,* annum unum imperio *edd.*

Heli sacerdotem subiunxerint. nos eam rem ut parum compertam
in medio relinquemus.
29 Per haec tempora ciuile, ut diximus, bellum exarserat, causa
2 autem motus haec fuit. Leuites quidam cum concubina iter faciens,
urguente nocte compulsus in oppido Gabaa, quod ab Beniamitis
incolebatur, successerat. cum eum senex quidam hospitio benigne
recepisset, iuuenes ex oppido hospitem circumsistunt, stupro eum
3 subdere parantes. multum a sene increpiti aegreque exorati, uicario
demum concubinae eius corpore in ludibrium accepto, aduenae
pepercerunt, illusamque nocte tota postero die reddiderunt. Sed
illa — stupri iniuria an uerecundia, parum definio — uiso uiro
4 animam efflauit. tum Leuita in testimonium diri facinoris membra
eius in duodecim discissa partes per duodecim tribus misit, quo
5 promptius omnes facti inuidia commoueret. quod ubi omnibus
compertum, undecim reliquae tribus aduersum Beniamin in bel-
lum conspirant. huic bello Iudas, ut diximus, dux fuit. sed duobus
proeliis male pugnatum: tertio demum Beniamitae uicti caesique
ad internecionem: ita paucorum scelus publico exitio punitum.
6 haec quoque Iudicum uolumine continentur: Regum libri sequun-
tur. sed mihi annorum ordinem et seriem temporum persequenti
7 parum continuata uidetur historia. nam cum post Samson iudicem
Semigar fuerit, pauloque post historia consignet populum sine
iudicibus egisse, Heli etiam sacerdos libris regnorum fuisse refe-
ratur, sed quot anni inter Heli et Samson fuerint minime scrip-
tura prodiderit, uideo medii quiddam fuisse temporis, quod laboret
8 ambiguo. ceterum a die mortis Iesu usque in id tempus, quo Sam-
son defunctus est, numerantur anni CCCC et XVIIII, a mundi autem
9 exordio anni $\overline{\text{IIII}}$ CCC et III. quamquam ab hac supputatione nostra

4 Jud. 19. 15 Jud. 20 sq.

1 Eli *rectius scribi monuit Drusius* 5 urgente *b* 6 successerat *scripsi:* succederat *P*, secesserat *b; cf. 1, 35, 5* 8 parentes *P* || exorati *Sigonius:* exortati *P*, exhortati *b* 10 crediderunt *P*, *em. in b* 11 uerecundiae *Pb, em. in ed. Colon.* || patrum *P* 18 internetiońem *P* 19 regnorum *coni. de Prato, ut est infra* || sequuntur *P:* sequentur *b* 21 et 22 hystoria *P* 21 cum *P sup. lin. sed 1 manu* 23 hęli *P hic et paulo post* 24 sed *P, ut malebat Vorstius:* sed quum *b* 25 uideo] iudęo *P* 27 XVIIII *Giselinus:* VIIII *P* 28 $\overline{\text{IIII}}$ *Pb:* IV *edd. multae perperam* || III] XXIII *Sigonius*

ceteros discordare non nesciam: sed mihi conscius sum, me non
incuriose latentem annorum ordinem protulisse, donec in haec tem-
pora incidi, de quibus dubitare me fateor. nunc reliqua exequar.

Igitur, ut supra retuli, Hebraei sine iudice aut duce ullo **30**
proprio arbitrio agebant. Heli sacerdos erat: sub hoc Samuel
natus est. huic pater Elchana, mater Anna. haec diu sterilis, cum 2
conceptum a Deo peteret, uouisse traditur, si puer nasceretur, sa-
crandum Deo. ita enixum puerum Heli sacerdoti tradidit. mox
cum adoleuisset, Deus ad eum locutus est. Heli sacerdoti iram 3
denuntiat ob uitam filiorum, qui sacerdotium patris in quaestum
uerterant, munera a sacrificantibus exigentes: quamquam plerum-
que eos pater increpasse referatur, sed lenior obiurgatio non satis-
fecerat disciplinae. igitur Allophylis in Iudaeam irruentibus ob- 4
uiam itum. sed uicti Hebraei parant aciem restituere: arcam Do-
mini secum in pugnam efferunt et cum ea filii sacerdotis prodeunt,
quia ipse annis grauior luminibus obductis satisfacere officio nequi-
uerat. sed ubi arca in conspectum hostium deducta est, maiestate 5
quadam praesentis Dei territi fugam parabant. assumptaque rur-
sum constantia et non sine Deo mutatis animis, totis uiribus con-
currunt. uicti Hebraei: arca capitur, filii sacerdotis cadunt. Heli, 6
delato ad se mali nuntio, consternatus animam expirauit, cum per
annos XX sacerdotium administrasset.

Victores secundo proelio Allophyli arcam Dei, quae in pote- **31**
statem uenerat eorum, oppido Azoto in templum Dagon intulerunt.
sed simulacrum daemoni dicatum, ubi arca illata est, corruit: 2
cumque idolum loco restituissent, nocte insecuta discerptum est.
inde mures per omnem regionem exorti noxiis morsibus multa
hominum milia leto dabant. quo malo compulsi Azotii ad decli- 3
nandam calamitatem arcam Dei ad Gethaeos transtulerunt. qui

5 Jud. 21. I Reg. 1 sqq. 23 I Reg. 5

1 discordiare *P* || non curiose *Pb*, *emendauit Giselinus* 2 done *P* 5 agebant *Vorstius:* agebantur *Pb;* cf. I, 24, 1. 29, 7. 34, 2. II, 9, 2 (?). 10, 4. 46, 8. || Samuhel *P*, *et sic plerumque, sed non semper* 6 Elcana *Drusius et deinde* Hanna 8 Domino *et* 9 Dominus *b* 10 denuntians ob uitia *de Prato* 11 a *om. P* || quanquam *P* 12 lenior *P:* leuior *b* 14 aciem *b:* etiem *P* 17 conspectu *P* 18 Domini *et* 19 Domino *b* 28 loeto dabunt *P* 29 getheos *P*

cum simili clade afficerentur, in oppidum Ascalonensium arcam
transuexerunt. his uero, aduocatis gentis eius primoribus, consi-
lium fuit, arcam Domini Hebraeis reddere. ita ex sententia prin-
cipum augurumque et sacerdotum imposita uehiculo multis cum
4 muneribus remittitur. illud mirabile, quod, cum oneri boues femi-
nas subiecissent uitulosque earum domi retinuissent, iter nullo
duce in Iudaeam pecudes direxerunt, non reuocante affectu foetus
relicti. cuius rei miraculo reguli Allophylorum usque in fines
5 Hebraeorum arcam secuti religiosum officium praestiterunt. Iudaei
autem, ubi referri arcam uiderunt, certatim ex oppido Betsamis
cum gaudio obuiam ruere, festinare, exultare, grates Deo referre.
mox Leuitae, quorum hoc negotium erat, sacrificium Deo cele-
6 brant, bouesque eas, quae arcam adduxerant, immolant. sed in
oppido, quod supra diximus, teneri arca non potuit. itaque passim
Dei nutu per totam urbem saeuitum, arca in Cariathiarim oppidum
translata est ibique per uiginti annos fuit.

32 Ea tempestate Samuel sacerdos Hebraeis praeerat: quietis a
bello rebus populus in otio degebat. pax deinde Allophylorum ir-
ruptione turbata, trepidantibus cunctis ob conscientiam peccati.
2 Samuel caesa prius hostia Deo fretus suos in proelium eduxit,
3 primoque impetu fusis hostibus uictoria penes Hebraeos stetit. sed
hostili metu remoto secundis tranquillisque rebus, corruptis con-
siliis, more uulgi, cui praesentia fastidio, insueta desiderio sunt,
regium nomen, cunctis fere liberis gentibus perinuisum, populus
desiderabat: plane insigni exemplo amentiae praeoptabat libertatem
4 seruitio mutare. igitur frequentes Samuelem circumsistunt, ut, quia
5 iam ipse senuisset, regem eis constitueret. at ille placide salubri
oratione ab insana uoluntate detorquere plebem: dominationem re-
giam et superba imperia exponere, libertatem extollere, seruitutem
detestari, postremo diuinam eis iram denuntiare, siquidem homines
mente corrupti, Deum regem habentes, regem sibi ex hominibus

2 I Reg. 6. 15 I Reg. 7. 25 I Reg. 8.

10 Bethsamis *b*, *Βαιθσαμύς LXX*, Bethsames *Drusius* 11 Domino *b* 15 strage pestilentiae saeuitum *malebat de Prato* || chariathiarim *P* 20 Domino *b* || imp̄lium *P* || deduxit *b* 24 perinuisum *P*: semper inuisum *b* 25 plane *P*: planeque *b* || insigni *Bernays p. 26*: non sine *Pb*

flagitarent. his atque aliis istiusmodi frustra dictis, cum populus 6
in sententia perseueraret, Deum consulit. qui permotus uecordia
insanae gentis nihil aduersum se petentibus negandum respondit.
Ita Saul, sacerdotali prius a Samuele unguento perfusus, rex **33**
constitutus est. hic ex tribu Beniamin, Cis patre ortus, modestus
animi, forma excellenti, ut merito dignitas corporis dignitati regiae
conueniret. sed principio regni huius aliquanta ab eo pars populi 2
desciuerat, parere imperio abnuens, seque Ammonitis coniunxerat.
sed hos Saul inpigre ultus est: uicti hostes, uenia Hebraeis data
tum Saul iterato a Samuele unctus traditur. inde Allophylorum 3
irruptione atrox bellum exortum: locum exercitui ad conuenien-
dum Saul in Galgalis constituerat. et cum per septem dies Samue- 4
lem opperitur, ut sacrificium Deo fieret, tardante illo cum populus
dilaberetur, illicita praesumptione rex ad uicem sacerdotis holo-
caustum obtulit: multumque a Samuele increpitus sera peccatum
paenitentia fatebatur. igitur ex peccato regis metus omnem exer- 5
citum peruaserat. castra hostium haud longe sita praesens peri-
culum ostendebant, neque cuiquam exeundi in proelium animus:
plures lamas petiuerant. nam praeter imbecillitatem animorum,
qui alienum a se Deum delicto regis arbitrabantur, in maxima
ferramentorum inopia exercitus erat, adeo ut praeter Saul et Iona-
than filium eius nemo gladium aut lanceam habuisse tradatur.
nam Allophyli, superiore bello uictores, *cotis* usum Hebraeis ade-
merant, neque cuiquam conficiendi teli bellici aut rustici ferra-
menti potestas fuerat. igitur Ionatha audaci consilio, solo armi- 6
gero suo comite, castra hostium ingressus uiginti fere ex hostibus
interemptis, uniuersum exercitum terrore perculerat. tum uero 7

4 I Reg. 9 et 10 12 Reg. 13. 25 I Reg. 14.

2 Dominum *b* 4 Ita *P*: Igitur *b* || Saul *b*: *om. P* 6 excellenti *P*: excellenti erat b 9 sed — uenia *P*: Verum hos Saul impigre ultus est: uictique hostes, et uenia *b* 13 opperitur *P*: opperitus esset *b* || Domino *b* 14 bolocaustum *P* 16 poenitentia *b* 19 lacrimas (uel latebasr) (*add. s. l. 1 m.* uel latebras) *P*, lachrymas et latebras *b*; lacrimas *potius ex* lamas *corruptum esse perspexit Bernays (Rhein. Mus. f. Philol. XVI, 371) coll. I Reg. 13, 6.* 20 Dominum *b* || delectu *P* || imaxima *P* 23 superiores *Pb*, *em. Giselinus* || cotis *addidit Bernays ex I Reg. 13, 20; alii suppl.* usum armorum

nutu Dei in fugam uersi non imperia exequi, non ordines obser-
uare, omne praesidium in pedibus habere. quod ubi Saul animad-
uertit, suis propere eductis fugientes persecutus uictoria potitus
8 est. eo die rex edixisse traditur, ne quis nisi confectis hostibus
cibum caperet. sed Ionatha interdicti nescius fauo reperto, tincto
spiculo, mel degustauerat. id ubi regi ex Dei ira compertum est,
morte affici filium iussit. sed populi auxilio ab exitio uindicatus
9 est. ea tempestate Samuel a Deo monitus regem adiit, uerbis Dei
nuntians, uti genti Amalech, quae olim Hebraeos ex Aegypto ueni-
entes transitu prohibuerat, bellum inferret, addito interdicto, ne
10 quid ex spoliis deuictorum concupisceret. ita in fines hostium
ductus exercitus, rex captus, gens subacta. Saul uictus praedae
magnitudine, praecepti diuini immemor, capta seruari et ferri
34 iubet. quo facto offensus Deus Samuelem alloquitur: paenitere se,
2 quod Saul regem constituerit. dictum sacerdos regi refert. mox a
Deo monitus Dauid regali unguento perlinit, paruum etiamnum
puerum sub patre agentem, pastorem ouium, assuetum saepius
cithara canere: ob quod postea a Saule assumptus inter ministros
3 regios habebatur. qua tempestate Allophylis atque Hebraeis bello
flagrantibus, cum ex aduerso acies constitissent, Goliath quidam
ex Allophylis, uir mirae magnitudinis et roboris, suorum ordines
praetergressus, ferocibus uerbis probra in hostes iaciens singula-
4 rem pugnam ciebat. tum rex magna praemia et filiae nuptias de-
spondit, si quis prouocantis spolia retulisset: sed nemo ex tanto
5 agmine aggredi audebat. igitur Dauid etiamnum puer pugnae se
obtulit reiectisque armis, quibus infirma aetas grauabatur, uirga
tantum et quinque lapidibus sumptis in proelium processit. primo-
que ictu, misso funda lapide, Allophylum perculit, caput uicti et
spolia abstulit, gladium postea in templum posuit: Allophyli

8 I Reg. 15. 16 I Reg. 16. 19 I Reg. 17.

1 ordines seruare *malebat Vorstius* 2 impedibus *P* 5 interdicti nescius *P*: interdictionis eius inscius *b* 6 speculo *P* || id *G. Richter (Spec. obseruatt. crit. Jenae 1713 p. 16)*: sed *Pb (sic praeceptum ex enuntiato sequenti)*, sed id *Drusius*, quod *Vorstius;* cf. II, 13, 4. 21, 3. || Domini *b et statim post* Domino *et* Domini 14 Dominus *et* 16 Domino *b* 15 constitueret *P* 16 perlinit *P corr. 1 m. ex* perimit || parum *P* 18 cythara *P* 20 golias *P*, goliat *b* 29 templo *malebat de Prato*

autem omnes in fugam uersi uictoriam concessere. sed e proelio 6
reuersis multus circa Dauid fauor inuidiam regis accenderat. timens
autem tam carum omnibus cum inuidia et pernicie necare, sub
specie honoris obiectare eum periculis statuit. ac primum tribu- 7
num eum fecerat, ut rem bellicam curaret: inde, cum ei filiam
spopondisset, fidem fregit eamque alteri tradidit. mox filia regis
natu minor, Melchol nomine, amore Dauid flagrare occeperat.
igitur nuptiarum eius istiusmodi conditionem proponit: si centum
praeputia Dauid ex hostibus retulisset, regiam uirginem matri-
monio illius cessuram: sperabat enim iuuenem periculosa auden-
tem facile periturum. sed longe aliter ac ratus erat euenit: nam, 8
ut proposuerat, impigre Dauid centum praeputia ex Allophylis
retulit: atque ita regis filiam in matrimonio accepit.

Crescebat in dies in eum regis odium stimulante inuidia, **35**
quia bonos semper mali insectantur. igitur ministris et Ionathae
filio imperauit, uitae eius ut insidias pararent. sed Ionathae carus 2
acceptusque iam inde a principio Dauid fuerat: itaque rex incre-
pitus a filio cruentum imperium repressit. sed non diu mali boni 3
sunt. nam cum spiritu erroris Saul affligeretur, eique Dauid assi-
steret, cithara laborantem deliniens, lancea eum ferire conatus est,
nisi ille letalem ictum propere declinasset. exinde iam non occulte, 4
sed palam ei necem parabat: nec ultra se Dauid regi credidit. ac
primum fugiens ad Samuelem se contulit, inde ad Abimelech,
postremo ad regem Moab confugit. mox per Gad prophetam moni-
tus in terram Iudae regressus, uitae periculum adiit. ea tempe- 5
state Saul Abimelech sacerdotem interemit, cur Dauid recepisset:
et cum ex ministris regiis nemo in sacerdotem manus inferre
auderet, Doec Syrus cruentum ministerium executus est. post id 6
Dauid desertum petiit. illuc quoque eum Saul persecutus est, sed
inani opera eius exitium moliebatur, quem Deus protegebat. erat

1 I Reg. 18. 19 I Reg. 20. 24 I Reg. 22. 29 I Reg. 24.

3 pernecie *P* 7 *Μελχόλ LXX,* Michal *text. hebr.* 13 matrimonio *P:* matrimonium *b* 21 loetalem *P* 23 Abimelech, post ad regem Geth, postremo *Drusius* 25 in t. Juda *coni. de Prato, ut est in LXX* εἰς γῆν Ἰούδα 26 cur *P:* quod *b; cf. Ind. III s. u.* 28 doęc *P,* Doeg *b; cf. LXX Δωήκ* || sirus *P* 29 persequutus *b* || sed *om. P, fort.* persecutus, set inani 30 exitum *P* || Dominus *b*

in deserto spelunca, uasto recessu patens. in huius interiora Dauid
7 se coniecerat. Saul nesciens in primo speluncae aditu reficiendi
corporis gratia successerat, ibique somno captus requiescebat.
quod ubi Dauid animaduertit, hortantibus cunctis ut oportunitate
uteretur, abstinuit regis exitio, diploidem tamen eius abstulit.
8 mox egressus tuto eminus loco a tergo allocutus est, sua in illum
commemorans beneficia, ut saepe pro regno eius caput periculis
obiectasset, ut postremo praesenti tempore a Deo sibi traditum
interimere noluisset. ad haec Saul culpam fateri, ueniam precari,
lacrimas fundere, pietatem Dauid extollere, malitiam suam incu-
9 sare, regem eum et filium appellans. tantum ex feroci illo animo
mutatum: crederes nihil ultra aduersum generum ausurum. sed
Dauid, qui pensius ingenium mali spectatum haberet et cognitum,
10 nihil regi credendum ratus intra eremum se continebat. Saul
uecors animi, quia comprehendendi generum potestas non erat,
filiam suam Melchol Dauid, ut supra retulimus, nuptam Faltim
cuidam in matrimonium dedit. Dauid ad Allophylos confugit.

36 Ea tempestate Samuel diem functus est. Saul Allophylis bel-
lum inferentibus Deum consulit nullumque ei responsum red-
ditum. tum per mulierem, cuius uiscera spiritus erroris imple-
uerat, Samuelem euocatum consulit. dictum ei ab eo est, postero
illum die cum filiis uictum ab Allophylis in proelio casurum.
2 igitur Allophyli castris in hostili solo positis postero die aciem
instruunt, Dauid tamen ex castris remisso, quia parum crediderunt
sibi illum aduersum suos fidum fore. sed conserto proelio He-
braei fusi, filii regis cadunt: Saul equo delapsus, ne uiuus in
3 potestatem hostium ueniret, gladio suo incubuit. de aetate im-
perii eius parum certa comperimus, nisi quod in actibus Aposto-
lorum XL annos regnasse dictus est. quamquam ego arbitrer, tum

16 I Reg. 25. 18 I Reg. 28. 23 I Reg. 29. 25 I Reg. 31. 28 A. Ap. 13, 21.

4 opportunitate *b* 5 diploidem *b*: diplo id̄ *P* 6 a tergo *P*: a tergo regem *b* 8 ut *P*: utque *b* || a Domino *b* 9 culpam Saul *b* 10 lachrymas *b* 13 pensius *P*: penitius *b*, penitus *ed. Colon.* || malum *coni. de Prato* 14 regi *b*: rei *P* || heremum *P* 16 *τῷ Φαλτὶ LXX in I Reg. 25, 44*; Phalti *Vulg.* 19 Dominum *b* || nullumque est ei *b* 22 filiis *Drusius*: filio *Pb*; *cf. u. 26 et I Reg. 28, 19* 24 crediderunt *P*: crediderant *b* 29 arbitrer *P*: arbitror *b*

a Paulo, cuius illa praedicatio refertur, etiam Samuelis annos
sub regis istius aetate numeratos. plerique tamen, qui de tem- 4
poribus scripserunt, xxx eum annos regnasse annotauerunt, cui
opinioni nequaquam accedimus, nam ea tempestate, qua Dei arca
in Cariathiarim oppidum translata est, necdum regnare Saul coe-
perat: refertur autem per Dauid regem ex illo oppidc arcam sub-
latam, cum per xx annos ibi constitisset. ergo, cum intra id
tempus Saul regnauerit atque decesserit, paruo admodum spatio
tenuit imperium. eadem nobis de temporibus Samuelis caligo, qui 5
sub Heli sacerdote natus, admodum senex sacerdotio functus refe-
ratur. a nonnullis tamen, qui de temporibus scripsere, quia fere
nihil de eius annis sacra historia signauit ...a plerisque autem
LXX annis praefuisse populo refertur: sed unde haec auctoritas
fuerit assumpta non repperi. nos in tanta erroris copia Chroni- 6
corum annotationem secuti, quia eam ex Apostolorum actibus,
sicut superius memorauimus, profectam arbitremur, Samuelem
et Saulem XL annos principatum egisse referimus.

Saul perempto Dauid in terra Allophylorum, perlato ad se **37**
mortis eius nuntio, miro pietatis exemplo fleuisse traditur. tum
Chebron Iudaeae oppidum petiit: ibi rursum regali unguento
illitus rex appellatus est. sed Abenner, qui magister militiae 2
Saul regis fuerat, spreto Dauid, Isbaal regis Saul filium regem
constituit. crebris deinde proeliis inter duces regum concursum:
pulsus Abenner saepius, fratrem tamen Ioab, qui ex parte Dauid
exercitui praeerat, fugiens peremit. quo dolore postea Ioab, cum
se Abenner Dauid regi dedidisset, iugulari eum praecepit, non
sine dolore regis, cuius fidem cruentauerat. per idem tempus 3

18 II Reg. 1.

1 illic *de Prato* 3 xx *Drusius coll. Jos. Ant. hebr. 6, 14, 9* || cui' (*i. e.* cuius) *P* 4 Domini *b* || archa in chariathirim oppidum translatũ *P* 5 ceperat *P* 9 qui *P*: ut qui *b* 10 sub *G. Richter*: cum *Pb; cf.* I, 30, 1. II 27, 2 || hęli *P* 11 fere *Hornius*: uere *Pb* 12 hystoria sygnauit *P* || a plerisque autem *P*: *om. b; nos lacunae signum adiecimus* 14 reperi *b* 16 arbitremur *P*: arbitramur *b* 17 Saulum *ed. Vorstiana* 21 et 24 Abner *Pb, sed P infra u. 26* abenner, *ut est in LXX* Ἀβεννήρ 22 regis Saul *scripsi*: regis sui *Pb, cf. II Reg. 2, 8*: Ἀβεννὴρ υἱὸς Νὴρ ἀρχιστράτηγος Σαοὺλ ἔλαβε τὸν Ἰσβόσεθ υἱὸν τοῦ Σαοὺλ *etc.* 26 dedisset *Pb*

omnes fere natu *maiores* Hebraeorum publico consensu regnum ei
totius gentis detulerunt: nam per septem annos in Chebron tan-
tum regnauerat. ita tertio rex unguitur, annorum circiter xxx.
4 Allophylos in regnum irruentes secundis proeliis reppulit. ea tem-
pestate arcam Dei, quae in Cariathiarim oppido, ut supra retu-
limus, erat, in Sion transtulit. cumque aedificare Deo templum in
animo haberet, diuinum ei responsum redditum, semini illius id
5 reseruari. bello deinde Allophylos domuit, Moabitas subiugauit,
Syriam subegit stipendiumque ei imposuit. auri atque aeris ex
6 praeda inmensum modum retulit. bellum deinde aduersum Am-
monitas ex iniuria Annon regis eorum exortum. Syris denuo rebel-
lantibus, qui cum Ammonitis in bellum coniurauerant, Dauid
summam rerum Ioab principi militiae permiserat, ipse a bello
remotus intra Hierusalem commorabatur.

38 Qua tempestate Bersaben quandam, mirae feminam pulchri-
tudinis, stupro compertam habuit. haec Vri cuiusdam uxor,
qui tum in castris erat, fuisse traditur. hunc Dauid iniquo
pugnae loco obiectum hostibus interficiendum curauit. ita mu-
lierem matrimonio uacuam, sed iam ex stupro grauidam, numero
2 uxorum aggregauit. tum per Nathan prophetam grauiter incre-
pitus, licet agnito errore, castigationem Dei non effugit. namque
filium ex furtiuo illo concubitu editum paucos post dies amisit,
3 multaque in domum familiamque eius execranda acciderunt. ad
extremum Abessalon filius eius arma impia aduersus patrem sustu-
lit, regno eum depellere cupiens. aduersus hunc Ioab acie con-
flixit, admonitus a rege ut uicto parceret: sed ille spreto imperio

3 II Reg. 5. 4 II Reg. 6—8 11 II Reg. 10. 15 II Reg. 11. 20 II Reg. 12—18.

1 maiores *om. P, fort.* omnes maiores natu, *cf. II Reg. 5, 3 πάντες οἱ πρεσβύτεροι Ἰσραήλ* 3 ungitur *b* 4 repulit *b* 5 Domini *b* || chariathirim *P* 6 syon *P* || Domino *b* 11 Annon] animę *P*, Chanun *b*, *Ἀννών LXX in II Reg. 10, 1* || siris *P* 12 ammotis *P* 15 Bersabee *uel* Bersabeen *mal. de Prato, ut iam prius G. Richter, cf. infra p. 41, 23*

16 uri *P*: uiri *b*, Uriae *de Prato, in LXX (II Reg. 11, 3) est γυνὴ Οὐρίου, in Vulg.* uxor Uriae 19 in matrimonio *Pb*, in *del. de Prato* || uacuam *P*: uiduam *b* 21 Domini *b* || fugit *P, sed corr. 1 m.* effugit 24 abessalon *P* (*ex LXX Ἀβεσσαλώμ*): Absalon *b* 26 ille *b*: illo *P*

parricidales conatus ferro ultus est. flebilis ea uictoria fuisse regi
traditur: tanta in eo pietas erat, ut etiam parricidae filio ignosci
uoluerit. uix hoc bellum extinctum uidebatur, aliud rursum exor- 4
tum, Sabaea quodam duce, qui pessimum quemque ad arma inci-
tauerat. sed propere motus omnis morte ducis repressus. crebra 5
deinde aduersus Allophylos Dauid proelia secundo euentu habuit:
cunctisque bello domitis et tam exteris quam domesticis motibus
compressis florentissimum regnum in pace habebat. tum eum 6
subita cupido incessit ad metiendas imperii uires populum cen-
sere: ita a Ioab militiae magistro decies centena et trecenta ciuium
milia dinumerata. huius eum facti mox piguit paenituitque,
ueniam a Deo petens, cur in id animos extulisset, ut regni sui
potentiam ex suorum potius multitudine quam ex fauore diuino
aestimaret. itaque missus ad eum angelus trinam ei poenam 7
denuntiat datque arbitrium unam eligendi. sed proposita triennii
fame, trium mensium fuga, morte tridui, fugam et famem dete-
status mortem elegit, momentoque temporis LXX milia uirorum
interiere. tum Dauid uidens angelum, cuius dextera populus pro- 8
sternebatur, ueniam precari seque unum pro omnibus poenae
obicere: se dignum exitio, quia ipse peccasset. ita auersum ple-
bis supplicium: Dauid in loco, in quo angelum uiderat, aram
Deo statuit. mox annis et morbo infractior Salomonem filium, 9
ex Bersabee Vri uxore susceptum, successorem regni constituit.
is regali unguento per Sadoc sacerdotem unctus, patre adhuc in-
columi, rex appellatus. Dauid, cum regnasset annos XL, defunc-
tus est.

Salomon initio regni urbem muro circumdedit. huic per so- **39**
porem astare Deus uisus est, petendi quae uellet tribuens optio-

1 II Reg. 19. 3 II Reg. 20. 5 II Reg. 21—23. 8 II Reg. 24. 22 III Reg. 1.

1 parricidiales *b* 3 cum aliud *malebat Sigonius, at cf. uit. Mart. 7, 3* 4 *Σαβεέ LXX,* Sabea *Drusius* 9 metuendas *P* 10 ita ioab militiae magistrũ *P, fort.* ita per Joab m. magistrum 12 petens] *cf. ad 1, 1* uisum est mihi.. locuturus || regnũ sui *P* 16 deprecatus *malebat de Prato* 19 unum *P et Drusius*: uiuum *b* 22 Domino *b* 23 bersabeẽ *P (pro* bersabeé, *ut uidetur; nam terminationes nominum propriorum alienigenarum plerumque in P apices habent)* || uri *P*: Uriae *b* 28 Dominus *b, item paulo post* Domini *et* a Domino

2 nem. sed ille non aliud sibi quam sapientiam dari poposcit, reli-
qua omnia parui aestimans. ita somno excitatus, cum ante sacra-
rium Dei constitisset, indultae sibi a Deo sapientiae documentum
3 dedit. namque duae mulieres una in domo diuersantes, cum eodem
tempore pueros edidissent atque ex his alter post diem tertium
nocte obisset, mater defuncti somno alterius insidiata mortuum
suum supposuit, uiuentem abstulit. inde inter eas de puero alter-
catio, postremo res ad regem delata: difficilis iudicii absolutio
4 inter negantis, ubi testis deerat. tum Salomon diuinae sapientiae
munere perimi puerum corpusque eius diuidi inter ambigentes
iubet. cumque una earum iudicio adquieuisset, alia uero cedere
potius puero quam discerpi eum mallet, Salomon ex affectu femi-
nae hanc uere matrem esse coniectans, puerum illi adiudicauit,
non sine circumstantium admiratione, siquidem latentem ueri-
5 tatem prudentia protulisset. ita in admirationem ingenii pruden-
tiaeque eius reges uicinarum gentium amicitiam ab eo foedusque
petiere, parati imperata facere.

40 Quis opibus confisus templum Deo inmensi operis facere
aggressus, paratis per triennium impendiis, quarto fere imperii
anno primum fundamentum iecit, a profectione Hebraeorum ex
Aegypto anno fere octauo et octogesimo et quingentesimo, licet
libro Regnorum tertio CCCCXL fuisse referantur, quod nequaquam
conuenit, siquidem per seriem superius comprehensam facilius
2 fuerit, ut minus fortassis annorum quam amplius annotarim. sed
non dubito librariorum potius neglegentia, praesertim tot iam
saeculis intercedentibus, ueritatem fuisse corruptam, quam ut
propheta errauerit. sicut in hoc ipso nostro opusculo futurum
credimus, ut describentium incuria, quae non incuriose a nobis
sunt digesta, uitientur. igitur Salomon coeptum templi opus uige-
3 simo anno explicuit. celebrato deinde ibidem sacrificio dictaque
oratione, qua populum templumque benedixit, Deus ad eum locu-
tus est, denuntians fore, si quando peccassent ac Deum reliquissent,

1 III Reg. 3. 15 III Reg. 4 18 III Reg. 6 30 III Reg. 8.

8 iudici *perperam malebat de Prato* 9 negantes *P corr. et b* 18 Queis b || Domino immensi b 29 uitentur *P* 31 Dominus *b, item* 32 Dominum.

templum illud solo aequandum. quod iam pridem impletum uide-
mus, et mox conexum rerum ordinem exponemus. interea Salomon 4
florens opibus, omnium qui umquam fuerant regum ditissimus,
quique semper ordo rerum est, ab opibus in luxum et uitia delap-
sus, cum aduersum interdictum Dei ex alienigenis coniugia sump-
sisset et iam septingentas uxores et trecentas concubinas haberet,
idola eis ritu gentium suarum, quibus litarent, constituit. quis 5
rebus auersus Deus grauiter increpito poenam denuntiauit, fore ut
regnum ex parte maiore ademptum filio seruo illius traderetur.
idque ita accidit.

Nam defuncto Salomone anno imperii quadragesimo, cum 41
Roboam filius anno aetatis sexto et decimo regnum patrium tenere
coepisset, pars populi ab eo offensa discedit. etenim cum laxari
sibi stipendium poposcisset, quod Salomon grauissimum impo-
suerat, repudiatis precibus supplicum fauorem uniuersae plebis auer-
terat. itaque consensu omnium imperium ad Jeroboam defertur. 2
is medio genere ortus aliquandiu Salomoni seruitutem pependerat.
sed cum ei responso Achiae prophetae regnum Hebraeorum annun-
tiatum comperisset, necare eum clam destinauerat. quo ille metu 3
in Aegyptum confugit, ibique uxore accepta ex stirpe regia,
cognita demum Salomonis morte in solum patrium regressus uolun-
tate populi, ut supra retulimus, sumpsit imperium. penes Roboam 4
tamen duae tribus, Iudae et Beniamin, resederant: ex his ad
trecenta milia parauit exercitum. cumque acies promouerentur,
uerbis Dei populus admonetur, proelio abstineret: ex suo nutu
Jeroboam regnum accepisse. ita spreto regis imperio exercitus 5
dilapsus: Jeroboam imperium inualuerat. sed cum Hierosolymam
Roboam optineret, ubi templo a Salomone facto populus sacrificare
Deo consueuerat, ueritus Jeroboam, ne ab eo plebem religio auer-

1 III Reg. 10. 2 III Reg. 11 11 III Reg. 12.

2 connexum *b* (mox iuxta connexum *coni. de Prato*) 3 regum fuerant *P* 4 delapsū *P* 5 sumpsissent *P* 6 et iam *de Prato*: etiam *Pb* 7 Quibus r. auersus Dominus *b* 11 Nam *om. b* 12 aetatis XLI *Drusius recte ut uidetur, cf. III Reg. 14, 21 et Paral. II, 12, 13* || paternum *malebat Drusius* 15 a se auerterat *malebat Vorstius* 18 cum eresponso *P* 23 ad cc milia *Drusius coll. III Reg. 12, 21* 27 delapsus *P* 29 Domino *b, item paulo post* || Hieroboam *Pb* || ne a se *Drusius*

6 teret, statuit animos eius superstitione occupare. itaque uaccam
aurean in Bethel, alteram apud Dan constituit, quibus populus
litaret, sacerdotesque omissa Leui tribu ex plebe instituit. inuisum
Deo flagitium postulatio consecuta. crebra deinde inter reges proelia:
dubio euentu regnum optinebant. Roboam septimo et decimo im-
perii anno exacto uita functus est.

42 In huius locum Abiud filius eius regnum Hierosolymae sex
annos tenuit, quamuis in Chronicis triennio regnasse referatur.
2 huic Asab filius successit, a Dauid quintus fere, quippe abnepos
eius. fuit religiosus Dei cultor: namque deletis aris lucisque ido-
lorum uestigia paternae perfidiae sustulit. foedus cum rege Syriae
firmauit: eius auxilio Jeroboae regnum, quod tum a filio tenebatur,
multa clade affecit, ac saepe uictis hostibus praedam ex uictoria
retulit. post unum et quadragesimum annum aeger pedibus decessit.
3 huic triplex peccatum ascribitur: unum quod societate regis Syriae
nimie confisus sit, alterum quod prophetam Dei hoc ipsum incre-
pantem in uincula coniecerit, tertium quia in pedum dolore reme-
4 dium non a Deo, sed a medicis sperauerit. sed initio regni huius
Jeroboam rex decem tribuum defunctus est, regnum Nabath filio
reliquit. is malis operibus et tam suis quam paternis meritis inuisus
Deo non ultra biennium regno potitus est, priuataque imperio
5 indigna progenies. Baasam Achiae filium successorem habuit, aeque
a Deo alienissimum. isque sexto et uigesimo imperii anno defunctus
est: regnum ad Elam filium deuolutum nec ultra biennium reten-
tum. namque eum Zambri, princeps equitum, epulantem interfecit
regnumque occupauit, uir perinde in Deum atque homines impius.
6 ab hoc pars populi secessit: Thamni cuidam regium nomen delatum.

3 III Reg. 13. 7 III Reg. 14. 15 II Paral. 16. 19 III Reg. 15. 25 III Reg. 16.

1 superstitionē *P* 4 postulatio *P*: expostulatio *b* 7 Abiu *Drusius ex lectione LXX Ἀβιού in III Reg. 15, 1, sed ibi alii Ἀβία* (Abiam *Vulg.*) 9 Asa *Drusius coll. III Reg. 15, 9* 10 *et* 16 Domini *b* || 16 nimię *P*, nimium *b* 17 coniecit *Pb*, *em. G. Richter* 18 *et* 21 Domino *b* 19 Hieroboam *Pb* || regnu *P* || Nabath *de Prato (ex lectione LXX in III Reg. 15, 25 Ναβάτ)*: nabaech *P*, Nadab *b* 20 paternis *P*, *ut coni. Sigonius*: maternis *b* 22 Baasam Achiae *Drusius ex III Reg. 15, 33*: banachiae *Pb*, Ban Achiae *Sigonius* 23 Domino *et* 26 Dominum *b* 23 xxiiii. *Sigonius coll. III Reg. 15, 33* 24 Elam *Drusius*: hęlam *P*, Helam *b*

sed Zambri ante hunc septem annos, et cum eodem duodecim reg-
nauit. at in parte tribus Iudae Asab mortuo Iosaphat filius eius 7
regnare coepit, uir religiosis uirtutibus merito clarus. is cum Zambri
pacem habuit. defunctus est autem, cum regnasset annos v et xx.
Huius imperii tempore Achab, Ambri filius, rex decem tri- **43**
buum fuit, ultra omnes in Deum impius. namque Iezabel filia
Basae regis ex Sidone in matrimonio accepta Bahali idolo aram
lucosque constituit, prophetas Dei interemit. quo tempore Elias 2
propheta caelum oratione conclusit, ne pluuiam terrae daret, idque
regi denuntiauit, ut se impius causam mali esse cognosceret. igitur
suspensis caelo aquis, cum loca omnia adusta solis ardoribus non
uictum hominibus, non pabulum iumentis darent, ipse se intra
periculum famis propheta concluserat. ea tempestate cum eremum 3
petisset, coruis cibum ministrantibus uixit: aquam torrens proxi-
mus, donec aruit, dedit. inde admonitus a Deo Saraptae oppidum 4
petiit, ad mulierem uiduam diuertit. cumque ab ea esuriens cibum
peteret, illa causari, non esse sibi nisi pugillum farris et pusillum
olei, quo absumpto una cum filiis mortem expectaret. sed cum 5
Elias uerbis Dei polliceretur, nec hydriam farre nec uas oleo esse
minuendum, mulier poscenti fidem non cunctata prophetae credere,
promissorum fidem consecuta est, siquidem diurnis incrementis
tantum accresceret, quantum cotidie detrahebat. eodem tempore
eiusdem uiduae filium mortuum Elias in uitam reduxit. tum iussu 6

8 III Reg. 17. 23 III Reg. 18.

1 zambri *P*: Jambri *b* 2 Asa *Vorstius* 3 religionis *malebat Sigonius* || iambri *Pb*, *em. de Prato; nam apparet Seuerum per totum locum duos homines*, Zambri (Zamri) *et* Ambri (Amri) *confudisse* 5 Jambri *Pb; scripsimus* Ambri, *ut est in LXX Reg. III, 16, 29* Ἀχαὰβ υἱὸς Ἀμβρί, *nisi hic quoque Seuerus* Zambri *continuata nominum confusione dederat (Sigonius ubique* Amri *scribendum esse censuit)* 6 in Dominum *b* || Jezabel *b*: zazabel *P; cf. III Reg. 16, 31.* 7 Basae *Pb*: Ethbaal *Sigonius et alii; at monuit de Prato, Luciferum quoque Caralitanum in lib. de regibus apostaticis legere*: Jezabel filiam Basan et Helam regis Sidoniorum || in matrimonium *malebat Vorstius, cf. ad 1, 9* || Baali *b* 8 constituit et prophetas Domini *b* || Elias *Drusius*: hęlias *P, et sic infra* 9 oratione coelum *b* 13 heremum *P* 14 petisset *Pb*: petiisset *edd. recentt.* 15 a Domino *b* || Saraptae *Pb*: Sareptae *edd. recentt.* 17 pugillum *P*, *ut coni. Drusius*: pusillum *b* 18 assumpto *P* 20 olei *P* || munuendum *P* 21 diurnis *P 1 m. corr. e* diuniis, diuinis *b*

Dei regem adiit exprobratoque ei sacrilegio poposcit ad se omnem
populum congregari. qui cum propere conuenisset, accitis idolorum
ac lucorum sacerdotibus CCCC fere et L, inter eos inde altercatio:
7 Elia Deum praedicante illi superstitiones suas asserebant. postremo
placuit fieri periculum, ut, si cuius caesam hostiam missus caelo
ignis absumeret, rata esset religio quae uirtutem edidisset. ita
sacerdotes occiso uitulo Bahal idolum inuocare coeperunt, frustra-
que consumptis inuocationibus imbecillitatem dei sui taciti fate-
bantur. tum Elias irridens eos 'ne forte' inquit 'dormiat, clamate
uehementius, ut somno quo tenetur euigilet'. enimuero miseri
trepidantes mussare, et tamen, quidnam Elias facturus esset,
8 expectare. at ille caesum uitulum imposuit, cum prius sacrarium
aqua opplesset, inuocatoque Domino spectantibus cunctis ignis
caelo delapsus aquam cum hostia absumpsit. tum uero populus
solo stratus Deum fateri, idola execrari: postremo Eliae iussu
profani sacerdotes comprehensi deductique ad torrentem necati
9 sunt. redeuntem inde regem propheta prosecutus est: sed cum ei
Iezabel regis uxor uitae periculum pararet, ad remotiora secessit.
ibi eum Deus allocutus est, VII milia uirorum adhuc esse pronun-
tians, qui se idolis non dedissent. mirum id Eliae fuit, qui solum
se a sacrilegio immunem esse crediderat.

44 Ea tempestate Achab rex Samariae uineam Nabuthei, adhae-
rentem sibi, concupiuit. quam cum ille ei uendere noluisset, dolis
Iezabel interfectus est. ita Achab uinea potitus est, cum tamen
2 Nabuthei mortem doluisse referatur. mox per Eliam uerbis Dei
increpitus, agnito crimine cilicio indutus egisse paenitentiam
3 traditur: quo facto imminentem poenam auertit. namque rex Syriae

17 III Reg. 19. 22 III Reg. 21.

1 Domini *b* 3 locorum *P, at u. p. 44, 10 et 45, 8* || inde *P*: inde orta est *b* 4 Dominum *b* 6 assumeret *P* 7 Baal *b* 8 Domini sui tacite *b* 9 tum Elias *nos*: tum forte *P* (forte *ex sequenti* 'ne forte' *praeceptum*), tum uero Helias *b* || clamite *P*, *an ex* clamitate? 13 spectantibus *nos*: expectantibus *Pb* 15 Dominum *b* 16 prophani *b* 18 *et* 24 zezabel *P* 19 esse adhuc *b* 20 que se *P* || dedidissent *malebat de Prato praeeunte Drusio* 22 rex Samariae *de Prato spurium habet; at u. Reg. III, 21, 1* || Nabuthaei *b'*, Nabuthae *Drusius cum LXX, in quibus est Ναβουθαί (sed in aliis libris Ναβούθ)* 25 uerbis dei increpitus agnito *P*: uerbo Domini increpitus, agnitoque *b*

magno cum exercitu, duobus et triginta regibus in societatem belli
ascitis, fines Samariae ingressus urbem cum rege obsidere coepit.
artis deinde obsessorum rebus dat belli conditiones, si aurum
argentumque et feminas tradidissent, fore uti uitae eorum parceret.
sed tam iniustis conditionibus extrema perpeti satius uisum. et 4
cum iam omnium desperata esset salus, propheta a Deo missus
regem adit, hortatur ut in proelium exeat, cunctantem multis
confirmat. ita eruptione facta fusi hostes copiosaque praeda reperta.
sed post annum reparatis uiribus Syrus in Samariam regressus, 5
acceptam cladem ultum ire cupiens, rursum uictus est. eo proelio
CXX milia Syrorum interiere: regi uenia data, regnum ei et
pristinus status concessus. tum Achab uerbis Dei a propheta incre- 6
pitus, cur abusus diuino munere hosti sibi tradito pepercisset.
igitur Syrus post triennium bellum Hebraeis intulit. aduersum
hunc Achab pseudoprophetarum impulsu in proelium descendit,
spreto Michea propheta et in uincula coniecto, cur ei exitiabilem
fore pugnam denuntiasset. ita eo proelio Achab interfectus, Ocho-
ziae filio imperium reliquit.

Is aeger corpore cum ex ministris, qui idolum pro salute **45**
eius consulerent, misisset, Elias a Deo monitus obuiam se eis
optulit increpitosque renuntiare regi iubet, mortem eius consecu-
turam. tum rex comprehendi eum ac deduci ad se iubet, sed missi 2
caelesti igne absumpti. rex, ut propheta praedixerat, obiit. successit
autem Ioram ei frater eius: isque duodecim annis imperium potitus
est. at in parte duarum tribuum Iosaphat rege defuncto Ioram
filius regnum tenuit annos duodeuiginti. is Achab filiam uxorem
habuit, socero quam patri propior. post hunc Ochozias filius impe- 3
rium adeptus est. hoc regnante Elias translatus refertur. eodem
tempore Helisaeus, discipulus eius, multis signis potens extitit:
quae omnia notiora sunt quam ut stilo egeant. ab eo uiduae filius 4

14 III Reg. 22. 19 IV Reg. 1. 28 IV Reg. 2. sqq.

2 cum rege urbem *b* 3 artis *P*, *ut coni. Drusius*: actis *b*; *cf. I*, *23, 2. II, 16, 1* 4 et argentum *b* 6 a Domino *b* 16 Michaea *b* || cur *P*: quod *b* 21 consecuram *P*, consequuturam *b* 24 imperium *P*: imperio *b* 25 iorá (*pro* iorã) *P* 26 annos VIII *Sigonius* 28 ademptus *P* 29 heliseus *P*, Eliseus *b* 30 stilo *P*: nostro stylo *b* || ab eo *P*: ab eo est *b*

resuscitatus, uel Syrus lepra purgatus, uel famis tempore omnium
rerum copia fugatis hostibus inuecta, uel in usum trium exercituum
aquae praebitae, uel de exiguo olei inmodicis incrementis solutum
5 mulieris debitum et ipsi sufficiens uiuendi substantia data. huius
temporibus, ut diximus, Ochozias duarum tribuum erat rex, decem
uero Ioram, ut supra retulimus, imperabat: interque eos foedus
ictum. nam et aduersum Syros iunctis uiribus bellatum, et aduersum Ieu, qui per prophetam in regem decem tribuum unctus
fuerat, pariter in proelium egressi eadem pugna interiere.

46 Sed regnum Ioram Ieu tenuit. post Ochoziam in Iudaea regem,
qui uno anno regnauit, mater eius Gotholia imperium occupauit,
adempto nepoti imperio, etiam tum paruo puero, cui Ioas nomen
fuit. sed huic ab auia praereptum imperium post octo fere annos
2 per sacerdotes et populum depulsa auia redditum. hic initio regni
obseruantissimus diuini cultus fuit magnisque sumptibus templum
exornauit: post adulatione principum deprauatus adoratusque ab
eis iram meruit. namque ei Azahel rex Syriae bellum intulit:
inclinatisque rebus suis auro templi pacem redemit. nec tamen ea
potitus est, facti inuidia a suis interfectus anno imperii quadrage-
3 simo. huic Amassia filius successit. at in parte decem tribuum
defuncto Ieu Ioachas filius eius regnauit, inuisus Deo malis operibus, ob quae regnum eius Syris praedae fuit, donec Dei miseri-
4 cordia depulsis hostibus pristinum habere statum coeperunt. Ioachas diem functus Ioae filio reliquit regnum. is Amassiae regi
duarum tribuum ciuile bellum intulit: uictoriam potitus multam
praedam in regnum suum conuertit. id Amassiae ob delictum

10 IV Reg. 9. 13 IV Reg. 11. 20 IV Reg. 13. 23 IV Reg. 14. II Par. 23. 26 II Par. 25.

1 resuscitatus *b*: *om. P* || uel *quater P (scil.* ł, *non* et, *ut ait de Prato)*: *om. b; cf. Ind. uerb.* 3 aquae praebitae *b*: aquis praebitis *P* 7 aduersus Syros *b* 8 ieu *P (ut ex LXX Ἰηού coni. Drusius)*: Jehu *b*, *et sic deinceps* 10 post Ochoziam in I. regem *G. Richter*: posito Ochozia (ochozozia *P*) in Judaea (iudea *P*) rege *Pb* 14 sacerdotes *P*: sacerdotem *b; cf. 1, 50, 1* 15 diuni *P* 16 post adulationem *Pb*, *em. Giselinus* 17 iram *P*: Dei iram *b; cf. Chron. II, 24, 18*: et facta est ira contra Judam et Jerusalem || Hazael *Drusius* 20 Amessia (*uel* Amessias) *Drusius* 22 ob quę in regnum eius siris praeda fuit *P*, *em. in b* 24 Joae *de Prato*: Johae *Pb* 24 amessiae *P* 25 uictoriam *P*: uictoriaque *b* 26 id *nos*: is *P*, idque *b* || ob Amassiae *b*

accidisse traditur, siquidem Idumaeorum fines uictor ingressus
idola gentis eius assumpserat. hic nouem annos regnasse scribitur, 5
quantum in libris Regnorum repperi. Sed in Paralipomenis atque
etiam in Chronicis nouem et uiginti annos imperium tenuisse
annotatus est, ea nimirum id persuadente ratione, quae in his
[Regnorum] libris facile perspici potest. Ieroboam enim rex decem
tribuum octauo anno imperii Amassiae traditur regnare coepisse
unumque et quadraginta annos imperium tenuisse: regnante demum
Ozia, Amassiae filio, quarto imperii eius anno esse defunctus. qua 6
ratione XX et VIIII annos regi Amassiae effecit. itaque nos hoc
ipsum secuti, quia rationem temporum persequi placet, Chronicorum auctoritati accessimus.

Igitur Amassiae Ozias filius successit. nam in parte decem **47**
tribuum Ioas diem functus Ieroboae filio locum fecerat, postque
hunc Zacharias filius eius regnauit. horum nos regum omniumque, 2
qui in parte decem tribuum Samariae praefuerunt, annotanda esse
tempora non putauimus, quia breuitati studentes superflua omisimus, et ad cognitionem temporum eius potissimum partis annos
credidimus persequendos, quae in captiuitatem posterius abducta
prolixius tempus in regno habuit. igitur Ozias regnum Iudae 3
adeptus praecipuam curam Domini cognoscendi habuit, Zacharia
propheta plurimum usus: (Isaias etiam sub hoc primum prophetasse traditur) quo merito prosperis euentibus aduersum finitimos
bella gessit, Arabas etiam deuicit. iamque Aegyptum terrore 4
nominis sui concusserat, elatusque secundis rebus, illicita praesumens, incensum Deo obtulit, quod solis facere sacerdotibus mos erat. itaque per Azariam sacerdotem increpitus cum loco decedere

13 IV Reg. 15. 20 II Par. 26.

2 nouem] *immo* XXVIIII, *ut libri etiam IV Reg. 14, 2 habent; cf. de Prato ad h. l.* 5 annotatus est. Ea *P*: annotatum est. Et *b* 6 regnorum] Chronicorum *de Prato, nos* regnorum *inclusimus* || Jeroboam *P, ut coni. Hornius*: Joram *b* 7 octauo] XVIII *de Prato cum Eusebio* (XV *Reg. IV, 14, 23*) 9 quarto] *at u. de Prato* || esse defunctus *P*: defunctus est *b*
10 efficit *(scil. Eusebius in Chron.) coni. de Prato* 12 auctoritate *P*
13 Ozias *(ut est infra) de Prato*: Ozia *Pb* 14 ieroboae *P*: Joram *b*
15 eius filius *b* 19 credimus *Pb, em. de Prato* 22 Esaias *b* 23 euntibus *P* || aduersus *b* 26 mos *P*: fas *b* 27 cum *nos*: com *P* (Itaque cum per A. — eo loco *b*)

cogeretur atque in iram exarsisset, lepra oppletus decessit. quo
morbo affectus uita functus est, cum regnasset annos duo et quin-
5 quaginta. regnum inde Ioathae filio datum: isque admodum sanctus
fuisse traditur prospereque imperium administrauit: gentem Am-
monitarum bello uictam stipendium praestare coegit. regnauit
autem annis XVI eidemque Achaz filius successit.

48 Celebris circa haec tempora Niniuitarum fides traditur. id
oppidum olim ab Assure, Sem filio, conditum caput regni Assyri-
orum fuit, frequens tum incolentium multitudine, alens uirorum
2 milia C et XX atque ut in magno populo abundans uitiis. quis
Deus motus Ionam prophetam ex Iudaea ire praecepit ac denuntiare
urbi excidium, sicut olim Sodoma et Gomorra diuinis ignibus
3 conflagrassent. uerum propheta praedicationis istius ministerium
detrectans, non contumacia, sed praescientia, qua uidebat Deum
paenitentia populi placandum, nauim, quae longe diuersa regione
4 Tharsos petebat, conscendit. sed ubi in altum processum, nautae
saeuitia maris compulsi, quisnam esset mali causa, sorte explora-
uere. cum super Ionam sors decidisset, tamquam piaculum tempe-
statis in profundum proiectus est: exceptusque a ceto [marino
monstro] ac deuoratus, post triduum fere Niniuitarum litoribus
eiectus iussa praedicat, urbem scilicet ob peccata populi triduo
5 perituram. igitur non dissimulanter, ut olim Sodomis, audita est
uox prophetae: ac statim iussu regis exemploque populus uniuersus,
quin et recens nati cibo potuque abstinentur: iumenta itidem et
diuersi generis animalia compulsa fame ac siti lamentantium
6 speciem cum hominibus praebebant. ita imminens malum auer-
sum. Ionae apud Deum conquerenti, quod fides dictis non affuisset,
responsum, paenitentibus ueniam negari non posse.

49 At in Samaria Zachariam regem admodum impium, quem
superius regnasse memorauimus, Sella quidam interemit regnum-

1 IV Reg. 15. 7 Jon. 1 sqq. 29 IV Reg. 15.

2 duos *b* 4 ammanitarum *P* 6 azhaz *P* 7 id] in *P* 8 as-sure *P*: Assur *b* || Sem *Drusius*: Seon *Pb*; *cf. Genes. 10, 22* 10 uitiis *b*: diuitiis *P* || queis *b* 12 Gomorrha *b* 14 Dominum *b* 16 Tharsis *Drusius, ut LXX* εἰς Θαρσίς 19 coeto *P* || marino monstro *obelo notauit Vonck* 23 at statim *malebat de Prato* 24 abstinentur *P*: abstinere iubentur *b* 28 negare *P* 29 samariã *P* 30 Sella] Σελλούμ *LXX in Reg. 4, 15, 10*

que occupauit: idemque Mane insidiis exemplo facti sui periit.
Mane ereptum Sellae imperium tenuit filioque Pachae reliquit. 2
eundem uero Pache quidam eiusdem nominis interemit regnumque
occupauit. mox ab Osee peremptus eodem scelere quo assumpserat
imperium amisit. hic ultra omnes reges superiores impius poenam 3
sibi perpetuamque genti captiuitatem a Deo meruit. namque ei
Salmanassar rex Assyriorum intulit bellum uictumque tributarium
sibi effecit. sed cum occultis consiliis rebellionem pararet regemque 4
Aethiopum, qui tum Aegyptum optinebat, in auxilium arcesseret
idque Salmanassar comperisset, perpetuis eum uinculis in carcerem
coniecit urbemque excidit, populum uniuersum in regnum suum
abduxit, Assyriis in hostili solo ad custodiam positis. exinde ea
pars Samaria appellata, quod lingua Assyriorum custodes Samaritas
uocant. ex quibus plerique diuinas caeremonias receperunt, reliquis
in errore gentilitatis perseuerantibus. hoc bello Tobias in captiui- 5
tatem ductus est. at in parte duarum tribuum rex Achaz ob impie-
tatem inuisus Deo, cum finitimorum bellis saepe premeretur, deos
gentium colere decreuit, nimirum quia eorum auxilio uictores
frequentibus proeliis extitissent. ita in hoc nefariae mentis piaculo
diem functus est, cum XVI annis in regno fuisset.

Huic Ezechias filius successit, multum paterni dissimilis in- **50**
genii. namque initio regni populum sacerdotesque ad Dei cultum
cohortatus multis disseruit, ut frequenter castigati a Domino
saepius essent misericordiam consecuti, ut postremum decem tribus
in captiuitatem nuper abductae sacrilegii poenas dissoluerent:
curandum eis sedulo ne eadem pati mererentur. ita conuersis ad 2
religionem omnium animis Leuitas sacerdotesque omnes ad cele-
branda secundum legem sacrificia ordinauit celebrarique Pascha
instituit, quod iam pridem fuerat omissum. cumque dies festus 3

21 IV Reg. 18. II Par. 29. 28 II Par. 30.

1 mane *P*, *ut coni. G. Richter*: Manae *b*, *Μαναήμ LXX* || perit *b* 3 pachę *P*: Pache *b*; *in LXX dicitur (IV Reg. 15, 22) Φακείας* 7 *et* 10 Salmanassar *Pb*: Salmanasser *edd. recentt.* 9 accerseret *b* 13 quot *P* 16 Achas *Pb*, *em. de Prato, ut est in LXX et supra c. 47* 18 auxilio *P*: ille (illae *edd. seqq.*) auxilio *b* 19 nephariae *b* 21 Ezecias *Drusius* 24 consequuti *b* 25 obducte *P* 26 mererentur *nos*: merentur *P*, mereantur *b* 28 sacrificia *b*: sacrilegia *P*

adesset, dimissis per omnem terram nuntiis conuentus diem edixit:
ut si qui post abductionem decem tribuum in Samaria resedissent,
ad sollemne sacrum conuenirent. ita frequentissimo conuentu dies
sacer publica laetitia exactus, longo post interuallo religione legi-
4 tima per Ezechiam restituta. pari deinde industria, qua diuina
curauerat, rem bellicam administrauit, Allophylosque frequentibus
proeliis contudit: donec ei Sennacherim rex Assyriorum bellum
intulit, magno cum exercitu fines eius ingressus, lateque agris
uastatis nullo obsistente urbis obsidionem urgebat: Ezechias enim
multitudine inferior, non ausus manum conserere, muris se tue-
5 batur. rex Assyrius portis assultans minitari excidium, deditionem
imperare: Ezechiam frustra Deo confidere, se Dei nutu potius arma
sumpsisse: uictorem omnium gentium, euersorem Samariae effugi
6 non posse, ni matura deditione sibimet consuluissent. in hoc rerum
statu Ezechias Deo fretus Isaiam prophetam consulit, eiusque
responso edocetur, nihil ex hoste periculi fore, diuinum autem
auxilium non defuturum. nec multo post Tarraca rex Aethiopum
regnum Assyriorum inuadit.

51 Quo nuntio Sennacherim ad sua tuenda conuersus, fremens
et clamitans uictori sibi uictoriam eripi, bellum omisit, missis ad
Ezechiam litteris cum uerborum contumeliis denuntians, se paulo
post rebus domi compositis ad excidium Iudaeae mature rediturum
2 sed nihil his Ezechias motus orasse Deum traditur, ne hanc tantam
hominis insolentiam inultam sineret. ita eadem nocte angelus
castra Assyriorum aggressus multa hominum milia leto dedit. rex
trepidus in oppidum Niniuem confugit ibique a filiis interfectus
3 dignum se exitum tulit. per idem tempus Ezechias aeger corpore
morbo incubuerat. cumque Isaias ei uerbis Domini annuntiasset

6 IV Reg. 1. II Par. 31. Esai. 36. 13 Esai. 37. 17 IV Reg. 19
27 IV Reg. 20. Esai. 38.

3 solemne *b* 7 sennacherim *P* (*ut est in LXX* Σενναχηρείμ): Sens nacherib *b*, *item infra* 9 etechias *P* (*litterae* t *et* z *in* *P* *persimiles sunt*) 11 excidum *P* 13 sũpsisse *P*, *ut coni. Sigonius*: suppressisse *b* 15 Esaiam *b* 16 fore *b*: fere *P* 17 tarraca (*addito in extrema* a *apice*) *P*: Tirchac *b*; *in LXX est* Θαρακά 22 domi compositis *b*: cũ domi positis *P* || reditum *P* 23 Dominum *b* 24 insolenteram *P* (*syllaba* ter *per compendium*) 25 loeta *P*, letho *b* 26 Niniuen *b* 27 exitum *P et Drusius*: exitium *b* 28 esaias *hic* *P* || uerbis *P*, *ut coni. de Prato*: uerbum *b*

uitae eius finem adesse, flesse rex traditur: ita XV annos prorogari
sibi ad uitam meruit. quibus peractis nono et uigesimo imperii 4
anno decessit: regnum Manasse filio reliquit. is a patre multum
degenerans relicto Deo culturas impias exercuit: ob quod in pote-
statem Assyriorum traditus malo coactus agnouit errorem, popu-
lumque adhortatus est ut relictis idolis Deum colerent. nihil sane
dignum memoria gessit, regnauit autem annos V et L. Amos deinde 5
filius eius regnum indeptus est, nec ultra biennium eo potitus
est: paternae impietatis heres, Dei neglegens, suorum insidiis
circumuentus periit.

Ad Iosiam filium imperium deuolutum. is admodum religio- **52**
sus fuisse traditur summaque cura diuina administrasse, Helchia
sacerdote usus bene. is cum in templo librum, uerbis Dei scriptum, 2
repertum a sacerdote legisset, quo continebatur Hebraeam gentem
ob crebras impietates et sacrilegia delendam, piis ad Deum pre-
cibus fletuque iugi imminentem cladem auertit. quod ubi indultum 3
sibi per Oldam prophetissam comperit, maiore cura, utpote obli-
gatus diuinis beneficiis, cultum Dei exercuit. igitur uasa omnia,
anteriorum regum superstitionibus idolis consecrata, cremauit.
namque eo profani ritus inualuerant, ut soli ac lunae diuinos
honores darent eisdemque etiam ex metallis sacraria aedificarent.
quibus Iosias in puluerem redactis sacerdotes quoque profanarum 4
aedium interfecit. sed ne sepulchris quidem impiorum pepercit,
quod olim praedictum a propheta, impletum animaduersum est.
huius octauo et decimo imperii anno Pascha celebratum. post 5
triennium fere aduersus Nechao regem Aegypti, qui bellum Assyriis
inferebat, in proelium egressus, priusquam inter se acies concur-
rerent, sagitta ictus est. exque eo uulnere in urbem relatus decessit,
cum regnasset annos unum et uiginti.

3 II Reg. 21. 6 IV Reg. 22. 11 IV Reg. 22 sq. 25 II Par. 35.

2 merunt *P* 3 Manassae *Giselinus* 4 Domino *b* || impotestatem *P* 6 Dominum *b* 7 amos *P*: Amon *b* 8 indeptus *P*: adeptus *b* 9 Domini negligens *b* 12 Helchia *Pb; in LXX dicitur* Χελκίας 13 uerbis *P*: uerbi *b* 17 Oldam *Drusius*: Ollam *Pb; in LXX est* Ὄλδα, *in Vulg.* Holda || utpote *b*: ut puta *P* || oblegatus *P* 19 idoli *P* 20 diunos *P* 23 ne pulchris quidem *P* 26 triennium] *cf. de Prato* 29 annos I et XXX *Vorstius coll. IV Reg. 22, 1*

53 Ioachas inde filius eius regnum indeptus tribus mensibus tenuit,
captiuitati ob impietatem destinatus. namque eum Nechao rex
Aegypti uinctum captumque duxit, nec multo post in uinculis
2 diem functus est. Iudaeis stipendium annuum imperatum, rex eis
Eliacim arbitrio uictoris datus, qui postea immutato nomine
Ioachim uocitatus est. hic Ioachae frater, Iosiae filius fuit, fratri
3 quam patri propior, sacrilegio inuisus Deo. igitur cum regi
Aegyptio pareret, quippe cui tributum penderet, Nabuchodonosor
rex Babylonius Iudaeam terram occupauit armis et per triennium
iure belli uictor possedit. etenim cedente iam rege Aegypti deter-
minatisque inter eos imperii finibus conuenerat Iudaeos ad Baby-
4 lonam pertinere. ita cum Ioachim, exactis in regno annis undecim,
filio eiusdem nominis locum fecisset isque regis Babylonii in se
iram concitasset, Deo nimirum agente, cui constitutum erat Iudae-
am gentem captiuitati et internecioni dare, Nabuchodonosor Hiero-
solymam cum exercitu ingressus urbem murosque ac templum
solo strauit: auri inmensum modum et sacra ornamenta uel publica
uel privata, puberesque omnes uirilis ac muliebris sexus transtulit,
relictis, quorum imbecillitas aut aetas fastidio uictoribus fuit.
quae turba inutilis seruitio exercendis colendisque *agris*, ne incul-
5 tum esset solum, deputata. eisdemque rex Sedechias praepositus,
ademptis uiribus inani tantum umbra regii nominis concessa. sed
6 Ioachim tribus mensibus tempus imperii habuit. is cum populo
Babylonam translatus et in carcerem coniectus: trigesimum post
annum emissus atque a rege in amicitiam receptus mensaque
et consiliis participatus, non sine solacio depulsae calamitatis
decessit.

2 IV Reg. 23. 11 IV Reg. 24. 21 IV Reg. 25.

1 adeptus *b* 2 impiętate *P* 3 uictum *de Prato coll. Ezech. 19, 2 sq., item Vonck* 5 Eliachim *Pb*, *em. de Prato* 6 Joachis *Pb*, *em. Vorstius cf. II, 1, 2* (Joacim *Sigonius*) || ioachae frater iosiae filius *P*, *ut coni. Drusius*: Joachae fratris Josiae f. *b* 9 babilonius *P* 11 ba-bilbnam *P* 12 Joachis *Pb*, *item infra u. 23.* 13 eiusdem nominis] *cf. de Prato* 15 internetioni *P* || hierusolimam *P* 17 uel — uel] *sic P, non* et — et, *ut ait de Prato* 18 mulieris *P* 20 agris *b*: *om. P*, *fort.* exercendis agris colendisque || incultu *P* 21 Sedecias *Drusius cum LXX* Σεδεκίας 24 babiloham *P* || coniectus est *b* || tricesimum septimum *Sigonius*, *cf. IV Reg. 25, 27* 26 solatio *Pb*

Interea Sedechias rex turbae inutilis, quamquam sine uiribus, **54**
infido ingenio et Dei immemor, qui non intellegeret captiuitatem
ob delicta gentis illatam, postremis denique malis debitus, regis
animum offendit. ita ei post nouem annos Nabuchodonosor bellum
intulit, compulsumque intra muros confugere triennio obsedit.
qua tempestate Hieremiam prophetam, qui iam saepius imminere 2
urbi captiuitatem pronuntiauerat, consulit, si quid spei forsitan
superesset. sed ille caelestis irae non ignarus, eadem saepius
interrogatus, respondit, ipsi regi specialem poenam denuntians.
tum uero Sedechias in iram excitatus trudi prophetam in carcerem 3
iubet: moxque eum crudelis facti piguit, sed obsistentibus Iudae-
orum principibus, quibus iam inde a principio moris fuerat bonos
premere, absoluere innocentem non ausus. isdem cogentibus in 4
lacum inmensi profundi caenoque ac sordibus atque ex eo exitiabili
foetore horridum demissus est, ut ne simplici quidem morte exspi-
raret. sed rex licet impius, aliquanto tamen sacerdotibus mitior, educi
prophetam de lacu et carceris custodiae reddi iubet. interea obses- 5
sos uis hostium et penuria urgebat, consumptisque omnibus, quae
mandi poterant, fames inualuerat: ita defessis inedia defensoribus
oppidum captum incensumque. rex, ut propheta dixerat, effossis
oculis Babylonam translatus, Hieremias misericordia hostili car-
cere exemptus. cum eum Nabuzardan, princeps regius, captiuum 6
cum ceteris duceret, delata sibi optione ab eo, utrum in solo patrio
deserto desolatoque subsistere an secum abire in summis honoribus
uellet, residere in patria maluit. Nabuchodonosor abducto populo, 7
residuis quos belli conditio uel praedae fastidium relinqui a uicto-
ribus fecerat, Godoliam eiusdem gentis praeposuit absque ullo
insigni regio aut imperii nomine, quia praeesse paucis et calami-
tosis nulla dignitas erat.

10 Jer. 37 sqq. 13 IV Reg. 25. II Par. 36.

4 nouem *b*: .IIII. *P, cf. IV Reg. 25, 1.* 6 Jeremiam *b* || quiaam saepius *P* 7 consuluit *malebat de Prato* 10 carcere *P* 13 non est ausus *b* || hisdem *P* 14 coenoque *b* 16 principibus mitior *Vorstius coni.* 19 famis *P* 21 babilonam *P* 22 Nabuzardan *Pb*: Nebuzardan *aliquot editt. posteriores* 26 uel] *sic P, non* et, *ut ait de Prato* || relinqui *P, ut coni. Giselinus et Sigonius*: reliqui *b* 28 praeesse] praeee *P* (*pro* praeēē) 29 erat. EXPLICIT SACRORV̄ CHRONICORV̄ LIBER PRIMVS. INCIPIT SECVNDVS . LEGE FELICITER . *P* .

CHRONICORVM

LIBER SECVNDVS.

1 Captiuitatis tempora prophetarum uaticiniis atque actibus
illustrata sunt, maximeque Danielis egregia ad conseruandam
legem perseuerantia et in absolutione Susannae diuino consilio
2 ceterisque ab eo gestis, quae iam ordine persequemur. hic sub rege
Ioachim captus deductusque Babylonam paruus admodum puer:
postea ob elegantiam uultus inter ministros regios assumptus,
3 unaque cum eo Annanias, Misaël et Azarias. sed cum eos rex
delicatioribus cibis curari praecepisset idque Asphanae eunucho
negotii dedisset, Daniel paternarum traditionum memor, ne ex
mensa regis gentilium cibis participaret, poposcit ab eunucho, ut
4 leguminibus tantum uterentur. causante Asphane, ne dissimulatum
imperium regis consecutura macies proderet, Daniel Deo fretus
pollicetur maioris decoris sibi uultus ex leguminibus quam ex
cibis regiis fore. fidesque dictis affuit, ita ut minime eorum uultus
comparabiles haberentur, qui imperialibus impendiis procuraban-
tur. igitur a rege in honorem et gratiam adhibiti prudentia et

7 Dan. 1.

2 egregiam — perseuerantiam *P*, *em. de Prato* (Maxime itaque Danielis egregiam ad c. l. perseuerantiam, et in absolutionem S. diuino consilio, caeteraque ab eo gesta ordine persequemur *b*) 3 absolutionẽ *P*, em. *Hofmeister et de Prato* || sussanne *P* 4 quae iam ordine *scripsi*: quae in ordine *P* 5 Joacim *Sigonius* || babalonam *P* 6 eligantiam *P* 7 Ananias *b*, *item infra c. 3* 8 delicatoribus *P* || asphane eununcho *P* 9 patriarum *Sigonius*, *at u. II, 12, 6* || memo. ne *P* 11 uescerentur *Sigonius* || asphanen *P* 13 maius *P* 16 in honorem et gratiam *nos*: in honore et gratiā (*sed* gratia *ex* gratiā *rasura factum*) *P*, in honore et gratia *b*

disciplina breui omnibus regis proximis antelati. per idem tempus 5
Susanna, cuidam Ioachi nupta, spectatae femina pulchritudinis,
a duobus presbyteris appetita, cum impudicis non adquieuisset,
falso crimine incessitur, isdem presbyteris deferentibus, in remotis
locis adulescentem cum ea deprehensum, sed illum iuuenili alacritate senum manus effugisse. ita presbyteris fides habita: iudicio
populi Susanna damnatur. quae cum secundum legem ad suppli- 6
cium duceretur, Daniel, tum annos natus XII, increpitis Iudaeis,
cur innocenter morti dedissent, reduci eam in iudicium causamque denuo audiri postulat. enimuero multitudo Iudaeorum, quae 7
tum aderat, non sine Deo existimans puerum contemptae aetatulae
in hanc constantiam prorupisse, fauore accommodato in consilium
reuertitur. initur denuo iudicium: Danielo, ut inter maiores natu 8
resideret, delatum. igitur separari accusatores iubet: unumquemque ex eis interrogat, sub cuius generis arbore adulteram deprehendisset. ex uarietate responsi falsitas deprehensa: Susanna absoluta, presbyteri, qui innocenti periculum creauerant, capite damnati.
Ea tempestate Nabuchodonosor somnium uidit, mysterio futu- **2**
rorum mirabile. cuius interpretationem cum per se non posset euoluere, ascitis ad interpretandum Chaldaeis quique magicis artibus extisque hostiarum scire occulta et futura praecinere uidebantur, mox ueritus, ne more hominum non uera, sed placita regi ex somnio coniectarent, uisa subprimit poscitque ab eis, ut, si uera in iis diuinatio esset, somnium ipsum sibi dicerent: tum demum interpretationi eorum crediturum, si prius enuntiando somnium artis
periculum fecissent. illi uero tantam molem abnuentes, non esse 2
id humanae opis confitebantur. rex motus, cur falsa diuinandi professione homines erroribus illuderent, cum astricti praesenti negotio nihil scire se confiterentur: ita edicto regis in eos animad-

18 Dan. 2.

1 tempus sus | sussanna *P* 2 cuidam *de Prato*: quàedam *P* || Joachim *b*, Joacim *Drusius* 3 presbiteris *P et sic deinceps* 4 hisdem *P* 5 dephensũs *P* 7 sussanna dampnatur *P* 9 innocenter *P*: innocentem *edd.* || reduci *scripsi*: reduce *P*, reducere *b* 13 Danieli *b*, *item p. 58, 2* 14 unumquemque *de Prato*: unumque *Pb* 17 dampnati *P* 18 misterio *P* 20 quique *Drusius*: qui *Pb*, *cf. Dan. 2, 2 et 2, 10* 22 ueritur *P* 23 poscitque *nos*: poposcitque *Pb* || in his *Pb* 27 cur *P*: quod *b*

3 uersum palamque omnes huius artis interficiebantur. quod ubi
Danielo compertum, regis proximum appellat: enuntiationem
4 somnii interpretationemque eius pollicetur. res ad regem defertur:
Daniel arcessitur. iam reuelato sibi per Deum mysterio uisa regis
refert absoluitque. sed res postulat, uti regis somnium et inter-
5 pretationem prophetae et consequentium fidem exponamus. uiderat
rex per soporem imaginem capite aureo, *pectore* brachiisque
argenteis, uentre et femoribus aereis, cruribus ferreis, quae in
pedes *partim* ferreos, partim fictiles desinebat: sed ferrum atque
testum inter *se* confusum coire non poterat. ad extremum ima-
ginem lapis sine manibus abscissus proterebat, redactaque omnia
in puluerem uento ablata.

3 Igitur secundum prophetae interpretationem imago uisa figu-
2 ram mundi gerit. caput aureum Chaldaeorum imperium est,
3 siquidem id primum et opulentissimum fuisse accepimus. pectus
et brachia argentea secundum regnum annuntiant: Cyrus enim
4 uictis Chaldaeis atque Medis imperium ad Persas contulit. in
uentre aereo tertium regnum portendi pronuntiatur, atque imple-
tum uidemus, siquidem Alexander ereptum Persis imperium Mace-
5 doniae uindicauit. crura ferrea imperium quartum, idque Romanum
intellegitur, omnibus ante regnis ualidissimum. pedes uero partim
ferrei, partim fictiles diuidendum esse Romanum regnum, ita ut
numquam inter se coëat, praefigurant: quod aeque impletum est,
siquidem cum non ab uno imperatore, sed etiam a pluribus semper-
que inter se armis aut studiis dissentientibus res Romana admini-
6 stretur. denique commisceri testum atque ferrum numquam inter
se coeunte materie commixtiones humani generis futurae a se in-
uicem dissidentes significantur, siquidem Romanum solum ab
exteris gentibus aut rebellibus occupatum aut dedentibus se per

2 Danieli *b* 4 accersitur *b* || per Dominum *b* 5 refert *de Prato (idem* regi *scribens)*: refertur *P* (uisio regis refertur solutioque *b*) 7 pectore *addendum esse uidit Drusius, cf. u. 15 et Dan. 2, 32.* 9 partim *b*: *om. P* 10 se *addidit Giselinus;* confusum inter se *Vorstius* 11 abscisus *P* 18 atque *P*: idque *b* 24 siquidem iam non . . administratur *b* || *fort.* sed iam a pluribus 26 denique quod commiscentur *Bernays p. 28 not. 48* 27 coeunte materia *Bernays*, coeuntẽ materiẽ *P* 29 rebelli *P* || se per pacis speciem *Sigonius*: semper pacis speciẽ *P*

pacis speciem traditum constet, exercitibusque nostris, urbibus
atque prouinciis permixtas barbaras nationes, et praecipue Iudaeos,
inter nos degere nec tamen in mores nostros transire uideamus.
atque haec esse postrema prophetae annuntiant. in lapide uero sine 7
manibus abscisso, qui aurum, argentum, aes, ferrum testumque
comminuit, Christi figura est. is enim non conditione humana
editus, siquidem non ex uoluntate uiri, sed ex Deo natus est,
mundum istum, in quo sunt regna terrarum, in nihilum rediget
regnumque aliud incorruptum atque perpetuum, id est futurum
saeculum, quod sanctis paratum est, confirmabit. de quo uno adhuc 8
quorumdam fides in ambiguo est, non credentium de futuris, cum
de praeteritis conuincantur. igitur Daniel multis a rege muneribus
donatus, praefectus Babyloniae atque omni imperio, in summis
honoribus habebatur. eius suffragio Annanias, Azarias et Misael
ad summam aeque dignitatem et potestatem prouecti. eodem fere 9
tempore praeclara Ezechielis prophetia extitit, reuelato ei futurorum et resurrectionis mysterio. extat liber magni operis et cum cura legendus.

At in Iudaea, cui post excidium Hierosolymae Godoliam 4
praepositum supra memorauimus, aegre ferentes Iudaei principem
sibi ex stirpe *non* regia arbitrio uictoris datum, Ismael quodam
duce et concitatore nefandae coniurationis, dispositis eum in conuiuio insidiis peremerunt. at hi, qui extra noxiam fuerant, ultum 2
ire facinus cupientes propere aduersum Ismael arma capiunt. sed
ut ille cognouit exitium sibi imminere, relicto exercitu, quem contraxerat, non amplius *octo* comitantibus ad Ammonitas confugit.
igitur populum uniuersum metus peruaserat, ne paucorum scelus 3
omnium exitio rex Babylonius ultum iret: nam praeter Godoliam

15 Dan. 2. 19 IV Reg. 25. 23 Jer. 40 sq.

2 et praecipue Judaeos *corruptum censet Bernays l. c.* 4 postrema *P*: postrema tempora *b* || propheta *(sc. Daniel)* annuntiat *de Prato* 5 absciso *P* || aes *scripsi*: .es. *(sic) P*, et *b*; *cf. Dan. 2, 35* (es *pro* aes *codex etiam II, 8, 5 habet)* 6 figuram esse *b* 8 redigit *P*, *em. Giselinus* 11 credentium *de Prato*: credendum *P* 13 donatus *P*, *ut coni. Vonck*: donatur *b* 14 misahel *P* 16 hiezechielis *P* 20 Judaei quidam *malebat de Prato* 21 extirpe *P* || non *b*: *om. P* 22 concentore *P* 25 ut ille *nos*: ille *P*, ille quia *b* 26 VIII *nos*: *om. P*, quam octo *b*; *cf. Jerem. 41, 15* 28 babyllonius *P*

4 multos ex Chaldaeis cum eo interfecerant. itaque consilium ineunt
fugiendi in Aegyptum, sed prius Hieremiam frequentes adeunt,
5 sciscitantes diuinum responsum. at ille uerbis Dei uniuersos hortari,
in solo patrio manerent: si id fecissent, Dei praesidio tuendos
nullumque a Babyloniis periculum fore: sin Aegyptum peterent,
6 omnes ibi ferro ac fame diuersoque mortis genere perituros. sed
plebs assueto malo insolens parendi salubribus consiliis et diuino
imperio profecta in Aegyptum. quid de ea postea actum, sacris
litteris siletur: nobis nihil compertum.

5 Hoc tractu temporum Nabuchodonosor elatus rebus secun-
dis statuam sibi auream immensae magnitudinis posuit adorari-
2 que eam ut sacram effigiem praecepit. quod cum certatim ab
omnibus, deprauatis adulatione omnium animis, fieret, Annanias,
Azarias et Misael profano officio abstinuerunt, non ignorantes ho-
norem hunc soli Deo debitum. igitur rei ex edicto regis constituun-
tur, propositaque eis conditio poenarum, ardens caminus, ut prae-
senti metu adorare statuam cogerentur. uerum illi deuorari igni-
3 bus quam piaculum committere maluerunt. itaque uincti compedi-
bus in medias flammas coniciuntur. sed ministros infandi operis,
dum promptius damnatos in ignem propellunt, flamma absorbuit:
Hebraeos — mirum dictu et incredibile non uisentibus — ignis non
attigit, cum a spectantibus deambulantes in camino psalmum Deo
dicere cernerentur, uisusque cum his inter ignes quartus specie
angeli, quem Nabuchodonosor propius intuitus filium Dei se uidisse
4 confessus est. tum rex haud dubius diuinam in re praesenti fuisse
uirtutem, missis per omne regnum suum edictis facti miraculum
5 prouulgauit, confessus soli Deo honorem deferendum. nec multo
post obiecto sibi somnio, mox uoce etiam caelo emissa admonitus,
potestate regia abiecta atque ab omni conuersatione humana remo-
tus, herbis tantum uitam sustinens, egisse paenitentiam traditur:
seruatum ei nutu Dei imperium, donec impleto tempore, agnito
demum Deo, post VII annos et regno et statui pristino restitutus

2 Jer. 43. 6 Jer. 44. 10 Dan. 3. 27 Dan. 4.

3 scisscitantes *P* 8 profecta est *b* 14 misahel *P* 16 prępositaque *P* 18 compedibus *Drusius*: pedibus *Pb*, *cf. I, 28, 3* 22 cum aspectantibus *edd. pleraeque* 23 inter ignem *b* 28 post rex obiecto *b* 31 seruatumque *coni. de Prato*

est. hic post deuictum, ut supra diximus, Sedechiam, quem capti- 6
uum Babylonam transtulit, regnasse traditur annos VI et XX,
quamquam id non in sacra historia scriptum inuenerim. sed forte 7
accidit, ut dum multa euoluerem, annotationem hanc iam inter-
polato per aetatem libello sine auctoris nomine reperirem, in quo
regum Babyloniorum tempora continebantur: quam praetereundam
non putaui, siquidem et Chronicis consentiret, et ita illius nobis
ratio quadraret, ut per ordinem regum, quorum tempora contine-
bat, usque in primum Cyri regis annum, LXX annos — tot enim
per sacram historiam a captiuitate usque ad Cyrum fuisse refe-
runtur — impleret.

Post Nabuchodonosor filius eius regnum indeptus, quem in **6**
Chronicis Euilmarodac fuisse uocitatum repperi. hic duodecimo
imperii anno diem functus, fratri minori, qui Balthasar dictus
est, locum fecit. is cum quarto et decimo anno publicum epulum 2
principibus ac praefectis suis daret, sacra uasa, quae per Nabu-
chodonosor de templo Hierosolymae ablata nec in regales usus
usurpata, sed recondita in thesauris habebantur, proferri impe-
rauit. cumque his per luxum ac licentiam regalis conuiuii promi- 3
scue omnes uirilis ac muliebris sexus, uxores concubinaeque eius
uterentur, subito rex in pariete conspicatur digitos scribentes
cernebanturque in uersum ductae literae: sed qui posset scripta
legere, non reperiebatur. igitur rex perterritus magos et Chaldaeos 4
aduocat. quibus mussantibus nec quicquam respondentibus, regina
regem admonet, esse quendam Hebraeum Daniel nomine, qui olim
Nabuchodonosor occulti mysterii somnium reuelasset, iam tum ob
illustrem sapientiam summis honoribus donatum. itaque accitus 5
perlegit interpretatusque, ob delictum regis, qui sacra Deo vasa
temerasset, ipsi exitium imminere regnumque eius Medis ac Persis

12 IV Reg. 25. 15 Dan. 5.

2 babillonã *P*, Babylonem *b* 4 hanc in interpolato *Giselinus* 5 repperirem *P* 6 regnum babilloniorum *P* 7 consentirent *P*, *em. de Prato* 12 regnum est adeptus *b* 13 Euilmarodac *Pb*: Euilmarodach *Drusius* 14 Balsasar *Drusius* 15 Is cum *b*: cum *P* 17 hierolimae *P* ‖ nec *P*: ac *b* 19 cumq. *P*: cum *b* 20 omnes *P*, *ut coni. Sigonius*: omnis *b* 21 conspicatur *P* (*non* conspicatus est): conspicit *b* 22 possit *P* 23 repperiebatur *P* 24 mussitantibus *b*, *at cf. I, 43, 7* 27 accitus Daniel *b*

6 datum. quod mox consecutum est. nam eadem nocte Balthasar
interiit, regnum eius Darius natione Medus occupauit: Danielum
illustri opinione compertum uniuerso imperio praeposuit, secutus
superiorum regum iudicium. nam et Nabuchodonosor eum regno
praefecerat et Balthasar ueste purpurea et torque aureo donatum
tertium regni principem constituerat.

7 Igitur hi, qui una cum eo rerum potentes erant, exagitati
inuidia, quod eis alienigena captiuae gentis fuisset aequatus, regem
deprauatum adulatione compellunt, ut sibi diebus proximis xxx
diuini honores darentur, neque cuiquam liceret Deum nisi regem
precari. facile id Dario persuasum, stultitia regum omnium, qui
2 sibi diuina uindicant. igitur Daniel non rudis neque inscius, Deo
preces, non homini deferendas, reus constituitur edicto regis non
paruisse. multumque abnuente Dario, cui carus acceptusque sem-
3 per fuerat, principes peruicere, ut in lacum demitteretur. sed
obiecto bestiis nullum periculum fuit. quod cum rex comperisset,
accusatores deputari leonibus praecepit: qui non simili exemplo
perfuncti sunt: nam continuo deuorati ferarum famem expleue-
4 runt. Daniel clarus ante clarior haberi: rex antiquato edicto suo
nouum proposuit, relictis erroribus ac superstitionibus Deum Da-
5 nielis colendum. extant etiam uisiones eius, quibus consequentium
saeculorum ordinem reuelauit, annorum etiam numerum comple-
xus, intra quem Christum, sicut factum est, descensurum ad terras
6 pronuntiauit uenturumque Antichristum manifeste exposuit. quod
si qui studiosior erit, rectius ibi quaesitum reperiet: nobis propo-
situm est rerum tantum ordinem contexere. Darius duodeuiginti
annos regnasse traditur: qua tempestate Astyages Medis imperabat.

8 Hunc Cyrus, ex filia nepos eius, regno expulit, Persarum
usus armis: unde summa imperii ad Persas translata est. Baby-
2 lonii quoque in potestatem ditionemque eius concessere. igitur

21 Dan. 7—10. 28 Esra 1. Jer. 25. II Par. 36.

2 regnumque *b* || Danielem *b* 8 inuidia *Giselinus*: iniudęa *P*, in Judaea *b* 9 compellant *malebat de Prato coll. Seueri dial. 2, 6* 10 deum *P*, *ut coniecit de Prato*: Dominum *b* 11 id olario *P* 18 feram *P* 19 haberi *P*: haberi coepit *b* || aritiquato *P* 24 anticristum *P* 25 si quis *b* 26 duo de xx *P* 27 astyagis *P* 30 potestatem et ditionemq. *P*

initio regni, propositis publice edictis, dat potestatem Iudaeis in
solum patrium redeundi, sacra etiam uasa, quae Nabuchodonosor
de templo Hierosolymae abstulerat, reddidit. itaque pauci tum
in Iudaeam regressi: ceteris redeundi animus an facultas defuerit
parum comperimus. erat ea tempestate apud Babylonios Beli anti- 3
quissimi regis, cuius etiam Virgilius meminit, ex ære simulacrum,
quod superstitione hominum consecratum Cyrus quoque adorare
erat solitus, antistitum eius dolo illusus, qui uesci effigiem illam
atque potare affirmabant, cum diurnam pensitationem, quae idolo
inferebatur, clam ipsi absumerent. igitur Cyrus cum Danielo fami- 4
liariter uteretur, quaerit ab eo, cur simulacrum non adoraret,
cum manifestum uiuentis Dei esset indicium, absumentis ea, quae
inferebantur. Daniel ridens hominis errorem negare id posse fieri, 5
ut aes illud, id est bruta materies, cibo uteretur aut potu. acciri
ergo rex sacerdotes iubet (nam fere ad septuaginta erant) adhibi-
toque eos terrore increpitat, quis inpensa consumeret, cum Daniel
uir prudentia insignis minime id ab insensibili simulacro posse
fieri contenderet. tum illi confisi parato dolo sueta inferri et obsig- 6
nari a rege templum deposcunt, uti, nisi omnia postero die ab-
sumpta deprehenderentur, morte poenas persoluerent, dum eadem
conditio Danielo maneret. itaque signo regis templum obsignatur, 7
cum prius Daniel sacerdotibus insciis pauimentum cinere asper-
sisset, ut introeuntium occultos aditus uestigia proderent. igitur
postero die rex templum ingressus animaduertit absumpta, quae
idolo apponi iusserat. tum Daniel occultam fraudem uestigiis pro- 8
dentibus reserat, sacerdotes cum uxoribus et filiis, subfosso fora-
mine ingressos, ea quae idolo apposita fuerant deuorasse. ita
omnes iussu regis interfecti, templum ac simulacrum *Danielo* in
potestatem datum atque arbitrio eius dirutum.

Interea Iudaei, quos ex permissu Cyri in patriam regressos 9
supra memorauimus, urbem ac templum restituere aggressi, ut

6 Aen. I, 729. 30 II Par. 36.

4 defuerat *P* 5 Beli *b*: bella *P* 6 cuius — meminit *Sigonio glossema uidebatur* 10 Daniele *b* 14 ut | ut es illud *P* || accyri *P*, accersi *b* 18 sueta *P*: *om. b; aliquid deesse recte Vorstius senserat* || inferri *P et Vorstius*: inferre *b* 21 Danieli *b* 23 ues'tia *P* 28 Danielo *om. P*, Danieli *b* 31 restuere *P*

pauci atque inopes parum proficiebant, donec centesimo fere anno,
Artaxerse rege Persis imperitante, per eos, qui locis praeerant, ab
2 aedificando deterriti: etenim tum Syria atque omnis Iudaea sub
Persarum imperio per magistratus ac praesides regebatur. igitur
his consilium fuit regi Artaxersi scribere, non oportere Iudaeis
restituendae urbis suae copiam dari, ne pro contumaci ingenio
resumptis uiribus, aliis gentibus imperare soliti, non paterentur
3 sub alieno imperio degere. ita comprobato a rege praesidum con-
silio prohibita urbis aedificatio usque in secundum Darii regis
annum dilata est. sed hoc tractu temporum, qui reges Persis
imperauerint, inseremus, quo facilius annorum series in ordinem
4 contexta prodatur. post Darium Medum, quem duodeuiginti annos
regnasse significauimus, Cyrus uno et triginta annis rerum potitus
est. Scythis bellum inferens in proelio cecidit, secundo anno post-
5 quam Tarquinius Superbus Romae regnare coeperat. Cyro Cam-
byses filius eius successit: regnauit annos VIIII. hic cum Aegy-
ptum atque Aethiopiam bello premeret et subegisset uictorque in
Persas reuerteretur, casu se ipse uulnerauit ex eoque ictu periit.
6 post huius mortem magi duo fratres, natione Medi, menses VII Per-
sarum regnum optinuerunt. ad hos interficiendos septem nobilis-
simi Persae coniurauerunt, quorum princeps fuit Darius Hystaspis
filius, natus ex fratre patruele Cyri, omniumque consensu regnum
7 ei delatum: regnauit annos VI et XXX. hic ante quadriennium
quam decederet, apud Marathonam pugnauit, celeberrimo Graecis
Romanisque historiis proelio. id gestum post Romam conditam
anno fere ducentesimo et sexagesimo, Macerino et Augurino con-
sulibus, abhinc annos, si tamen inuestigatio Romanorum consulum
non fefellit, DCCC LXXX et VIII: omne enim tempus in Stiliconem
8 consulem direxi. post Darium Xerses fuit, isque uno et XX annis

2 Esra 3. 8 Esra 6.

2 Artaxerxe *b, et sic semper in hoc nomine* 3 sunt deterriti *b* 4 regebatur *b*: agebatur *P, an ex* agebat? *cf. ad I, 30, 1* 9 et usque *malebat de Prato* 12 contextã *P* 13 significamus *P* || unũ et XXX annis *P* 15 ceperat *P* 16 regnauitque *b* 18 ipse *P*: ipsum *b* 21 hystaspi *P* 24 Marathona *malebat de Prato* 26 macherino *P, em. de Prato* 28 omnẽ *P* || stilliconem *P* 29 exerses *P*, Xerxes *b et sic deinceps* || unum et XX annos *b*

regnasse traditur: quamquam in plerisque exemplaribus xx et v
annos imperii eius fuisse repperi. huic successit Artaxerses, cuius
supra meminimus. hic cum inhiberi aedificationem urbis Iudaeae 9
templique iussisset, suspensum opus usque in secundum Darii
regis annum pependit. sed ut usque ad eum temporum ordo co-
nexus sit, Artaxerses regnauit annis uno et XL, Xerses duobus
mensibus. postque eum Sucdianus VII mensibus fuit.

Darius deinde, sub quo templum est restitutum, regnum **10**
adeptus est, cui Ochus tum nomen erat. hic cum ex Hebraeis tres
adolescentes spectatae fidei corporis custodes haberet unusque ex
his prudentiae documento admirationem regis in se conuertisset,
delata sibi optione petendi, si quid animo concepisset, ingemiscens
patriae ruinis copiam restituendae urbis poposcit meruitque a
rege, ut subregulis ac praesidibus imperaret, aedificationem sacrae
aedis praebitis impendiis maturarent. ita templum quadriennio 2
consummatum, sexto post anno quam Darius regnare coeperat,
idque Iudaeis satis uisum: et quia magnae molis erat urbem
restituere, diffisi uiribus opus multi laboris incipere non ausi
templo continebantur. per idem tempus Esdras scriba legis post 3
XX fere annos quam templum fuerat consummatum, defuncto iam
Dario, qui unum de uiginti annos rerum fuerat potitus, permissu
Artaxersis secundi, non illius, qui inter duos Xerses fuit, sed
huius, qui Dario Ocho successerat, Babylonia profectus multique
eum secuti Hierosolymam peruexere uasa diuersi operis et dona,
quae rex templo Dei miserat, cum XII Leuitis: uix enim hic nu- 4
merus ex illa tribu repertus traditur. is cum deprehendisset Iu-
daeos gentilium conubiis permixtos, multis increpitos renuntiare

12 Esra 6. 23 Esra 7 sq. 26 Esra 9 sq.

3 meminimus *P*: mentionem fecimus *b* 6 annis uno *nos*: annos unū *P* 7 Sucdianus] *uulgo* Sogdianus 9 ademptus *P* 11 docimento ammirationem *P* 12 concupisset *malebat de Prato* 14 imperaret ut *b* 16 ceperat *P* 21 unū de .xx. annos *P*: unum de xx annis *b* (undeuiginti *de Prato*) 22 artarxerses *P* 23 dario cho *P* || multique eum secuti Hierosolymam peruexere uasa diuersi operis *scripsi*: multisque eum secuti hierosolimam peruenere uasa diuersi operis *P*, multisque eum sequutis, Hierosolymam peruenere. Vasa quoque diuersi operis *b* 27 cocconubiis *P*, connubiis *edd.*

istiusmodi matrimoniis ac filios ex his susceptos extrudi iubet,
omnesque dicto paruere. purgatus populus ueteris legis ritu agebat.
5 ceterum Esdram nihil super reficienda urbe egisse comperio, credo
potiorem curam ratus plebem corruptis moribus reformare.

11 Erat ea tempestate apud Babyloniam Neemias minister
regius, gente Iudaeus, Artaxersi merito obsequiorum carissimus.
2 is Iudaeos percontatus, quis paternae urbis status esset, ubi com-
perit in isdem ruinis iacere patriam, totis sensibus conturbatus
cum gemitu multisque lacrimis orasse ad Deum traditur, delicta
3 gentis suae reputans, misericordiam diuinam efflagitans. igitur
cum eum rex inter epulas maestum extra solitum animaduer-
tisset, poposcit ab eo causam dolorum ut exponeret. tum ille
aduersa gentis suae et ruinam ciuitatis deflere, quae iam per annos
fere ducentos et quinquaginta solo strata, malorum testimonium,
spectaculum inimicis praeberet: daret sibi eundi et restituendae
4 eius potestatem. paruit rex piis precibus, statimque eum cum
praesidio equitum, quo tutius iter ageret, dimisit, datis ad prae-
tores epistulis ut necessaria praeberent. is cum Hierosolymam
peruenisset, uiritim populo opus urbis distribuit, et certatim iussa
omnes curabant. iamque ad medium machinae processerant, cum
5 flagrante inuidia gentium uicinae urbes conspirant opera inter-
rumpere Iudaeosque ab aedificando deterrere. sed Neemias, dispo-
sitis aduersum incursantes praesidiis, nihil territus coepta expli-
cuit: consummatoque *muro* et ualuis portarum perfectis, per
familias construendis interius domibus urbem dimensus est.
censuitque populum minime urbi parem, neque enim amplius
quam ad quinquaginta milia promiscui sexus atque ordinis reperta:
6 tantum ex illo quondam inmani numero frequentibus bellis ab-
sumptum aut captiuitate detentum. nam olim hae duae tribus,
quarum hoc residuum fuit, cum ab his decem tribus separatae
sunt, CCC et XX milia uirorum armauerant. a Deo ob peccatum

10 Neh. 2. 20 Neh. 3 sqq.

2 ritu *de Prato*: ritũ *Pb* 5 Nehemias *Drusius* 6 artarxersi *P* 10 misericordiamque *b* 14 et sexaginta *Sigonius* 20 cum flagrante] conflagrante *P* 22 Judaeos *b* || dispositis *b*: depositis *P* 24 muro *Sigonius addidit, possis etiam* opere 25 dimensus *Galesinius et Giselinus*: dimissus *P* 31 CLXXX *Sigonius* || a Deo *de Prato*: adeo *edd. priores*

internecioni et captiuitati datae ad hanc usque paucitatem deue-
nerant. sed haec, ut dixi, plebs duarum tribuum fuit: decem uero 7
prius deductae per Parthos, Medos, Indos atque Aethiopas dis-
persae numquam in solum patrium regressae, hodieque barba-
rarum gentium imperiis continentur. sed consummatio restitutae
urbis XXX et II imperii Artaxersis anno refertur. a quo tempore 8
usque ad Christi crucem, id est Fufium Geminum et Rubellium
consules, anni CCCXC et VIII: ceterum a restitutione templi usque
in euersionem, quae sub Vespasiano consule Augusto per Titum
Caesarem consummata est, anni CCCC LXXX et III. praedictum id 9
olim est a Daniele, qui ab instauratione templi usque in euer-
sionem LX et VIIII hebdomadas futuras pronuntiauerat. a die
autem captiuitatis Iudaeorum usque in tempus restitutae ciuitatis
fuerunt anni CCLX.

In hoc temporum tractu Esther atque Iudith fuisse arbitra- **12**
mur: quarum quidem actus quibus potissimum regibus conectam,
non facile perspexerim. nam cum Esther sub Artaxerse rege refe-
ratur, porro duos huius nominis Persarum reges fuisse reppererim,
multa cunctatio est cuius haec temporibus applicetur. mihi tamen 2
uisum est huic Artaxersi, sub quo Hierosolyma est restituta,
Esther historiam conectere, quia non sit uerisimile, ut, si sub
priore Artaxerse fuisset, cuius tempora *Esdra* complexus est,
nullam tam illustris feminae mentionem retulisset, maxime cum
ab illo Artaxerse inhibitam templi aedificationem, sicut supra
memorauimus, constet: neque Esther passura fuerit [tum], si in
illius matrimonio tum fuisset. nunc gesta edisseram. erat ea tem- 3
pestate regi in matrimonio Vastis quaedam, mirae femina pulchri-

10 Dan. 9.

1 datā *P* 3 deductae *nos*: ductae *P*, abductae *de Prato* 4 sunt regressae *b* 6 II] duo *P* || artarxersis *P* 7 Fufium *P*: Fusium *b* || Geminium *b* || rebellium *P*, *em. de Prato* 8 *malim* conss. *(sic cod.)* s̄ (*i. e.* sunt) anni 14 *post* CCLX *est in P spatium uacuum quindecim fere litterarum* 15 nhoc *P initio noui uersus*, Hoc *b* || Esther *Drusius*: hester *P et sic deinceps* 17 artarxerse *P*, *item u. 22 et 24*, *et* artarxersi *u. 20* 18 reppererim *scripsi*: repperi *P* 21 quia non sit *scripsi*: qui an̄ fuit *P*, quae ante fuit *b* || uerisimilis *b* 22 tempora Esdra *de Prato*: tēprā *P* 24 sic supra *P* 25 *utrumque* tum *de Prato delendum censet*, *nos prius saltem inclusimus*

tudinis. cuius cum formam omnibus praedicaret, die quodam,
cum publicum conuiuium dabat, adesse reginam demonstrandae
4 pulchritudinis gratia iubet. illa uero stulto rege consultior, pudens
uirorum oculis spectaculum corporis praebere, iussa abnuit. qua
contumelia barbarus animus permotus uxorem matrimonio ac regia
5 depellit. igitur cum in locum eius puella regis coniugio quaere-
retur, reperta est Esther ceteras specie uincere. haec Iudaea ex
tribu Beniamin, utroque parente orba, a Mardochaeo patrueli
6 fratre educta. cum ad regales nuptias duceretur, mandante edu-
catore genus *et* patriam occultauit, admonita ne paternarum tradi-
tionum immemor, etsi in matrimonium alienigenae captiua succe-
7 deret, gentilium cibis participaret. igitur iuncta regi breui, ut
fit, ui pulchritudinis totum eius animum facile cepit, adeo ut eam
aequatam imperio insigni regio, ueste purpurea donaret.

13 Qua tempestate Mardochaeus inter proximos regis erat, pro
uirili portione negotiorum familiarium curator. is compositas a
duobus spadonibus regi insidias prodiderat, atque ex eo carior
2 summisque honoribus donatus. erat ea tempestate regi Aman
quidam perfamiliaris, quem aequatum sibi adorari more regum
praeceperat. id Mardochaeus unus ex omnibus facere fastidiens
3 odia Persae in se grauiter accenderat. igitur Aman ad perniciem
Hebraei animum intendens regem adit affirmatque, esse in regno
eius hominum genus prauis superstitionibus deo hominibusque
inuisum, externis legibus uiuens, dignum exitio: rectum esse omnes
huius gentis internecioni dare, exque eorum bonis inmensas
4 opes pollicetur. facile id barbaro persuasum: edictum emittitur
Iudaeos necandos, missique continuo qui per omne regnum ab
India usque Aethiopiam promulgarent. id ubi Mardochaeo com-
pertum, conscissis uestibus sacco obuoluitur conspersusque cinere
pergit ad regiam, ibique eiulatu multo cuncta questibus replet:
facinus indignum immeritam gentem perire neque ullam pereundi

6 Esther 2. 18 Esther 3. 28 Esther 4.

8 mardochoeo *P* || patruele *b* 10 et *om. P*, ac *b* || ammonita *P* 13 coe-pit *P* 14 aequatam sibi imp. *malebat Vorstius* 15 mardocheus *P, et sic deinceps* 18 amman *h. l. P, sed alias* aman; Haman *b* 21 pernitiem *P* 22 intendens *b*: incendens *P* || adiit *Pb* 27 omnẽ *P* 28 promulgarent *P*: edictum promulgarent *b* 30 regiam *P et de Prato*: reginam *b*

causam dari. Esther lamentantis voce excita rem, ut erat, cogno- 5
scit. tum uero anceps consilii, quia adeundi regem potestas non
erat — etenim more Persarum reginae introire ad regem nisi
accersitae non licet, nec tamen, cum fuerit regi libitum, sed statuto
tempore admittitur — et forte tum ita euenerat, ut diebus xxx
proximis separata a conspectu regis Esther haberetur. igitur auden- 6
dum aliquid pro ciuibus rata, etsi certa pestis adesset, pulchro in
negotio occumbere parata, inuocato prius Deo, aulam regis ingre-
ditur. at barbarus re insolita percussus, paulatim blandimento
muliebri delinitus, postremo ad cenam reginae perducitur, unaque
cum illo Aman ille regi carus et Iudaeae genti infestus. igitur 7
cum iam post epulas multis poculis conuiuium calere coepisset,
Esther genibus regis aduoluitur, gentis suae perniciem deprecatur.
rex uero nihil se petenti, si quid ultra peteret, negaturum polli-
cetur. tum Esther arrepto tempore Amanis mortem flagitat in 8
ultionem gentis, quam perditam cupierat. sed rex amici memor
paulisper cunctatus deliberandi gratia modicum secessit. deinde
regressus *ut* uidit Aman reginae genua complexum, succensus ira
et appetitam reginam clamitans, morte eum affici iubet. et tum 9
regi compertum, poenam crucis per Aman Mardochaeo paratam.
ita Aman eaedem cruci affigitur, omniaque bona eius Mardochaeo
data Iudaeique sunt absoluti. Artaxerses regnauit annos duos et
LX, eidemque Ochus successit.

Huic rerum ordini recte Iudith actus conseram: traditur enim 14
post captiuitatem fuisse, sed quis eo tempore Persis regna-
uerit, historia diuina non edidit: regem tamen, sub quo illa gesta
sint, Nabuchodonosor nuncupat, non utique eum, qui Hierosoly-
mam ceperit. sed nullum hoc nomine post captiuitatem apud Persas 2
regnasse reperio, nisi si ob inpotentiam et pariles conatus quicum-

6 Esther 5. 13 Esther 7. 24 Judith 1.

8 parata *de Prato*: parat *Pb* || dõ *P corr. 1 m. ex* dño: Domino *b* 9 perculsus *b* 10 coenam *b* 11 gentis *P, em. Galesinius* 13 pernitiem *P* 17 cunctatur deliberandique *b* 18 ut uidit *Sigonius*: uidit *P* 20 compertum erat *b* 21 eędem *P*: eidem *b* 22 artaxerses *P* 23 LX *P*: XL *Sigonius; contra de Prato censet infra* anni II et XL (*pro* duo et XX) *scribendum esse* 24 conseram *P, ut coni. Drusius:* conferam *b* 26 gesta sunt *malebat de Prato* 29 inpatientiam *P, em. Sigonius* || quicumq. *P et Sigonius*: quicum *b*

3 que ille rex Nabuchodonosor a Iudaeis uocitatus est. plerique
tamen Cambysen, Cyri regis filium, putant, eo quod uictor Aegy-
ptum atque Aethiopiam penetrauerit. sed huic opinioni eadem sacra
historia repugnat: nam duodecimo regis illius anno Iudith fuisse
4 signatur. porro Cambyses non ultra VIIII annos rerum potitus est.
unde, si in historia opinari licet, sub Ocho rege, qui post Arta-
xersen secundum fuit, haec gesta crediderim: idque uel ex hoc
conicio, quod idem Ochus, ut *in* saecularibus legi, natura immitis
cupidusque bellorum traditur. nam et arma finitimis intulit et
Aegyptum, quae ante multos annos desciuerat, bello recuperauit.
5 quo tempore etiam sacra eorum et Apim in deum receptum irri-
sisse traditur: quod postea Baguas, spado eius natione Aegyptius,
indignatus, contumeliam gentis morte regis ultus est. meminit
6 autem huius Baguae historia diuina: nam cum Holofernes iussu
regis aduersum Iudaeos duxit exercitum, Baguam in isdem
castris fuisse memorauit. unde non immerito in argumentum
nostrae opinionis adduxerim, ut rex ille, Nabuchodonosor nuncu-
patus, Ochus fuerit, sub quo Baguam fuisse mundiales historici
7 prodiderunt. ceterum illud nemini mirum esse oportebit, quod
scriptores saecularium litterarum nihil ex his, quae sacris uolumi-
nibus scripta sunt, attigerunt: Dei spiritu praeualente, ut inta-
minata ab ore corrupto uel falsis uera miscente intra sua tantum
mysteria contineretur historia, quae separata a mundi negotiis et
sacris tantum uocibus proferenda permisceri cum aliis uelut aequali
8 sorte non debuit: etenim erat indignissimum, ut alia agentibus
aut alia quaerentibus haec quoque cum reliquis miscerentur. sed
pergam ad cetera ac per Iudith gesta, ut potero, paucis absoluam.

15 Igitur reuersis, ut supra memorauimus, in solum patrium Iudaeis, necdum composito rerum aut urbis statu, rex Persarum Medis bellum infert atque aduersus regem eorum, Arphaxad

12 Judith 2. 30 Judith 1.

2 eo *P*: esse *b* 6 artarxersen *P* 8 conitio *P* || in *b*: *om. P* || sęcularibus *P*: secularibus quibusdam scriptis *b* 14 olofern', *i. e.* olofernus *P* 15 aduersus *b* || duxit *Laubmann*: dux *P*, duxerat *b*, duceret *de Prato* 17 opionis *P* 21 attigerunt *b*: contigerunt *P*, attigerint *malebat de Prato* || prouidente *coni. de Prato* 22 uel *P*: et *b* 27 ac Judith gesta *Sigonius* 30 arfaxat *P*, *em. Drusius e Graeco* Ἀρφαξάδ

nomine, acie confligit secundo euentu: perempto rege gentem
imperio adiungit. idem reliquis nationibus facit, praemisso Holo- 2
ferne, quem principem militiae delegarat, cum milibus peditum
c et xx, equitum xii. is Cilicia et Arabia bello uastatis multas
urbes aut ui capit aut metu in deditionem compellit. iamque 3
Damascum admotus exercitus magno Iudaeos terrore perculerat.
sed impares ad resistendum, neque ad deditionem adquiescentibus 4
animis, expertis quippe usque antea captiuitatis mala, ad templum
frequentes concurrunt. ibi communi gemitu permixtoque ululatu
diuinum auxilium implorant: satis se Deo ob peccata uel crimina
dedisse poenarum; reliquiis saltem seruitio nuper exemptis par-
ceret. interea Holofernes Moabitis in deditionem acceptis atque 5
aduersum Iudaeos in societatem belli assumptis, cum ab eorum
principibus inquireret, quibusnam uiribus freti Hebraei deditioni
animos non dedissent, Achior quidam comperta edisserit, Iudaeos 6
Dei cultores, pio a patribus ritu institutos, olim in Aegypto pepen-
disse seruitium: inde diuino munere eductos ac siccatum mare
pedibus emensos, postremo omnibus gentibus deuictis habitatas
maioribus terras recepisse. exin uario rerum statu floruisse aut 7
concidisse, atque iterum malis emersisse, secundum merita iratum
aut placatum Deum uicissitudine expertos, dum peccantes incur-
sionibus hostium aut captiuitatibus coërcentur, propitio numine
semper inuicti. ceterum, si praesenti tempore absque peccato sint,
nullo modo eos posse superari: sin aliter se habeant, facile uincen-
dos. ad haec Holofernes ferox multis uictoriis, nihil sibi inuictum 8
ratus, ira accensus, cur ex peccato potissimum Iudaeorum pendere
illius uictoria putaretur, propelli Achior in castra Hebraeorum
iubet, ut cum his periret, quos uinci non posse affirmauerat. ac 9
tum Iudaei montes petiuerant: ita quibus id negotii datum, ima

2 Judith 2 sq. 7 Judith 4. 12 Judith 5. 28 Judith 6.

2 oloferne *P et sic deinceps* 3 delegerat *b* 6 torrere *P* 8 antea *nos*: antead *P* (*an ex* antehac?), ante *b* 11 salutem *P* 12 *et* 25 olofernis *P*, *item p. 72, 5* || Moabitis] *addendum censet Drusius* et Ammonitis (*uel* et filiis Ammon), *quia Achior Ammonitarum dux fuerit* 13 asumptis *P* 15 acitor *P* (*et sic deinceps, sed p., 72 1* accitor), Accitor *b*, *em. Drusius, cf. Judith 5, 5* 20 emeruisse *P* 22 captiuitatis *P* || coercerentur *Vorstius* 28 uincti *P*

montium successere ibique uinctum Achior reliquerunt. quod ubi
Iudaei animaduerterunt, exemptum uinculis in collem perducunt.
causas rei quaerentibus gesta exponit receptusque in pacem exitum
opperiebatur. is post uictoriam circumcisus Iudaeus factus est.
10 igitur Holofernes difficultate locorum comperta, quia adiri prae-
celsa non poterant, montes militibus circumdat et summa cura
Hebraeos aquationibus prohibet: eoque maturius obsidionem sen-
sere. itaque uicti penuria aquae ad Oziam principem concurrunt,
proni omnes ad deditionem. ille uero opperiendum paulisper et
diuinum auxilium expectandum respondens, quinto demum die
deditionis tempus constituit.

16 Quod ubi Iudith compertum, quae uiro uidua, praediues
opibus, insignis specie, sed moribus quam uultu illustrior tum in
castris erat, artis suorum rebus etiam certo sibi exitio audendum
aliquid et temptandum rata, caput comit, uultu expolitur, comite
2 ancilla castra hostium ingreditur. statimque ad Holofernem deducta
perditas res suorum memorat, se transfugio uitae consuluisse.
deinde a duce poscit liberum extra castra nocturno tempore egres-
sum orandi gratia. mandatum id uigilibus portarumque custo-
3 dibus. sed ubi per triduum egrediendi ac redeundi consuetudinem
sibi barbaris fidem fecit, Holofernem cupido incessit dediticiae
corpore abuti: etenim forma excellenti Persam facile permouerat.
ita ad ducis tentorium per Baguam eunuchum deducitur, initoque
4 conuiuio barbarus multo se uino obruit. tum remotis ministris,
priusquam uim mulieri inferret, somno captus est. Iudith tempore
arrepto caput hostis desecat secumque aufert. et cum secundum
5 consuetudinem castris egredi crederetur, incolumis regressa. postero
die Hebraei, caput Holofernis de superioribus ostentantes, erup-

8 Judith 7. 12 Judith 8—10. 18 Judith 12. 27 Judith 13 sq.

2 amin aduerterunt *P* 3 in pacem *nos*: inparem *P*, parem *b* 6 militibus *P* 10 demum *Sigonius*: decimo *P*, *cf. lib. Judith 7, 15* 14 arctis *b* 20 consuetudinem sibi, barbaris fidem *distinctum est in editt.; uidetur sententia*: ubi barbaris fidem fecit, sibi esse egred. ac redeundi consuetudinem, *cf. infra*: cum secundum consuetudinem castris egredi crederetur (consuetudine sibi apud barbaros fidem fecit *Vorstius*) 21 fide *P* 22 abutendi *Drusius* 23 deducitur *P*, *ut coni. Drusius*: deducunt *b* || initoque conuiuio *de Prato*: initioque conuiuii *P* 27 regressa *P*: ad suos regressa est *b*

tione facta ad castra hostium pergunt. tum uero barbari signum
pugnae poscentes tabernaculum ducis frequentes assistunt. ubi
truncum corpus repertum, foeda formidine in fugam uersi terga
hostibus praebuerunt. Iudaei fugientes persecuti caesisque multis 6
milibus castris ac praeda potiti. Iudith summis laudibus celebrata
C et V annos uixisse traditur. haec si Ocho rege, ut opinamur, 7
gesta sunt anno imperii eius duodecimo, a tempore Hierosolymae
restitutae usque in id bellum fuerunt anni duo et XX. ceterum
Ochus XX et III annos regnauit. fuit autem ultra omnes cruentus 8
et plus quam barbaro animo. hunc Baguas spado aegrotantem
uenenis sustulit. post eum Arses, filius eius, triennio imperium
tenuit, Darius annos IIII.

Aduersum hunc Alexander Macedo acie conflixit. eo uicto **17**
Persis imperium ademptum, quod ab initio Cyri steterat annos
CC et L. Alexander uictor fere *omnium* gentium adiisse Hieroso- 2
lymae templum dicitur ac dona intulisse, edixitque per omne
imperium, quod sui iuris effecerat, ut Iudaeis ibidem degentibus
esset liberum in patriam reuerti. exacto duodecimo imperii anno,
septimo posteaquam Darium deuicerat, apud Babylonam defunc-
tus est. regnum amici eius, qui simul cum illo maxima illa bella 3
gesserant, partiti sunt. hi aliquanto tempore sine usurpatione
regali susceptas partes procurauerunt, Arridaeo quodam Philippo
Alexandri fratre regnante, cui perimbecillo uerbo datum imperium
uidebatur, re autem penes eos erat, qui sibi exercitum et prouin-
cias distribuerant. nec uero hic rerum status diu mansit, omnes- 4
que se reges appellari maluerunt. primus in Syria post Alexan-
drum Seleucus rex fuit, subiecta eidem Perside ac Babylone. qua 5
tempestate Iudaei annuum stipendium trecenta argenti talenta
regi dabant, nec tamen per externos magistratus, sed per sacer-
dotes suos regebantur. patrioque ritu uiuebant, donec plerique
eorum longa rursum pace corrupti miscere omnia seditionibus et

2 Judith 15 sq.

6 si *P*: *om. b* 8 duo et XX] duo et XL *de Prato, cf. eius edit. II, p. 123 sq.* 10 Bagua spado *Pb*, *sed cf. II, 14, 5* 11 Arxes *Pb* 13 alersander *P* 15 omnium *b*: *om. P* 18 liberum esset *b* 19 babyllonam *P* 21 hi *P*: inde *b* 22 Arrideo *Pb* 24 re *de Prato*: res *P* 27 eadem perside ac babyllone *P* 29 externos *Sigonius*: ternos *P*

turbare coeperunt, affectantes summum sacerdotium libidine, aua-
ritia et dominandi cupidine.
18 Namque primum sub rege Seleuco, Antiochi magni filio,
Oniam sacerdotem, uirum sanctum atque integrum, Simon quidam
falsis apud regem criminibus insimulatum excutere nequiuerat.
2 interiecto deinde tempore Iason frater Oniae Antiochum regem,
qui Seleuco fratri successerat, adiit, augmentum stipendii polli-
3 cens, si sibi summum sacerdotium traderetur. et quamquam inso-
litum neque ante permissum erat perpetuo sacerdotio perfungi,
sollicitus tamen regis animus, aeger auaritia, facile superatus est.
4 ita depulso Onia Iasoni sacerdotium mandatum. is foede admodum
ciues patriamque lacerauit. dein cum per Menelaum quendam,
Simonis illius fratrem, promissam regi pecuniam misisset, pate-
facta semel ambitioni uia, isdem artibus, quibus Iason prius,
5 Menelaus sacerdotium obtinuerat. nec multo post, cum promissum
argenti modum non reddidisset, loco pellitur: Lysimachus substi-
tuitur. inde inter Iasonem et Menelaum foeda certamina, donec
6 Iason profugus patria excessit. his initiis corruptis moribus eo
usque processum, ut plerique popularium ab Antiocho poscerent,
permitti sibi more gentilium uiuere. quod cum rex petentibus
annuisset, certatim pessimus quisque delubra extruere, idolis
supplicare, legem profanare occeperat. interea Antiochus rediens
7 ab Alexandria — namque tum bellum regi Aegyptio intulerat,
quod iussu senatus et populi Romani deposuit, Paulo et Crasso
consulibus — Hierosolymam adiit. cum discordantem superstitio-
nibus susceptis populum repperisset, legem Dei destruens et his
fauens, qui impia sequebantur, omnia templi ornamenta detraxit

25 II Macc. 5.

1 auarię et donandi *P, em. in b* 4 Oniam *b*: omam *P* 5 excutere *Giselinus*: exquire *P*, exquircre *b* (extinguere *Sigonius*, extrudere *Clericus*, excipere *Vonck*) 9 permissum cuiquam erat *b* || non perpetuo (*uel* non perfungi) *Sigonius et Drusius, uulgatam sic explicat de Prato*: 'sacerdotium, quod perpetuum erat, usurpare' 10 sollitius *P*, sollicitatus *malebat de Prato, sed eodem sensu* sollicitus *dictum esse apparet, cf. ad II, 51, 5* 11 depulsa *P* || est mandatum *b* 13 symonis *P* || promissa *P* 15 menelaus *P*: Menelaus quoque *b* || obtinuit *Sigonius* || quum is promissum *b* 17 foeda *P*: foeda fuere *b* 18 init', *i. e.* initus *P* 22 nantiochus *P* 27 frauaens *P* || templo *Vorstius*

ac multa caede uastauit. id gestum ab excessu Alexandri anno 8
centesimo uno et quinquagesimo, Paulo, ut diximus, Crassoque
consulibus, post quinquennium fere quam Antiochus regnare
coeperat.

Sed ut temporum ordo consertus sit ac liqueat euidentius, **19**
quis hic fuerit Antiochus, regum, qui post Alexandrum in Syria
fuerant, et nomina et tempora enumerabimus. defuncto, ut supra 2
retulimus, rege Alexandro, ab amicis eius regnum omne diuisum
ac regio nomine aliquamdiu administratum est. Seleucus post
nouem annos in Syria rex est appellatus, regnauitque annos II et
XXX. post eum Antiochus, filius eius, annos unum de uiginti. 3
inde Antiochus, Antiochi filius, qui et Theus cognominatus est,
annos XV. post hunc Seleucus filius, cognomine Callinicus, annos
unum et uiginti. item Seleucus, filius Callinici, annos tres. hoc 4
defuncto Antiochus frater [Callinici] Asiam et Syriam tenuit
annos VII et XXX. hic est Antiochus, aduersus quem Lucius Scipio
Asiaticus bellauit: quo bello uictus et imperii parte multatus
est. hic duos filios habuit, Seleucum et Antiochum, quem obsi-
dem Romanis dederat. ita Antiocho magno mortuo Seleucus filius 5
eius natu maior regnum indeptus est, sub quo Oniam sacerdotem
a Simone insimulatum diximus. tum Antiochus a Romanis dimis-
sus datusque in locum eius obses Demetrius, Seleuci regis, qui
eo tempore regnabat, filius. Seleuco mortuo anno imperii duo-
decimo regnum frater Antiochus, qui Romae obses fuerat, occu- 6
pauit. is post quinquennium quam regnare coeperat, ut supra
docuimus, Hierosolymam depopulatus est. etenim graue Romanis
stipendium pensitans ipse inmensis sumptibus paene necessario
cogebatur pecunias rapto quaerere neque ullam praedandi occa-
sionem omittere. post biennium deinde, pari rursum clade affectis 7
Iudaeis, ne forte frequentibus malis compulsi bellum sumerent,

1 m. caede urbem uastauit *coni. Sigonius probabiliter* 2 uno *b*: imo *P; minus uerisimile est* imo *ex dittographia ortum esse, cf. de Prato ad h. l. de chronologia* 7 fuerant *P*: fuerunt *b* 12 qui et theus *P*: qui Etthaeus *b* 15 Callinici *delendum esse uidit de Prato* 16 Lucius Scipio *nos*: ut suscipio *P*, Scipio *b* 17 Asiaticus *de Prato*: asyana gens *P*, Africani frater *b* 19 eius filius *b* 20 maior *P*, *ut coni. de Prato*: minor *b* || adeptus *b* || omam *P* 21 symone *P* 27 sumptibus deditus *coni. de Prato*

praesidium arci imposuit. inde sacram legem euertere aggressus
mittit edictum, ut omnes relictis maiorum traditionibus genti-
8 lium ritu uiuerent. nec defuere qui profano imperio uolentes pa-
rerent. tum uero foedum spectaculum: per uniuersas urbes palam
in plateis litabatur, sacra etiam legis et prophetarum uolumina
igni cremata.

20 Ea tempestate Matthathias, Iohannis filius, sacerdos erat. hic
cum a regiis cogeretur edicto parere, egregia constantia profana
contemnens, Hebraeum publice profanantem in ore omnium iugu-
2 lauit. tum demum reperto duce facta secessio est. Matthathias
oppido egressus, multis ad eum confluentibus, speciem iusti
exercitus effecerat: quis omnibus destinatum erat aduersus pro-
fanum imperium se armis tueri, et uel in bello occumbere quam
3 impias cerimonias exercere. interea Antiochus per Graecas quo-
que urbes, quae in illius imperio erant, repertos Iudaeos sacri-
4 ficare cogebat inauditisque cruciatibus reluctantes afficiebat. qua
tempestate illustris illa passio septem fratrum matrisque fuit:
qui omnes, cum legem Dei, instituta maiorum uiolare suppliciis
cogerentur, mori maluerunt. ad extremum poenas mortesque
eorum comitata mater est.

21 Interea Matthathias moritur: uicarium exercitui, quem para-
uerat ducem, Iudam filium substituit. huius ductu aduersum
2 regios frequentibus proeliis prospere pugnatum. nam primum
Apollonium ducem hostium, qui magnis copiis in conflictum
descenderat, cum omni exercitu deleuit. quod cum Seron qui-
dam, qui tum Syriae praeerat, comperisset, multiplicatis legio-
nibus Iudam aggressus, ferox quia numero praestabat, ubi in
aequum descensum, fusus ac fugatus, octingentis ferme amissis
3 in Syriam regressus est. id ubi compertum est Antiocho, ira

1 I Macc. 1, 35 sqq. 7 I Macc. 2. 16 II Macc. 7. 22 I Macc. 3 sqq.

2 maiorum *P*: maiorum suorum *b* 4 fedum *P* || uniuersam urbem *P*, *em. de Prato* 5 litabatur *P*: diis litabatur *b* 7 matthathias *P*: Mathathias *b*, *et sic infra* 12 queis *b* 13 et uel in bello *P*: et in bello potius *b* *(errauit de Prato de P)* 14 nantiochus *P* 18 Dei et *b* 22 aduersus *b* 27 quia *P* *(per compendium) addita eadem m. syllaba* ta *s. l.* 28 in aequum *P*: in certamen *b*

et dolore succensus, quippe angebatur duces suos cum magnis
exercitibus deuictos, auxilium per omne regnum contrahit, do- 4
natiuum militibus, exhaustis penitus thesauris, largitur. etenim
tum praecipue grauiter pecuniae inopia affectus erat. nam defi-
cientibus Iudaeis ab eo, qui ei ultra trecenta argenti talenta
annua pensitauerant, praeterea Graecis urbibus multisque regio-
nibus persecutionis malo turbatis — ne gentilibus quidem peper-
cerat, quos deserere inueteratas superstitiones et ad unum
ritum deducere temptauerat, illis quidem, ubi nihil sancti erat,
facile relinquentibus, sed tamen omnibus metu ac clade affe- 5
ctis — uectigalia cessauerant. quibus rebus aestuans — etenim
ipse olim omnibus regibus opulentior suomet scelere inopiam
persenserat — copias cum Lysia partitur eique Syriam et bel-
lum aduersus Iudaeos committit, ipse in Persas ad cogenda
uectigalia profectus. igitur Lysias duces belli delegit Ptole-
maeum, Gorgiam, Doronem et Nicanorem: his XL milia pedi-
tum, VII equitum data. ac primo impetu magnum Iudaeis ter- 6
rorem intulerunt. tum Iudas cunctis desperantibus suos adhor-
tatus, forti animo descenderent in proelium: Deo fretis nihil in-
uictum fore: saepe antea a paucioribus aduersum plures bene
pugnatum. ieiunio indicto celebratoque sacrificio in aciem de- 7
scensum: fusae hostium copiae, Iudas castris potitus multumque
ibi auri et Tyriarum opum repertum. namque ex Syria negotia-
tores nihil de uictoria dubitantes, regium exercitum secuti spe
captiuos mercandi, praedae fuere. haec ubi Lysiae ex nuntiis 8
comperta, maiore cura copias parat annoque post immani exer-
citu Iudaeos aggreditur: uictus Antiochiam se recepit.

Iudas pulsis hostibus Hierosolymam regressus purgare templum **22**
et restituere animum intendit, quod euersum ab Antiocho pro-
fanatumque a gentibus foedam sui speciem praebebat. sed Syris 2
arcem tenentibus, quae continua templo et loci natura superior

28 I Macc. 4.

1 duces duos *malebat de Prato, et deinde* auxilia 8 inueteratę *P* 12 regis *P* 15 lisyas *P*, *item infra u. 25* lisyae || delegitur *P* 16 Doronem *cum Sigonio aut delendum est aut scribendum* Ptolemaeum Dorymenis filium; *cf. Maccab. 3, 38 et Jos. Antiq. 12, 11* 21 in acię *P* 27 uictus *P*: uictus denuo *b* 31 contigua *Drusius probabiliter, ut est II, 34, 2 et Dial. 3, 10* contigua flumini.. habitacula

atque inexpugnabilis erat, adiri subiecta non poterant, crebris
3 eruptionibus prohibentibus. aduersum hos Iudas ualidissimam
suorum aciem obiecit. ita opus sacrae aedis curatum templumque
muro circumdatum, constitutique qui perpetuum praesidium ar-
4 mati agitarent. at Lysias multiplicato exercitu in Iudaeam regres-
sus rursum uincitur, magna clade exercitus et auxiliorum, quae
5 ei a ciuitatibus missa in bello conspirauerant. interea Antiochus,
quem in Persidem profectum supra memorauimus, oppidum Ely-
mum, regionis illius opulentissimum, fanumque ibi situm multo
auro refertum, diripere conatus, confluente undique ad defensio-
nem loci multitudine fugatus: insuper nuntium accepit, res [uel]
6 a Lysia [uel a Lysimacho] inprospere gestas. ita ex maerore animi
corporis morbo incubuit. sed cum internis doloribus angeretur,
reminiscens malorum, quibus populum Dei uexauerat, merito
sibi illa accidisse confitebatur. deinde post paucos dies moritur,
cum regnasset annos undecim. Antiocho filio regnum reliquit, cui
Eupator nomen fuit.

23 Ea tempestate Iudas Syros in arce positos obsidebat. qui cum
fame atque inopia afficerentur, missis ad regem nuntiis prae-
sidium implorant. ita Eupator cum centum milibus et equitum
uiginti milibus suis subsidio uenit, praeeuntibus aciem cum in-
2 genti terrore elefantis. tum Iudas laxata obsidione regi obuiam
tendit primoque proelio Syros fundit. rex petit pacem: quia in-
3 fido ingenio male usus, perfidiam consecuta ultio. nam Deme-
trius, Seleuci filius, quem Romanis obsidem datum supra me-
morauimus, ut audiuit Antiochum decessisse, petiuit, ut se in
regnum remitterent. quod cum ei negatum fuisset, clam Roma
profugit, in Syriam uenit regnumque occupauit, Antiochi filio,
4 qui annum unum et menses sex regnauerat, interfecto. hoc reg-

7 I Macc. 6. 29 I Macc. 8.

7 in bello *P*: in bellum *b* 8 Elimum *b*, Elymaeum *coni. de Prato* 10 confluxente *P*, sed confluente *malebat de Prato* 11 res a Lysia inpr. gestas *Sigonius*, res uel a Lysia uel a Lysiae ducibus *coni. de Prato* 20 cum peditum centum milibus *Sigonius* 21 suis obsidio *P* 23 patit *P* || quia *P*: qua *Drusius*, qua quia *Vorstius* 27 remitteret *P* 28 Antiochi *P, ut coni. Vorstius*: Antiocho *b* (Antiocho Antiochi f. *Drusius*)

nante primum Iudaei a populo Romano amicitiam foedusque
petiere: benigneque excepta legatio, decreto senatus socii atque
amici appellati. interim Demetrius aduersus Iudam per duces
suos bellum gerebat. ac primum per Bacchidem quendam et Al- 5
cimum Iudaeum ductus exercitus: post Nicanor bello praepo-
situs in proelio occubuit. tum Bacchides et Alcimus resumptis
uiribus auctisque copiis aduersum Iudam confligunt. in ea pugna
uictores Syri cruente admodum uictoria usi. Hebraei in locum
Iudae Ionatham, fratrem eius, deligunt. interea Alcimus cum 6
foede Hierosolymam uastasset, moritur: Bacchides socio desti-
tutus ad regem redit. dein post biennium rursus Bacchides bel-
lum Iudaeis intulit, uictus pacem petit. quae propositis condi-
tionibus data, si perfugas captiuosque et omnia bello rapta
redderet.

Dum haec intra Iudaeam geruntur, adolescens quidam Rhodi **24**
educatus, nomine Alexander, Antiochi se esse filium dictitans,
quod falsum erat, adiutus opibus Ptolemaei regis Alexandrini,
in Syriam cum exercitu uenit: Demetrium bello superatum occi-
dit, cum regnasset annos XII. hic Alexander, priusquam aduer- 2
sus Demetrium confligeret, foedus cum Ionatha fecerat eumque
ueste purpurea et insignibus regiis donauerat. ob quod eum Iona-
tha auxiliis iuuerat uictoque Demetrio primus omnium congratu-
latum occurrerat. neque postea Alexander datam fidem corrupit.
ita quinquennio, quo rerum potitus est, res Iudaeorum tran- 3
quillae fuerunt. igitur *Demetrius* Demetrii filius, qui post mor-
tem patris Cretam confugerat, hortante Lasthene Cretensium
duce, regnum patrium bello repetens, impar uiribus Ptole-
maeum Philometorem regem Aegypti, Alexandri socerum, iam
tum genero infestum, ut sibi sit auxilio, implorat. ille uero non 4
tam supplicis precibus quam spe Syriae occupandae illectus copias
cum eo iungit, ac filiam Alexandro nuptam dat Demetrio. ad-

4 I Macc. 9. 29 I Macc. 11.

4 alchimum *P (et sic deinceps), em. Giselinus* 8 usi *P*: sunt usi *b* || in locum occisi Judae *Sigonius* 9 Ionathan *b* 10 sotio *P* 17 ptolomei *P* 21 Jonathas *b* 22 iuuit.. occurrit *coni. de Prato* 23 corrupit *P*: uiolauit *b* 25 Demetrius *addidit Sigonius* 26 lastene *P* 27 ptolomeum phylometorem *P*

uersus hos Alexander acie confligit. eo proelio Ptolemaeus cadit,
5 Alexander uincitur: paulo post interfectus, cum regnasset annos
quinque uel, ut in plerisque auctoribus repperi, nouem.

25 Demetrius regnum indeptus Ionatham benigne habuit, foedus
cum eo fecit, Iudaeos legibus suis reddidit. interea Tryphon,
qui partium Alexandri fuerat, praefectus Syriae regno * * * eum
bello prohibiturus. contra Ionatha in proelium descendit, terri-
2 bilis XL milium exercitu. Tryphon, ubi se imparem cernit, pa-
cem simulat, receptumque in amicitiam inuitatumque Ptolemai-
dam interfecit. post Ionatham summa rerum ad Simonem fra-
trem defertur. is funus fratris magnifice curauit septemque illas
pyramidas nobilissimi operis extruxit, in quibus et fratrum et
3 patris ossa condidit. tum Demetrius, refecto cum Iudaeis foe-
dere, contemplatione cladis a Tryphone illatae — nam post Iona-
thae necem urbes eorum atque agros bello uastauerat — annua
eis uectigalia in perpetuum remittit: etenim usque ad id tempus
regibus Syriae, nisi cum armis restiterunt, stipendium pensi-
4 tauerant. id gestum Demetrii regis anno secundo, quod ideo

1 eo prelio uincitur ptolomeus. cadit alexander uincitur paulo post *P*, eo proelio uincitur Ptolemaeus, cadit Alexander. Vincitur Ptolemaeus, et paulo post *b*; *secuti sumus emendationem G. Richteri, nisi quod ille secundum editionem principem* et *ante* paulo *addidit* 2 interfectus *P*: interficitur *b* 3 implerisque *P* 4 Jonathan *b* 5 iudas *P* || 5 *et* 8 trifon *P* 6 regno] *hic quaedam intercidisse critici recte intellexerunt; nec tamen sufficit cum Hieronymo de Prato* inhiabat *supplere*; *nam apparet plura deesse et uerba* eum bello prohibiturus *non ad sententiam sequentem, sed ad priorem pertinere. Ex Maccab. I, 12, 39 sq.*, '*καὶ ἐζήτησε Τρύφων βασιλεῦσαι τῆς Ἀσίας καὶ περιθέσθαι τὸ διάδημα καὶ ἐκτεῖναι χεῖρα ἐπὶ Ἀντίοχον τὸν βασιλέα· καὶ ἐφοβήθη μή ποτε οὐκ ἐάσῃ αὐτὸν Ἰωνάθαν καὶ μή ποτε πολεμήσῃ πρὸς αὐτόν· καὶ ἐζήτει πόρον τοῦ συλλαβεῖν τὸν Ἰωνάθαν καὶ ἀπολέσαι αὐτόν, καὶ ἀπάρας ἦλθεν εἰς Βαιθσάν*' *lacuna sic fere explenda uidetur:* regno [Asiae inhians, ueritus ne Jonatha sibi arma inferret, profectus est Baethsan] eum bello prohibiturus. contra Jonatha *etc.* 7 ionatha *(cum apice super syllaba* tha*) P*: Jonathan *b* 8 milium *b*: milib; *P* 9 ptolomaidam *P*, Ptolemaidem *Drusius, nisi malis* Ptolemaida 10 interficit *malebat de Prato* || Jonathan *b* || symonem *P* 12 in quibus matris et fratrum *de Prato; immo potius* et fratrum et matris et patris, *cf. Maccab. I, 13, 28* 14 trifonę *P* 16 eis *Giselinus*: eius *P* || imperpetuum *P* 17 restiterunt *P*: resisterent *b*

signauimus, quia usque in hunc annum per tempora Asianorum
regum cucurrimus, ut ratio temporum digesta luceret. nunc 5
autem per tempora eorum, qui Iudaeis uel pontifices uel reges
fuerunt, usque ad Christi natiuitatem rerum ordinem digeremus.
Igitur post Ionatham Simon frater eius, ut supra dictum est, **26**
Hebraeis praefuit iure pontificis. id enim ei tum et a suis et a
populo Romano honoris delatum. hic cum secundo Demetrii regis 2
anno ciuibus praeesse coepisset, post octo annos insidiis Ptolemaei
circumuentus occubuit. huic Iohannes filius successit. qui cum ad-
uersum Hyrcanos, gentem ualidissimam, egregie pugnasset,
Hyrcani cognomen accepit. mortuus est annos VI et XX rerum
potitus. post hunc Aristobulus pontifex substitutus primus om- 3
nium post captiuitatem regium nomen assumpsit capitique dia-
dema imposuit. exacto anno diem functus est. Alexander deinde, 4
filius eius, rex pariter et pontifex fuit, regnauit annos VII et XX:
in cuius actibus nihil praeter crudelitatem memoria dignum rep-
peri. hic cum Aristobulum et Hyrcanum paruos filios reliquisset,
Salina siue Alexandra uxor eius regnum per nouem annos tenuit. 5
post huius obitum foeda inter fratres de regno certamina. ac pri-
mum Hyrcanus imperium obtinebat: mox ab Aristobulo fratre
pulsus confugit ad Pompeium, qui tum Mitridatico bello con-
fecto pacataque Armenia et Ponto uictor omnium gentium, quas
adierat, introrsum pergere et uicina quaeque Romano imperio
adiungere cupiens, causas belli et materiam uincendi quaerebat.
igitur Hyrcanum libens excepit ductuque eius Iudaeos aggreditur: 6
urbe capta atque eruta templo pepercit. Aristobulum uinctum
Romam mittit, Hyrcano ius pontificatus restituit: imposito Iu-
daeis stipendio procuratorem eis Antipatrum quendam Ascalo-

5 Jonathan *b* || symon *P* 6 id enim — populo *scripsi*: et id enim et tuũ et a suis et a populo *P*, id enim ei tum a suis, tum et a populo *b* (*Drusius*: a regibus *eius loco quod est* a populo Ro.) 8 ptolomei *P* 11 annos VI et XX r. potitus *Giselinus*: anno VI et XX rerum potitus est *P* 12 aristobolus *P* 15 filius] '*immo* frater, *ut ex Josepho liquet*' de Prato
18 Salina *P*, *ut coni. Drusius*: Solina *b* || alexandria *P* 19 prim'ũ (*i. e.* primusum) *P* 20 mox aristobolo *P* 23 aderat *P* || introrsum *P*: ultrorsum *b* 24 uincendi *P*: incendii *aliquot edd. recentt.* 25 excipit *malebat de Prato* 26 eruta *P*: arce *b* || uinctum *Sigonius*: uictum *P*, *cf. Jos. Ant. 14, 8. Flor. 1, 41, 30 etc.* 27 impositoque *b* 28 ascolonitem *P*, *item p. 82, 3* ascolonitae

7 nitem praeposuit. Hyrcanus quattuor et triginta annos rerum potitus, dum aduersum Parthos bellum gerit, capitur.

27 Tum Herodes alienigena, Antipatri Ascalonitae filius, regnum
Iudaeae a senatu et populo Romano petiit accepitque. hunc primum Iudaei externum regem coeperunt habere. etenim iam aduentante Christo necesse erat secundum uaticinia prophetarum
2 suis eos ducibus priuari, ne quid ultra Christum expectarent. sub
hoc Herode, anno imperii eius tertio et xxx, Christus natus est
3 Sabino et Rufino consulibus, viii Kal. Ianuarias. uerum haec,
quae euangeliis ac deinceps Apostolorum actibus continentur, attingere non ausus, ne quid forma praecisi operis rerum digni-
4 tatibus deminueret, reliqua exequar. Herodes post natiuitatem
Domini regnauit annos IIII: nam omne imperii eius tempus vii
et xxx anni fuerunt. postque eum Archelaus tetrarcha annis viiii,
5 Herodes annis xx et iiii. hoc regnante, anno regni eius octauo
et decimo, Dominus cruci fixus est Fufio Gemino et Rubellio Gemino consulibus: a quo tempore usque in Stiliconem consulem sunt anni cccLXXII.

28 Apostolorum actus Lucas edidit usque in tempus, quo Paulus
Romam deductus est Nerone imperante: qui non dicam regum, sed omnium hominum et uel inmanium bestiarum sordidissimus dignus extitit, qui persecutionem primus inciperet: nescio an et postremus explerit, siquidem opinione multorum receptum sit,
2 ipsum ante Antichristum uenturum. huius uitia ut plenius exponerem res admonebat, nisi non esset huius operis tam uasta ingredi: id tantum annotasse contentus sum, hunc per omnia foedissima et crudelissima eo processisse, ut matrem interficeret, post etiam Pythagorae cuidam in modum sollemnium coniugiorum

28 ex Tac. Ann. 15, 37.

1 iiii et xx *Sigonius* 2 bella *b* 7 sub *b*: sed *P* 12 deminuerit *P*, diminueret *b* 14 postq. eum *P*: post quem *b* 15 annis xx *P*: an. xx *b*, annos xx *complures edd. posteriores* || eius *P*: *om. b* 16 fusio *P*: Fusio *b* || rebellio *P*, *em. de Prato et iam ante eum Joh. Clericus* 17 a *om. P* || stilliconem *P* 18 ccclxvii *Sigonius* 22 persecutionem *P*: persecutionem in Christianos *b* 23 explebit *Giselinus; immo* expleturus sit || receptus *P* 24 ante Antichristum *de Prato (lectione in P non cognita)*: antecristum *P*, Antichristum *b*; *cf. Dial. II, 14* 26 fedissima *P* 28 phytagorae *P* || sollempniorum *P*

denuberet; inditumque imperatori flammeum; dos et genialis
torus et faces nuptiales, cuncta denique, quae uel in feminis non
sine uerecundia conspiciuntur, spectata. reliqua uero eius incertum 3
pigeat an pudeat magis disserere. hic primus Christianum nomen
tollere aggressus est: quippe semper inimica uirtutibus uitia sunt
et optimi quique ab improbis quasi exprobrantes aspiciuntur.
namque eo tempore diuina apud urbem religio inualuerat, Petro 4
ibi episcopatum gerente et Paulo, posteaquam ab iniusto prae-
sidis iudicio Caesarem appellauerat, Romam deducto: ad quem
tum audiendum plures conueniebant, qui ueritate intellecta uir-
tutibusque Apostolorum, quas tum crebro ediderant, permoti ad
cultum Dei se conferebant. etenim tum illustris illa aduersus 5
Simonem Petri ac Pauli congressio fuit. qui cum magicis arti-
bus, ut se deum probaret, duobus suffultus daemoniis euolasset,
orationibus Apostolorum fugatis daemonibus, delapsus in terram
populo inspectante disruptus est.

Interea abundante iam Christianorum multitudine accidit ut **29**
Roma incendio conflagraret, Nerone apud Antium constituto. sed
opinio omnium inuidiam incendii in principem retorquebat, cre-
debaturque imperator gloriam innovandae urbis quaesisse. neque 2
ulla re Nero efficiebat, quin ab eo iussum incendium putaretur.
igitur uertit inuidiam in Christianos, actaeque in innoxios crude-
lissimae quaestiones: quin et nouae mortes excogitatae, ut fera-
rum tergis contecti laniatu canum interirent, multi crucibus affixi
aut flamma usti, plerique in id reseruati, ut cum defecisset dies,
in usum nocturni luminis urerentur. hoc initio in Christianos 3
saeuiri coeptum. post etiam datis legibus religio uetabatur, pa-
lamque edictis propositis Christianum esse non licebat. tum Pau-
lus ac Petrus capitis damnati: quorum uni ceruix gladio desecta, 4
Petrus in crucem sublatus est. dum haec Romae geruntur, Iudaei,

19 Tac. ann. 15, 40 sqq.

1 denuberet *P* *(ut est in Tac. Ann. 15, 37 extr.)*: nuberet *b* 2 thorus *b* 3 conspicuntur *P* 8 praesidis *P*, *ut uoluerat Sigonius*: praesulis *b* 11 ediderant *Pb*: ediderunt *edd. complures* 13 symonem *P* 13 congresio *P* 15 dilapsus *P* 21 afficiebat *P* 27 latis legibus *Sigonius* 28 Christiano *Nic. Heinsius ad Ouid. ep. Heroid. 14, 64* 29 dampnati *P*

praesidis sui Festi Flori iniurias non ferentes, rebellare coepe-
runt. aduersus eos Vespasianus proconsulari imperio a Nerone
missus multis grauibusque proeliis deuictos coegit intra muros
5 Hierosolymae confugere. interim Nero iam etiam sibi pro con-
scientia scelerum inuisus, humanis rebus eximitur, incertum an
ipse sibi mortem consciuerit: certe corpus illius non repertum.
6 unde creditur, etiam si se gladio ipse transfixerit, curato uulnere
eius seruatus, secundum illud, quod de eo scriptum est: e t
p l a g a m o r t i s e i u s c u r a t a e s t, sub saeculi fine mittendus,
ut mysterium iniquitatis exerceat.

30 Igitur post excessum Neronis Galba imperium rapuit: mox
2 Otho Galba interfecto occupauit. tum Vitellius e Gallia fretus
exercitibus, quibus praeerat, urbem ingressus, Othone interfecto
summam rerum usurpauit. quae posteaquam ad Vespasianum
delata, licet malo exemplo, bono tamen affectu rei publicae ab
improbis uindicandae, cum Hierosolymam obsideret, sumit im-
perium et, ut mos est, diademate capiti imposito ab exercitu
consalutatus. Titum filium Caesarem facit: eidem pars copiarum
3 et obsidendae Hierosolymae negotium datum. Vespasianus Ro-
mam profectus, summo fauore senatus et populi receptus, cum
se Vitellius interfecisset, imperium confirmauit. interea Iudaei
obsidione clausi, quia nulla neque pacis neque deditionis copia
dabatur, ad extremum fame interibant, passimque uiae oppleri
cadaueribus coepere, uicto iam officio humandi: quin omnia ne-
fanda esca super ausi ne humanis quidem corporibus pepercerunt,
4 nisi quae eiusmodi alimentis tabes praeripuerat. igitur defessis
defensoribus irrupere Romani. ac tum forte in diem Paschae
omnis ex agris aliisque Iudaeae oppidis multitudo conuenerat:

8 Apocal. 13, 3.

1 Festi] *a Josepho uocatur* Gessius Florus, *ab Eusebio* Cestius Fl. 4 Nero *P*, *ut coni. Giselinus*: uero *b* 6 non repertum (*sic* ñreptũ) *P*: interemptum *b*; *sententiam diuinauerat Tillemont proponens* irrepertum 8 ei' *P*: *fort.* ẽẽ, *i. e.* esse: || et *Sigonius*: uel *(per comp.) P*, ut *b* 12 Tunc *b* || in Gallias *Pb*, ex Galliis *Sigonius*, in Galliis. Is fretus *Vonck* 13 excercitibus *P* 14 postea *malebat de Prato* 15 R. P. *P* 18 consalutatus *P*: Imperator consalutatus *b* 21 sibi confirmauit *de Prato* 22 obsidioni *P* 23 interiebant *P haud scio an recte* 25 esca super *P*: insuper *b*; *cf. Bernays p. 59 n. 79*

nimirum ita Deo placitum, ut eo tempore, quo Dominum cruci
affixerat, gens impia internecioni daretur. Pharisaei aliquantisper 5
pro templo acerrime restiterunt, donec obstinatis ad mortem
animis ultro se subiectis ignibus intulerunt. numerus peremp-
torum ad undecies centena milia refertur, capta uero *C* milia ac
uenundata. fertur Titus adhibito consilio prius deliberasse, an 6
templum tanti operis euerteret. etenim nonnullis uidebatur,
aedem sacratam ultra omnia mortalia illustrem non oportere de-
leri, quae seruata modestiae Romanae testimonium, diruta per-
ennem crudelitatis notam praeberet. at contra alii et Titus ipse 7
euertendum in primis templum censebant, quo plenius Iudaeo-
rum et Christianorum religio tolleretur: quippe has religiones,
licet contrarias sibi, isdem tamen *ab* auctoribus profectas; Chri-
stianos ex Iudaeis extitisse: radice sublata stirpem facile peri-
turam. ita Dei nutu accensis omnium animis templum dirutum, 8
abhinc annos trecentos triginta et unum. atque haec ultima
templi euersio et postrema Iudaeorum captiuitas, qua extorres
patria per orbem terrarum dispersi cernuntur, cotidie mundo
testimonio sunt, non ob aliud eos quam ob illatas Christo impias
manus fuisse punitos. nam saepe alias, cum propter peccata cap-
tiuitatibus traderentur, numquam tamen ultra LXX annos serui-
tutis poenam pependerunt.

Interiecto dein tempore Domitianus, Vespasiani filius, perse- **31**
cutus est Christianos. quo tempore Iohannem apostolum atque
euangelistam in Pathmum insulam relegauit: ubi ille arcanis
sibi mysteriis reuelatis librum sacrae Apocalypsis, qui quidem a
plerisque aut stulte aut impie non recipitur, conscriptum edidit.
non multo deinde interuallo tertia persecutio per Traianum fuit. 2
qui cum tormentis et quaestionibus nihil in Christianis morte aut
poena dignum repperisset, saeuiri in eos ultra uetuit. sub Adriano 3
deinde Iudaei rebellare uoluerunt, Syriam ac Palaestinam diri-

2 farisaei *P* 5 C *b*: *om. P;* C milia *habet Eusebius,* τρεῖς μυριάδας *Syncellus,* ad C milia *Drusius secundum Josephum* 8 oportere *P*: deberi *b*, debere *de Prato quasi ex codice* 9 perenne *P* 11 templum in primis *b* || penitius *coni. Bernays p. 57; at u. ad 1, 35, 9* 13 hisdem *P* || ab *hic addidit de Prato, ante* isdem *Sigonius* 17 quae *P* 18 patria *P, non* patriae, *ut ait de Prato* 23 deinde *b* 24 Joannem *b* 25 Patmum *Drusius* || archanis *P*

pere conati: misso exercitu subacti sunt. qua tempestate Adria-
nus, existimans se Christianam fidem loci iniuria perempturum,
et in templo et loco Dominicae passionis daemonum simulacra
4 constituit. et quia Christiani ex Iudaeis potissimum putabantur
— namque tum Hierosolymae non nisi ex circumcisione habebat
ecclesia sacerdotem — militum cohortem custodias in perpetuum
agitare iussit, quae Iudaeos omnes Hierosolymae aditu arceret.
5 quod quidem Christianae fidei proficiebat, quia tum paene omnes
Christum Deum sub legis obseruatione credebant. nimirum id
Domino ordinante dispositum, ut legis seruitus a libertate fidei
6 atque ecclesiae tolleretur. ita tum primum Marcus ex gentibus
apud Hierosolymam episcopus fuit. quarta sub Adriano perse-
cutio numeratur, quam tamen postea exerceri prohibuit, iniustum
esse pronuntians, ut quisquam sine crimine reus constitueretur.
32 Post Adrianum Antonino Pio imperante pax ecclesiis fuit. sub
Aurelio deinde, Antonini filio, persecutio quinta agitata. ac tum
primum intra Gallias martyria uisa, serius trans Alpes Dei reli-
gione suscepta. sexta deinde Seuero imperante Christianorum
2 uexatio fuit. quo tempore Leonida, Origenis pater, sacrum in
martyrio sanguinem fudit. interiectis deinde annis VIII et XXX
pax Christianis fuit, nisi quod medio tempore Maximinus non-
3 nullarum ecclesiarum clericos uexauit. mox Decio imperante iam
tum septima persecutione saeuitum in Christianos. inde Valerianus
4 octauus sanctorum hostis fuit. post eum, interiectis annis fere
quinquaginta, Diocletiano et Maximiano imperantibus acerbis-
sima persecutio exorta, quae per decem continuos annos plebem Dei
depopulata est. qua tempestate omnis fere sacro martyrum cruore
orbis infectus est: quippe certatim gloriosa in certamina rueba-
tur multoque auidius tum martyria gloriosis mortibus quaereban-
tur, quam nunc episcopatus prauis ambitionibus appetuntur.
5 nullis umquam magis bellis mundus exhaustus est, neque maiore
umquam triumpho uicimus, quam cum decem annorum stragi-

1 misso *P*: missoque *b* 3 et in templo et loco *P*: et in templo ac loco *b*, *qua uitiosa scriptura de Prato inductus est ut locum mancum esse putaret coll. Paulini ep. 31 et Hieron. ep. 58.* 6 imperpetuum *P* 13 postea *Pb*: post *aliquot edd. recentt.* 19 leonida *P*: Leonidas *b*, Leonides *de Prato cum Eusebio* 22 iam tum *uix sanum est* 25 Maximiano *Pb*: Maximiniano *praue edd. Hornii et Vorstii*

bus uinci non potuimus. extant etiam mandatae litteris praeclarae 6
eius temporis martyrum passiones, quas conectendas non putaui,
ne modum operis excederem.

Sed finis persecutionis illius fuit abhinc annos VIIII et LXXX, **33**
a quo tempore Christiani imperatores esse coeperunt. namque
tum Constantinus rerum potiebatur, qui primus omnium Romanorum
principum Christianus fuit. sane tum Licinius, qui ad- 2
uersum Constantinum de imperio certauit, milites suos litare
praeceperat: abnuentes militia reiciebat. sed id inter persecu-
tiones non computatur: adeo res leuioris negotii fuit, quam ut
ad ecclesiarum uulnera perueniret. exinde tranquillis rebus pace 3
perfruimur: neque ulterius persecutionem fore credimus, nisi eam,
quam sub fine iam saeculi Antichristus exercebit. etenim sacris
uocibus decem plagis mundum afficiendum pronuntiatum est: ita
cum iam VIIII fuerint, quae superest ultima erit. hoc temporum 4
tractu mirum est quantum inualuerit religio Christiana. tum
siquidem Hierosolyma horrens ruinis frequentissimis ac magni-
ficentissimis ecclesiis adornata. namque Helena, mater principis 5
Constantini, quae Augusta cum filio conregnabat, cum Hiero-
solymam agnoscere concupisset, reperta ibi idola ac templa pro-
triuit: mox usa regni uiribus basilicas in loco Dominicae pas-
sionis et resurrectionis et ascensionis constituit. illud mirum, 6
quod locus ille, in quo postremum instinterant diuina uestigia,
cum in caelum Dominus nube sublatus, continuari pauimento
cum reliqua stratorum parte non potuit, siquidem quaecumque 7
applicabantur, insolens humana suscipere terra respueret, ex-
cussis in ora apponentium saepe marmoribus. quin etiam calcati
Deo pulueris adeo perenne documentum est, ut uestigia impressa
cernantur, et cum cotidie confluentium fides certatim Domino 8
calcata diripiat, damnum tamen arena non sentiat, et eandem
adhuc sui speciem, uelut impressis signata uestigiis, terra
custodit.

18—29 Paulini ep. ad Seuerum 31.

1 praeclarae *b*: praecarae *P* 2 conectandas *P*, counectendas *edd.* 7 quia aduersum *P*, *em. Vonck* 18 adhornata *P*, est adornata *b* 20 concupisceret *b* 21 basylicas *P*, basilicam *b* 23 postrem' (postremus) *P* 24 sublatus est *b* 28 docimentum *P* 30 eandem *Laubmann:* eadem *P*

34 Eiusdem reginae beneficio crux Domini tum reperta: quae
neque in principio obsistentibus Iudaeis potuerat consecrari, et
postea dirutae ciuitatis oppressa ruderibus, non nisi tam fideliter
2 requirenti meruit ostendi. igitur Helena primum de loco passionis
certior facta, admota militari manu atque omnium prouincialium
multitudine in studia reginae certantium, effodi terram et con-
tigua quaeque ac uastissima ruinarum purgari iubet: mox pre-
tium fidei et laboris tres pariter cruces, sicut olim Domino ac
3 latronibus duobus fixae fuerant, reperiuntur. hic uero maior
dinoscendi patibuli, quo Dominus pependerat, difficultas omnium
animos mentesque turbauerat, ne errore mortalium forsitan pro
4 cruce Domini latronis patibulum consecrarent. capiunt deinde
consilium, ut aliquem recens mortuum crucibus admouerent. nec
mora, quasi Dei nutu funus extincti sollemnibus exequiis defere-
5 batur concursuque omnium feretro corpus eripitur. duabus prius
frustra crucibus admotis, ubi Christi patibulo attactum est, dictu
mirabile, trepidantibus cunctis, funus excussum et inter specta-
tores suos astitit: crux reperta dignoque ambitu consecrata.

35 His per Helenam gestis, principe Christiano libertatem atque
exemplum fidei mundus acceperat: sed longe atrocius periculum
cunctis ecclesiis illa pace generatum. namque tum haeresis
Arriana prorupit totumque orbem iniecto errore turbauerat.
2 etenim duobus Arriis acerrimis perfidiae huius auctoribus impe-
rator etiam deprauatus, dum sibi religionis officium uidetur im-
plere, uim persecutionis exercuit: actique in exilium episcopi,
saeuitum in clericos, animaduersum in laicos, qui se ab Arrio-
3 rum communione secreuerant. quae autem Arrii praedicabant,
erant huiusmodi: patrem Deum instituendi orbis causa genuisse

1 cap. 34 ex Paulini ep. 5. 27 — p. 89, 2 ex Hilario fragm. II, 26 col. 642 ed. Veron. 1730.

7 p̃cium *P* 10 dignoscendi *b* || quo *P*: in quo *b* 14 funus *P*, *ut coni. Sigonius*: funeris *b* || *immo* efferebatur, *ut Hofmeisterus quoque uidit* 22 Arriana *de Prato*: arriani *P*, Arrii *b* (*P semper habet* arrius, *etsi nomen est graecum* Ἀρεῖος) || iniecto *P*: inuecto *b* 24 deprauatus dum *P*: deprauatur: dumque *b* || regionis *P* 26 animaduersus *P* || Arrianorum *b* 27 Arriani *b* 28 huiuscemodi *b* || deum *P*: Domini *b* (*praue intellecto compendio in P* dñ); *apud Hilarium est*: tradebant autem Arii talia: patrem Deum instituendi orbis causa genuisse filium, et pro potestate

filium, et pro potestate sui ex nihilo in substantiam nouam atque
alteram Deum nouum alterumque *fecisse*: fuisse autem tempus,
quo filius non fuisset. igitur huius mali causa synodus apud Ni- 4
caeam ex toto orbe contrahitur, CCC siquidem et duodeuiginti
episcopis congregatis: fides plena conscribitur, haeresis Arriana
damnatur, imperator decretum episcopale complectitur. Arriani 5
nihil contra sanam fidem retractare ausi, se quoque tamquam
adquiescentes nec aliud sentientes ecclesiis miscuerunt: manebat
tamen in pectoribus eorum insitum in catholicos uiros odium, et
aduersus quos de fide disceptare non poterant, eos subornatis
accusatoribus fictisque criminibus appetebant.

Itaque primum Athanasium Alexandriae episcopum, uirum **36**
sanctum, qui apud Nicaenam synodum diaconus adfuerat, aggre-
diuntur absentemque condemnant. etenim ad crimina, quae falsi 2
testes congesserant, aggregabant, quod Marcellum atque Pho-
tinum haereticos sacerdotes, synodi iudicio condemnatos, prauo
studio recepisset. sed de Photino dubium non erat merito fuisse 3
damnatum: in Marcello nihil tum damnatione dignum repertum
uidebatur, maximeque ei a studiis partium innocentia accesserat,
quod eosdem illos iudices, a quibus fuerat condemnatus, haere-
ticos esse nemo dubitabat. ceterum Arriani non hos potius quam 4
Athanasium remouere cupiebant. itaque imperatorem eo usque
compellunt, ut Athanasius exulatum ad Gallias mitteretur. mox 5
in Aegypto LXXX episcopi congregati Athanasium iniuste
condemnatum esse pronuntiant. res ad Constantinum refertur:
iubet ex toto orbe apud Sardicam episcopos congregari atque
omne iudicium, quo Athanasius damnatus fuerat, retractari.

3—5 Hilarii fragm. II, 27

sui ex nihilo in substantiam nouam atque alteram Deum nouum alterumque fecisse

1 et *Galesinius: eo P* 2 deum *P*: factum Dominum *b* || fecisse *suppleuimus ex Hilario* 6 dampnatur *P* 7 detrectare *coni. de Prato* 10 aduersum *b* 12 uirŭ sanctum *P distincte*: iuris consultum *b* 13 affuerat *P* 15 fotinum *P et sic postea* 19 a studiis p. innocentia accesserat *scripsi*: astudiis p. innocentiŭ cesserat *P*, studium p. innocentium accesserat *b* 20 condempnatus *P et sic saepius* 23 compellant *malebat de Prato II, p. 103* || athanasiŭs *(sic) P* 25 Constantinum] *at u. de Prato ad h. l.* 26 serdicam *P*

6 inter haec Constantinus moritur: synodus congregata iam Con-
stantio imperatore Athanasium absoluit, Marcellus quoque
episcopatui redditur: nam de Photino episcopo Sirmiensi non est
rescissa sententia, qui etiam nostrorum iudicio haereticus pro-
batur. et tamen hoc ipsum Marcellum grauabat, quia Photinus
7 auditor eius fuisse in adolescentia uidebatur. uerumtamen ad
Athanasii absolutionem etiam illud accesserat, quod Vrsatius et
Valens, principes Arrianorum, cum post synodum Sardicensem
uiderentur a communione secreti, coram positi a Iulio Romanae
urbis episcopo ueniam poposcerunt, quod innoxium condem-
nassent, meritoque eum sententia concilii Sardicensis absolutum
professi sunt.

37 Interiecto deinde tempore Athanasius, cum Marcellum parum
sanae fidei penitus comperisset, a communione suspendit. ha-
buitque ille hanc uerecundiam, ut tanti uiri iudicio notatus sponte
2 concederet. ceterum antea innocens, postea deprauatus, uideri
poterat iam tum nocens fuisse, cum de eo fuerat iudicatum.
nacti ergo Arriani istiusmodi occasionem conspirant penitus Sar-
3 dicensis synodi decreta subuertere. etenim eis color quidam sub-
petere uidebatur, ut tam iniuste fuisset pro Athanasio iudicatum,
quam Marcellus fuerat absolutus, qui nunc etiam Athanasii iu-
4 dicio esse haereticus probaretur. namque Marcellus Sabellianae
haeresis assertor extiterat: Photinus uero nouam haeresim iam
ante protulerat, a Sabellio quidem in unione dissentiens, sed ini-
5 tium Christi ex Maria praedicabat. igitur Arriani astuto consilio
miscent innoxium criminosis, damnationemque Photini et Mar-
celli et Athanasii eadem sententia comprehendunt, illud nimirum
apud imperitorum animos praestruentes, ut non putarentur de
Athanasio perperam iudicasse, qui de Marcello atque Photino
6 uera sensissent. uerumtamen ea tempestate Arriani perfidiam
suam occultabant: non ausi palam erroris sui dogmata praedi-
care catholicos se gerebant, nihil sibi prius agendum rati quam

1 constantio *P*: Constantino *b* 4 qui etiam *scripsi*: quia etiam *P* || probatur *P*: probabatur *b* 7 Vrsacius *de Prato* 14 fidei *P*: fidei esse *b* 17 fuerit *P* 20 ut *P*: quod *b* || fuisse *P* 21 quam iniuste Marcellus *malebat de Prato* 22 haereticus esse *b* 23 assator *P* 26 miscunt *P* || fofotini *P* 28 imperitorum *de Prato*: imperatorum *Pb* || prostruentes *corr. 1 m. in* p̄struentes *P* 31 non *P*: nec *malebat de Prato*

ut Athanasium ecclesia submouerent, qui semper eis uelut murus
obstiterat: quo remoto reliquos in libidinem suam cessuros sperabant.
sed pars episcoporum, quae Arrios sequebatur, damna- 7
tionem Athanasii cupitam accepit: pars coacti metu et factione
in studia partium concesserant: pauci, quibus fides cara et ueritas
potior erat, iniustum iudicium non receperunt: inter quos
Paulinus, episcopus Treuerorum, oblata sibi epistola ita subscripsisse
traditur, se in Photini atque Marcelli damnationem
praebere consensum, de Athanasio non probare.

Tum uero Arriani, ubi doli parum processerant, ui agere **38**
decernunt. nam quidlibet audere atque agere facile erat regis
amicitia subnixis, quem sibi prauis adulationibus deuinxerant.
quin etiam ex consensione multorum inexpugnabiles erant: nam 2
omnes fere duarum Pannoniarum episcopi multique Orientalium
ac tota Asia in perfidia eorum coniurauerant. sed principes mali 3
istius habebantur a Singiduno Vrsatius, Valens a Mursa, Heraclia
Theodorus, Stephanus Antiochenus, Acatius a Caesarea,
Menofantus Epheso, Georgius Laodicia, Narcissus a Neronopoli.
hi ita palatium occupauerant, ut nihil sine eorum nutu ageret 4
imperator, obnoxius quidem omnibus, sed praecipue Valenti
deditus. nam eo tempore, quo apud Mursam contra Magnentium 5
armis certatum, Constantius descendere in conspectum pugnae
non ausus in basilica martyrum extra oppidum sita, Valente tum
eius loci episcopo in solatium assumpto, diuersatus est. ceterum
Valens callide per ** suos disposuerat, ut quis proelii fuisset euentus
primus cognosceret, uel gratiam regis captans, si prior
bonum nuntium detulisset, uel uitae consulens, ante capturus
fugiendi spatium, si quid contra accidisset. itaque paucis, qui 6

15 Hilarii fragm. II (ex epist. Sardic. synodi).

2 concessuros *Vorstius, ut est paulo post u. 5* 3 arrios *P*: Arrium *b* 5 concesserunt *coni. de Prato* 6 portior *P* 9 de A. non praebere *Giselinus* 11 quodlibet *b* 12 deuixerant *P* 15 in perfidiam *Vorstius* 16 mursia *P, em. de Prato* || ab Heraclia *b* 18 menofantus *P, ut coni. de Prato*: Menophanes *b* || Laodicea *b* || Neronopoli *Sigonius (sed ille* Neronipoli): Neapoli *Pb*, Jeropoli *cod. Hilarii* 20 obnixius *P* 21 mursam *P*: Morsam *b* 22 constantiūs (*sed ˜ eras.*) *P*: Constantinus *b* 22 conspectu *P* 25 per agros (*uel* campum) suos *de Prato, ipse malim* per uiam suos

circa regem erant, metu trepidis, imperatore anxio, primus
nuntiat hostes fugere. cum ille indicem ipsum intromitti po-
sceret, Valens ut reuerentiam sui adderet, angelum sibi fuisse
7 nuntium respondit. facilis ad credendum imperator palam postea
dicere solitus, se Valentis meritis, non uirtute exercitus uicisse.

39 Ab hoc initio illecti principis extulere animos Arriani, pote-
state regis usuri, ubi auctoritate sua parum ualuissent. igitur
cum sententiam eorum, quam de Athanasio dederant, nostri non
reciperent, edictum ab imperatore proponitur, ut qui in damna-
2 tionem Athanasii non subscriberent, in exilium pellerentur. cete-
rum a nostris tum apud Arelatem ac Bitteras, oppida Galliarum,
episcoporum concilia fuere. petebatur, ut priusquam in Athana-
sium subscribere cogerentur, de fide potius disceptarent, ac tum
demum de re cognoscendum, cum de persona iudicum consti-
3 tisset. sed Valens sociique eius prius Athanasii damnationem
extorquere cupiebant, de fide certare non ausi. ab hoc partium
conflictu agitur in exilium Paulinus. interea Mediolanum con-
uenitur, ubi tum aderat imperator: eadem illa contentio nihil
4 inuicem relaxabat. tum Eusebius Vercellensium et Lucifer a
Carali Sardiniae episcopi relegati. ceterum Dionysius, Medio-
lanensium sacerdos, in Athanasii damnationem se consentire sub-
scripsit, dummodo de fide inter episcopos quaereretur. sed Va-
lens et Vrsatius ceterique metu plebis, quae catholicam fidem
egregio studio conseruabat, non ausi piacula profiteri intra pala-
5 tium congregantur. illinc epistolam sub imperatoris nomine emit-
tunt, omni prauitate infectam, eo nimirum consilio, ut, si eam
aequis auribus populus recepisset, publica auctoritate cupita pro-
ferrent: sin aliter fuisset excepta, omnis inuidia esset in rege, et
ipsa uenialis, quia etiam tum catechumenus sacramentum fidei
6 merito uideretur potuisse nescire. igitur lecta in ecclesia epistola
populus auersatus. Dionysius, quia non esset assensus, urbe

1 anxo *P* 5 est solitus *b* 11 tum *b*: cum *P* || bitteras P: Buteras *b*, Biterras *Sigonius, ut Hilarius quoque habet* 13 ac tum *P*: nec tum *b; cf. de Prato ad h. l.* 14 iudicum *de Prato*: iudicium *Pb*
20 Caralis *P et edd., adhaesit* s *ex sequenti uoce* || episcopis *P*, *fort. pro* episcopi s̃ = sunt 26 infectam *P*: refertam *b* || eã *P*: ca *b*
27 proferent *P* 28 et ipsa] *fort.* ipsi 29 catecuminus *P* 30 lecta — auersatus *P*: lectam in Ecclesia epistolam populus auersatur *b*

pellitur, statimque eius in locum *Auxentius* episcopus subrogatur. Liberius quoque urbis Romae et Hilarius Pictauorum epi- 7
scopi dantur exilio. Rhodanium quoque, Tolosanum antistitem,
qui natura lenior non tam suis uiribus quam Hilarii societate non
cesserat Arrianis, eadem conditio implicuit, cum tamen hi
omnes parati essent Athanasium a communione suspendere, modo
ut de fide inter episcopos quaereretur. sed Arrianis optimum 8
uisum praestantissimos uiros a certamine submouere. ita pulsi in
exilium, quos supra memorauimus, abhinc annos quinque et XL,
Arbitione et Lolliano consulibus. sed Liberius paulo post urbi
redditus ob seditiones Romanas. ceterum exules satis constat 9
totius orbis studiis celebratos, pecuniasque eis in sumptum affatim congestas, legationibusque eos plebis catholicae ex omnibus
fere prouinciis frequentatos.

Interea Arriani non occulte, ut antea, sed palam ac publice **40**
haeresis piacula praedicabant: quin etiam synodum Nicaenam
pro se interpretantes, quam unius litterae adiectione corruperant,
caliginem quandam iniecerant ueritati. nam ubi *ὁμοούσιον* erat 2
scriptum, quod est unius substantiae, illi *ὁμοιούσιον*, quod est
similis substantiae, scriptum esse dicebant, concedentes similitudinem, dum adimerent unitatem, quia multum ab unitate
similitudo distaret: ut uerbi gratia pictura humani corporis esset
homini similis, nec tamen haberet hominis ueritatem. sed qui- 3
dam ex his ultra processerant, *ἀνομοιουσίαν*, id est dissimilem
substantiam, confirmantes. eoque his certaminibus processum,
ut istiusmodi piaculis orbis terrarum implicaretur. nam Italiam, 4
Illyricum atque Orientem Valens et Vrsatius ceterique, quorum
nomina edidimus, infecerant. Gallias nostras Saturninus Arelatensium episcopus, homo impotens et factiosus, premebat. Osium 5

1 Auxentius *suppleuit Sigonius* 2 episcopi *de Prato*: eps̃ *P*, *cf. II, 47, 2* 3 rhodanum *P*, *sed c. 45 extr.* rhodanius || tolosanum *P*, *ut coni. Theod. Canterus*: et Dosanum *b* (*syllaba* olo *ita in P scripta est, ut facile* do *legas*) 4 tam *b*: tam̃ *P* || hylarius *P* 5 hi omnes *P*: homines *b* (*in P est* hi om̃s), omnes *Vorstius* 6 commune *P* 8 praestantissimo *P* 11 redditur *b* 12 cebratos *P* 13 legationibusq. *P*: legationibus quoque *b* 16 niceam *P* 18 quendam *P* || omo usion *et* 19 omeo usion *P* 19 est unius *P*, *ut coni. de Prato*: unius est *b* 23 hominis unitatem *Sigonius* 24 anomeousian *P*, Anomoeousiam *b* 27 illiricum *P*

quoque ab Hispania in eandem perfidiam concessisse opinio fuit:
quod eo mirum atque incredibile uidetur, quia omni fere aetatis
suae tempore constantissimus nostrarum partium, et Nicaena syn-
odus auctore illo confecta habebatur: nisi fatiscente aeuo — ete-
nim maior centenario fuit, ut sanctus Hilarius in epistolis refert
6 — delirauerat. quis rebus perturbato orbe terrarum et morbo
quodam ecclesiis languentibus, segnior quidem, sed non minus
grauis cura principem exercebat, quod licet Arriani, quibus
fauebat, superiores uiderentur, necdum tamen de fide inter epi-
scopos conueniret.

41 Igitur apud Ariminum, urbem Italiae, synodum congregari
iubet: idque Tauro praefecto imperat, ut collectos in unum non
ante dimitteret, quam in unam fidem consentirent, promisso
2 eidem consulatu, si rem effectui tradidisset. ita missis per Illy-
ricum, Italiam, Africam, Hispanias Galliasque magistri officia-
libus, acciti aut coacti quadringenti et aliquanto amplius occi-
dentales episcopi Ariminum conuenire: quibus omnibus annonas
3 et cellaria dari imperator praeceperat. sed id nostris, id est Aqui-
tanis, Gallis ac Britannis, indecens uisum: repudiatis fiscalibus
propriis cum sumptibus uiuere maluerunt. tres tantum ex Bri-
tannia inopia proprii publico usi sunt, cum oblatam a ceteris
collationem respuissent, sanctius putantes fiscum grauare quam
4 singulos. hoc ego Gauidium episcopum nostrum quasi obtrectan-
tem referre solitum audiui, sed longe aliter senserim laudique
attribuo, episcopos tam pauperes fuisse, ut nihil proprium ha-
berent neque ab aliis potius quam a fisco sumerent, ubi neminem
grauabant: ita in utrisque egregium exemplum. de reliquis nihil

5 *uerba* ut S. Hil. in epist. refert *Sigonius pro glossemate habuit, quod Seuerus numquam alias aliquem nomine sancti nominasset; locus II, 36, 1 diuersus est* 6 delirauerat *P*: delirauerit *b* || quibus rebus *b* 15 affricam *P* || magistri *P*, *ut coni. Gothofredus (ad cod. Theod. I, 10, 3)*: magistris *b*; *cf. dial. 3, 11 et Hil. fragm. 1, 4, ubi de hac ipsa re dicit*: officiales magistri uolitant 16 aut coacti *Sigonius*: aut macti *P*, aut etiam coacti *Giselinus*, aut adacti *Bernays not. 38* 17 conuenere *b*

18 dare *P*, *em. Sigonius* || id est — Britannis *Sigonius pro glossemate habuit, at recte monuit de Prato* nostris *hic non significari catholicos, sed solos Aquitanos; cf. Bernays n. 2* 20 cum *P*: *om. b* 25 episcopis *b* 26 a *P*: *om. b* || sumere uoluisse *Bernays* 27 in utrisque *Drusius*: in utriusque *P*; *sententiam recte perspexerunt Hofmeister et de*

memoria dignum traditur, sed redeo ad ordinem. posteaquam 5
omnes, ut supra diximus, in unum collecti sunt, fit partium
secessio. ecclesiam nostri optinent, Arriani autem aedem, tum
de industria uacantem, orationis loco capiunt, sed hi non amplius
quam LXXX, reliqui nostrarum partium erant. igitur frequen- 6
tibus conciliis nihil actum, nostris in fide manentibus, illis de
perfidia non cedentibus. ad postremum placuit decem legatos
mitti ad imperatorem, ut quae esset partium fides uel sententia,
cognosceret sciretque pacem cum haereticis esse non posse. idem 7
Arriani faciunt mittuntque numero pari legatos, qui aduersum
nostros coram imperatore confligerent. sed ex parte nostrorum
leguntur homines adulescentes, parum docti et parum cauti: ab
Arrianis autem missi senes, callidi et ingenio ualentes, ueterno
perfidiae imbuti, qui apud regem facile superiores extiterunt.
sed nostris mandatum, ne quo modo cum Arrianis communionem 8
inirent omniaque integra synodo reseruarent.

Interim in Oriente exemplo Occidentalium imperator iubet **42**
cunctos fere episcopos apud Seleuciam Isauriae oppidum con-
gregari. qua tempestate Hilarius, quartum iam exilii annum in 2
Phrygia agens, inter reliquos episcopos, per uicarium ac prae-
sidem data euectionis copia, adesse compellitur, cum tamen 3
nihil de eo specialiter mandasset imperator, iudices tantum ge-
neralem iussionem secuti, qua omnes episcopos ad concilium
cogere iubebantur, hunc quoque inter reliquos uolentes misere.
ut ego conicio, Dei nutu ita gestum, ut uir diuinarum rerum in-
structissimus, cum de fide disceptandum erat, interesset. is ubi 4
Seleuciam uenit, magno cum fauore exceptus omnium in se ani-
mos et studia conuerterat. ac primum quaesitum ab eo, quae

Prato; concludit enim Seuerus relationem hac sententia: ita in utrisque, *(h. e. tam Aquitanis Gallisque, qui fiscalia repudiauerant, quam Britannis, qui a fisco potius quam ab aliis sumere maluerant)* egregium est exemplum

2 omneis, ut supra dictum *b* 3 autem aedem tum *Joh. Clericus (Bibliothèque choisie Tom. XX, 1 p. 349)*: t̃medentū *P*, aedem tum *Giselinus*, tantum locum *Baronius*, iunctam aedem tum *Bochartus*, tam * Edentum *b* 8 esset p. fides uel *P*: essent p. fides et *b* 13 ueneno perfidiae *de Prato* 18 seleutiam isau | oppidum *P* 20 frigia *P* 24 misere *P*: miscere *b* 25 conitio *P*; ut ego conicio *ad sequentia referendum esse uidit Sigonius*

esset Gallorum fides: quia tum, Arrianis praua de nobis uulgantibus, suspecti ab Orientalibus habebamur trionymam solitarii Dei unionem secundum Sabellium credidisse. sed exposita fide sua iuxta ea, quae Nicaeae erant a patribus conscripta, Oc-
5 cidentalibus perhibuit testimonium. ita absolutis omnium animis, intra conscientiam communionis nec non etiam in societatem receptus concilioque ascitus est. agi deinde coeptum, repertique
6 prauae haeresis auctores atque ab ecclesiae corpore auulsi. in eo numero fuere Georgius ab Alexandria, Acatius, Eudoxius, Vranius, Leontius, Theodosius, Euagrius, Theodulus. sed confecta synodo decreta ad imperatorem legatio, quae gesta insinuaret. damnati quoque ad regem profecti, satis freti sociorum uiribus et principis societate.

43 Interea legatos Ariminensis concilii ex parte nostrorum compellit imperator uniri haereticorum communioni: eisdemque conscriptam ab improbis fidem tradit, uerbis fallentibus inuolutam,
2 quae catholicam disciplinam perfidia latente loqueretur. namque usiae uerbum tamquam ambiguum et temere a patribus usurpatum, neque ex auctoritate scripturarum profectum, sub specie falsae rationis abolebat, ne unius cum patre substantiae filius crederetur. eadem fides similem patri filium fatebatur. sed interius aderat fraus parata, ut esset similis, non esset aequalis.
3 ita dimissis legatis praefecto mandatum, ut synodum non ante laxaret, quam conscriptae fidei consentire se omnes subscriptionibus profiterentur: ac si qui pertinacius obsisterent, dummodo is
4 numerus intra quindecim esset, in exilium pellerentur. sed regressis legatis, licet uim regiam deprecantibus, negata communio. enimuero compertis quae decreta erant maior rerum et consiliorum perturbatio: dein paulatim plerique nostrorum, partim imbecillitate ingenii, partim taedio peregrinationis euicti, dedere se aduersariis, iam post reditum legatorum superioribus et ecclesiam nostris inde detrusis optinentibus: factaque semel inclinatione animorum cateruatim in partem alte-

2 trionymū *P* 4 nicea *P* 5 absolutus *J. C. Hofmeister* 7 conscilioque *P*; *ex* consilioque? 10 Leontinus *Galesinius* || auagrius theodolus *P* 11 insynuaret *P* 12 satis creti *P* 15 uniri *b*: unire *P* || conscripta *P* 16 fallantibus *P* 25 pertinatius *P*

ram concessum, donec ad uiginti usque nostrorum numerus
inminutus est.

Sed hi quanto pauciores, tanto ualidiores erant. constantissi- **44**
mus inter eos habebatur noster Foegadius et Seruatio Tungrorum
episcopus. hos, quia minis et terriculis non cesserant, Taurus
precibus aggreditur ac lacrimans obtestatur, mitiora uti consu-
lerent. clausos intra unam urbem episcopos iam septimum men-
sem agere, iniuria hiemis et inopia confectis nullam spem reuer-
sionis dari: quis tandem esset finis? sequerentur plurium exem- 2
plum, auctoritatem saltem ex numero sumerent. enimuero Foe-
gadius paratum se exilio atque ad omne supplicium, in quod de-
posceretur, profiteri: se ab Arrianis conceptam fidem non recep-
turum. ita in hoc certamine aliquot dies tracti: ubi parum ad 3
pacem proficiebant, paulatim et ipse infractior, ad extremum
proposita conditione euincitur. namque Valens et Vrsatius affir- 4
mantes, praesentem fidem catholica ratione conceptam, ab Orien-
talibus imperatore auctore prolatam cum piaculo repudiari: et
quis discordiarum finis foret, si, quae Orientalibus placuisset,
Occidentalibus displiceret? postremo si quid minus plene prae- 5
senti fide editum uideretur, ipsi adderent, quae addenda puta-
rent: praebituros se in his quae essent adiecta consensum. fauo-
rabilis professio pronis omnium animis excepta, nec ultra nostri
repugnare ausi, iam quoquo modo finem rebus imponere cupien-
tes. dein conceptae a Foegadio et Seruatione professiones edi coe- 6
pere: in quis primum damnatus Arrius totaque eius perfidia
ceterum etiam patri *aequalis* et sine initio, sine tempore Dei
filius pronuntiatur. tum Valens tamquam nostros adiuuans sub- 7
iecit sententiam, cui inerat occultus dolus, filium Dei non esse
creaturam sicut ceteras creaturas: fefellitque audientes fraus pro-
fessionis. etenim his uerbis, quibus similis esse ceteris creaturis

3 constantissimus *P*: constantissimusque *b* (constantissimi — habebantur *coni. de Prato*) 4 Foegadius *P*: Faegadius *b et sic postea; alias audit nomen* Phoebadius 10 enimuero *de Prato*: etenim uero *P* 14 proficiebat *sc. Foegadius Sigonius* 15 affirmantes] '*haec quasi absolute posita pro* Valente et V. affirmantibus' de Prato*; ipse malim* affirmant 17 et quis *de Prato*: ut quis *P*, ecquis *Sigonius*, aut quis *Baronius* 20 addanda *P* 24 feruatione *P* 25 damnatur *b* 26 ceterum *de Prato*: coetern' *(sic) P*, ceterum non *b* || aequalis *b*: *om. P*

filius negabatur, creatura tamen, potior tantum ceteris pronun-
8 tiabatur. ita neutra pars uicisse se penitus aut uictam putare po-
terat, quia fides ipsa pro Arrianis, professiones uero postea
adiectae pro nostris erant, praeter illam, quam Valens subiun-
xerat, quae tum *non* intellecta sero demum animaduersa est. hoc
uero modo concilium dimissum, bono initio foedo exitu consum-
matum.

45 Igitur Arriani rebus nimium prospere et secundum uota fluen-
tibus Constantinopolim ad imperatorem concurrunt: ibi reper-
tos Seleuciensis synodi legatos ui regia compellunt, exemplo
2 Occidentalium prauam illam *fidem* recipere. plerique abnuentes
iniuriosa custodia ac fame etiam uexati captiuam conscientiam
dedere. multi constantius renitentes adempto episcopatu in
exilium detrusi atque in eorum locum alii dati. ita optimis sacer-
dotibus aut metu territis aut exilio deductis perfidiae paucorum
3 cuncti concesserant. aderat ibi tum Hilarius, a Seleucia legatos
secutus, nullis certis de se mandatis opperiens imperatoris uolun-
tatem, si forsitan redire ad exilium iuberetur. is ubi extremum
fidei periculum animaduertit, Occidentalibus deceptis Orientales
per scelus uinci, tribus libellis publice datis audientiam regis
4 poposcit, ut de fide coram aduersariis disceptaret. id uero Arriani
maximo opere abnuere. postremo quasi discordiae seminarium et
perturbator Orientis redire ad Gallias iubetur, absque exilii
5 indulgentia. uerum ubi permensus est orbem paene terrarum,
malo perfidiae infectum, dubius animi et magna curarum mole
aestuans, cum plerisque uideretur non ineundam cum his com-
munionem, qui Ariminensem synodum recepissent, optimum
factu arbitratus reuocare cunctos ad emendationem et paeniten-
tiam, frequentibus intra Gallias conciliis, atque omnibus fere
episcopis de errore profitentibus, apud Ariminum gesta conde-
6 mnat et in statum pristinum ecclesiarum fidem reformat. resi-
stebat sanis consiliis Saturninus Arelatensium episcopus, uir

5 non *b*: *om. P* 6 exitū *P* || est consummatum *b* 8 nimirum *malebat de Prato* || uora *P ut uidetur* 11 fidem *b*: *om. P* 12 etiam *om. b* 13 dedidere *coni. de Prato* || retinentes *P*, *em. Giselinus* 18 fortan *P* 22 maximo opere *P*: maximopere *b* 30 epĩs (*i. e.* episcopis) *P*, *ut coni. Giselinus*: epistolis *b* || condempnat — reformat *P (de quo de Prato falsa tradit)*: condemnant — reformant *b*

sane pessimus et ingenio malo prauoque. uerum is praeter hae-
resis infamiam multis atque infandis criminibus conuictus ecclesia
eiectus est. ita partium uires amisso duce infractae. Paternus 7
etiam a Petrocoriis, aeque uecors nec detrectans perfidiam pro-
fiteri, sacerdotio pulsus: ceteris uenia data. illud apud omnes
constitit unius Hilarii beneficio Gallias nostras piaculo haeresis
liberatas. ceterum Lucifer tum Antiochiae longe diuersa sententia 8
fuit. nam in tantum eos, qui Arimini fuerant, condemnauit, ut
se etiam ab eorum communione secreuerit, qui eos uel sub satis-
factione uel paenitentia recepissent. id recte an perperam con- 9
stituerit dicere non ausim. Paulinus et Rhodanius in Phrygia
defuncti: Hilarius sexto anno, postquam redierat, in patria obiit.
Sequuntur tempora aetatis nostrae grauia et periculosa, qui- **46**
bus non usitato malo pollutae ecclesiae et perturbata omnia.
namque tum primum infamis illa Gnosticorum haeresis intra Hi-
spanias deprehensa, superstitio exitiabilis arcanis occultata se-
cretis. origo istius mali Oriens atque Aegyptus, sed quibus ibi 2
initiis coaluerit haud facile est disserere. primus eam intra Hi-
spanias Marcus intulit, Aegypto profectus, Memphi ortus. huius
auditores fuere Agape quaedam, non ignobilis mulier, et rhetor
Helpidius. ab his Priscillianus est institutus, familia nobilis, 3
praediues opibus, acer, inquies, facundus, multa lectione eru-
ditus, disserendi ac disputandi promptissimus, felix profecto, si 4
non prauo studio corrupisset optimum ingenium: prorsus multa
in eo animi et corporis bona cerneres. uigilare multum, famem
ac sitim ferre poterat, habendi minime cupidus, utendi parcissi-
mus. sed idem uanissimus et plus iusto inflatior profanarum 5
rerum scientia: quin et magicas artes ab adolescentia eum exer-
cuisse creditum est. is ubi doctrinam exitiabilem aggressus est,
multos nobilium pluresque populares auctoritate persuadendi et
arte blandiendi allicuit in societatem. ad hoc mulieres nouarum 6
rerum cupidae, fluxa fide et ad omnia curioso ingenio, cater-

1 is *nos*: si *P*, etiam *b* 4 petrucoriis *P*, Petrocoris *b* 7 Lucifero *coni. de Prato, at si quid mutandum, malim cum Baronio* Lucifer tum Antiochiae agens 9 eos uel *P*: eos *b* 11 frigia *P* 17 atq. Aegyptus *scripsi*: at aegyptus *P*, ab Aegyptiis *b*; *cf. Tac. Ann. 15, 44* 18 init' *i. e.* initus *P* 19 memphis *P*, *em. Galesinius* 21 Elpidius *de Prato* 23 felix — prauo *P in litura habet, sed 1 m. scripta*

uatim ad eum confluebant: quippe humilitatis speciem ore et
habitu praetendens honorem sui et reuerentiam cunctis iniecerat.
7 iamque paulatim perfidiae istius tabes pleraque Hispaniae perua-
serat, quin et nonnulli episcoporum deprauati, inter quos Instan-
tius et Saluianus Priscillianum non solum consensione, sed sub
8 quadam etiam coniuratione susceperant, quoad Hyginus, episco-
pus Cordubensis, ex uicino agens, comperta ad Ydacium Emeritae
9 sacerdotem referret. is uero sine modo et ultra quam oportuit In-
stantium sociosque eius lacessens, facem quandam nascenti incen-
dio subdidit, ut exasperauerit malos potius quam compresserit.

47 Igitur post multa inter eos nec digna memoratu certamina
apud Caesaraugustam synodus congregatur, cui tum etiam Aqui-
2 tani episcopi interfuere. uerum haeretici committere se iudicio non
ausi: in absentes tamen lata sententia damnatique Instantius et
3 Saluianus episcopi, Helpidius et Priscillianus laici. additum
etiam ut, si qui damnatos in communionem recepisset, sciret in se
eandem sententiam promendam. atque id Ithacio † Sossubensi
episcopo negotium datum, ut decretum episcoporum in omnium
notitiam deferret *et* maxime Hyginum *extra* communionem faceret,
qui, cum primus omnium insectari palam haereticos coepisset,
4 postea turpiter deprauatus in communionem eos recepisset. inte-
rim Instantius et Saluianus damnati iudicio sacerdotum Priscil-
lianum etiam laicum, sed principem malorum omnium, una
secum Caesaraugustana synodo notatum, ad confirmandas uires
suas episcopum in Abilensi oppido constituunt, rati nimirum, si
hominem acrem et callidum sacerdotali auctoritate armassent,
5 tutiores fore sese. tum uero Ydacius atque Ithacius acrius instare,

6 quoad Hyginus *de Prato*: quoadyginus *P*, Quo Adyginus *b* 7 comperto, ad Idatium emeritae aetatis sacerdotem refert *b* || ydatium *P (et sic infra)*: Idatium *uulgo* 11 nec *Vonck*: et *Pb* 14 tamen *P*: tum *b*
15 episcopi *Drusius*: eṗs *P; cf. II, 39, 7* 16 si quis *b* 17 Itacius (*non* Ithacius) *scribendum esse docere conati sunt Florez et Giruesius Hispani* || Ossonobensi (*uel* Oxomensi) *Sigonius; illud (uel* Ossonubensi) *uerisimilius uidetur et plerorumque historicorum assensum tulit* 19 et *addidi*, maximeque *b* || yginum *P* || extra communionem faceret *b*: communionē *(sed ˜ erasum)* faceret *P*, *fort.* communione arceret (*uel* secerneret)
24 caesar augustina synodū *P* 25 labilensi *P*, *em. Sigonius* 27 ydatius atque ithatius *P*

arbitrantes posse inter initia malum comprimi: sed parum sanis
consiliis saeculares iudices adeunt, ut eorum decretis atque exe-
cutionibus haeretici urbibus pellerentur. igitur post multa et 6
foeda certamina Ydacio supplicante elicitur a Gratiano tum im-
peratore rescriptum, quo uniuersi haeretici excedere non ecclesiis
tantum aut urbibus, sed extra omnes terras propelli iubebantur.
quo comperto Gnostici diffisi rebus suis, non ausi iudicio certare, 7
sponte cessere, qui episcopi uidebantur: ceteros metus dispersit.

Ac tum Instantius, Saluianus et Priscillianus Romam pro- **48**
fecti, ut apud Damasum, urbis ea tempestate episcopum, obiecta
purgarent. sed iter eis praeter interiorem Aquitanicam fuit, ubi 2
tum ab imperitis magnifice suscepti sparsere perfidiae semina.
maximeque Elusanam plebem, sane tum bonam et religioni stu-
dentem, prauis praedicationibus peruertere. a Burdigala per
Delfinum repulsi, tamen in agro Euchrotiae aliquantisper morati,
infecere nonnullos suis erroribus. inde iter coeptum ingressi, 3
turpi sane pudibundoque comitatu, cum uxoribus atque alienis
etiam feminis, in quis erat Euchrotia ac filia eius Procula, de
qua fuit in sermone hominum Priscilliani stupro grauidam par-
tum sibi graminibus abegisse. hi ubi Romam peruenere, Da- 4
maso se purgare cupientes, ne in conspectum quidem eius admissi
sunt. regressi Mediolanum aeque aduersantem sibi Ambrosium
repprererunt. tum uertere consilia, ut, quia duobus episcopis, 5
quorum ea tempestate summa auctoritas erat, non illuserant,
largiendo et ambiendo ab imperatore cupita extorquerent. ita
corrupto Macedonio, tum magistro officiorum, rescriptum eli-
ciunt, quo calcatis, quae prius decreta erant, restitui ecclesiis
iubebantur. hoc freti Instantius et Priscillianus repetiuere Hi- 6
spanias; nam Saluianus in urbe obierat: ac tum sine ullo certa-
mine ecclesias, quibus praefuerant, recepere.

Verum Ithacio ad resistendum non animus, sed facultas defuit, **49**
quia haeretici corrupto Voluentio proconsule uires suas confirma-

4 certamina *om. b* 9 Actum *P*, At tum *b* 11 Aquitaniam *b* 15 Delphinum *b* || euchrotiae *P*, *ut em. de Prato*: Euchrociae *b*, *et sic infra* 17 cum feminis atque alienis etiam uxoribus *coni. de Prato* 21 conspectu *P* 22 ęquē *P* 24 tempestatē *P* 26 tum *P*, *ut coni. Sigonius*: cum *b* 27 restui *P* 31 Ithacio *Baronius*: itachio *P*, Trachio *b*, Idacio *Sigonius* 32 Viuentio *Baronius*

2 uerant. quin etiam Ithacius ab his quasi perturbator ecclesiarum
reus postulatus, iussusque per atrocem executionem deduci trepidus profugit ad Gallias: ibi Gregorium praefectum adiit. qui
compertis quae gesta erant, rapi ad se turbarum auctores iubet
ac de omnibus ad imperatorem refert, ut haereticis uiam am-
3 biendi praecluderet. sed id frustra fuit, quia per libidinem et
potentiam paucorum cuncta ibi uenalia erant. igitur haeretici
suis artibus, grandi pecunia Macedonio data, optinent, ut imperiali auctoritate praefecto erepta cognitio Hispaniarum uicario
4 *deferretur*: nam iam proconsulem habere desierant: missique a
magistro officiales, qui Ithacium tum in Treueris agentem ad
Hispanias retraherent. quos ille callide frustratus, ac postea per
5 Britannium episcopum defensus illusit. iam tum rumor incesserat clemens, Maximum intra Britannias sumpsisse imperium
ac breui in Gallias erupturum. ita tum Ithacius statuit, licet
rebus dubiis, noui imperatoris aduentum expectare: interim sibi
6 nihil agitandum. igitur ubi Maximus oppidum Treuerorum uictor
ingressus est, ingerit preces plenas in Priscillianum ac socios eius
7 inuidiae atque criminum. quibus permotus imperator, datis ad
praefectum Galliarum atque ad uicarium Hispaniarum litteris,
omnes omnino, quos labes illa inuoluerat, deduci ad synodum
8 Burdigalensem iubet. ita deducti Instantius et Priscillianus:
quorum Instantius prior iussus causam dicere, postquam se
parum expurgabat, indignus esse episcopatu pronuntiatus est.
9 Priscillianus uero, ne ab episcopis audiretur, ad principem prouocauit. permissumque id nostrorum inconstantia, qui aut sententiam uel in refragantem ferre debuerant aut, si ipsi suspecti

1 itachius *P* 5 ambien *(sic) P* 10 deferretur *om. P*, deferatur *suppleuit Galesinius* 11 ithatium *P et sic saepius* || in Treueris *P, ut coni. Giselinus*: in aere ueris *b, quae lectio inde exorta est, quod in P* intreueris *ex* inereueris *correctum est, littera* e, *de qua agitur, non deleta. Scriptura talis est teste Reifferscheidio, ut tantum accuratius inspicienti* intreueris *correctum esse appareat.* 12 frustratus *P et Sigonius*: frustratur *b* 13 britannium *P, ut coni. Tillemont*: Pritannium *b*, Britonium *Hontheim Prodr. hist. Treuir. I, 134* || defessus *P* || tum *om. b*
14 clemens maximũ *P*: Clementem Maximum *b*; *cf. Sall. Jug. 22* sed is rumor clemens erat, *et Prisc. 18, 277 p. 353 ed. Hertz.* || inperium *P*
16 noui] noim *P* 22 Burdegalensem *b* 26 qui aut *de Prato*: quia aut *Pb* 27 uel *P*: *om. b* || aut si *P et Giselinus*: aut sibi *b*

habebantur, aliis episcopis audientiam reseruare, non causam
imperatori de tam manifestis criminibus permittere.

Ita omnes, quos causa inuoluerat, ad regem deducti. secuti **50**
etiam accusatores Ydacius et Ithacius episcopi, quorum studium
super expugnandis haereticis non reprehenderem, si non studio
uincendi plus quam oportuit certassent. ac mea quidem sententia 2
est, mihi tam reos quam accusatores displicere, certe Ithacium
nihil pensi, nihil sancti habuisse definio: fuit enim audax, lo-
quax, impudens, sumptuosus, uentri et gulae plurimum imper-
tiens. hic stultitiae eo usque processerat, ut omnes etiam sanctos 3
uiros, quibus aut studium inerat lectionis aut propositum erat
certare ieiuniis, tamquam Priscilliani socios aut discipulos in
crimen arcesseret. ausus etiam miser est ea tempestate Martino 4
episcopo, uiro plane Apostolis conferendo, palam obiectare hae-
resis infamiam. namque tum Martinus apud Treueros constitutus 5
non desinebat increpare Ithacium, ut ab accusatione desisteret,
Maximum orare, ut sanguine infelicium abstineret: satis super-
que sufficere, ut episcopali sententia haeretici iudicati ecclesiis
pellerentur: saeuum esse et inauditum nefas, ut causam eccle-
siae iudex saeculi iudicaret. denique quoad usque Martinus Tre- 6
ueris fuit, dilata cognitio est: et mox discessurus egregia auctori-
tate a Maximo elicuit sponsionem, nihil cruentum in reos
constituendum. sed postea imperator per Magnum et Rufum 7
episcopos deprauatus et a mitioribus consiliis deflexus causam
praefecto Euodio permisit, uiro acri et seuero. is Priscillianum 8
gemino iudicio auditum conuictumque maleficii nec diffitentem
obscenis se studuisse doctrinis, nocturnos etiam turpium femina-
rum egisse conuentus nudumque orare solitum, nocentem pro-
nuntiauit redegitque in custodiam, donec ad principem referret.
gesta ad palatium delata censuitque imperator, Priscillianum
sociosque eius capite damnari oportere.

4 ydatius et ithatius *P* || stidium *P* 5 super *nos*: super in *P*, in *b* || non] n (*pro* ñ) *P* 7 mihi non tam *Sigonius* 8 audiax *P* 9 suptuosus *P* 10 stiltitiae *P* 17 infelium *P* 19 seuum *P*, nouum *b* 20 indicaret *P corr. ex* uindicaret, *quod haud scio an praeferendum sit* 24 defluxus *P* 25 euiodio *P* || is *P*: Qui *b* 27 obscoenis *b* 30 gesta ad p. delata censuitq. *P*: gestis ad p. delatis censuit *b* 31 capitis *b*

51 Ceterum Ithacius uidens, quam inuidiosum sibi apud episco-
pos foret, si accusator etiam postremis rerum capitalium iudiciis
astitisset — etenim iterari iudicium necesse erat — subtrahit se
2 cognitioni, frustra callidus iam scelere perfecto. ac tum per Ma-
ximum accusator apponitur Patricius quidam, fisci patronus. ita
eo insistente Priscillianus capitis damnatus est, unaque cum eo
Felicissimus et Armenius, qui nuper a catholicis, cum essent
3 clerici, Priscillianum secuti desciuerant. Latronianus quoque et
Euchrotia gladio perempti. Instantius, quem superius ab epi-
scopis damnatum diximus, in Sylinancim insulam, quae ultra
4 Britannias sita est, deportatus. itum deinde in reliquos sequen-
tibus iudiciis, damnatique Asariuus et Aurelius diaconus gladio,
Tiberianus ademptis bonis in Sylinancim insulam datus. Ter-
tullus, Potamius et Iohannes, tamquam uiliores personae et
digni misericordia, quia ante quaestionem se ac socios prodidis-
5 sent, temporario exilio intra Gallias relegati. hoc fere modo ho-
mines luce indignissimi pessimo exemplo necati aut exiliis mul-
tati: quod initio iure iudiciorum et egregio publico defensum
postea Ithacius iurgiis sollicitatus, ad postremum conuictus, in
eos retorquebat, quorum id mandato et consiliis effecerat; solus
6 tamen omnium episcopatu detrusus. nam Ydacius, licet minus
nocens, sponte se episcopatu abdicauerat: sapienter id et uere-
7 cunde, nisi postea amissum locum repetere temptasset. ceterum
Priscilliano occiso, non solum non repressa est haeresis, quae
illo auctore proruperat, sed confirmata latius propagata est.
namque sectatores eius, qui eum prius ut sanctum honorauerant,
8 postea ut martyrem colere coeperunt. peremptorum corpora ad
Hispanias relata magnisque obsequiis celebrata eorum funera:

2 accusator *P*: accusato *b* 4 callidus *P, ut coni. Bernays*: calido *b* || actū *P*, At tum *b* 7 cum essent *om. b* 10 sylinancī insulam *P*: Sylinam insulam *b*; *paulo infra P item habet* sylinancī 11 britannias *P*: Britanniam *b*; *cf. II, 46, 3* 12 asariuus *P* (*non* asaricius): Asarinus *b* 13 delatus *Vallarsius; at cf. II, 39, 7* dantur exilio *et II, 1, 6* morti dedissent 16 homines licet luce *Bernays p. 18 n. 82.* 19 iurgiis sollicitatus *Bernays*: in iurgiis solitus *Pb*, *fort.* iurgiis sollicitus *cf. II, 18, 3* 21 nam Idacius *Sigonius*: nāydatius *(ut tamen etiam* nardatius *legere possis, uirgula super* na *erasa) P*, Nardacius *b* 22 uerecundię *P* 25 *fort.* confirmata et latius

quin et iurare per Priscillianum summa religio putabatur. at inter
nostros perpetuum discordiarum bellum exarserat, quod iam per
quindecim annos foedis dissensionibus agitatum nullo modo
sopiri poterat. et nunc, cum maxime discordiis episcoporum 9
omnia turbari ac misceri cernerentur cunctaque per eos odio aut
gratia, metu, inconstantia, inuidia, factione, libidine, auaritia,
arrogantia, somno, desidia deprauata, postremo plures aduer- 10
sum paucos bene consulentes insanis consiliis et pertinacibus studiis
certabant: inter haec plebs Dei et optimus unus quisque
probro atque ludibrio habebatur.

1 at *P, ut coni. de Prato*: ac *b* 3 fedis dissentionibus *P* 4 et tunc *de Prato* 5 omnia *om. P, post* misceri *habet b* || ac *de Prato*: aut *Pb* 7 somno *deest in edd. compluribus* || deprauata *P*: essent deprauata *b* 9 optimus quisque *b* 10 *P subscriptione caret.*

SVLPICII SEVERI

VITA S. MARTINI. EPISTVLAE. DIALOGI.

V = codex Veronensis saec. VII.
A = codex quondam Augustanus, nunc Monacensis lat. n. 3711 saec. XI.
B = codex Brixianus, quo usus est Hier. de Prato, saec. XIIII.
F = codex quondam Frisingensis, nunc Monacensis lat. n. 6326 saec. X.
M = editio Bonini Mombritii in Vitis Sanctorum.
Q = codex Quedlinburgensis ex collatione Tobiae Eckhardi, u. Codd. manuscr. Quedlinburgenses (Quedlinb. 1723. 4°) p. 57 sqq.
v = editio uulgata, cuius scripturae iam ab Hier. de Prato multis locis correctae sunt.

Integram dedimus lectionum diuersitatem ex *AFV*.

VITA SANCTI MARTINI

EPISCOPI ET CONFESSORIS.

Seuerus Desiderio fratri karissimo. Ego quidem, frater una- 1
nimis, libellum quem de uita sancti Martini scripseram, scheda
sua premere et intra domesticos parietes cohibere decreueram,
quia, ut sum natura infirmissimus, iudicia humana uitabam, ne,
quod fore arbitror, sermo incultior legentibus displiceret omnium-
que reprehensionis dignissimus iudicarer, qui materiem disertis
merito scriptoribus reseruandam inpudens occupassem: sed pe-
tenti tibi saepius negare non potui. quid enim esset, quod non
amori tuo uel cum detrimento mei pudoris inpenderem? uerum- 2
tamen ea tibi fiducia libellum edidi, qua nulli a te prodendum
reor, quia id spopondisti. sed uereor, ne tu ei ianua sis futurus,
et emissus semel reuocari non queat. quod si acciderit et ab ali- 3
quibus eum legi uideris, bona uenia id a lectoribus postulabis,
ut res potius quam uerba perpendant et aequo animo ferant, si
aures eorum uitiosus forsitan sermo perculerit, quia regnum Dei
non in eloquentia, sed in fide constat. meminerint etiam, salu- 4
tem saeculo non ab oratoribus, cum utique, si utile fuisset, id
quoque Dominus praestare potuisset, sed a piscatoribus praedi-

1 fratri karissimo *AV* (*sed add. in A* salutem): *om. F* || unianimis *V* 2 scribseram *V, et sic fere semper* scribsi, scribtum, scribtura *etc.* || schida *V*, sceda *F*, scaeda *A* 3 promere *F* 4 infirmissimus *V*: infimus *F*, infirmus *Av* 6 repraehensionis *V*: reprehensione *AFv; cf. infra c. 9, 3* || materiem *V*: materiam *AFv et corr. V* 9 ueruntamen *V, om. FQ* 10 ededi *V* || quia nulli *V* 11 spondisti *V, cf. Chron. 1, 34, 7* 12 non queat reuocari *AFv* 13 id uenia *v* 17 cum — potuisset *BV*: *post* praedicatam esse *habent AFv* || fuisset] fuit et *V* 18 praedicatum est *V*, praedicatam (*sine* esse) *AB (?) Fv*

5 catam esse. ego enim, cum primum animum ad scribendum
appuli, quia nefas putarem tanti uiri latere uirtutes, apud me
ipse decidi, ut soloecismis non erubescerem: quia nec magnam
istarum umquam rerum scientiam contigissem, et si quid ex his
studiis olim fortasse libassem, totum id desuetudine tanti tem-
6 poris perdidissem. sed tamen ne nos maneat tam molesta de-
fensio, suppresso, si tibi uidetur, nomine libellus edatur. quod
ut fieri ualeat, titulum frontis erade, ut muta sit pagina et,
quod sufficit, loquatur materiam, non loquatur auctorem.

1 Plerique mortales studio et gloriae saeculari inaniter dediti
exinde perennem, ut putabant, memoriam nominis sui quaesi-
2 erunt, si uitas clarorum uirorum stilo inlustrassent. quae res
utique non perennem quidem, sed aliquantulum tamen conceptae
spei fructum adferebat, quia et suam memoriam, licet incassum,
propagabant, et propositis magnorum uirorum exemplis non
parua aemulatio legentibus excitabatur. sed tamen nihil ad bea-
3 tam illam aeternamque uitam haec eorum cura pertinuit. quid
enim aut ipsis occasura cum saeculo scriptorum suorum gloria
profuit? aut quid posteritas emolumenti tulit legendo Hectorem
pugnantem aut Socraten philosophantem? cum eos non solum
imitari stultitia sit, sed non acerrime etiam inpugnare dementia:
quippe qui humanam uitam praesentibus tantum actibus aesti-
4 mantes spes suas fabulis, animas sepulcris dederint: siquidem ad

2 appoli *V* || putaui *A*, putaram *Vonck* 3 ipsum *F corr. m. 2 ex* ipso || decidi *B et aliquot Giselini libri*: didici *AVv*, decreui *F in ras. m. 2* || solycismis *V*, soloecismos *dett.* 4 rerum umquam *A* || quit *V et sic alias* || ex his *om. F pr. m.* 5 desuetudine *V*: dissuetudine *AFQ*, desitudine *2 codd. Gis. et v* 7 subpresso *F* || edatur *om. F pr. m.*, datur *V* 8 et] aut *de Prato* 9 auctorem] *additum in V*: Vale frater in Christo uenerabilis; decus bonorum. sanctorumque omnium. *Sequitur deinde in V*: Incipit uita sancti martini episcopi et confessoris, *in F legitur post praefationem (cap. 2 in.)*: Inc. uita sc̄i ac beatissimi patroni nostri Martini episcopi atque confessoris, *in A eodem item loco*: Inc. uita sc̄i ac beatissimi Martini archiepiscopi turoniensis 10 mortalium *AFQ* || studio et gloriae *(F* gloria *ut uidetur)* saeculari *AFV*: studio gloriae saecularis *3 codd. Gisel.* 'Studium *h. l. non ardorem animi et desiderium, sed litterarum exercitationem designat*' de Prato 11 quaesiuerunt *AFv* 12 uirorum *V s. l.* 13 utique *om. A* 14 suam *BMV*: sui *AFQv* 17 curam *V* 20 socraten *V*: socratem *AFv* 23 animas suas *v* || dederunt *F* || Si *F corr. e* Sed

solam hominum memoriam se perpetuandos crediderunt, cum
hominis officium sit, perennem potius uitam quam perennem
memoriam quaerere, non scribendo aut pugnando uel philoso-
phando, sed pie sancte religioseque uiuendo. qui quidem error 5
humanus litteris traditus in tantum ualuit, ut multos plane
aemulos uel inanis philosophiae [uel stultae illius uirtutis inue-
nerit. unde facturus mihi operae pretium uideor, si uitam sanc- 6
tissimi uiri, exemplo aliis mox futuram, perscripsero: quo utique
ad ueram sapientiam et caelestem militiam diuinamque uirtutem
legentes incitabuntur. in quo ita nostri quoque rationem com-
modi ducimus, ut non inanem ab hominibus memoriam, sed
aeternum a Deo praemium exspectemus, quia etsi ipsi non ita
uiximus, ut exemplo aliis esse possimus, dedimus tamen operam,
ne is lateret qui esset imitandus. igitur sancti Martini uitam 7
scribere exordiar, ut se uel ante episcopatum uel in episcopatu ges-
serit, quamuis nequaquam ad omnia illius potuerim peruenire:
adeo ea, in quibus ipse tantum sibi conscius fuit, nesciuntur, quia
laudem ab hominibus non requirens, quantum in ipso fuit, omnes
uirtutes suas latere uoluisset. quamquam etiam ex his, quae con- 8
perta nobis erant, plura omisimus, quia sufficere credidimus, si
tantum excellentia notarentur: simul et legentibus consulendum
fuit, ne quod his pareret copia congesta fastidium. obsecro autem 9
eos qui lecturi sunt, ut fidem dictis adhibeant, neque me quic-
quam nisi conpertum et probatum scripsisse arbitrentur: alioquin
tacere quam falsa dicere maluissem.

Igitur Martinus Sabaria Pannoniarum oppido oriundus fuit, **2**
sed intra Italiam Ticini altus est, parentibus secundum saeculi
dignitatem non infimis, gentilibus tamen. pater eius miles pri- 2
mum, post tribunus militum fuit. ipse armatam militiam in
adulescentia secutus inter scolares alas sub rege Constantio,
deinde sub Iuliano Caesare militauit: non tamen sponte, quia a

3 philosofando *V* 5 humanis *codd. aliquot prob. Vonckio* || plane *V pr. m.*: tamen *AFQ et corr. V* 6 inanes philosofiae *V* 12 praemium *om. F pr. m.* 13 aliis exemplo *v* 15 ut se *MV*: utq; *F*, ut quae *Q*, et quae *Av* 21 excellentia *AFQV*: excellentiora *v* 26 Sabaria *BV et corr. F*: sabariae *AF¹Qv* || Pannoniorum *dett.* || oppido *om. v* 27 alitus *ABF¹*, aletus *V corr.* (altus *pr. m.*) 28 milex *V, item p. 112, 20* 30 alas *F partim in ras. m. 2* || Constantino *v* 31 sponte *A in marg.*

primis fere annis diuinam potius seruitutem sacra inlustris
3 pueri spirauit infantia. nam cum esset annorum decem, inuitis
parentibus ad ecclesiam confugit seque catechumenum fieri postu-
4 lauit. mox mirum in modum totus in Dei opere conuersus, cum
esset annorum duodecim, eremum concupiuit, fecissetque uotis
satis, si aetatis infirmitas non obstitisset. animus tamen aut
circa monasteria aut circa ecclesiam semper intentus medita-
5 batur adhuc in aetate puerili, quod postea deuotus inpleuit. sed
cum edictum esset a regibus, ut ueteranorum filii ad militiam
scriberentur, prodente patre, qui felicibus eius actibus inuide-
bat, cum esset annorum quindecim, captus et catenatus sacra-
mentis militaribus inplicatus est, uno tantum seruo comite con-
tentus, cui tamen uersa uice dominus seruiebat, adeo ut plerum-
que ei et calciamenta ipse detraheret et ipse detergeret, cibum
6 una caperent, hic tamen saepius ministraret. triennium fere ante
baptismum in armis fuit, integer tamen ab iis uitiis, quibus illud
7 hominum genus inplicari solet. multa illius circa commilitones
benignitas, mira caritas, patientia uero adque humilitas ultra
humanum modum. nam frugalitatem in eo laudari non est necesse,
qua ita usus est, ut iam illo tempore non miles, sed monachus
putaretur. pro quibus rebus ita sibi omnes commilitones deuinxe-
8 rat, ut eum miro adfectu uenerarentur. necdum tamen regeneratus
in Christo agebat quendam bonis operibus baptismi candidatum:
adsistere scilicet laborantibus, opem ferre miseris, alere egentes,
uestire nudos, nihil sibi ex militiae stipendiis praeter cotidianum
uictum reseruare: iam tum euangelii non surdus auditor de cra-
stino non cogitabat.

1 diuina p. seruitute *Fv* 2 inspirauit *FQ et corr. V* || duodecim *V* 3 cathecuminum *V*, catichumenum *Q*, caticuminum *AF et sic fere semper in hoc nomine* 4 opus *A* 5 heremum *AF et sic fere semper* 6 non fuisset inpedimento *V solus ex notis* || tamen] eius *add. in F m. 2* || tamen circa *v* 10 eius *om. V* 11 captus *BMV*: raptus *AFQv* 14 calceamenta (*om.* ipse) detraheret *v* 15 tamen *om. AFQ* 16 baptismum *BMV*: baptisma *AFv* || ab his *AFQV* 17 illius *BV*: illi *AFv* 19 laudari *ABFV*: laudare *v* 20 qua *F rasura ex* quia 21 pro *V*: *om. AFv* || commilitones suos *AFv* 23 quędam *F pr. m.* || baptismi *V*: baptismatis *AFv* 24 alere egentes] eregenes *V* 26 reseruare *MV* (*item F, sed hic* re *in ras. ex* reseruans *ut uidetur*): reseruabat *AQ*, reseruans *2 codd. Giselini*

Quodam itaque tempore, cum iam nihil praeter arma et sim- **3**
plicem militiae uestem haberet, media hieme, quae solito asperior
inhorruerat, adeo ut plerosque uis algoris extingueret, obuium
habet in porta Ambianensium ciuitatis pauperem nudum: qui cum
praetereuntes ut sui misererentur oraret omnesque miserum prae-
terirent, intellexit uir Deo plenus sibi illum, aliis misericordiam
non praestantibus, reseruari. quid tamen ageret? nihil praeter 2
chlamydem, qua indutus erat, habebat: iam enim reliqua in
opus simile consumpserat. arrepto itaque ferro, quo accinctus
erat, mediam diuidit partemque eius pauperi tribuit, reliqua
rursus induitur. interea de circumstantibus ridere nonnulli, quia
deformis esse truncatus habitu uideretur: multi tamen, quibus
erat mens sanior, altius gemere, quod nihil simile fecissent, cum
utique plus habentes uestire pauperem sine sua nuditate potuis-
sent. nocte igitur insecuta, cum se sopori dedisset, uidit Chri- 3
stum chlamydis suae, qua pauperem texerat, parte uestitum.
intueri diligentissime Dominum uestemque, quam dederat, iube-
tur agnoscere. mox ad angelorum circumstantium multitudinem
audit Iesum clara uoce dicentem: Martinus adhuc catechumenus
hac me ueste contexit. uere memor Dominus dictorum suorum, 4
qui ante praedixerat: quamdiu fecistis uni ex minimis
istis, mihi fecistis, se in paupere professus est fuisse uesti-
tum: et ad confirmandum tam boni operis testimonium in eodem
se habitu, quem pauper acceperat, est dignatus ostendere. quo 5
uiso uir beatissimus non in gloriam est elatus humanam, sed
bonitatem Dei in suo opere cognoscens, cum esset annorum duo-

21 Matth. 25, 40.

1 igitur *F* 2 uestimentum *V* 3 obuiam *F* 4 anbianensium *V*, ambiamensium *A* 7 nihil] *add. in V s. l. m. 2* quia 8 clamydem *V*, clamidem *AF*, *item infra u. 16* clamydis *et* clamidis *eidem* || enim *om. V* 11 risere *F*, *sed* se *ex corr.* 12 esse *V:* esse et *AF*, esset et *v* || habitus *F corr.* || tamen *V*: quidem *AF* 13 sanctior *V solus ex notis; cf. infra c. 9, 4* || gemuere *F corr. et Q* 15 uidet *A pr. m. et V* 16 contexerat *1 cod. Gisel.* 17 uestem quam *A* 19 cathecuminus *V* 21 quae *F* || fecestes *V*, haec fecistis *AFv* (haec *BM quoque om.)* 22 pauperem *V* 25 uisu *F* 26 annorum XXII *V; at habet Paulinus quoque, quem citauit de Prato:* Quattuor a lustris geminos minus egerat annos

deuiginti, ad baptismum conuolauit. nec tamen statim militiae
renuntiauit, tribuni sui precibus euictus, cui contubernium fami-
liare praestabat: etenim transacto tribunatus sui tempore renun-
tiaturum se saeculo pollicebatur. qua Martinus expectatione su-
spensus per biennium fere posteaquam est baptismum consecutus,
solo licet nomine, militauit.

4 Interea inruentibus intra Gallias barbaris Iulianus Caesar coacto
in unum exercitu apud Vangionum ciuitatem donatiuum coepit
erogare militibus, et, ut est consuetudinis, singuli citabantur,
2 donec ad Martinum uentum est. tum uero oportunum tempus
existimans, quo peteret missionem — neque enim integrum sibi
fore arbitrabatur, si donatiuum non militaturus acciperet —,
3 hactenus, inquit ad Caesarem, militaui tibi: patere ut nunc mi-
litem Deo: donatiuum tuum pugnaturus accipiat, Christi ego
4 miles sum: pugnare mihi non licet. tum uero aduersus hanc
uocem tyrannus infremuit dicens, eum metu pugnae, quae po-
stero die erat futura, non religionis gratia detractare militiam.
5 at Martinus intrepidus, immo inlato sibi terrore constantior, si
hoc, inquit, ignauiae adscribitur, non fidei, crastina die ante
aciem inermis adstabo et in nomine Domini Iesu, signo crucis,
non clipeo protectus aut galea, hostium cuneos penetrabo securus.
6 retrudi ergo in custodiam iubetur, facturus fidem dictis, ut iner-
7 mis barbaris obiceretur. postero die hostes legatos de pace mise-
runt, sua omnia seque dedentes. unde quis dubitet hanc uere
beati uiri fuisse uictoriam, cui praestitum sit, ne inermis ad
8 proelium mitteretur. et quamuis pius Dominus seruare militem
suum licet inter hostium gladios et tela potuisset, tamen ne uel
aliorum mortibus sancti uiolarentur obtutus, exemit pugnae
9 necessitatem. neque enim aliam pro milite suo Christus debuit

1 baptisma *AF, item u. 5* || tamen *om. FQ* 6 licet *V et meliores Giselini*: scilicet *ABF* 7 irrumpentibus *1 cod. Gis.* 8 uuangionum *F* 9 et ut *BMV*: ut *AF*^{1}*v*, utque *F corr.* || recitabantur *F* 10 opportunum *v* 11 remissionem *V* 14 militaturus *Gisel. ex tribus suis libris et v* 15 aduersum *F* 16 postera *AFv* 17 detrectare *AFv* 21 clypeo *FVv* || cuneis *F pr. m.* 22 custodia *A* 23 obieceretur *V* || postera *Fv* 24 seque *AFMV*: seseque *v* 25 ne *om. F pr. m.* 27 licet] etiam *F sed in ras. manu recenti* 28 mortibus *V*: morte *AFv* || uiolaretur *B*

praestare uictoriam, quam ut subactis sine sanguine hostibus
nemo moreretur.

Exinde relicta militia sanctum Hilarium Pictauae episcopum 5
ciuitatis, cuius tunc in Dei rebus spectata et cognita fides habe-
batur, expetiit et aliquamdiu apud eum commoratus est. temp- 2
tauit autem idem Hilarius inposito diaconatus officio sibi eum
artius inplicare et ministerio uincire diuino. sed cum saepissime
restitisset, indignum se esse uociferans, intellexit uir altioris
ingenii, uno eum modo posse constringi, si id ei officii impo-
neret, in quo quidam locus iniuriae uideretur: itaque exorcistam
eum esse praecepit. quam ille ordinationem, ne despexisse tam-
quam humiliorem uideretur, non repudiauit. nec multo post ad- 3
monitus per soporem, ut patriam parentesque, quos adhuc gen-
tilitas detinebat, religiosa sollicitudine uisitaret, ex uoluntate
sancti Hilari profectus est, multis ab eo obstrictus precibus et
lacrimis ut rediret. maestus, ut ferunt, peregrinationem illam
ingressus est, contestatus fratribus, multa se aduersa passurum:
quod postea probauit euentus. ac primum inter Alpes deuia secu- 4
tus incidit in latrones. cumque unus securi eleuata in caput eius
librasset ictum, ferientis dexteram sustinuit alter: uinctis tamen
post tergum manibus uni adseruandus et spoliandus traditur. qui
cum eum ad remotiora duxisset, percontari ab eo coepit, quisnam
esset. respondit Christianum se esse. quaerebat etiam ab eo an 5
timeret. tum uero constantissime profitetur, numquam se tam
fuisse securum, quia sciret misericordiam Domini maxime in
temptationibus adfuturam: se magis illi dolere, qui Christi mi-

3 pictauiae *F corr. m. 2* (episcopum pictauae *A*) 4 expectata ***AM,*** inclita spectata *F* 5 expetiuit *AFv* || aliquantum *V, sed* ntum *in litura* 6 diaconatus *MV*: diaconii *AFv* 7 implicari et m. uinciri *Q* 8 uir *AV*: uir Dei *FQ* 9 uno *BV*: hoc *AFv* || id * officii *V* 11 praecipit *V* || dispexisset *V* 12 multũ *AF* 15 hilarii *V corr. AFv* || multis *BV*: multisque *AFv* || obstrictus *ABFMQV*: adstrictus *Gisel. ex tribus suis et v* 17 ingressus *V*: adgressus *AFv* || fratribus *BMV*: fratres *AFv* 18 ac *om. F in rasura* 19 securim eleuatam *Av* 20 dexteram *B et alii pauci (etiam duo Traiectini Vonckii)*: dextera *AVv*, dexterae *FQ* 21 postergum *AF* || adseruandus *V*: ad seruandum *B,* seruandus *AFv* || spoliandus *V*: spoliandum *B,* custodiendus *AFM* 22 percunctari *MV* 24 fuisse tam *v* 26 sed magis *V teste de Prato* || illi *AV et libri fere omnes:* illũ *F* || condolere *dett. pauci*

6 sericordia utpote latrocinia exercens esset indignus. ingressusque
euangelicam disputationem uerbum Dei latroni praedicabat. quid
longius morer? latro credidit prosecutusque Martinum uiae reddidit,
orans ut pro se Dominum precaretur. idemque postea religiosam
agens uitam uisus est, adeo ut haec, quae supra rettulimus,
ex ipso audita dicantur.

6 Igitur Martinus inde progressus cum Mediolanum praeterisset,
diabolus in itinere, humana specie adsumpta, se ei obuium tulit,
quo tenderet quaerens. cumque id a Martino responsi accepisset,
2 se quo Dominus uocaret intendere, ait ad eum: quocumque ieris
uel quaecumque temptaueris, diabolus tibi aduersabitur. tunc ei
prophetica uoce respondens, Dominus mihi, inquit, adiutor est:
non timebo, quid faciat mihi homo. statimque de conspectu eius
3 inimicus euanuit. itaque ut animo ac mente conceperat, matrem
a gentilitatis absoluit errore, patre in malis perseuerante: plures
tamen suo saluauit exemplo.

4 Dehinc cum haeresis Arriana per totum orbem et maxime
intra Illyricum pullulasset, cum aduersus perfidiam sacerdotum
solus paene acerrime repugnaret multisque suppliciis esset adfectus
— nam et publice uirgis caesus est et ad extremum de ciuitate
exire conpulsus — Italiam repetens, cum intra Gallias quoque
discessu sancti Hilari, quem ad exilium haereticorum uis coegerat,
turbatam ecclesiam comperisset, Mediolani sibi monasterium
statuit. ibi quoque eum Auxentius, auctor et princeps Arrianorum,
grauissime insectatus est, multisque adfectum iniuriis
de ciuitate exturbauit. cedendum itaque tempori arbitratus ad
5 insulam, cui Gallinaria nomen est, secessit comite quodam pre-

5 agere *FMQ* || adeo *mei: om. v* 6 ex *BV:* ab *AFv* 7 mediolanium *V* 8 itenere *V (tales litterarum* e *et* i *in V confusiones posthac non omnes notabimus)* || obuiam *F* 10 tendere *M,* eo tendere *coni. de Prato*

12 profiteca *V* || respondens — inquit *BV*: respondit *AFv* 13 homo mox statimque *V* || de *MV*: ẽ *AFv* 14 ac *AV*: et *F* 15 a *om. AFv* || perseuerantem *V* (patrem in malis perseuerantem reliquit *F*) 17 dehinc *V*: deinde *AFv* 18 cum aduersus — pugnaret *F in marg. m. 2* 19 repugnaret *BMV*: pugnaret *AFv* 20 nam publice *v* 22 hilarii *AFv et corr. V* || exi [lium — uirtutem] erectus *(p. 117, 22)*: *inclusa desunt in V, cum una scheda interciderit* 27 cui gallinaria nomen est *AFMQ*: gallinariam nomine *v*

sbytero, magnarum uirtutum uiro. hic aliquamdiu radicibus uixit
herbarum: quo tempore helleborum, uenenatum, ut ferunt, gra-
men, in cibum sumpsit. sed cum uim ueneni in se grassantis 6
uicina iam morte sensisset, imminens periculum oratione repulit
statimque omnis dolor fugatus est. nec multo post, cum sancto 7
Hilario comperisset regis paenitentia potestatem indultam
fuisse redeundi, Romae ei temptauit occurrere profectusque ad
urbem est.

Cum iam Hilarius praeterisset, ita eum est uestigiis prosecu- 7
tus: cumque ab eo gratissime fuisset susceptus, haut longe sibi
ab oppido monasterium conlocauit, quo tempore se ei quidam
catechumenus iunxit, cupiens sanctissimi uiri institui disciplinis:
paucisque interpositis diebus languore correptus ui febrium labo-
rabat. ac tum Martinus forte discesserat: et cum per triduum 2
defuisset, regressus exanime corpus inuenit: ita subita mors fuerat,
ut absque baptismate humanis rebus excederet. corpus in medio
positum tristi maerentium fratrum frequentabatur officio, cum
Martinus flens et eiulans accurrit. tum uero tota sanctum spiri- 3
tum mente concipiens egredi cellulam, in qua corpus iacebat, ce-
teros iubet, ac foribus obseratis super exanimata defuncti fratris
membra prosternitur. et cum aliquamdiu orationi incubuisset sen-
sissetque per spiritum Domini adesse uirtutem, erectus paulu-
lum et in defuncti ora defixus, orationis suae ac misericordiae
Domini intrepidus expectabat euentum: uixque duarum fere ho-
rarum spatium intercesserat, uidet defunctum paulatim membris
omnibus commoueri et laxatis in usum uidendi palpitare lumini-
bus. tum uero magna ad Dominum uoce conuersus gratias agens 4

2 eleborum *A*, elebori * (i *ex corr.*) *F* || ferunt ut uenenatum *A* 3 cibum] *add. in F m. 2* suum 4 pepulit *B* 7 profectus (profectusq. *corr. m. 2*) ẽ ad urbem *F* 9 Cumque iam *uel* Cum uero (autem) iam *dett.* || eum e uestigio *cod. Berol. (Vorstii)*, eum e uestigiis est pros. *nonnulli libri Giselini; exspectares potius:* ita eius uestigia est pros. *Paulinus habet*: Ergo legens praegressa pio uestigia cursu *etc.* 10 gratantissime fuisse *A* 12 instrui *cod. Berol.* 13 paucis quippe *AF* || correptus est (*add. m. 2* et) ui *F* 14 at tum *M* || post triduum fuisset regressus *M* 15 exanime corpus *AFM*: c. exanime *v* || subito *F pr. m.* 17 tum *F* 18 tota sanctum spiritum (spir. sanctum *F*) *AFM*: sanctum spir. tota *v* 22 erectus] *hic redit V* 24 aduentum *A* 25 uidet *ABF¹V*: uidit *F corr. et v*, et uidit (*uel* cum uidit) *dett. pauci; at u. Chron. I, 38, 4.*

cellulam clamore conpleuerat: quo audito qui pro foribus adsti-
terant statim inruunt. mirum spectaculum, quod uidebant uiuere,
5 quem mortuum reliquissent. ita redditus uitae, statim baptismum
consecutus plures postea uixit annos, primusque apud nos Mar-
6 tini uirtutum uel materia uel testimonium fuit. idem tamen
referre erat solitus, se corpore exutum ad tribunal iudicis ductum
deputandumque obscuris locis et uulgaribus turbis tristem exce-
pisse sententiam: tum per duos angelos iudici fuisse suggestum,
hunc esse pro quo Martinus oraret: ita per eosdem angelos se
iussum reduci, et Martino redditum uitaeque pristinae restitutum.
7 ab hoc primum tempore beati uiri nomen enituit, ut qui sanctus
iam ab omnibus habebatur, potens etiam et uere apostolicus ha-
beretur.

8 Nec multo post, dum agrum Lupicini cuiusdam honorati secun-
dum saeculum uiri praeteriret, clamore et luctu turbae plangentis
2 excipitur, ad quam cum sollicitus adstitisset et quis esset hic
fletus inquireret, indicatur unum ex familia seruulum laqueo sibi
uitam extorsisse. quo cognito cellulam, in qua corpus iacebat, in-
greditur, exclusisque omnibus turbis superstratus corpori aliquan-
3 tisper orauit. mox uiuescente uultu, marcescentibus oculis in ora
illius defunctus erigitur: lentoque conamine enisus adsurgere,
adprehensa beati uiri dextera in pedes constitit: adque ita cum
eo usque ad uestibulum domus, turba omni inspectante, pro-
cessit.

9 Sub idem fere tempus ad episcopatum Turonicae ecclesiae pete-
batur: sed cum erui monasterio suo non facile posset, Rusticius
quidam, unus e ciuibus, uxoris languore simulato ad genua illius
2 prouolutus ut egrederetur obtinuit. ita dispositis iam in itinere
ciuium turbis, sub quadam custodia ad ciuitatem usque deducitur.

1 adsisterant *V* 2 expectaculum *F* 3 baptisma *AFv* 6 corpore esse exutum *V* 7 deputandumque *FMQV:* deputatumque *Av* || et *om. A* || excipisse *V et paulo post* excepitur 10 redditum *om. 1 cod. Gisel.*

11 primum *V:* primo *AFv* 12 ab hominibus *F* 16 sollicitus cum *v* || adstitessit *V*, restitisset *F* 17 ex *V*: e *AFv* 20 uiuescente *F pr. m.:* uiuiscente *AF²Vv* 21 lenteoque *V* 25 Eodem fere tempore martinus ad *AF* 26 monasterio *AQV*: a monasterio *Fv* || facile non *v* || possit *AF, sed in F* posset *ead. m. corr.* || rusticius *V*: rusticus *BM*, ruritius *A*, ruricius *Fv*

mirum in modum incredibilis multitudo non solum ex illo oppido,
sed etiam ex uicinis urbibus ad suffragia ferenda conuenerat. una 3
omnium uoluntas, eadem uota eademque sententia, Martinum
episcopatus esse dignissimum: felicem fore tali ecclesiam sacer-
dote. pauci tamen et nonnulli ex episcopis, qui ad constituendum
antistitem fuerant euocati, impie repugnabant, dicentes scilicet,
contemptibilem esse personam, indignum esse episcopatu homi-
nem uultu despicabilem, ueste sordidum, crine deformem. ita a 4
populo sententiae sanioris haec illorum inrisa dementia est, qui
inlustrem uirum dum uituperare cupiunt praedicabant. nec uero
aliud his facere licuit, quam quod populus Domino uolente cogi-
tabat. inter episcopos tamen qui adfuerant praecipue Defensor
quidam dicitur restitisse: unde animaduersum est grauiter illum
lectione prophetica tum notatum. nam cum fortuito lector, cui 5
legendi eo die officium erat, interclusus a populo defuisset, tur-
batis ministris, dum expectatur qui non aderat, unus e circum-
stantibus sumpto psalterio, quem primum uersum inuenit, arri-
puit. psalmus autem hic erat: e x o r e i n f a n t i u m e t l a c t a n- 6
t i u m p e r f e c i s t i l a u d e m p r o p t e r i n i m i c o s t u o s, u t
d e s t r u a s i n i m i c u m e t d e f e n s o r e m. quo lecto clamor po-
puli tollitur, pars diuersa confunditur. adque ita habitum est, di- 7
uino nutu psalmum hunc lectum fuisse, ut testimonium operis
sui Defensor audiret, qui ex ore infantium adque lactantium, in
Martino Domini laude perfecta, et ostensus pariter et destructus
esset inimicus.

Iam uero sumpto episcopatu qualem se quantumque praesti- **10**
terit, non est nostrae facultatis euoluere. idem enim constan-
tissime perseuerabat qui prius fuerat. eadem in corde eius humi- 2

18 Ps. 8, 3.

2 conuenerant *ABF* 4 episcopatus *V*: episcopatu (— tũ *A*) *AFv; cf. p. 109, 6* || felicem *om. A pr. m.* 8 despicabilem *F sed partim in rasura 2 m.* dispicabilem *QV* 11 cogitabat *V et cod. Lazii:* cogebat *AFv* 13 quidam *BMV:* nomine quidam *A*, quidam nomine *Fv* || grauiter illum *om. V* 14 tum *V*: tunc *AFv* || fortuitu *ABFM* 15 eo die legendi *A* 18 hic *om. v* || lactantium *F*[1]*QV (item infra u. 23):* lactentium *Av et corr. F* 21 pars aduersa *BM* 23 qui *MV:* quia *AFv* || et *A* || lactentium *Av* 24 est (*pro* et) ostensus *V* 25 esset *MV*: est *AFv* 28 eadem in corde humilitas *om. V,* eius *om. M*

litas, eadem in uestitu eius uilitas erat: adque ita, plenus aucto-
ritatis et gratiae, inplebat episcopi dignitatem, ut non tamen
3 propositum monachi uirtutemque desereret. aliquandiu ergo ad-
haerenti ad ecclesiam cellula usus est: dein cum inquietudinem
se frequentantium ferre non posset, duobus fere extra ciuitatem
4 milibus monasterium sibi statuit. qui locus tam secretus et remo-
tus erat, ut eremi solitudinem non desideraret. ex uno enim latere
praecisa montis excelsi rupe ambiebatur, reliquam planitiem
Liger fluuius reducto paululum sinu clauserat: una tantum eadem-
que arta admodum uia adiri poterat. ipse ex lignis contextam
5 cellulam habebat, multique ex fratribus in eundem modum: ple-
rique saxo superiecti montis cauato receptacula sibi fecerant. di-
scipuli fere octoginta erant, qui ad exemplum beati magistri in-
6 stituebantur. nemo ibi quicquam proprium habebat, omnia in
medium conferebantur. non emere aut uendere, ut plerisque mo-
nachis moris est, quicquam licebat, ars ibi exceptis scriptoribus
nulla habebatur, cui tamen operi minor aetas deputabatur: maio-
7 res orationi uacabant. rarus cuiquam extra cellulam suam egres-
sus, nisi cum ad locum orationis conueniebant. cibum una omnes
post horam ieiunii accipiebant. uinum nemo nouerat, nisi quem
8 infirmitas coegisset. plerique camelorum saetis uestiebantur: mol-
lior ibi habitus pro crimine erat. quod eo magis sit mirum ne-
cesse est, quod multi inter eos nobiles habebantur, qui longe
aliter educati ad hanc se humilitatem et patientiam coegerant:
9 pluresque ex eis postea episcopos uidimus. quae enim esset ciuitas
aut ecclesia, quae non sibi de Martini monasterio cuperet sacer-
dotem?

2 episcopii *F* || ut *om. V* 3 ergo] uero *Q* || adhaerente *v* 4 deinde *Fv* 5 se *MV*: *om. AFv* || ciuitate *V* 7 erimi *V*, heremi *AF* 8 excelsi *BMV*: excelsa *AF* 11 multique *BMV*: multi quidem *AFv* || ex *V*: e *AFv* || in eundem — cauato *om. F pr. m.* 12 saxo (*non* ex saxo) supertecti montis caua *V* 13 fere *BMV*: uero *AFv* 14 in medio *Fv*
16 quisquam *F corr. 2 m. ex* cuiquam 18 suam *ABFMQ*: *om. V*, fuit *dett. pauci et v* 19 unũ *A* 21 camellorum *V* || saetis *V*: setis *AFv*
22 sit *om. V* || mirandum *duo libri Gisel.* 24 edocati *V* 25 eis *V*: his *AFv* || post episcopatopos *V*, *sed sic m. 2 in rasura (praeter syllabam extremam)* 26 non sibi — cuperet sacerdotem *BMV*: non sibi (*corr. e* se) — cuperet sacerdotes *Q*, non — cuperet sacerdos *A*, non se — cuperet sacerdotes habere *Fv*

Sed ut reliquas uirtutes eius, quas in episcopatu egit, adgre- **11**
diar, erat haut longe ab oppido proximus monasterio locus, quem
falsa hominum opinio, uelut consepultis ibi martyribus, sacra-
uerat: nam et altare ibi a superioribus episcopis constitutum ha- 2
bebatur. sed Martinus non temere adhibens incertis fidem, ab his,
qui maiores natu erant, presbyteris uel clericis flagitabat no-
men sibi martyris, tempus passionis ostendi: grandi se scrupulo
permoueri, quod nihil certi constans sibi maiorum memoria tra-
didisset. cum aliquandiu ergo a loco illo se abstinuisset, nec 3
derogans religioni, quia incertus erat, nec auctoritatem suam
uulgo adcommodans, ne superstitio conualesceret, quodam die
paucis secum adhibitis fratribus ad locum pergit. dehinc super 4
sepulchrum ipsum adstans orauit ad Dominum, ut quis esset
uel cuius meriti esset sepultus ostenderet. tum conuersus ad
laeuam uidet prope adsistere umbram sordidam, trucem: imperat
nomen meritumque loqueretur. nomen edicit, de crimine confi-
tetur: latronem se fuisse, ob scelera percussum, uulgi errore cele-
bratum: sibi nihil cum martyribus esse commune, cum illos
gloria, se poena retineret. mirum in modum uocem loquentis qui 5
aderant audiebant, personam tamen non uidebant. tum Martinus
quid uidisset exposuit iussitque ex eo loco altare, quod ibi fuerat,
submoueri, adque ita populum superstitionis illius absoluit
errore.

Accidit autem insequenti tempore, dum iter ageret, ut gen- **12**
tilis cuiusdam corpus, quod ad sepulchrum cum superstitioso fu-
nere deferebatur, obuium haberet: conspicatusque eminus uenien-
tium turbam, quidnam id esset ignarus, paululum stetit: nam
fere quingentorum passuum interuallum erat, ut difficile fuerit
dinoscere quid uideret. tamen quia rusticam manum cerneret et 2

1 eius *AF*: e... *V*, et *V corr.* 2 monasterio *BMV*: monasterii *AFv* 6 sibi nomen *v* || tempus *V*: tempora *AFQ*, uel tempora *v* 10 religionem *V haud scio an recte* 11 quadam *A* 12 dehinc *V*: dein *A*, deinde *Fv* 13 esset *om. B* 14 esset sepultus *BV*: esset *om. AFv* 15 uidet *AV*: uidit *Fv* || prope *om. V* || crucem *V*, ac trucem *F m. 2* 16 loqueretur *V*: ut loqueretur *AFv*, ut *BM ante* nomen *habent* 19 immodum *V*, *item 122, 6* 20 tamen *om. A* 26 obuiam *F* 27 id *om. A* || paulolum *F* || nam tum fere *F*, nam cum fere *Q* 28 difficile ei *coni. de Prato* 29 dinoscere *mei*: dignoscere *v*

agente uento lintea corpori superiecta uolitarent, profanos sacri-
ficiorum ritus agi credidit: quia esset haec Gallorum rusticis con-
suetudo, simulacra daemonum candido tecta uelamine misera per
3 agros suos circumferre dementia. leuato ergo in aduersos signo
crucis imperat turbae non moueri loco onusque deponere. hic uero
mirum in modum uideres miseros primum uelut saxa riguisse.
4 dein, cum promouere se summo conamine niterentur, ultra acce-
dere non ualentes ridiculam in uertiginem rotabantur, donec uicti
corporis onus ponunt: attoniti et semet inuicem aspicientes, quid-
5 nam sibi accidisset, taciti cogitabant. sed cum beatus uir con-
perisset exequiarum esse illam frequentiam, non sacrorum, ele-
uata rursum manu dat eis abeundi et tollendi corporis potestatem.
ita eos et cum uoluit, stare conpulit, et cum libuit, abire
permisit.

13 Item, cum in uico quodam templum antiquissimum diruisset
et arborem pinum, quae fano erat proxima, esset adgressus ex-
cidere, tum uero antistes loci illius ceteraque gentilium turba
2 coepit obsistere. et cum idem illi, dum templum euertitur, im-
perante Domino quieuissent, succidi arborem non patiebantur.
ille eos sedulo commonere, nihil esse religionis in stipite: Deum
potius, cui seruiret ipse, sequerentur: arborem illam succidi
3 oportere, quia esset daemoni dedicata. tum unus ex illis qui erat
audacior ceteris: si habes, inquit, aliquam de Deo tuo, quem
dicis te colere, fiduciam, nosmet ipsi succidemus hanc arborem,
tu ruentem excipe: et si tecum est tuus, ut dicis, Dominus,
4 euades. tum ille intrepide confisus in Domino facturum se polli-
cetur. hic uero ad istius modi condicionem omnis illa gentilium

1 lintea *BMV*: linteamina *AFv*; *Paulinus habet*: Et tremefacta leui motantur lintea uento || corporis *F* 4 leuato *BMV*: eleuato *AFv* || aduersos *BF*: aduerso *Vv*, aduersū *A* 7 cum primo mouere *AFQ* 8 uicti *ABFMQ*: uincti *V*, uicti pondere *Giselinus ex suis* 9 ponunt *BMV*: deponunt *AFv* || aspicientes *MV*: aspectantes *AFv (de lectione codicis V errauit de Prato)* 10 cogitantes *A* || beatus uir cum *v* 12 manum *V*

15 cum *BMV*: dum *AFv* 16 aggressus esset *A* 17 antistites *V*, antestites *F* 18 coeperunt *M* || iidem *v* || inperante *AF* 21 seruirent ipsi *V* || succidi *V*: excidi *AFv* 22 daemoniis *F* || tum *om. V* unus ex illis *V*: unus ex his *AFQ*, ex illis unus *v* 24 succidimus *AFV* 26 intrepidus *M* 27 omnes *V*

turba consensit, facilemque arboris suae habuere iacturam, si
inimicum sacrorum suorum casu illius obruissent. itaque cum 5
unam in partem pinus illa esset adclinis, ut non esset dubium,
quam in partem succisa corrueret, eo loci uinctus statuitur pro
arbitrio rusticorum, quo arborem esse casuram nemo dubitabat.
succidere igitur ipsi suam pinum cum ingenti gaudio laetitiaque 6
coeperunt. aderat eminus turba mirantium. iamque paulatim
nutare pinus et ruinam suam casura minitari. pallebant eminus 7
monachi et periculo iam propiore conterriti spem omnem fidem-
que perdiderant, solam Martini mortem expectantes. at ille con- 8
fisus in Domino intrepidus opperiens, cum iam fragorem sui
pinus concidens edidisset, iam cadenti, iam super se ruenti, ele-
uata obuiam manu, signum salutis opponit. tum uero — uelut
turbinis modo retro actam putares — diuersam in partem ruit,
adeo ut rusticos, qui tuto in loco steterant, paene prostrauerit.
tum uero in caelum clamore sublato gentiles stupere miraculo, 9
monachi flere prae gaudio, Christi nomen in commune ab omni-
bus praedicari: satisque constitit eo die salutem illi uenisse
regioni. nam nemo fere ex inmani illa multitudine gentilium fuit,
qui non impositione manus desiderata Dominum Iesum, relicto
impietatis errore, crediderit. et uere ante Martinum pauci admo-
dum, immo paene nulli in illis regionibus Christi nomen rece-
perant: quod adeo uirtutibus illius exemploque conualuit, ut iam
ibi nullus locus sit, qui non aut ecclesiis frequentissimis aut mo-
nasteriis sit repletus. nam ubi fana destruxerat, statim ibi aut
ecclesias aut monasteria construebat.

Nec minorem sub idem fere tempus eodem in opere uirtutem **14**
edidit. nam cum in uico quodam fano antiquissimo et celeberrimo
ignem inmisisset, in proximam, immo adhaerentem domum

1 consentit *AFv* 2 cum *om. F pr. m.* 4 loci *V*: loco *AFv* 7 itaque *F* 8 casurã *F s. l. m. 2* || minitari coepit *F* 10 Ac *A* 11 in dominum *V, at u. supra c. 12, 4* || operiens *A* || sui *F corr. e* suę *ut uidetur* 12 iam super] et super *V, sed* et *in ras. manu antiqua* || eleuat o. manum *AFQ* 13 uelut *V: om. AFv* 15 tuto loco *v* || steterant — semper *(p. 124, 11) desunt in V una scheda amissa* 18 constat *B* 20 impositionem manuum desideraret et domino Jesu *B* 24 frequentissimus *dett., om. M* 29 iniecisset *BM* || *malim* in adhaerentem domum, *cum uerba* proximam immo *glossam sapiant*

2 agente uento flammarum globi ferebantur. quod ubi Martinus ad-
uertit, rapido cursu tectum domus scandit, obuium se aduenien-
tibus flammis inferens. tum uero mirum in modum cerneres
contra uim uenti ignem retorqueri, ut compugnantium inter se
elementorum quidam conflictus uideretur. ita uirtute Martini ibi
3 tantum ignis est operatus, ubi iussus est. In uico autem, cui
Leprosum nomen est, cum itidem templum opulentissimum su-
perstitione religionis uoluisset euertere, restitit ei multitudo gen-
4 tilium, adeo ut non absque iniuria sit repulsus. itaque secessit
ad proxima loca, ibique per triduum cilicio tectus et cinere,
ieiunans semper adque orans, precabatur ad Dominum, ut, quia
templum illud euertere humana manus non potuisset, uirtus illud
5 diuina dirueret. tum subito ei duo angeli hastati adque scutati
instar militiae caelestis se obtulerunt, dicentes missos se a Do-
mino, ut rusticam multitudinem fugarent praesidiumque Martino
ferrent, ne quis, dum templum dirueretur, obsisteret: rediret
6 ergo et opus coeptum deuotus impleret. ita regressus ad uicum,
inspectantibus gentilium turbis et quiescentibus, dum profanam
aedem usque ad fundamenta dirueret, aras omnes adque simu-
7 lacra redegit in puluerem. quo uiso rustici, cum se intellegerent
diuino nutu obstupefactos adque perterritos, ne episcopo repug-
narent, omnes fere Iesum Dominum crediderunt, clamantes palam
et confitentes, Deum Martini colendum, idola autem neclegenda,
quae nec sibi *nec aliis* adesse possent.

2 obuiam *F* 6 operatus est *F* 7 leprosus *A*, lebrosum *cod. Berol. (Vorstii)*, libroso *M*, librosso *cod. Jureti*, librasso *B*, *fort.* Leproso *(Giselinus tacet de suis libris)* || itidem *BM*: idem *AFv* || superstitiosae religionis *B et 2 codd. Gisel.* 11 a Domino *v* 12 illut *V* || manus *BV*: manu *AFv; contulit de Prato Greg. Turon. h. Franc. VIII, 12:* diuinam misericordiam.. flagitabat, ut quia id (*sc.* simulacrum) humana industria euertere non ualeret, uirtus illud diuina destrueret 16 rediret] dum iret *V*

17 ergo opus incoeptum *F* || deuotum *v* 18 spectantibus *M*, expectantibus *BV* 19 fundamenta *F sed ultima* a *in ras.*, fundamentum *v*

22 fere *om. F pr. m.* || Iesum *MV*: in Jesum *AFv* (in dominum J. *F*) || clamantesque *F* 23 dominum *V*[1] || autem *V*: *om. AFv* || neglegenda *AF*

24 nec sibi nec aliis adesse *de Prato*: nec sibi adesse *V*, sibi adesse non *rell. et v; cf. Greg. Turon. h. Fr. II, 29* nihil sunt dii quos colitis, qui neque sibi neque aliis potuerunt subuenire, *et II, 31* coepit ei insinuare ut.. idola negligeret, quae neque sibi neque aliis prodesse possent || posset *V*, possunt *A*

Quid etiam in pago Aeduorum gestum sit, referam. ubi dum **15**
templum itidem euerteret, furens gentilium rusticorum in eum
inruit multitudo. cumque unus audacior ceteris stricto eum gladio
peteret, reiecto pallio nudam ceruicem percussuro praebuit. nec 2
cunctatus ferire gentilis, sed cum dexteram altius extulisset, resu-
pinus ruit, consternatusque diuino metu ueniam precabatur. nec 3
dissimile huic fuit illud. cum eum idola destruentem cultro qui-
dam ferire uoluisset, in ipso ictu ferrum ei de manibus excussum
non conparuit. plerumque autem contra dicentibus sibi rusticis, 4
ne eorum fana destrueret, ita praedicatione sancta gentiles animos
mitigabat, ut luce eis ueritatis ostensa ipsi sua templa subuer-
terent.

Curationum uero tam potens in eo gratia erat, ut nullus fere ad **16**
eum aegrotus accesserit, qui non continuo receperit sanitatem:
quod uel ex consequenti liquebit exemplo. Treueris puella quae- 2
dam dira paralysis aegritudine tenebatur, [ita] ut iam per mul-
tum tempus nullo ad humanos usus corporis officio fungeretur:
omni ex parte praemortua uix tenui spiritu palpitabat. tristes ad 3
solam funeris expectationem adstabant propinqui, cum subito
ad ciuitatem illam Martinum uenisse nuntiatur. quod ubi puellae
pater conperit, cucurrit exanimis pro filia rogaturus. et forte 4
Martinus iam ecclesiam fuerat ingressus. ibi inspectante populo
multisque aliis praesentibus episcopis, eiulans senex genua eius
amplectitur dicens: filia mea moritur misero genere languoris, et
quod ipsa est morte crudelius, solo spiritu uiuit, iam carne
praemortua. rogo ut eam adeas adque benedicas: confido enim
quod per te reddenda sit sanitati. qua ille uoce confusus obstipuit 5
et refugit dicens, hoc suae non esse uirtutis: senem errare iudicio,
non esse se dignum, per quem Dominus signum uirtutis osten-

2 itidem *om.* *V* || euertet *A* 4 proiecto *M* || percussuro *ABFV*: percussori *v* 7 fuit illut *V*, illud fuit *A* 10 fana eorum *v* || gentiles *V*: gentilium *AFv* 15 liquebat *V* || Triberis *V* 16 ita *om.* *V* 19 adstabant *BMV*: adsistebant *AFv* 20 ad ciuit. illam martinum uenisse nuntiatur *V*: nuntiatur ad ciu. illam uenisse mart. *AFv* 21 pater puellae *v* || currit *AFQ* || exanimis *mei:* exanimi *v* 22 spectante *BM*, expectante *V*, *cf. supra c. 14, 6* 23 episcopis praesentibus *AFv* || heiulans *AF* || illius *A* 26 eam adeas *BM*: eas adeam ∻ *V*, *sed sic m. 2 in litura,* ad eam uenias *AF* *(sed in F rasura corr.* eas*)* 27 obstipuit *V*: obstupuit *AFv*

deret. perstare uehementius flens pater et orare ut exanimem ui-
6 sitaret: postremo a circumstantibus episcopis ire conpulsus de-
scendit ad domum puellae. ingens turba pro foribus expectabat,
7 quidnam Dei seruus esset facturus. ac primum quae erant illius
familiaria in istius modi rebus arma, solo prostratus orauit. deinde
aegram intuens dari sibi oleum postulat: quod cum benedixisset,
in os puellae uim sancti liquoris infundit, statimque uox reddita
8 est. tunc paulatim singula contactu eius coeperunt membra uiue-
scere, donec firmatis gressibus populo teste surrexit.

17 Eodem tempore Taetradii cuiusdam proconsularis uiri seruus
daemonio correptus dolendo exitu cruciabatur. rogatus ergo Mar-
tinus, ut ei manum inponeret, deduci eum ad se iubet: sed ne-
quam spiritus nullo proferri modo de cellula, in qua erat, potuit:
2 ita in aduenientes rabidis dentibus saeuiebat. tum Taetradius
ad genua beati uiri aduoluitur, orans ut ad domum, in qua dae-
moniacus habebatur, ipse descenderet. tum uero Martinus negare
3 se profani et gentilis domum adire posse: nam Taetradius eo tem-
pore adhuc gentilitatis errore implicitus tenebatur. spondet ergo
4 se, si de puero daemon fuisset exactus, Christianum fore. ita
Martinus inposita manu puero inmundum ab eo spiritum eiecit.
quo uiso Taetradius Dominum Iesum credidit: statimque cate-
chumenus factus nec multo post baptizatus est, semperque Mar-
tinum salutis suae auctorem miro coluit affectu.

5 Per idem tempus in eodem oppido ingressus patris familias cu-
iusdam domum, in limine ipso restitit dicens, horribile in atrio
domus daemonium se uidere. cui cum ut discederet imperaret et

3 expectans *AFV haud scio an recte, malim tamen:* ingens stat turba.. expectans (erat autem ingens t. — expectans *M*, ubi i. t. p. f. expectans aderat *B*) 4 acturus *A* 5 in *om. V* 7 infundit *V*: infudit *AFv*
8 *ante* singula *in V uox erasa est* || coeperant *A* || uiuescere *ABF*[1]: uiuiscere *V add.* re *manu antiqua,* reuiuiscere *F corr.*, uiuiscere *v*
10 Eodemque *F*, Eodem quoquae *A* || taetradii *V*: tetradii *AFv et sic deinceps* 12 manus *F* || ne quã... *F* 13 de (*non* ex) cellula *V*: de ea cellula *M*, ex cella *AFv* 15 daemonicus *V pr. m.* 16 uero *om. V*
17 eo tempore *BM*: eodem tempore *AFVv* 18 spondit *FV*, spopondit *F corr.* || igitur *v* 20 ab eo *om. F pr. m.* 21 domino ihu *V*, dominum nostrum J. *AF* 22 multum *AF* 24 in eo *V* 25 horribilem in atrii *V* 26 descenderet *V* || et patrem familias *V*: cocum patris familias *BM*, quendam e familia *AFv*

patrem familias, qui in interiore parte aedium morabatur, arri-
puisset, saeuire dentibus miser coepit, et obuios quosque laniare.
commota domus, familia turbata, populus in fugam uersus:
Martinus se furenti obiecit, ac primum stare ei imperat. sed cum 6
dentibus fremeret hiantique ore morsum minaretur, digitos ei
Martinus in os intulit: si habes, inquit, aliquid potestatis, hos
deuora. tum uero, ac si candens ferrum faucibus accepisset, longe 7
reductis dentibus digitos beati uiri uitabat attingere: et cum
fugere de obsesso corpore poenis et cruciatibus cogeretur nec
tamen exire ei per os liceret, foeda relinquens uestigia fluxu uen-
tris egestus est.

Interea cum de motu adque impetu barbarorum subita ciuita- **18**
tem fama turbasset, daemoniacum ad se exhiberi iubet: imperat
ut, an uerus esset hic nuntius, fateretur. tum confessus est 2
decem daemonas secum fuisse, qui rumorem hunc per populum
dispersissent, ut hoc saltim metu ex illo Martinus oppido fugare-
tur: barbaros nihil minus quam de irruptione cogitare. ita cum
haec inmundus spiritus in media ecclesia fateretur, metu et tur-
batione praesenti ciuitas liberata est.

Apud Parisios uero, dum portam ciuitatis illius magnis secum 3
turbis euntibus introiret, leprosum miserabili facie horrentibus
cunctis osculatus est adque benedixit, statimque omni malo
emundatus. postero die ad ecclesiam ueniens nitenti cute gratias 4
pro sanitate, quam receperat, agebat. nec praetereundum est,
quod fimbriae uestimento eius cilicioque detractae crebras super
infirmantibus egere uirtutes. nam digitis inligatae aut collo in- 5
ditae saepe ab aegrotantibus morbos fugauerunt.

1 arripuisset *V*: arripuit *AFv* 2 quosque *AMV*: quoscumque *Fv* || laniaret *V* 5 morsu *V* || minitaretur *A*, minabatur *FQ* 10 ei exire *A* || reliquens *V* 11 egressus est *M* 12 metu *AFQ*, *at u. Paulinus*: Barbaricos adfert fama improba motus *etc.* || ciues *V solus ex notis* 13 turbasset fama *A* || exiberi *V* 14 tunc *AVv* 15 decem *de Prato*: decim *V*, sedecim *AFv* || daemones *Av et corr. F* || secum *V*: *om. rell. et v; cf. de Prato ad h. l.* 16 dispersissent *BMV*: disseminassent *AFv* || saltim *mei:* saltem *v et sic alias* 17 minus] omnino *V* || de inruptione *V*: inruptionem *AFv* 18 media in *AFv* 20 aput parios *V* 23 emundatus *ABFV*: emundatus est *v* 24 nec *BMV*: sed nec (ne *F*) hoc *AFv* 25 uestimento *BM*: uestimenti *AFVv*, uestimentis *de Prato* || *malim* cilicioue (cilicio *F pr. m.*) 26 nam digitis — inditae *V*: nam

19 Arborius autem, uir praefectorius, sancti admodum et fidelis
ingenii, cum filia eius grauissimis quartanae febribus ureretur,
epistulam Martini, quae casu ad eum delata fuerat, pectori
puellae in ipso accessu ardoris inseruit, statimque fugata febris
2 est. quae res apud Arborium in tantum ualuit, ut statim puellam
Deo uouerit et perpetuae uirginitati dicarit: profectusque ad Mar-
tinum puellam ei, praesens uirtutum eius testimonium, quae
per absentem licet curata esset, obtulit, neque ab alio eam quam
a Martino habitu uirginitatis inposito passus est consecrari.

3 Paulinus magni uir postmodum futurus exempli, cum oculum
grauiter dolere coepisset et iam pupillam eius crassior nubes su-
perducta texisset, oculum ei Martinus penicillo contigit pristi-
4 namque ei sanitatem sublato omni dolore restituit. ipse autem
cum casu quodam esset de cenaculo deuolutus et per confragosos
scalae gradus decidens multis uulneribus esset adfectus, cum exa-
nimis iaceret in cellula et inmodicis doloribus cruciaretur, nocte ei
angelus uisus est eluere uulnera et salubri unguedine contusi cor-
poris superlinire liuores: adque ita postero die restitutus est sani-
5 tati, ut nihil umquam pertulisse incommodi putaretur. sed lon-
gum est ire per singula: sufficiant haec uel pauca de plurimis,
satisque sit, nos et in excellentibus non subtrahere ueritatem et
in multis uitare fastidium.

20 Adque ut minora tantis inseram — quamuis, ut est nostrorum
aetas temporum, quibus iam deprauata omnia adque corrupta

cum aut digitis — inditae sunt *AF*, nam aut digitis — inditae *v* 27 persaepe *AFv* || fugauerunt *V*: effugauerunt *AFv*

2 quartanis *BM* 4 accessu *BM*, *ut uidetur:* accensu *AF*, *item V*, *sed in hoc* s *manu posteriore in rasura scripta est. Retinuimus lectionem uulgatam, cum saltem locutio* accessio febris *uulgaris sit, sed rasura in V probabile fit Sulpicium scripsisse* in ipso accentu (*i. e. incremento*) ardoris, *cuius locutionis haec similia* accentus hiemis, doloris *etc. in lexicis adferuntur* || febris fugata *F* 6 uoueret *A* || uirginitatis *V* || dicaret *AFV* || profectus *F pr. m.* 7 praesens ob uirtutem *AFQ* || quae] per quas *F m. 2 in ras.* 10 Paulinus magni uir *V:* Paulinus uero uir magni *AFv*

12 pinicillo *V*, peniculo *AFv* 14 caenaculo *F*, coenaculo *v* 15 grados *V et pr. m. F* 16 et] nec *V*; *an* nec modicis? 17 unguedine *V*: unguento *BM*, unguine *AFv* 18 superlinire liuores *BMV*: membra contingere *AFv* 19 sed *BMV*: sed quia *AFv* 21 excellentioribus *F*

23 inferam' *F (sed uirgula uidetur a 2 m.)*

sunt, paene praecipuum sit, adulationi regiae sacerdotalem non
cessisse constantiam —, cum ad imperatorem Maximum, ferocis
ingenii uirum et bellorum ciuilium uictoria elatum, plures ex
diuersis orbis partibus episcopi conuenissent et foeda circa prin-
cipem omnium adulatio notaretur seque degenere inconstantia
regiae clientelae sacerdotalis dignitas subdidisset, in solo Martino
apostolica auctoritas permanebat. nam et si pro aliquibus regi 2
supplicandum fuit, imperauit potius quam rogauit, et a conuiuio
eius frequenter rogatus abstinuit, dicens se mensae eius partici-
pem esse non posse, qui imperatores unum regno, alterum uita
expulisset. postremo, cum Maximus se non sponte sumpsisse im- 3
perium adfirmaret, sed inpositam sibi a militibus diuino nutu
regni necessitatem armis defendisse, et non alienam ab eo Dei
uoluntatem uideri, penes quem tam incredibili euentu uictoria
fuisset, nullumque ex aduersariis nisi in acie occubuisse, tandem
uictus uel ratione uel precibus ad conuiuium uenit, mirum in
modum gaudente rege, quod id impetrasset. conuiuae autem ad- 4
erant, uelut ad diem festum euocati, summi adque inlustres uiri,
praefectus idemque consul Euodius, uir quo nihil umquam iustius
fuit, comites duo summa potestate praediti, frater regis et pa-
truus: medius inter hos Martini presbyter accubuerat, ipse autem
in sellula iuxta regem posita consederat. ad medium fere conui- 5
uium, ut moris est, pateram regi minister obtulit. ille sancto
admodum episcopo potius dari iubet, expectans adque ambiens,
ut ab illius dextera poculum sumeret. sed Martinus ubi ebibit, 6
pateram presbytero suo tradidit, nullum scilicet existimans dig-
niorem, qui post se prior biberet, nec integrum sibi fore, si aut
regem ipsum aut eos, qui a rege erant proximi, presbytero prae-
tulisset. quod factum imperator omnesque qui tunc aderant ita 7
admirati sunt, ut hoc ipsum eis, in quo contempti fuerant, pla-

1 ut paene *FQ*, *sed* ut *in F erasum* 3 uictoriae laetum *V* 4 orbis *BMV*: *om. AFv* 5 degenere *V*: degeneri *AFv* || inconstantiae regiae clientillae *V* 7 supplicandum regi *AFv* 10 imperatores *AFV*: duos imperatores *F corr. et v* || uitae *V* 11 se] *hic margo in V laesa est, nec tamen* se *in eo uidetur fuisse* 14 paenes *V* 17 conuiuiae *V* || autem *om. F in rasura* 18 ueluti *AFv* || summi itaque *V* 22 in *V*: *om. AFv* 25 ebebit *V* 27 post se prior biberet *AB*: possit prior bibere *FQV*, post se (*om.* prior) biberet *2 codd. Gisel. et v*

ceret. celeberrimumque per omne palatium fuit, fecisse Martinum
in regis prandio, quod in infimorum iudicum conuiuiis nemo
8 episcoporum fecisset. eidemque Maximo longe ante praedixit fu-
turum ut, si ad Italiam pergeret, quo ire cupiebat, bellum
Valentiniano imperatori inferens, sciret se primo quidem impetu
futurum esse uictorem, sed paruo post tempore esse periturum.
9 quod quidem ita uidimus. nam primo aduentu eius Valentinianus
in fugam uersus est: deinde post annum fere resumptis uiribus
captum intra Aquileiae muros Maximum interfecit.

21 Constat autem etiam angelos ab eo plerumque uisos, ita ut
conserto apud eum inuicem sermone loquerentur: diabolum uero
ita conspicabilem et subiectum oculis habebat, ut siue se in pro-
pria substantia contineret, siue in diuersas figuras spiritalis nequi-
2 tiae transtulisset, qualibet ab eo sub imagine uideretur. quod
cum diabolus sciret se effugere non posse, conuiciis eum frequen-
ter urguebat, quia fallere non posset insidiis. quodam autem tem-
pore cornu bouis cruentum in manu tenens cum ingenti fremitu
cellulam eius inrupit, cruentamque ostendens dexteram et ad-
misso recens scelere gaudens 'ubi est' inquit, 'Martine, uirtus tua?
3 unum de tuis modo interfeci'. tunc ille conuocatis fratribus refert
quid diabolus indicasset: sollicitos ire praecipit per cellulas sin-
gulorum, quisnam hoc casu adfectus fuisset. neminem quidem
deesse de monachis, sed unum rusticum mercede conductum,
ut uehiculo ligna deferret, isse ad siluam nuntiant. iubet igitur
4 aliquos ire ei obuiam: ita haut longe a monasterio iam paene exa-
nimis inuenitur. extremum tamen spiritum trahens indicat fra-
tribus causam mortis et uulneris: iunctis scilicet bubus dum dis-

2 prandium *V* || nemo episc. *V*: episc. nemo *AFv* 4 pergerit *V* 5 quidem primo *V* || inpetu *A* 8 dein *AF* 9 interficit *V* 11 inuicem apud eum *AFv* 12 ita *V*: tam *AFv* 13 spiritalis nequitiae *BMV*: spiritalesque (spiritualesque *v*) nequitias *AFv* 15 conuitiis *AF* || frequ. urguebat *AV*: urguebat (urgebat *v*) frequ. *Fv* 17 cornu* *V* (cornum *corr.*) 18 ostendens *V*: ostentans *AFv* 19 recenter *F corr.* || gaudens *V*; congaudens *AFv* || inquid *V*, *item saepe alias* 20 interfici *V* 21 sollicitosque *M* || ire *de Prato*: esse *libri* || praecepit *AFv* 22 fuisset adfectus *AFv* 25 ita *ABFMQV*: itaque *v* || haut] aut *V et sic saepe alias* 27 causam *V et cod. Jureti*: casum *rell. et v*; *cf. Paulinus*: Vulneris exponens causam *etc.*

soluta artius lora constringit, bouem sibi excusso capite inter in-
guina cornu adegisse. nec multo post uitam reddidit. uideris, quo
iudicio Domini diabolo data fuerit haec potestas. in Martino illud 5
mirabile erat, quod non solum hoc, quod supra rettulimus, sed
multa istius modi, si quotiens accidissent, longe antea praeui-
debat aut sibi nuntiata fratribus indicabat.

Frequenter autem diabolus, dum mille nocendi artibus sanctum **22**
uirum conabatur inludere, uisibilem se ei formis diuersissimis in-
gerebat. nam interdum in Iouis personam, plerumque Mercuri,
saepe etiam se Veneris ac Mineruae transfiguratum uultibus offe-
rebat: aduersus quem semper interritus signo se crucis et oratio-
nis auxilio protegebat. audiebantur plerumque conuicia, quibus 2
illum turba daemonum proteruis uocibus increpabat: sed omnia
falsa et uana cognoscens non mouebatur obiectis. testabantur 3
etiam aliqui ex fratribus, audisse se daemonem proteruis Marti-
num uocibus increpantem, cur intra monasterium aliquos ex fra-
tribus, qui olim baptismum diuersis erroribus perdidissent, con-
uersos postea recepisset, exponentem crimina singulorum: Mar- 4
tinum diabolo repugnantem respondisse constanter, antiqua de-
licta melioris uitae conuersatione purgari, et per misericordiam
Domini absoluendos esse peccatis, qui peccare desierint. contra
dicente diabolo, non pertinere ad ueniam criminosos, et semel
lapsis nullam a Domino praestari posse clementiam, tunc in hanc
uocem fertur exclamasse Martinus: si tu ipse, miserabilis, ab 5
hominum insectatione desisteres et te factorum tuorum uel hoc
tempore, cum dies iudicii in proximo est, paeniteret, ego tibi
uere confisus in Domino Jesu Christo misericordiam pollicerer.

2 cornu adegisse *BV (sed V* cornua degesse): cornu iniecisse *AFv* || multum *AF* || reddit *F* || uideris *AMV*: uideres *F*, uidens *B*, uidetis *v*, uiderit is *de Prato; at iam Giselinus ueram esse lectionem* uideris *perspexit, cf. si tanti est, Maduigii gramm. lat.* §. *340 not. 4* 3 diabulo *V et sic saepius in hoc uoc.* 5 si quotiens *ABFQV:* quotiens *2 libri Gis. et v; cf. Dial. III, 6, 1* || ante *AFv* 6 aut *BMV:* et *AFv* 8 conaretur *A* 9 persona *M* 10 persaepe *AFv* || enim *AF* 12 audiebantur *AFMQV:* audiebantur etiam *v* 15 se *om. FQ* 17 prodidissent *malebat de Prato* 18 recipisset *V* 20 conuersione *V et cod. Berol.*
21 desierint *BMV:* desinerent *AFv* 23 praestari posse clem. *BV:* praestari clem. *AF,* clem. praestari *v* 24 o miserabilis *AFv* 27 Jesu Christo *V:* Christi *AFv*

o quam sancta de Domini pietate praesumptio, in qua etsi aucto-
6 ritatem praestare non potuit, ostendit affectum. et quia de dia-
bolo eiusdemque artibus sermo exortus est, non ab re uidetur,
licet extrinsecus, referre quod gestum est, quia et quaedam in eo
Martini uirtutum portio est et res digna miraculo recte memoriae
mandabitur, in exemplum cauendi, si quid deinceps uspiam tale
contigerit.

23 Clarus quidam, adulescens nobilissimus, mox presbyter, nunc
felici beatus excessu, cum relictis omnibus se ad Martinum con-
tulisset, breui tempore ad summum fidei uirtutumque omnium
2 culmen enituit. itaque cum haut longe sibi ab episcopi monasterio
tabernaculum constituisset multique apud eum fratres commora-
rentur, iuuenis quidam ad eum Anatolius nomine, sub profes-
sione monachi omnem humilitatem adque innocentiam mentitus,
3 accessit habitauitque aliquamdiu in commune cum ceteris. dein
procedente tempore angelos apud se loqui solere dicebat. cum
fidem nullus adhiberet, signis quibusdam plerosque ad creden-
dum coartabat. postremo eo usque processit, ut inter se ac Deum
nuntios discurrere praedicaret, iamque se unum ex profetis haberi
4 uolebat. Clarus tamen nequaquam ad credendum cogi poterat. ille
ei iram Domini et praesentes plagas, cur sancto non crederet,
5 comminari. postremum in hanc uocem erupisse fertur: ecce hac
nocte uestem mihi candidam Dominus de caelo dabit, qua indutus
in medio uestrum diuersabor: idque uobis signum erit, in me Dei
6 esse uirtutem, qui Dei ueste donatus sim. tum uero grandis om-
nium ad hanc professionem expectatio. itaque ad mediam fere
noctem fremitu terram insultantium commoueri omne monaste-
rium loco uisum est: cellulam autem, qua idem adulescens con-
tinebatur, crebris cerneres micare luminibus, fremitusque in ea
discurrentium et murmur quoddam multarum uocum audiebatur.

3 eiusdem *F pr. m.* 6 quit *V* 8 quidam *BMV:* quidam nomine *AFv* 11 aut *V* 12 aput eum *V* 13 anatholius *AF* 14 omni humilitate atque innocentia *F* 15 que *in V s. l.* || in *om. V* 17 fidem dictis nullus *A* 18 coartabat *BMV:* cohortabatur *AFv* 19 nuntios *BMV:* angelos *AFv; lectionem* nuntios *firmat Paulinus* 21 ei] enim *FV* 22 postrema *AFv* || inrupisse *V* 24 deuersabor *AF* || in me dei *M et cod. Berol.:* me in dei *FQ,* me dei *AVv* 27 terram *V: om. AFv* 28 cellula *V* || qua *AFV:* in qua *v*

dein facto silentio egressus unum de fratribus [Sabatium nomine] 7
ad se uocat tunicamque ei, qua erat indutus, ostendit. obstupe- 8
factus ille conuocat ceteros, ipse etiam Clarus adcurrit, adhibi-
toque lumine uestem omnes diligenter inspiciunt. erat autem
summa mollitie, candore eximio, micanti purpura, nec tamen,
cuius esset generis aut uelleris, poterat agnosci: curiosis tamen
oculis aut digitis adtrectata non aliud quam uestis uidebatur.
interea Clarus fratres admonet orationi insistere, ut manifestius
eis Dominus quidnam id esset ostenderet. itaque reliquum noctis 9
hymnis psalmisque consumitur. ubi inluxit dies, adprehensum
dextera ad Martinum trahere uolebat, bene conscius inludi illum
diaboli arte non posse. tum uero reniti ac reclamare miser coepit, 10
interdictumque sibi esse dicebat, ne se Martino ostenderet. cum-
que inuitum ire conpellerent, inter trahentium manus uestis eua-
nuit. unde quis dubitet hanc etiam Martini fuisse uirtutem, ut 11
fantasiam suam diabolus, cum erat Martini oculis ingerenda,
dissimulare diutius aut tegere non posset.

Animaduersum est tamen, eodem fere tempore fuisse in Hi- **24**
spania iuuenem, qui cum sibi multis signis auctoritatem para-
uisset, eo usque elatus est, ut se Heliam profiteretur. quod cum 2
plerique temere credidissent, addidit ut se Christum esse dice-
ret: in quo etiam adeo inlusit, ut eum quidam episcopus Rufus
nomine ut Deum adoraret: propter quod eum postea ab episco-
patu deiectum uidimus. plerique etiam ex fratribus nobis rettule- 3
runt, eodem tempore in Oriente quendam extitisse, qui se Iohan-
nen esse iactitauerit. ex quo conicere possumus, istius modi pseu-
doprofetis existentibus, Antichristi aduentum imminere, qui iam
in istis mysterium iniquitatis operatur.

1 deinde *v* || Sabacium nomine *F, om. ABMQV et 4 codd. Gisel.* 2 ei *om. A* 3 adcurrit *V corr. ex* occurrit 5 mollitiae candore exnimio *V* 6 curiosis *BFMV*: curiosius *Av* 8 insistere *BMV*: instare *AFv* 9 ei *A* || id *BV: om. AFv* 10 At ubi *AFv* 11 trahere ad martinum *AFv* || uolebant bene conscii *ed. Ald. prob. de Prato* 12 tunc *AF* 13 cum *V solus ex notis* 16 fantasiam *AFV:* phantasiam *v* 17 aut tegere *om. M* 18 hispania *BMV*: hispaniis *AFv* (in hisp. iuuenem fuisse *A*) 21 addidit se Ch. esse (*sine* diceret) *B* 22 nomine rufus *v* 23 Deum *MV*: dominum *AFv* || postea episcopatus *V* 24 nobis e fratribus *AFv* 25 Johannen *V*: iohannē *AF*, Joannem *v* 26 iactitarit *A*, iactitaret *Fv* 27 antechristi *V*

4 Non praetereundum autem uidetur, quanta Martinum sub is-
dem diebus diabolus arte temptauerit. quodam enim die prae-
missa prece et circumiectus ipse luce purpurea, quo facilius cla-
ritate adsumpti fulgoris inluderet, ueste etiam regia indutus,
diademate ex gemmis auroque redimitus, calceis auro inlitis,
sereno ore, laeta facie, ut nihil minus quam diabolus putaretur,
5 oranti in cellula adstitit. cumque Martinus primo aspectu eius
fuisset hebetatus, diu multum silentium ambo tenuerunt. tum
prior diabolus: ‘agnosce’ inquit, ‘Martine, quem cernis: Christus
ego sum: descensurus ad terram prius me manifestare tibi uolui’.
6 ad haec cum Martinus taceret nec quidquam responsi referret,
iterare ausus est diabolus professionis audaciam: ‘Martine, quid
7 dubitas credere, cum uideas? Christus ego sum’. tum ille, reue-
lante sibi spiritu, ut intellegeret diabolum esse, non Dominum,
‘non se’ inquit ‘Iesus Dominus purpuratum nec diademate reni-
dentem uenturum esse praedixit: ego Christum nisi in eo habitu
formaque, qua passus est, nisi crucis stigmata praeferentem ue-
8 nisse non credam’. ad hanc ille uocem statim ut fumus euanuit
et cellulam tanto foetore conpleuit, ut indubia indicia relinqueret
diabolum se fuisse. hoc itaque gestum, ut supra rettuli, ex ipsius
Martini ore cognoui, ne quis forte existimet fabulosum.

25 Nam cum olim audita fide eius, uita adque uirtute desiderio
illius aestuaremus, gratam nobis ad eum uidendum suscepimus
peregrinationem: simul quia iam ardebat animus uitam illius
scribere, partim ab ipso, in quantum ille interrogari potuit, sci-
scitati sumus, partim ab his, qui interfuerant uel sciebant, cog-
2 nouimus. quo quidem tempore credi non potest, qua me humi-
litate, qua benignitate susceperit, congratulatus plurimum et

1 Non *BMV:* Nec (neque) enim *AFv* || sub istis *V* 2 quadam *F* 3 prece *V*: praese *AF*, prae se *v* || circumiecta (-tus *1 m.*) ipsa *F* || qua *V* 7 cella *A* || adstetit *V* 8 multum *BV:* multumque *AFv*, mutumque *aliquot libri Gisel.* || ambo silentium *AF* || tunc *v* 10 terras *AFM* 11 nec quidquam responsi *V s. l.* || referret *deest in V margine laesa* 13 dubitas? crede *MV*, dubitas? cerne *B* 14 dominum *MV:* deum *AFv* 15 nec *V*: et *AFv* || renidentem *scripsi:* renitentem *libri* 17 formamque *V* || proferentem *Fv* 19 et *om. V* || faetore *V* 20 itaq. *AFV*: ita *v* || rettuli *BMV:* retulimus *AFv* 21 cognouimus *A* 22 *ante* uita *in V* et *s. l. add.* || uirtute *V:* uirtutibus *AFv* 23 peregr. suscepimus *AFv* 25 illum interrogare potui *B*

gauisus in Domino, quod tanti esset habitus a nobis, quem pere-
grinatione suscepta expeteremus. miserum me — paene non audeo 3
confiteri — cum me sancto conuiuio suo dignatus esset adhibere,
aquam manibus nostris ipse obtulit, ad uesperum autem pedes
ipse nobis abluit. nec reniti aut contra ire constantia fuit: ita
auctoritate illius oppressus sum, ut nefas putarem, si non adquie-
uissem. sermo autem illius non alius apud nos fuit, quam mundi 4
inlecebras et saeculi onera relinquenda, ut Dominum Iesum liberi
expeditique sequeremur: praestantissimumque nobis praesentium
temporum inlustris uiri Paulini, cuius supra fecimus mentionem,
exemplum ingerebat, qui summis opibus abiectis Christum secu-
tus solus paene his temporibus euangelica praecepta conplesset:
illum nobis sequendum, illum clamabat imitandum: beatumque 5
esse praesens saeculum tantae fidei uirtutisque documento, cum
secundum sententiam Domini diues et possidens multa uendendo
omnia et dando pauperibus, quod erat factu inpossibile, possibile
fecisset exemplo. iam uero in uerbis et confabulatione eius quanta 6
grauitas, quanta dignitas erat! quam acer, quam efficax erat,
quam in absoluendis scripturarum quaestionibus promptus et fa-
cilis! et quia multos ad hanc partem incredulos scio, quippe 7
quos uiderim me ipso etiam referente non credere, Iesum testor
spemque communem me ex nullius umquam ore tantum sci-
entiae, tantum [ingenii] boni et tam puri sermonis audisse.
quamquam in Martini uirtutibus quantula est ista laudatio! 8
nisi quod mirum est homini inlitterato ne hanc quidem gratiam
defuisse.

2 expeteremus *V*: expetissemus *AFv soloece* 3 esset *BMV:* est *AFv* || adhiberi *Av* 4 ipse *om. V solus* || ad uesperem *A* (*non item V*) 5 ipse nobis pedes *AFv* || reniti ad hoc *v* 7 mundi *V:* mundi huius *AFv*
10 mentionem fecimus *AFv*, commemorationem f. *M* 11 sequtus (sequutus *corr.*) *V* 12 conplisset *V* 13 illum (*ante* clam.) *V s. l.*
14 documenta *V* (*in V litterae* a *et* o *saepe confusae sunt*), documentū *F pr. m. et Q* 16 omnia *V post* dando *s. l. habet* || factu *F pr. m.:* factū *A*, facto *F corr. et V* 18 acer *BMV:* alacer *AFv; illud firmat Paulinus* || efficax erat quam *V:* efficax quam *AFQ*, efficax et quam *v* 19 absoluendis *BMV:* exsoluendis *AFv* 23 tantum ingenii boni *V*, tantum ingenii, tam boni *AFv*, t. ingenii, tantum boni *cod. Berol.; nos* ingenii *ut glossema inclusimus* 24 quamquam *AF:* quam *V* 25 inletterato *V*

26 Sed iam finem liber postulat, sermo claudendus est, non
quod omnia, quae de Martino fuerint dicenda, defecerint, sed
quia nos, ut inertes poetae, extremo in opere neclegentes, uicti
2 materiae mole succumbimus. nam etsi facta illius explicari uer-
bis utcumque potuerunt, interiorem uitam illius et conuersatio-
nem cotidianam et animum caelo semper intentum nulla umquam
— uere profiteor — nulla explicabit oratio. illam scilicet perse-
uerantiam et temperamentum in abstinentia et in ieiuniis, poten-
tiam in uigiliis et orationibus, noctesque ab eo perinde ac dies
actas nullumque uacuum ab opere Dei tempus, quo uel otio
indulserit uel negotio, sed ne cibo quidem aut somno, nisi quan-
3 tum naturae necessitas cogebat, uere fatebor, non si ipse, ut
aiunt, ab inferis Homerus emergeret, posset exponere: adeo omnia
maiora in Martino sunt, quam ut uerbis concipi queant. num-
quam hora ulla momentumque praeteriit, quo non aut orationi
incumberet aut insisteret lectioni, quamquam etiam inter legen-
dum aut si quid aliud forte agebat, numquam animum ab ora-
4 tione laxabat. nimirum ut fabris ferrariis moris est, qui inter
operandum pro quodam laboris leuamine incudem suam feriunt,
ita Martinus etiam, dum aliud agere uideretur, semper orabat.
5 o uere uir beatus, in quo dolus non fuit: neminem iudicans, ne-
minem damnans, nulli malum pro malo reddens. tantam quippe
aduersum omnes iniurias patientiam adsumpserat, ut, cum esset
summus sacerdos, inpune etiam ab infimis clericis laederetur,
nec propter id eos aut loco umquam amouerit aut a sua, quantum
in ipso fuit, caritate reppulerit.

27 Nemo umquam illum uidit iratum, nemo commotum, nemo maerentem, nemo ridentem: unus idemque fuit semper, caele-

2 fuerint *V*: fuerant *AFv* || deficerint *V* 5 potuerint *F (non item V)* || cotidianam conuers. *AF* 7 profitetur *F* || nulla *ABFMV: om. v* 8 et in iei. *V:* et iei. *AFv* 9 et in uigiliis *V* || noctes *V add.* que *s. l. eadem m.* || perinde ab eo *A pr. m.* 11 ne cibo *AFV:* nec cibo *v* || quidem *post* somno *habent AFv* || quantum *V:* in quantum *AFv* 12 coegit *MV* || non nisi *F* 13 omerus *AF*, omyrus *V* || possit *V* || explicare *F in ras. m. 2* 17 quit aliut *V* || ab operatione *V, sed* pe *m. antiqua punct.* 21 uir *BMV: om. AFv* || nem. damnans *V s. l. habet*, neminem condemnans *v* 23 aduersus *F* 27 nemo commotum *om. AF* 28 fuit *V*: *om. AFv*

stem quodammodo laetitiam uultu praeferens extra naturam ho-
minis uidebatur. numquam in illius ore nisi Christus, numquam 2
in illius corde nisi pietas, nisi pax, nisi misericordia inerat. ple-
rumque etiam pro eorum, qui illius obtrectatores uidebantur,
solebat flere peccatis, qui remotum et quietum uenenatis linguis
et uipereo ore carpebant. et uere nonnullos experti sumus inuidos 3
uirtutis uitaeque eius, qui in illo oderant, quod in se non uide-
bant et quod imitari non ualebant. adque, o nefas dolendum et
ingemescendum, non alii fere insectatores eius, licet pauci admo-
dum, non alii tamen quam episcopi ferebantur. nec uero quem- 4
quam nominari necesse est, licet nosmet ipsos plerique circum-
latrent: sufficiet ut, si qui ex his haec legerit et agnouerit, eru-
bescat. nam si irascitur, de se dictum fatebitur, cum fortasse
nos de aliis senserimus. non refugimus autem, ut, si qui eius 5
modi sunt, nos quoque cum tali uiro oderint. illud facile confido, 6
omnibus sanctis opusculum istud gratum fore. de cetero si qui
haec infideliter legerit, ipse peccabit. ego mihi conscius sum me, 7
rerum fide et amore Christi inpulsum ut scriberem, manifesta ex-
posuisse, uera dixisse: paratumque, ut spero, habebit a Deo
praemium, non quicumque legerit, sed quicumque crediderit.

3 erat *V* 4 obtrect. illius *AFv* 7 uirtutis *MV:* uirtutibus *AFv; cf. Dial. 3, 17, 5* non inuidus gloriarum 9 ingemescendum *F:* ingemiscendum *AVv* || fere *ABMV:* fuere *Fv* 11 nominari *ABV:* nominare *Fv* 12 sufficiet (*non* sufficiat) ut si qui *V:* sufficit ut si quis *AFv* 13 de se *BMV:* de se ipso *ed. Ald.* de se ipse *AFv* 13 dictum esse *A* 14 de alio *v* 16 si quis *AFv* 18 ut haec scriberem *v; in V* haec *s. l. alia manu add. est* 19 uira *V* || ut spero *om. A pr. m.* 20 Expl. de uita sci martini epi. per (*add. s. l.* sulpicium) seuerum monachum massiliensem. cuius depositio est tertiu idus nouembr̄ Inc. epistula eiusdem (*add. s. l.* sulpicii) Seueri *V,* Expl. liber primus de uita sci Martini epi et confessoris. Inc. epistola Seueri ad eusebium presbiterum postea episcopum *A, item F sed hic om. uerbis* de uita — confessoris.

EPISTVLA PRIMA.

AD EVSEBIVM.

1 Hesterna die, cum ad me plerique monachi uenissent, inter
fabulas iuges longumque sermonem mentio incidit libelli mei,
quem de uita beati uiri Martini episcopi edidi, studioseque eum
2 a multis legi libentissime audiebam. interea indicatur mihi dixisse
quendam malo spiritu suscitatum, cur Martinus, qui mortuos
suscitasset, flammas domibus depulisset, ipse nuper adustus in-
3 cendio periculosae fuisset obnoxius passioni. o istum, quisquis
est, miserum! Iudaeorum in uerbis eius perfidiam et dicta cog-
noscimus, qui in cruce positum Dominum his uerbis increpabant:
alios saluos fecit, se ipsum saluum facere non po-
4 test. uere iste, quicumque est, illis temporibus natus esset, ut
in Dominum hac uoce potuisset dicere, qui simili modo sanctum
5 Domini blasfemat exemplo. quid ergo, quisquis es, Martinus
ideo non potens, ideo non sanctus, quia est periclitatus incendio?
o beatum et per omnia similem Apostolis etiam in his conuiciis
uirum! nempe hoc et de Paulo gentiles, cum eum uipera momor-

12 Matth. 27, 42.

2 *Epistulam ad Eusebium scriptam esse apparet ex Dial. II, 9, 5* 3 Hesterna] *Epist. I et II et priorum partem tertiae non habent BM* 5 episcopi *V: om. AFv* 7 concitatum *2 codd. Gis.*, sciscitatum *coni. Gisel. deleto* dixisse, *at u. de Prato* 10 perfidia *V* 11 increpat *V* 13 uere iste q. est illis (si illis *corr.*) temp. natus esset ut in D. hac uoce potuisset dicere qui *V:* Vere plane iste q. est si illis temp. natus esset et in D. hac uoce dicere (uti *A*) potuisset qui *AFv sententia plane peruersa. Secundum scripturam cod. optimi hoc dicit Seuerus*: iste, qui sanctum Domini blasphemat exemplo, recte *(hoc enim ualet* uere *h. l.)* illis temporibus natus esset *(i. e. illis temp. nasci debuerat)*, ut occasionem nanctus esset hac uoce in Dominum dicendi 14 modo *V: om. AFv* 18 gentiles *AFQV*: gentiles illi *v* || eum *om. AFQ*

disset, sensisse referuntur: *hic homo debet homicida esse,
quem saluum factum de mari fata uiuere non siue-
runt.* at ille excussa uipera in ignem nihil mali patiebatur. illi
autem subito casurum et repente moriturum eum putabant, sed
cum uiderent nihil mali contingere ei, conuertentes se dicebant
eum Deum esse. adquin uel horum exemplo, omnium mortalium
infelicissime, perfidiam tuam coarguere ipse debueras, ut si tibi
scandalum mouerat, quod Martinus flamma ignis uidebatur adtactus,
hunc rursum adtactum ad merita illius et uirtutem referres, quod
circumsaeptus ignibus non perisset. agnosce enim, miser, agnosce 6
quod nescis, omnes fere sanctos magis insignes periculorum suorum
fuisse uirtutibus. uideo quidem Petrum fide potentem rerum ob-
stante natura mare pedibus supergressum et instabiles aquas cor-
poreo pressisse uestigio. sed non ideo mihi minor uidetur gentium
praedicator, quem fluctus absorbuit et post triduum totidemque
noctes emergentem e profundo unda restituit. adque nescio an
paene plus fuerit uixisse in profundo an supra maris profunda trans-
isse. sed haec tu, ut arbitror, stulte, non legeras aut lecta non au- 7
dieras. neque enim absque diuino consilio istius modi exemplum
beatus Euangelista sacris litteris protulisset, nisi ut ex his hu-
mana mens erudiretur naufragiorum adque serpentium casus, et,
sicut Apostolus refert, qui nuditate et fame latronumque peri-
culis gloriatur, omnia haec sanctis hominibus ad perpetiendum
quidem esse communia, sed his tolerandis adque uincendis prae-
cipuam semper iustorum fuisse uirtutem, dum per omnia temp-
tamenta patientes et semper inuicti tanto fortius uincerent, quanto
grauius pertulissent. unde hoc, quod ad Martini infirmitatem uo- 8
catur, plenum est dignitatis et gloriae, siquidem periculosissimo

1. Acta Apost. 28, 4.

1 dixsisse *V, sed* dix *in ras.* || hic homo homida *(sic)* est *A* 2 fa*ta *A* || siuerunt *3 codd. Gisel. et A*: sinuerunt *FQV, sed prior* n *in F punctata,* sinunt *v* 6 adquin *V pr. m.:* adque *V corr.* alioquin *AFv* 8 mouebatur *F corr.* 13 instabile *V* 14 minor mihi *AFv* 15 obsorbuit *AFQ* 16 itaque *V corr. ex* adque || nescio *V*: haud scio *AFv* 17 quam supra *Vorstius* 18 aut] an *V* 20 ex is (*add.* h *s. l.*) *V* 22 et *V*: *om. AFv* 23 hominibus *V:* hominibus atque omnibus *AFv* 24 adque *deest in V margine laesa* 26 et *V: om. AFv* || uicti *V* 27 infirmitate *V*

casu temptatus euicerit. ceterum omissum hoc a me in libello illo,
quem de uita illius scripsimus, nemo miretur, cum ibidem sim
professus me non omnia illius facta conplexum: quia si persequi
uniuersa uoluissem, inmensum uolumen legentibus edidissem.
neque enim sunt tam parua, quae gessit, ut omnia potuerint
9 conprehendi. sed tamen hoc, de quo quaestio incidit, latere non
patiar et rem omnem, ut gesta est, referam, ne forte consilio
hoc, quod ad uituperationem beati uiri poterat opponi, praetermisisse uideamur.

10 Cum ad dioecesim quandam pro sollemni consuetudine, sicut
episcopis uisitare ecclesias suas moris est, media fere hieme Martinus uenisset, mansionem ei in secretario ecclesiae clerici parauerunt, multumque ignem scabro iam et pertenui pauimento subdiderunt: lectum ei plurimo stramine extruxerunt. dein, cum se
Martinus cubitum conlocasset, insuetam mollitiem strati male
blandientis horrescit, quippe qui nuda humo, uno tantum cilicio
11 superiecto cubare consueuerat. itaque quasi accepta permotus
iniuria stramentum omne proiecit. casu super fornaculam partem
paleae illius, quam remouerat, aggessit. ipse, ut erat moris
nuda humo ex lassitudine itineris urguente requieuit. ad mediam
fere noctem per interruptum, ut supra diximus, pauimentum
12 ignis aestuans arentes paleas adprehendit. Martinus somno excitus re inopinata, ancipiti periculo et maxime, ut referebat, diabolo insidiante adque urguente praeuentus, tardius quam debuit
ad orationis confugit auxilium. nam erumpere foras cupiens, cum
pessulo, quem ostio obdiderat, diu multumque luctatus, grauissimum circa se sensit incendium, ita ut uestem, quam indutus
13 erat, ignis absumpserit. tandem in se reuersus, non in fuga, sed

1 omissum hoc *V:* omissum *AQ*, omissa *F*, id omissum *v* || in *om. V* 5 enim *V*: *om. AFv* || tam pauca *malebat de Prato* 6 incedit *V* 7 gesta sunt *V* || consilio *V:* consulto *A*, *ut coni. Vorstius*, inconsultum *Fv* 10 diocisim *V* 11 martinus hieme *F* 12 ei *om. V margine laesa* 13 et *om. AF* 14 lectum *AFQV*: lectumque *v* 17 cubare *3 libri Giselini:* occubare *QV*, accubare *AF* || consueberat *V* 18 supra *V* 20 ex *V: om. AFv* || iteneris urguente requiebit *V* 22 arentes *V*: arescentes *AFv* || excitatus *FQ corr.* 23 diabulo insitiante *V* 25 fores *A* 26 quem *V:* quod *AF* 27 ita *V:* adeo *AFv* || quam *V:* qua *AFv* 28 absumpserit *V:* adsumpserit *F*, assumpserit *Av*

in Domino sciens esse praesidium, scutum fidei et orationis arri-
piens mediis flammis totus ad Dominum conuersus incubuit. tum
uero diuinitus igne submoto, innoxio sibi orbe flammarum, ora-
bat. monachi autem, qui pro foribus erant, crepitante et conluc-
tante incendii sono, obseratas effringunt fores, demotoque igne
de mediis flammis Martinum auferunt, cum iam penitus esse con-
sumptus tam diuturno incendio putaretur. ceterum — uerbis meis 14
Dominus est testis — mihi ipse referebat et non sine gemitu fate-
batur, in hoc se diaboli arte deceptum, ut excussus e somno con-
silium non haberet, quo per fidem et orationem periculo repug-
naret: denique tam diu circa se saeuisse ignem, quamdiu erum-
pere ostium turbatus mente temptauerit. ubi uero uexillum crucis 15
et orationis arma repetisset, medias cessisse flammas, seque tum
sensisse rorantes, quas male esset expertus urentes. unde intel-
legat quisquis haec legerit, temptatum quidem illo Martinum
periculo, sed uere probatum.

1 sciens *V: om. AFv* 4 erant *mei:* cubabant *Berol. et 1 cod. Gisel.* 5 sono excitati *Lazius* || demotoque *AFV:* dimotoque *v* || igni *A* 6 de *V*: e *ed. Lazii, om. AFv* uerbis *V*: ut uerbis *AFv* 9 e *V:* ẽ e (*i. e.* est e) *F*, a *A* 12 uexillum *V*: auxilium *AFv* 13 tunc *v* 15 martino *V* 16 sed uere *V*: sed *Av*, et *F*, sed et *cum Aldina de Prato, qui falso refert* sed uere *in V inductum esse* || Expl. epistula sulpici (— cii *corr.*) seueri. Item inc. eiusdem ad aurilium diac̄ *V*, Expl. epła Seueri. Inc. alia eiusdem ad Aurelianum *(sed idem in subscriptione* aurelium) diaconum *F*, Expl. epła Seueri ad Eusebium presb̄. Item alia eiusdem ad Aurelianum diaconum *A*

EPISTVLA SECVNDA.

AD AVRELIVM DIACONVM.

1 Posteaquam a me mane digressus es, eram residens solus in
cellula, subieratque me illa quae saepius occupat cogitatio,
spes futurorum praesentiumque fastidium, iudicii metus, for-
mido poenarum, et, quod consequens erat adque unde cogitatio
tota descenderat, peccatorum meorum recordatio tristem me con-
2 fectumque reddiderat. deinde cum fatigata animi angore in lec-
tulo membra posuissem, ut plerumque ex maestitudine solet,
somnus obrėpsit — qui ut semper matutinis horis leuior incertus-
que, ita suspensus ac dubius per membra diffunditur, ut quod in
3 alio sopore non euenit, paene uigilans dormire te sentias —: cum
repente sanctum Martinum episcopum uidere mihi uideor, prae-
textum toga candida, uultu igneo, stellantibus oculis, crine pur-
pureo: adque ita mihi in ea habitudine corporis formaque, qua
eum noueram, uidebatur, ut, quod eloqui nobis paene difficile
est, non posset aspici, cum posset agnosci. adridensque mihi
paululum libellum, quem de uita illius scripseram, dextera prae-
4 ferebat. ego sancta genua eius conplexus benedictionem [pro con-
suetudine] flagitabam, superpositamque capiti meo manum tactu
blandissimo sentiebam, cum inter benedictionis uerba sollemnia
familiare illud ori suo crucis nomen iteraret. mox in eum lumini-
bus intentis, cum exsatiari uultu illius conspectuque non possem,

3 *Praemittitur in edd.* Sulpicius Seuerus Aurelio diacono salutem, *quae absunt ab AFV* 4 cogitatio *AFQV: om. v* 8 angore animi *AFv* 11 ac *AFV:* et *v* 13 praetextatum *2 codd. Gisel.* 15 in ea habitu *V* || forma *FQ* || qua eum *V*: qua *AFQ*, quam *v* 17 possit aspici cum possit *AFv* 18 dextra *v* 19 conplexus *AFV:* amplexus *v* || pro consuetudine *om. V* 20 tactum blandissimum *V* 22 ore *F corr. ex* ori 23 possim *FQV*

subito mihi in sublime sublatus eripitur: donec emensa aeris
istius uastitate, cum tamen rapida nube subuectum acie seque-
remur oculorum, patenti caelo receptus uideri ultra non potuit.
nec multum post sanctum Clarum presbyterum, discipulum illius, 5
qui nuper excesserat, uideo eadem qua magistrum uia scan-
dere. ego inpudens sequi cupiens, dum altos gressus molior et
conitor, euigilo: somnoque excitus congratulari coeperam uisioni,
quam uideram, cum ad me puer familiaris ingreditur, solito
tristior uultu loquentis pariter et dolentis. quid tu, inquam, tam 6
tristis loqui gestis? at ille 'duo' inquit 'monachi modo a Turonis
adfuerunt: domnum Martinum obisse nuntiant'. concidi, fateor,
obortisque lacrimis fleui uberrime. quin etiam dum haec ad te,
frater, scribimus, fluunt lacrimae, nec ullum inpatientissimi
doloris admitto solacium. te uero, ubi hoc mihi nuntiatum est,
participem esse uolui luctus mei, qui eras socius amoris. ueni 7
ergo ad me statim, ut pariter lugeamus, quem pariter amamus:
quamquam sciam uirum illum non esse lugendum, cui post
euictum mundum triumphatumque saeculum nunc demum red-
dita est corona iustitiae. sed tamen ego non possum mihi impe-
rare, quin doleam. praemisi quidem patronum, sed solacium 8
uitae praesentis amisi: etsi, si rationem ullam dolor admitteret,
gaudere deberem. est enim ille consertus apostolis ac profetis,
et, quod pace sanctorum omnium dixerim, in illo iustorum grege
nulli secundus: ut spero, credo et confido, in illis potissimum,
qui stolas suas in sanguine lauerunt, adgregatus agnum ducem
ab omni integer labe comitatur. nam licet ei ratio temporis non 9
potuerit praestare martyrium, gloria tamen martyris non carebit,

1 emensa *Giselinus ex suis libris:* inmensa *AFV* 4 multum *AFQV:* multo *v, cf. Ind. III s. u.* multus || presbyterum sanctum *(om. F)* clarum *AFv* 5 uideo eum *V* || eadem qua m. uia *V:* eandem quam m. uiam *AFv* || ascandere *V* 6 gressos *V* 7 connitor *v* || euigelo *V* || uisione *V* 8 quam (qua *V*) uideram *V et 2 alii codd. apud de Prato: om. AFv* || cum *A:* Tum *F,* statim *V* 9 quid] *praemissum in V* aio ad eum, *unde coni. de Prato:* ego ad eum || inquam *om. F pr. m. et v* || tam *om. V* 10 at ille *V: om. AFv* || modo *om. AFQ* 11 domnum *V:* dominum *AFv, cf. de Prato* || concedi *V* 14 mihi *V: om. AFv* 16 amauimus *dett.* 18 mundum *V: om. AFv* 21 etsi si *de Prato:* et si *libri* 22 ille *FV:* ille ut est *Av* 24 et *QV: om. AF* || in illis *V:* in *om. AFv* 25 in sanguine *AFV:* in sanguine agni *v* || lauerint *AF¹V*

quia uoto adque uirtute et potuit esse martyr et uoluit. quodsi
ei Neronianis Decianisque temporibus in illa, quae tunc extitit,
dimicare congressione licuisset, testor Deum caeli atque terrae,
sponte eculeum ascendisset, ultro se ignibus intulisset, Hebraeis-
que pueris aequandus inter flammarum globos media licet hym-
10 num Domini in fornace cantasset. quodsi Esaianum illud suppli-
cium persecutori forte placuisset, numquam profecto inpar pro-
fetae serris et lamminis desecari membra timuisset. ac si praecisis
rupibus abruptisque montibus agere felicem furor impius ma-
luisset, perhibeo confisus testimonium ueritati, sponte cecidisset.
si uero gentium doctoris exemplo gladio deputatus inter alias, ut
saepe prouenit, uictimas duceretur, primus omnium, carnifice
11 conpulso, palmam sanguinis occupasset. iam uero aduersus om-
nes poenas adque supplicia, quibus plerumque humana cessit in-
firmitas, ita a confessione Domini non recedens, inmobilis ob-
stitisset, ut laetus ulceribus congaudensque cruciatibus quaelibet
12 inter tormenta risisset. Sed quamquam ista non pertulerit, in-
pleuit tamen sine cruore martyrium. nam quas ille pro spe aeter-
nitatis humanorum dolorum non pertulit passiones, fame, uigi-
liis, nuditate, ieiuniis, opprobriis inuidorum, insectationibus
inproborum, cura pro infirmantibus, sollicitudine pro periclitan-
13 tibus? quo enim ille dolente non doluit? quo scandalizante non
ustus est? quo pereunte non gemuit? praeter illa cotidiana illius
aduersum uim humanae spiritalisque nequitiae diuersa certa-
mina, dum in eo uariis temptationibus adpetito semper exsu-
perat fortitudo uincendi, patientia expectandi, aequanimitas
14 sustinendi. o uere ineffabilem uirum, pietate, misericordia, ca-
ritate, quae cum cotidie etiam in sanctis uiris saeculo frigente
frigescat, in illo tamen usque ad finem aucta in dies perseuerauit!
quo ego illius bono uel specialiter fruitus sum, cum me indignum

1 uirtute *AFQV*: uirtutibus *v* 4 eculeum *mei*: equuleum *v* 6 isaianum *A*, eseianum *V* 8 lamminis *FV*: lammis *A*, laminis *v* || desecari *AFV*: dissecari *edd. inepte* || at si *ed. Ald.* 10 ueritati *V*: ueritatis *AFv* 15 obstitisset *AFQV*: stetisset *v* 17 pertulerit *V*: tulerit *AFv*
18 tamen *V*: tamen etiam *AFv* 24 aduersum uim *scripsi*: uim *om. libri*; aduersum humanas spiritalesque nequitias *coni. de Prato* 25 in eum *V* || temptionibus *A* || exsuperet *F* 27 o *om. V* 28 quae cum — frigiscat *V*, quae — frigescit *AFv* 29 auta *V* 30 fruetus *V*

et non merentem unice diligebat. en rursus lacrimae fluunt imo- 15
que de pectore gemitus erumpit. in quo mihi post haec homine
similis requies, in cuius erit caritate solacium? me miserum,
me infelicem! poterone umquam, si diutius uixero, non dolere,
quod Martino superstes sum? erit post haec uita iucunda, erit
dies aut hora sine lacrimis? aut tecum, frater dilectissime, po-
tero illius mentionem habere sine fletu? aut umquam loquens
apud te aliud quam de illo loqui potero? sed quid te in lacrimas 16
fletusque commoueo? ecce nunc consolatum esse te cupio, qui me
solari ipse non possum. non deerit nobis ille, mihi crede, non
deerit: intererit de se sermocinantibus, adstabit orantibus:
quodque iam hodie praestare dignatus est, uidendum se in gloria
sua saepe praebebit, et adsidua, sicut ante paululum fecit, bene-
dictione nos proteget. inde secundum ordinem uisionis caelum 17
se sequentibus patere monstrauit et quo sequendus esset edocuit:
quo spes nostra tendenda, quo animus dirigendus, instruxit. quid
tamen fiet, frater? quod mihi ipse sum conscius, conscendere
arduum illud iter ac penetrare non potero: ita sarcina molesta me
praegrauat et peccati mole depressum, negato in astra conscensu,
saeua miserabilem ducit in tartara. spes tamen superest, illa sola, 18
illa postrema, ut quod per nos obtinere non possumus, saltim
pro nobis orante Martino mereamur. sed quid te, frater, diutius
occupo epistula tam loquaci demororque uenturum? simul iam
pagina inpleta non recipit. mihi tamen haec fuit ratio, sermo- 19
nem istum longius proferendi, ut quia doloris nuntium epistula
deferebat, eadem tibi ex quadam nostri confabulatione praestaret
charta solacium.

1 en *AF*: enim *V, sed* im *punct.*, et *v* 2 haec *om. A* 3 solacium *om. F pr. m.* 4 me et infelicem *V corr.* 5 erit *AFV*: erit mihi *v* || iocunda *V* 6 ora *V* 8 aput de aliut *V* 9 consulatum *V* || te esse *A* 10 solari *QV*: consolari *AFv et corr. m. 2 V* || crede, non, non deerit *v* 14 nos *om. A* || uisionis *V*: uisionis qua (quia *F pr. m.*) *AFv* 15 sequentibus se *AFv* 16 tenenda *Q* 17 ipsi *F* 18 illud *F*: illum *AQV* || iter *V: om. AFv* || penitrare *A* 19 necato *V* 23 epistulam iam *V*, tam *om. F pr. m.* 25 praeferendi *V* 27 carta *AF* || Expl. epistula. seueri. ad aurilium diač de adsumptione. beati. martini epi. et conf. *V*, Expl. epistola Seueri ad aurelium diaconum *F*

EPISTVLA TERTIA.

1 Sulpicius Seuerus Bassulae parenti uenerabili salutem.
Si parentes liceret in ius uocari, te plane expilationis furtique
ream ad praetoris tribunal iusto dolore traheremus. quid enim non
conquerar, quam a te patior iniuriam? nullam mihi domi char-
tulam, nullum libellum, nullam epistulam reliquisti: ita fura-
2 ris omnia, ita uniuersa diuulgas. si quid ad amicum familiariter
scripsi, si quid forte, dum ludimus, quod uelim tamen occultum
esse, dictaui, omnia ad te prius paene quam fuerint scripta aut
dictata perueniunt. nimirum obarratos habes notarios meos, per
quos tibi nostrae ineptiae publicantur. nec tamen aduersus eos
possum moueri, si tibi parent, qui in ius nostrum ex tua potis-
simum liberalitate uenerunt seque adhuc tuos quam meos esse
3 meminerunt. tu sola es rea, tu sola culpabilis, quae et mihi in-
sidiaris et illos fraude circumuenis, ut sine dilectu ullo familia-
riter scripta aut neclegenter emissa inlucubrata tibi penitus adque
inpolita tradantur. nam ut de reliquis taceam, rogo quemadmo-
dum tam cito ad te epistula illa potuit peruenire, quam nuper
ad Aurelium diaconum scripseramus. ego enim Tolosae positus,

1 Incipit epistula seueri. sulpicii. ad bassula de adsumptione beati. martini epi et conf. *V*, Inc. epistola Seueri Sulpici (Sulpicii *A*) ad socrum suam bassulam (basulam *F*) qualiter sanctus martinus de hoc mundo recesserit (recessit *F*) *AFQ* 2 basulae *F* 3 uocari (uocare *F*) in ius liceret *AFv* 4 praeturii *V* || iusto dolore *V*: iustolore *F*, iusto loro *Av* 5 conquiras *V* || patiar *A* || cartulam *AF* 8 uelit *V*, uellem *F* || tamen] tam in *V* 10 obarratos *V*: oberratos *Q*, obaeratos *AFv* 11 aduersum *AFv* 15 dilectu *A*: dilecto *V*, delicto *Fv*, delectu *Dauisius ad Minuc. Fel. p. 37 ed. 2* 16 inlocubrata *V* || paenitus *V et sic semper* 19 aurilium *V* || tholose *AV*

tu Treueris constituta et tam longe a patria filio inquietante di-
uulsa, qua tandem familiarem illam epistulam occasione furata
es? namque accepi litteras tuas, quibus scribis in eadem epistula, 4
qua de obitu sancti Martini fecerim mentionem, ipsum beati uiri
transitum exponere debuisse. quasi uero ego illam epistulam aut
legendam alii praeterquam ipsi, ad quem missa uidetur, edide-
rim, aut ego tanto sim operi destinatus, ut omnia, quae de Mar-
tino cognosci oportet, me potissimum scribente notescant. itaque 5
si quae de obitu sancti episcopi audire desideras, ab illis potius,
qui interfuere, cognosce: ego tibi statui nihil scribere, ne ubi-
que me publices. tamen, si das fidem nulli te esse lecturam,
paucis tuae satisfaciam uoluntati, itaque praestabo his, quae
mihi sunt conperta, participem.

Martinus igitur obitum suum longe ante praesciit dixitque fra- 6
tribus dissolutionem sui corporis inminere. interea causa extitit,
qua Condacensem dioecesim uisitaret. nam clericis inter se eccle-
siae illius discordantibus pacem cupiens reformare, licet finem
dierum suorum non ignorasset, proficisci tamen ob istius modi
causam non recusauit, bonam hanc uirtutum suarum consumma-
tionem existimans, si pacem ecclesiae redditam reliquisset. ita 7
profectus cum suo illo, ut semper, frequentissimo discipulorum
sanctissimoque comitatu mergos in flumine conspicatur piscium
praedam sequi et rapacem ingluuiem adsiduis urguere capturis.
forma, inquit, haec daemonum est: insidiantur incautis, capiunt
nescientes, captos deuorant exsaturarique non queunt deuoratis.
imperat deinde potenti uerbo, ut eum, cui innatabant, gurgitem 8
relinquentes aridas peterent desertasque regiones, eo nimirum
circa aues illas usus imperio, quo daemones fugare consueuerat.

1 deuulsa quae *V* 3 accipi *V* || scribis ut in *F corr.* || epistula *om. V* 4 ouitum *V* || sancti *V*: domini *AFv* 5 me exponere *malim* || debuissem *AFQ*, dibuissem *V* || ego *om. F pr. m.* 6 edederim *V* 8 oportit *V* 9 si qua *AFQ*, si quae *om. V* || ouitu *V* 12 his *AFV*: te his *v* 14 Martinus] *hic redeunt BM, cf. ad p. 138, 3* || praesciuit *AFv* 15 inmenere *V* 16 condacensem *V*: cerdendensem *B*, condatensem *AFv* || diocisem *V*, diocesim *AF* || eccl. illius inter se *B* 18 ignorasset *V*: ignoraret *AFv* || istiusmodi ob *v* 19 uirtutium *V* || consummasse *V*, *ex* consummationem esse *?* 22 conspicatus — capturis, forma, inquit *coni. de Prato* 23 et] tu *V* 26 uerbo *V*: uirtute uerborum *AFv* || gurguitem relinquentes aredas *V* 27 mirum *AF*[1]

ita grege facto omnes in unum illae uolucres congregatae, relicto
flumine, montes siluasque petierunt, non sine admiratione mul-
torum, qui tantam in Martino uirtutem uiderent, ut etiam aui-
9 bus imperaret. aliquandiu ergo in uico illo uel in ecclesia, ad
quam ierat, commoratus, pace inter clericos restituta cum iam
regredi ad monasterium cogitaret, uiribus corporis coepit repente
10 destitui, conuocatisque fratribus indicat se iam resolui. tunc uero
maeror et luctus omnium et uox una plangentium: cur nos,
pater, deseris? aut cui nos desolatos relinquis? inuadent gregem
tuum lupi rapaces: quis nos a morsibus eorum percusso pastore
prohibebit? scimus quidem desiderare te Christum, sed salua
tibi sunt tua praemia nec dilata minuentur: nostri potius mise-
11 rere, quos deseris. tunc ille motus his fletibus, ut totus semper
in Domino misericordiae uisceribus afluebat, lacrimasse perhi-
betur: conuersusque ad Dominum hac tantum flentibus uoce re-
spondit: Domine, si adhuc populo tuo sum necessarius, non re-
12 cuso laborem: fiat uoluntas tua. nimirum inter spem maerorem-
que positus dubitauit paene quid mallet, quia nec hos deserere nec
a Christo uolebat diutius separari. nihil tamen in uoto suo ponens
aut uoluntati relinquens, totum se Domini arbitrio potestatique
13 committens, sic orauit dicens: grauis quidem est, Domine, cor-
porea pugna militiae et iam satis est, quod hucusque certaui: sed
si adhuc in eodem labore pro castris tuis stare me praecipis, non
recuso nec fatiscentem causabor aetatem. munia tua deuotus in-
plebo, sub signis tuis, quoadusque ipse tu iusseris, militabo.
et quamuis optata sit seni remissio post laborem, est tamen ani-
mus uictor annorum et cedere nescius senectuti. quodsi iam

3 uiderint *V* 7 distitui *FV* || fratribus *V*: discipulis *AFv* || tum *AFv* || uero luctus (luc *in ras.*) o. *V* 8 et uox *V*: uox *AFv* 9 relinques *V* 10 quis nos a morsibus eorum *V*: et quis eos a morsibus (mortibus *AFQ*) nostris *AFQv* 12 ibi *F*, *sed uidetur litt. ante* i *erasa* || minuentur *AF*: inuentor *V* 17 maeroremque *V*: amoremque *AFv* 18 poenae quid mallit *V* 21 commisit *Lazius et M* || sic orauit dicens *V*: nonne tibi his paucissimis uerbis dicere uidetur *rell. codd. noti et edd.* || corporea *V*: corporeae *AFv* 22 et *om. V* 23 tuis *V*: tuorum *AFv* 24 recuso laborem *A* || causam laboro aetate *V* 25 quoadusque *V*: quodusque *B*, quoad *AFQ*, quod *v* 26 remissio *BV*: missio *AFv* 27 quodsi *V*: at si *ed. Ald.*, ac si *AFv*

parcis aetati, bonum mihi est, Domine, uoluntas tua: hos uero,
quibus timeo, ipse custodies. o uirum ineffabilem, nec labore **14**
uictum nec morte uincendum, qui in nullam se partem pronior
inclinauerit, nec mori timuerit nec uiuere recusauerit. itaque
cum iam per aliquot dies ui febrium teneretur, non tamen ab
opere Dei cessabat: pernoctans in orationibus et uigiliis fatis-
centes artus spiritui seruire cogebat, nobili illo strato suo in ci-
nere et cilicio recubans. et cum a discipulis rogaretur ut saltim
uilia sibi sineret stramenta subponi, non decet, inquit, Christia-
num nisi in cinere mori: ego si aliud uobis exemplum relinquo,
peccaui. oculis tamen ac manibus in caelum semper intentis in-
uictum ab oratione spiritum non relaxabat. et cum a presbyteris, 15
qui tunc ad eum conuenerant, rogaretur ut corpusculum lateris
mutatione releuaret, sinite, inquit, sinite me, fratres, caelum
potius respicere quam terram, ut suo iam itinere iturus ad Do-
minum spiritus dirigatur. haec locutus diabolum uidit prope adsi- 16
stere. quid hic, inquit, adstas, cruenta bestia? nihil in me,
funeste, reperies: Abrahae me sinus recipit.

Cum hac ergo uoce spiritum reddidit: testatique nobis sunt qui 17
ibidem fuerunt, uidisse se uultum eius tamquam uultum angeli:

1 est mihi *v* || Domine, fiat uoluntas *de Prato cum cod. Biuil. et ed. Ald.* 2 custodias *M* 3 parte prunior *V* 4 inclinauerit *BMV*: inclinauerat *AFv* || morte *V* || timuit *Av* || recusauerit *M*: recusauit *AFV(?) v* 5 aliquod *V* || a dei opere *AFv* (dei *non deest in V, ut ait de Prato)* 6 pernoctans *V*: pernox *AFv* 7 artos *V* || seruire spiritui *v* || isto *F pr. m.* || strato *BV* (*item F corr. e* stratu): stratu *Av* 8 saltem *Fv* 9 ait illis non decit inquid *V* || christianum *V*: filii, christianum *AFv* 10 in cinere et cilicio *B et 2 codd. alii apud de Prato* || alium *V* 11 peccaui *BV*: ipse peccaui *AFv* || oculis tamen *V*: oculis *AFQ*, oculis igitur *v* || intentis *AV*: intentus *Fv* 13 tum *AFv* || conuenerant *V*: confluxerant *AFv* 14 releuarit *V* 15 ut] et *AF*[1] || itinere *om. V* 16 uidet *AF*[1] || propter *A pr. m. et duo optimi Gisel.* 17 cui sic ait quid hic inquid *V* 18 repperies abraae (abrahae *corr.*) me senus recipit *V* 19 Cum hac ergo — in futurae resurrectionis *V*: *codd. reliqui et edd. interpolate sic habent*: Cum hac ergo uoce flagitatum (*sic AFQ*, fatigatum *ed. Ald.*, flagitantem *v*) diuinis operibus spiritum caelo reddidit: testatique (testati igitur *Q*) nobis sunt qui adfuerant iam exanimo (exanimi *A et 3 codd. Gis.*) corpore glorificati hominis uidisse se (*om. F*) gloriam. uultus (*add.* eius *in A*) luce clarior renitebat (*immo* renidebat), cum membra cetera ne tenuis quidem macula fuscaret. in aliis etiam et in illo (*sic*

membra autem eius candida tamquam nix uidebantur, ita ut di-
cerent: quis istum umquam cilicio tectum, quis in cineribus cre-
deret inuolutum? iam enim sic uidebatur, quasi in futurae resur-
18 rectionis gloria et natura demutatae carnis ostensus esset. in ob-
sequium uero funeris credi non potest quanta hominum multitudo
conuenerit: tota obuiam corpori ciuitas ruit, cuncti ex agris ad-
que uicis multique de uicinis etiam urbibus adfuerunt. o quantus
luctus omnium, quanta praecipue maerentium lamenta mona-
chorum! qui eo die fere ad duo milia conuenisse dicuntur, spe-
cialis Martini gloria: eius exemplo in Domini seruitutem stirpes
19 tantae fruticauerant. agebat nimirum ante se pastor greges suos,
sanctae illius multitudinis pallidas turbas, agmina palliata, aut
emeritorum laborum senes aut iuratos Christi in sacramenta
tirones. tum uirginum chorus, fletu abstinens prae pudore, quam
sancto dissimulabat gaudio quod dolebat! siquidem fides flere
prohiberet: gemitum tamen extorquebat adfectus. etenim tam
erat sancta de illius gloria exultatio quam pia de morte tristitia.
20 ignosceres flentibus, congratularere gaudentibus, dum unusquis-
que et sibi praestat ut doleat, et illi ut gaudeat. haec igitur
beati uiri corpus usque ad locum sepulchri hymnis canora caele-

nostri quoque inepte) tantum artubus (artibus *F pr. m.*) non pudendis septennis (septuennis *F*) quodammodo pueri gratia uidebatur. Quis istum umquam cilicio tectum, quis cineribus crederet inuolutum? ita uitro purior, lacte candidior iam in quadam futurae resurrectionis *etc.* 19 anim [am] *V in rasura; ex spatio rasurae licet conici primitus* spum *scriptum fuisse, ut alias uox in V scribitur* 20 uidisse *V in rasura*

2 cilicio uidit tectum *V* || ceneribus crederit *V* 4 naturae demutate *V* || esset *de Prato:* est *AFVv* 5 iam uero in obsequium *AFv* 6 ciuitas obuiam corpori *v* 7 de *V*: ex *AFv* 8 maerentum *V pr. m.* 9 conuinesse *V* 10 stirps tanta fructificauerat *AFv* (froticauerant *V corr. in* fructicauerant) 11 pastor *V*: pastor extinctus *AFv* 12 palliata et aut *AFv* 13 laborum *om. V* 14 tyrones tam *V* || pudore] *additum in AFv*: cum laetandum potius illi esse sentiret, quem iam suo Dominus gremio confoueret 15 si quidem] *add. in F s. l. m. 2* cum 16 prohieberet *V* || gemitum extorqueret *AFv* 17 gloria et exultatio *V* || tristitia *V*: confusio *AFv* 18 ignosce*** *F*, ignosce *A* || congratulare *V*, gratulare *AF*, gratularere *v* || gaudentibus] *add. in AFv*: quia et pium est gaudere Martino (martinum *F*) et pium est flere Martinum 19 illi *V*: illi debet *AFv* || Hoc *AFv* 20 ymnis *AFV, item infra* || caelestis *FMQ*

stibus turba prosequitur. conparetur, si placet, saecularis illa 21
pompa non dicam funeris, sed triumphi: quid simile Martini exequiis aestimabitur? ducant illi prae curribus suis uinctos post terga captiuos: Martini corpus ii, qui mundum ductu illius uicerant, prosequuntur. illos confusis plausibus populorum honoret insania: Martino diuinis plauditur psalmis, Martinus hymnis caelestibus honoratur. illi post triumphos suos in tartara saeua trudentur: Martinus Abrahae sinu laetus excipitur, Martinus pauper et modicus caelum diues ingreditur. [illinc nos, ut spero, custodiens me haec scribentem respicit, te legentem.]

1 torba *V* || placit *V* 3 stimabitur *V*, conferatur *F partim in rasura*, conferetur *Av (rectius foret* existimabitur, *sed* aestim. *stilo Seueri conuenientius uidetur)* || posterga *AF* 4 hii *AV*, hi *Fv* || mondum doctrina *V*, mundum ducatu *M* 7 trudentur *AFMQV*: truduntur *v* 8 pauper *V*: hic pauper *AFv* 9 diuis *V* || illinc — legentem *om. BMQ et 5 codd. Giselini, nos inclusimus* (ille nos *V*) 10 respicet te *V pr. m.* respicit et te *F* || legentem seruabit. Cuius adsumptio est III. idos nouembris *V*, legentem Christo protegente. qui cum patre et spiritu sancto uiuit et regnat deus per omnia saecula saeculorum. Amen. EXPL. EPISTOLA DE TRANSITU SCI MARTINI *A*, *F caret subscriptione.*

SVLPICII SEVERI

DIALOGVS PRIMVS.

1 Cum in unum locum ego et Gallus conuenissemus, uir mihi
et propter Martini memoriam — ex illius enim discipulis erat —
et propter sua merita carissimus, interuenit nobis Postumianus
meus, nostri causa ab Oriente, quo se ante triennium patriam
2 relinquens contulerat, regressus. conplexi hominem amantissi-
mum exosculatique genua et pedes eius, cum uno adque altero
spatio quasi obstupefacti, inuicem flentes prae gaudio, deambu-
3 lassemus, expansis in terram ciliciis consedimus. tum prior Po-
stumianus me intuens ait: cum essem in remotis Aegypti locis,
libuit ad mare usque procedere. nauem ibi onerariam inueni, quae
cum mercibus Narbonam petens soluere parabat. eadem nocte
mihi in somnis adstare uisus es et iniecta me manu trahere, ut
nauem illam conscenderem. mox tenebras rumpente diluculo, cum
eo loco, in quo quieueram, surrexissem, somnium meum ipse
mecum reputans tanto tui desiderio subito correptus sum, ut
nihil cunctatus nauem conscenderem. tricensimo die Massiliam
adpulsus, inde huc decimo perueni: adeo prospera nauigatio piae

2 Incipit dialogus .I. seueri de uita sci martini episcopi et confessoris *V* Inc. dialogus seueri *F*, Inc. liber secundus *A* 3 gallus *V*: gallus noster *AFv* 4 memoriam *om. F pr. m.* || discipulis enim *F* 5 karissimus *A*, 9 quasi *om. F* || prae *V*: *om. AFv* 10 expansis *nos*: ∙spansis *V*, iectis *F*, iactis *Av* 11 ait *V et corr. F*: *om.* $AF^{1}v$ || essem *AFQV*: essem inquit *v* || locis *V*: partibus *M*, *om. AFv* 12 libuit — procedere *V*: libuit — procederem *F*, libuit — ut procederem *AF corr. et v soloece* || nauim *edd., item paulo post* || ibi *MV*: illic *AF*, illinc *v* || inueni *V*: offendi *AFv* 14 astare in somnis mihi *v* || es et] est *V* 16 e loco *BM*, de eo loco *ed. Ald.* || mecum ipse *A*, ipse *om. F* 18 conscenderim *BM* || et tricesima *ed. Lazii*, trigesimoque *cod. Berol.* || massilia (— iae *corr.*) *F* 19 peruenerim *libri; scripsimus* perueni, *quia nec asyndeton* ut — con-

adfuit uoluntati. tu modo, propter quem tot maria transnauigauimus, tantum terrae transcucurrimus, conplectendum fruendumque te remotis omnibus trade. Ego uero, inquam, etiam 4
cum tu in Aegypto morareris, totus tecum semper animo et cogitatione uersabar, meque de te dies ac noctes cogitantem totum tua caritas possidebat, nedum modo me tibi aestimes puncto temporis defuturum, quominus ab ore tuo pendens te intuear, te audiam, tecum loquar, nullo penitus in secretum nostrum, quod nobis haec remotior cellula praestat, admisso. nam huius nostri, ut arbitror, Galli praesentiam non moleste feres, qui hoc aduentu tuo, ut uides, perinde adque ego triumphat gaudio. Recte plane, inquit Postumianus, in societate nostra Gallus iste retinebitur: 5
qui etsi mihi parum cognitus est, pro eo tamen, quod tibi est carissimus, non potest mihi non esse carus, maxime cum ex Martini sit disciplina. neque grauabor quamlibet conserte uobiscum, ut poscitis, fabulari, quippe cum propter hoc uenerim, ut me huius Sulpicii mei — me autem utraque manu conplectebatur — desiderio etiam uerbosus inpenderem.

Enimuero, inquam, satis probasti, quantum pius amor possit, **2**
qui nostri causa tot maria tantumque terrarum emensus a summo, ut ita dicam, solis egressu usque in eius occidua uenisti. age 2
ergo, quia et secreti inter nos nec occupati sumus et sermoni tuo uacare debemus, edisseras nobis uelim omnem tuae peregrinationis historiam, qualiter in Oriente fides Christi floreat, quae sit sanctorum quies, quae instituta monachorum, quantisque signis ac

scenderem — peruenerim *ferendum est, nec aptum uidetur talem sententiam* 'inde huc decimo perueni' *a uerbis illis* 'tanto desiderio correptus sum' *suspensam esse.*

1 transnauigamus *F pr. m.* 2 transcucurrimus *V*: tracurrimus *A*, transcurrimus *Fv* || fruendumque *V*: perfruendumque *AFv* 5 totum] tunc *V* 6 depuncto *A* 7 ab ore *de Prato*: amore *libri* 8 te loquar *F pr. m.* 10 feras *F et corr. A* || qui *AV*: quia *A corr. Fv* || huc aduenit et tuo *V* 11 ego *FV*: ego ipse *Av* 12 retenibitur *V* 10 qui *V*: quia *AFv* 14 quomodo et mihi non potest esse carus *V, fort.* quo modo mihi non p. esse carus? 16 poscites *V* || cum *ABFMV*: cum huc *v* 18 uerbosum *2 codd. Giselini*, uerbosius *ed. Lazii* 19 probas *V solus ex notis*

23 edisseras — qualiter *om. F pr. m.*, ut edisseras *V* || peregr. tuae *v*

24 sit ibi *ed. Ald.;* quae sint ibi sanctorum uires *coni. Vonck* 25 ac *FV*: et *A*

uirtutibus in seruis suis Christus operetur. nam certe, quia in
his regionibus inter ista quae uiuimus ipsa nobis uita fastidio est,
libenter ex te audiemus, si uel in eremo uiuere Christianis licet.
3 Ad haec Postumianus, faciam, inquit, ut desiderare te uideo.
sed quaeso prius ex te audiam, an isti omnes, quos hic reliqueram
sacerdotes, tales sint, quales eos antequam proficiscerer noueramus.
4 Tum ego, absiste, inquam, ista quaerere, quae aut una mecum
[ut puto] nosti, aut si ignoras, non audire sit melius. illud reti-
cere non possum, non solum illos, de quibus interrogas, nihilo
meliores quam noueras factos, sed unum illum nostri quondam
amantem, in quo respirare ab istorum insectationibus solebamus,
asperiorem nobis fuisse quam debuit. nec uero quidquam in illum
inclementius dicam, quia et amicum colui et tunc etiam amaui,
5 cum putabatur inimicus. me autem haec tacitis cogitationibus
reuoluentem admodum dolor iste conpugit, paene nos sapientis et
religiosi uiri amicitia destitutos. uerum haec, quae maeroris plena
sunt, relinquamus: te potius, ut dudum spoponderas, audiamus.
6 Ita, inquit, fiat, Postumianus. quod cum dixisset, paululum
omnes conticuimus: dein cilicium, cui insederat, ad me propius
admouit adque ita exorsus est.

3 Ante hoc triennium, quo tempore tibi, Sulpici, hinc abiens
ualedixi, ubi Narbone nauem soluimus, quinto die portum Africae
2 intrauimus: adeo prospera Dei nutu nauigatio fuit. libuit animo
adire Carthaginem, loca uisitare sanctorum et praecipue ad sepul-
chrum Cypriani martyris adorare. quinto decimo die ad portum
regressi prouectique in altum, Alexandriam petentes, reluctante
austro paene in Syrten inlati sumus: quod prouidi nautae cauen-
3 tes iactis nauem anchoris sistunt. sub oculis autem terra continens

1 quia *om. V* 2 uidimus *B* 3 erimo *V*, heremo *AF* 7 ego] seuerus *V* || absiste *BMV*: absit te *AFv* 8 ut puto *om. V* 9 nihilo *V*: nihil *AFv* 10 illũ *F corr. ex* illos 12 illum clementius *V* 14 haec *om. Q* 15 conpugit *V pr. m.*: conpungit *V corr. m. 2 AFv* || paene — destitutos *om. B et 2 codd. Gisel.* 16 destitutos] *sequitur in AF et in edd.* illum quondam tam amicum nobis tam amarum in nos esse potuisse, *quae uerba cum V deleuimus* 17 sponderas *Q* 18 Postum.] *add. in V minio*: Item seuerus 21 Ante] *praemissum in V minio scriptum (ut saepe posthac) interlocutoris nomen* Postumianus || tibi *om. V* 22 narbone *AFMV*: Narbona *v* || nauim *v* 25 quinto ..decimo *V*, *fort.* quinto et dec. 27 syrten *V*: syrtim *BM*, syrtes *AFv* 28 iectis *F*

erat, in quam scaphis egressi cum uacua humano cultu omnia cerneremus, ego studiosius explorandorum locorum gratia longius processi. tribus fere a litore milibus paruum tugurium inter harenas conspicio, cuius tectum, sicut Salustius ait, quasi carina nauis erat, contiguum terrae, satis firmis tabulatis constratum, non quod ibi uis imbrium ulla timeatur — fuisse autem illic plu- 4
uiam, ne quando quidem auditum est —, sed quod uentorum ea uis est, ut si quando uel clementiore caelo aliquantulus spirare flatus coeperit, maius in illis terris quam in ullo mari naufragium sit. nulla ibi germina, sata nulla proueniunt, quippe instabili loco arentibus harenis ad omnem motum uentorum cedentibus. uerum ubi auersa quaedam a mari promuntoria uentis resistunt, 5
terra aliquantulum solidior herbam raram adque hispidam gignit: ea ouibus pabulum est satis utile. incolae lacte uiuunt: qui autem sollertiores sunt uel, ut ita dixerim, ditiores, hordeacio pane utuntur. ea ibi sola messis est, quae celeritate prouentus per naturam soli saeuientium uentorum casus euadere solet: quippe fertur 6
a die iacti seminis tricensimo die maturescere. consistere autem ibi homines non alia ratio facit, quam quod omnes a tributo liberi sunt. extrema siquidem Cyrenorum ora est, deserto illi contigua, quod inter Aegyptum et Africam interiacet, per quod olim Cato Caesarem fugiens duxit exercitum.

4 Sall. Jug. 18, 8

1 in quas *V,* in qua *A corr. BM* || scafis *V* || uacua *V*: uacua ab *AFv* 2 studiosus *F* 3 millibus a littore *v* || harenas *mei*: arenas *v* 4 salustius] *sic AFV* 5 naues *V* || tabulatis *AFV et corr. B*: tabulis *B pr. m. Mv* || constructum *M* 7 ne fando quidem *uir doctus in Actis erud. Lips. a. 1724 p. 278* 8 esset *V* || clementiore caelo *AV*: clementior aecelo *F*, clementiori coelo *v* || aliquantulum *A* 10 ibi germina sata nulla *ABFMQ*: ibi satae nulla *V*, ibi semina germina nulla *2 codd. Gisel.* || proueniut *V* || in instabili *Rosweydus (in Vit. patrum lib. IV) qui bono libro usus est* 12 uirum *V* || quadam *V* || promunctoria *AF*², promuntaria *F*¹, promontoria *edd.* 13 raram herbam *F* 14 est pabulum *AFv* || autem *V (s. l. sed eadem manu)*: *om. AFv* 15 ordeacio *F*, hordeaceo *A corr. et v* 16 prouentus *V manu posteriore in* proueniens *correctum* 17 soli *ed. Ald. et cod. Venet. (apud de Prato)*: solis *codd. rell. et v* || saeuientium *scripsi*: siue a uim *V*, siue aeris *AFv inepte* 18 iactati *A* || tricesimo *AFv* || maturascere *A* 19 a *om. AF*¹*v* 20 cyrinorum *V*, cyrenarum *AB*, Cyrenacorum *M, quae uera lectio uidetur* || hora *V*

4 Ergo ad tugurium illud, quod eminus conspexeram, per-
tendi: ibi inuenio senem in ueste pellicia, molam manu uerten-
2 tem. consalutatos accepit nos benigne. eiectos nos in illud litus
exponimus, et ne statim repetere cursum possimus, maris mol-
litie detineri: egressos in terram, ut sit mos humani ingenii,
naturam locorum cultumque habitantium uoluisse cognoscere:
Christianos nos esse: id praecipue quaerere, an essent aliqui inter
3 illas solitudines Christiani. tum uero ille flens prae gaudio ad
genua nostra prouoluitur: iterum nos ac saepius exosculatus inui-
tat ad orationem: deinde expositis in terra ueruecum pellibus facit
4 nos discumbere. adponit prandium sane locupletissimum, dimi-
dium panem hordeacium. eramus autem nos quattuor, ipse erat
quintus. fasciculum etiam herbae intulit, cuius nomen excidit,
quae menthae similis, exuberans foliis, saporem mellis praesta-
bat: huius praedulci admodum suauitate delectati adque exsatiati
5 sumus: ad haec subridens ego ad Gallum meum: quid, inquam,
Galle, placetne prandium fasciculus herbarum et panis dimidius
uiris quinque? tum ille, sicut est uerecundissimus, aliquantulum
6 erubescens, dum fatigationem meam accipit: facis, inquit, Sul-
pici, tuo more, qui nullam occasionem, si qua tibi porrecta fue-
rit, omittis quin nos edacitatis fatiges. sed facis inhumane, qui
nos Gallos homines cogis exemplo angelorum uiuere: quamquam
ego studio manducandi etiam angelos manducare credam: nam
7 istud dimidium hordeacium timeo uel solus adtingere. sed con-
tentus sit hoc Cyrenensis ille, cui uel necessitas uel natura est
esurire, uel postremum isti, quibus, credo, marina iactatio ine-
diam cibi fecerat: nos procul a mari absumus, et quod tibi saepe

1 ad *AFV*: ut ad *Mv* || pertendi ibi *V*: pertendens *A*, pertendi *Fv* 2 pellicea *v* 3 consalutatos *V*: consalutatus *ABFMQ*, consolatus *v* 4 cursum *om. V* || possemus *AB* || mollitiae *V*, mollitia *BFM*, malitia *A*, malacia *coni. Gisel.* 5 detineri *V*: adtineri *AFv* || sit *V*: est *AFv* 6 coltumque *V* 8 prae *V*: *om. AFv* 9 exosculatos *Av* 10 expositis in terra *BV*: positis in terra *AF*, impositis in terram *v* || uerbecum *V* 11 adponet *V* 12 hordiacium *V*, ordeacium *AF*, hordeaceum *v*, *et sic plerumque alias* 14 mentae *AFv* 15 exatiati *AV*, satiati *F* 17 placetne *V*: placetne tibi *AFv* 19 accipit ait *V*, accepit *AFv* || inquid sulpicii *V* 20 fuerint *V* 22 coges *V* 24 istud *AV*: istum *F in ras. m. 2 et v* 25 ille cyrenensis *A* 26 postremum *V*: postremo *AFv*

testatus sum, Galli sumus. sed pergat hic potius explicare sui
Cyrenensis historiam.
Enimuero, Postumianus [ait], cauebo posthac cuiusquam ab- **5**
stinentiam praedicare, ne Gallos nostros arduum penitus offendat
exemplum. statueram autem etiam cenam Cyrenensis illius uel 2
consequentia — septem enim diebus apud ipsum fuimus — referre
conuiuia: sed supersedendum est, ne se Gallus aestimet fatigari.
ceterum postero die, cum aliqui ex incolis ad nos [uisendos] con- 3
fluere coepissent, cognoscimus illum hospitem nostrum esse pres-
byterum, quod summa nos dissimulatione celauerat. deinde cum 4
ipso ad ecclesiam processimus, quae fere duobus milibus aberat,
a conspectu nostro interiectu montis exclusa. erat autem uilibus
texta uirgultis, non multo ambitiosior quam nostri hospitis ta-
bernaculum, in quo nisi incuruus non poterat consistere. cum 5
hominum mores quaereremus, illud praeclarum aduertimus,
nihil eos neque emere neque uendere. quid sit fraus aut furtum ne-
sciunt. aurum uero adque argentum, quae prima mortales putant
esse, neque habent neque habere cupiunt. nam cum ego presby- 6
tero illi decem nummos aureos obtulissem, refugit, altiore con-
silio protestatus, ecclesiam auro non instrui, sed potius destrui.
aliquantulum ei uestimentorum indulsimus.
Quod cum ille benigne accepisset, reuocantibus ad mare nautis **6**
discessimus, prosperoque cursu septimo die Alexandriam perue-
nimus, ubi foeda inter episcopos adque monachos certamina gere-
bantur ex ea occasione uel causa, quia congregati in unum saepius
sacerdotes frequentibus decreuisse synodis uidebantur, ne quis
Origenis libros legeret aut haberet, qui tractator scripturarum
sacrarum peritissimus habebatur. sed episcopi quaedam in libris 2
illius insanius scripta memorabant, quae adsertores eius defen-

3 ait *om. FQV*, inquit *A* (cauebo inquit *F m. 2*) 4 gallus *V* 5 autem *om. V* || illus *V* 7 gallus se *AFv* 8 uisendos *om. BV* 14 incuruus *V*: incuruus quis *AFv* 15 animaduertimus *AFv* 16 emere uel uendere *V* 17 uero *et statim post* esse *V*: *om. AFv* 18 habent aut habere *V* 19 refutauit *ed. Rosweydi* || altiori *A* 20 instrui *BMV* (*sed V* istrui): strui *AFv* || distrui *V* 21 aliquantolum *V*, aliquantum *A pr. m.* 22 reuocantibus nos *AFv* 25 uel causa *ABFMQV*: *om. v* || qua *V* 27 script. sacrarum *FV*: script. sanctarum *A*, sacrarum script. *v* 29 illius *V*: ipsius *AFv* || adsertores illius *V*

dere non ausi ab haereticis potius fraudulenter inserta dicebant:
et ideo non propter illa, quae in reprehensionem merito uocaren-
tur, etiam reliqua esse damnanda, cum legentium fides facile
possit habere discrimen, ne falsata sequerentur et tamen catho-
lice disputata retinerent. non esse autem mirum, si in libris
neotericis et recens scriptis fraus haeretica fuisset operata, quae
in quibusdam locis non timuisset inpetere euangelicam ueritatem.
3 aduersum haec episcopi obstinatius renitentes pro potestate coge-
bant recta etiam uniuersa cum prauis et cum ipso auctore dam-
nari, quia satis superque sufficerent libri, quos ecclesia rece-
pisset: respuendam esse penitus lectionem, quae plus esset noci-
4 tura insipientibus quam profutura sapientibus. mihi autem ex
illis libris quaedam curiosius indaganti admodum multa placue-
runt, sed nonnulla deprehendi, in quibus illum praua sensisse
5 non dubium est, quae defensores eius falsata contendunt. ego
miror unum eundemque hominem tam diuersum a se esse po-
tuisse, ut in ea parte, qua probatur, neminem post Apostolos
habeat aequalem, in ea uero, qua iure reprehenditur, nemo de-
7 formius doceatur errasse. nam cum ab episcopis excepta in libris
illius multa legerentur, quae contra catholicam fidem scripta
constaret, locus ille uel maxime parabat inuidiam, in quo editum
legebatur, quia Dominus Iesus, sicut pro redemptione hominis
in carne uenisset *et* crucem pro hominis salute perpessus mortem
pro hominis aeternitate gustasset, ita esset eodem ordine passio-
nis etiam diabolum redempturus: quia hoc bonitati illius pieta-
tique congrueret, ut, qui perditum hominem reformasset, pro-
2 lapsum quoque angelum liberaret. cum haec adque alia istius
modi ab episcopis proderentur, ex studiis partium orta seditio:

2 reprehensione *F* 4 sequerentur *FQV*: sequeretur *Av* 5 retinerent *V*: retineret *AFv* || lebris neutericis *V* 6 recentibus *V*, recenter *ed. Ald.* 7 inpetere *V*: incidere *AFv* 9 con prauis *V* || damnari *ABMV*: damnare *Fv* 10 sufficirent — recipissent *V* 13 illis *FV*: illius *Av* 14 deprehendi *A*: reprehendi *FMV* || praue *A* 16 potasse *V*
18 qua iure *AF:* quae iure *V(?) v* 19 excepta *BV*: excerpta *AFMv*
21 constarent *F* || maxime *V*: maximam *AFv* 23 et *addidit de Prato* || pro hominis salute (salutem *V*) *glossema uidetur Hier. de Prato*
27 haec cum *V* 28 horta *V* || seditio *QV*: seditio est *AF*, est seditio *v*

quae cum reprimi sacerdotum auctoritate non posset, scaeuo exemplo ad regendam ecclesiae disciplinam praefectus adsumitur, cuius terrore dispersi fratres ac per diuersas oras monachi sunt fugati,
ita ut propositis edictis in nulla consistere sede sinerentur. illud 3
me admodum permouebat, quod Hieronymus, uir maxime catholicus et sacrae legis peritissimus, Origenem secutus primo tempore putabatur, qui nunc idem praecipue uel omnia illius scripta damnaret. nec uero ausim de quoquam [temere] iudicare, praestantissimi tamen [uiri] et doctissimi ferebantur in hoc certamine
dissidere. sed tamen siue ille error est, ut ego sentio, siue hae- 4
resis, ut putatur, non solum reprimi non potuit multis animaduersionibus sacerdotum, sed nequaquam tam late se potuisset
effundere, nisi contentione creuisset. istius modi ergo turbatione, 5
cum ueni Alexandriam, fluctuabat. me quidem episcopus illius ciuitatis benigne admodum et melius, quam opinabar, excepit
et secum tenere temptauit, sed non fuit animus ibi consistere, 6
ubi recens fraternae cladis feruebat inuidia. nam etsi fortasse uideantur parere episcopis debuisse, non ob hanc tamen causam multitudinem tantam sub Christi confessione uiuentem, praesertim ab episcopis, oportuisset adfligi.

Igitur inde digressus Bethleem oppidum petii, quod ab Hiero- 8
solymis sex milibus separatur, ab Alexandria autem sedecim
mansionibus abest. ecclesiam loci illius Hieronymus presbyter 2
regit: nam paroechia est episcopi, qui Hierosolymam tenet. mihi iam pridem Hieronymus superiore illa mea peregrinatione conpertus facile obtinuerat, ut nullum mihi expetendum rectius arbi-
trarer. uir enim praeter fidei meritum dotemque uirtutum non 3
solum Latinis adque Graecis, sed et Hebraeis litteris ita insti-

1 scaeuo *2 codd. Gisel. et A*: saeuo *FV, sed in V* a *est a m. 2 in ras.*
4 praepositis *F* || in *om. F* 6 sequtus *V* 7 qui *V et cod. Lazii*: quem *AFv* 8 ausim *V*: ausus *AF*, ausus sum *F corr. et v* || temere *om. V* 9 uiri *om. V* 10 Sed tamen *F in ras.* si tamen *A* || ille *V*: illud *AFv* || ego *om. F pr. m.* 11 putabatur *B* 12 sed et *F* || tam *om. AFQ* 14 alexandria *BM*, 16 temptabat *ABFM* 18 episcopis parere *A* 22 separatur *BV*: disparatur *AFv* || sedecem *V* 24 paroechia *V*: parrochia *F*, parochia *Av*; *an Seuerus* paroecia (*παροικία*) *scripsit?*
28 aut grecis *F* || sed et h. litteris ita *V*: sed et h. etiam ita litteris *AFv (in V non deest* et *post* sed)

tutus est, ut se illi in omni scientia nemo audeat conparare. miror
autem, si non et uobis per multa quae scripsit opera conpertus
4 est, cum per totum orbem legatur. Nobis uero, Gallus inquit,
nimium nimiumque conpertus est. nam ante hoc quinquennium
quendam illius libellum legi, in quo tota nostrorum natio mona-
5 chorum ab eo uehementissime uexatur et carpitur. unde interdum
Belgicus noster ualde irasci solet, quod dixerit, nos usque ad
uomitum solere satiari. ego autem illi uiro ignosco, adque ita
sentio, de orientalibus illum potius monachis quam de occiden-
talibus disputasse. nam edacitas in Graecis gula est, in Gallis
6 natura. Tum ego, scolastice, inquam, Galle, defendis gentem
tuam: sed quaeso te, liber iste numquid hoc solum uitium dam-
nat in monachis? Immo uero, inquit, nihil penitus omisit, quod
non carperet, laceraret, exponeret: praecipue auaritiam nec mi-
nus uanitatem insectatus est. multa de superbia, non pauca de
superstitione disseruit: uere fatebor, pinxisse mihi uidetur uitia
multorum.

9 Ceterum de familiaritatibus uirginum et monachorum adque
etiam clericorum quam uera, quam fortia disputauit! unde a qui-
2 busdam, quos nominare nolo, dicitur non amari. nam sicut Bel-
gicus noster irascitur, edacitatis nimiae nos notatos, ita illi fre-
mere dicuntur, cum in illo opusculo scriptum legunt: caelibem
spernit uirgo germanum, fratrem quaerit extra-
3 neum. Ad haec ego, nimium, inquam, Galle, progrederis: caue
ne et te aliquis, qui haec agnoscat, exaudiat teque una cum Hiero-
nymo incipiat non amare. nam quia scolasticus es, non inmerito

22 Hieron. ep. 22 ad Eustochium c. 14.

1 est *om. V in litura, in qua* sit *ante rasuram uidetur scriptum fuisse* 3 cum per totum — conpertus est *om. V* 4 nimiumque *om. B* 6 uehementissime *F* || belgicus noster interdum *A*; 8 solere *om. AFQ* || ego] *praemissum est in V minio*: et gallus || autem *AV*: autem inquam gallus *FQ*, ego autem Gallus *coni. Gisel.* || illi uero *F* 10 guela *V* 11 tum ego] postumianus *V, sic minio* 12 n̄quid *A* (*pro* nūquid) 14 exponeret *add. in F s. l. m. 2; ipse malim* exploderet || minus] *add. in V s. l. eadem manu* quam 16 fateor *Lazius* 18 ceterorum *V* 19 etiam *om. B* 21 premere *V* (mere *in rasura*) 24 ad haec ego] postumianus *V* 25 qui haec agnoscat, exaudiat *scripsi*: qui haec audit agnoscat et audiat *V*, qui haec fortassis agnoscat exaudiat *AFv*

te uersu comici illius admonebo: obsequium amicos, ueri-
tas odium parit. tua nobis potius, ut coeperas, Postumiane, 4
repetatur orientalis oratio. Ego, inquit, ut dicere institueram,
apud Hieronymum sex mensibus fui: cui iugis aduersum malos
pugna perpetuumque certamen conciuit odia perditorum. ode-
runt eum haeretici, quia eos inpugnare non desinit, oderunt eum
clerici, quia uitam eorum insectatur et crimina: sed plane eum 5
boni omnes admirantur et diligunt: nam qui eum haereticum
esse arbitrantur, insani sunt. uere dixerim, catholica hominis sci-
entia, sana doctrina: totus semper in lectione, totus in libris est:
non die neque nocte requiescit: aut legit aliquid semper aut
scribit. quod nisi mihi fuisset fixum animo et promissum Deo,
ante propositam eremum adire, uel exiguum temporis punctum
a tanto uiro discedere noluissem. huic ergo traditis adque com- 6
missis omnibus meis omnique familia, quae me contra uolun-
tatem animi mei secuta tenebat inplicitum, exoneratus quodam-
modo graui fasce penitus ac liber, regressus ad Alexandriam, uisi-
tatis ibi fratribus ad superiorem inde Thebaidem, id est ad
Aegypti extrema contendi. ibi enim uaste patentes eremi solitu- 7
dines plurimum ferebantur habere monachorum. longum est, si
omnia cupiam referre quae uidi: pauca perstringam.

Haut longe ab eremo contigua Nilo multa sunt monasteria. **10**
habitant uno loco plerumque centeni: quibus summum ius est,

1 Terent. Andr. I, 1, 41.

2 parit odium *F*, odium parat *V*, *deinde minio additum*: et gallus 3 et postumianus *(minio)* ego *V* 4 aducrsus *AF* 5 consciuit *AFV*, *em. Giselinus* 6 eum (*ante* clerici) *om. AVv* 7 uitia illorum *B* 8 et mirantur *F* || et diligunt — arbitrantur *om. F pr. m.* 9 insani sunt *V*: insaniunt *AFv* 10 doctrina *V*: doctr. est *AFv* 11 neque *V*: non *AFv* 12 et *om. F pr. m.* 13 ante *BV et tres libri Gisel.*: teste *AFv* || propositum *ABFM*, propositam *abesse malis* || exiguum *MV*: exigui *AFv* 14 descendere *F* 15 uoluntate *V* 16 inplecitum *V* 17 ad *V*: *om. AFv* 18 thebaidem *BV*: thebaidam *AF*, Thebaida *v* 19 uastae patentes *AFV*, uastae patentis *edd.*; *ex his scripturis intellegitur* uaste patentes *restituendum esse, ut Vonckius in altero Traiectino scriptum inuenit* 21 pauca perstringam *BV*: tamen pauca perstringam e pluribus *AFv* 22 aut longe *V* || sunt *om. F pr. m.* 23 uno in loco *AFM* || plerique *FV*

abbatis imperio uiuere, nihil suo arbitrio agere, per omnia ad
nutum illius potestatemque pendere. ex his si qui maiorem uir-
tutem mente conceperint, ut acturi solitariam uitam se ad ere-
mum conferant, nonnisi permittente abbate discedunt. haec illo-
2 rum prima uirtus est, parere alieno imperio. transgressis ad ere-
mum abbatis illius ordinatione panis uel quilibet cibus alius mi-
nistratur. casu per illos dies quibus illo adueneram cuidam, qui
nuper ad eremum secesserat neque amplius ab hoc monasterio
quam sex milibus tabernaculum sibi constituerat, panem abbas
per duos pueros miserat, quorum maior habebat aetatis annos
3 quindecim, minor duodecim erat. his ergo inde redeuntibus aspis
mirae magnitudinis fit obuiam, cuius occursu nihil perterriti,
ubi ante pedes eorum uenit, quasi incantata carminibus caerula
colla deposuit. minor e pueris manu adprehensam ac pallio in-
uolutam ferre coepit. dein monasterium quasi uictor ingressus
in occursum fratrum, inspectantibus cunctis, captiuam bestiam
4 resoluto pallio non sine iactantiae tumore deposuit. sed cum in-
fantium fidem adque uirtutem ceteri praedicarent, abbas ille
altiore consilio, ne infirma aetas insolesceret, uirgis utrumque
conpescuit, multum obiurgatos, cur ipsi, quod per eos Dominus
operatus fuerat, prodidissent. opus illud non suae fidei, sed di-
uinae fuisse uirtutis: discerent potius Deo in humilitate seruire,
non in signis et uirtutibus gloriari, quia melior esset infirmitatis
conscientia uirtutum uanitate.

11 Hoc ubi ille monachus audiuit, et periclitatos infantulos ser-
pentis occursu et ipsos insuper multa uerbera uicto serpente me-
ruisse, abbatem obsecrat ne sibi post haec panis ullus aut cibus
2 aliqui mitteretur. iamque octauus dies fuerat emensus, quo se
homo Christi intra periculum famis ipse concluserat — arebant

1 abbatis *V:* sub abbatis *AFv* || per *om. AF* 2 uirtute *A* 3 concupierint *F* || aut acturi — ad erimum conferre *V* 4 illo discedunt *A* 7 quibus ad illos *B* 10 puerulos *A* 11 xv *V* || xii *V*: duodecim annis *B*, duodecennis *AFM*, duodennis *v* 12 perterritis *F*, *sed* s *2 m. adiecta* 13 caerula *FV*: caerulea *M*, cerulea *A* 14 minoris pueri manu adprehensa ac p. inuoluta ferri coepit *AFQ* 15 deinde *AFv* 16 expectantibus *FQ*, spectantibus *M* || bestiolam *A* 19 altiori *v* 23 et non *AFQ* 24 uirtutium *V* 25 infantes *F* 27 posthac *B* 28 aliquis *AFv* || quod se *V*

membra ieiunio, sed deficere mens caelo intenta non poterat: cor-
pus inedia fatiscebat, fides firma durabat — cum interim admoni- 3
tus abbas ille per spiritum ut discipulum uisitaret, pia sollici-
tudine cognoscere cupiens, qua uitae substantia fidelis aleretur,
qui ministrari sibi panem ab homine noluisset, ad requirendum
eum ipse proficiscitur. ille ubi eminus senem uenire conspexit, 4
occurrit, agit gratias, ducit ad cellulam. cum ingressi pariter
ambo, conspiciunt palmiciam sportam, calido pane congestam,
foribus adfixam ante postem pendere. ac primum calidi panis 5
odor sentitur, tactu uero ac si ante paululum focis esset ereptus,
ostenditur: Aegyptii tamen panis forma non cernitur. obstupefacti 6
ambo munus caeleste cognoscunt. cum ille hoc abbatis aduentui
praestitum fateretur, abbas uero illius fidei ac uirtuti id potius
adscriberet: ita ambo caelestem panem cum multa exultatione
fregerunt. quod cum senex ad monasterium post regressus fra- 7
tribus rettulisset, tantus omnes incesserat ardor animorum, ut
certatim ad eremum et sacras solitudines ire properarent, miseros
se fatentes, si qui diutius in congregatione multorum, ubi hu-
mana esset patienda conuersatio, resedissent.

In hoc monasterio duos ego senes uidi, qui iam per quadra- **12**
ginta annos ibi degere, ita ut numquam inde discesserint, fere-
bantur. quorum praetereunda mihi commemoratio non uidetur,
siquidem id de eorum uirtutibus et abbatis ipsius testimonio
et omnium fratrum audierim sermone celebrari, quod unum
eorum sol numquam uidisset epulantem, alterum numquam ui-
disset iratum. Ad haec Gallus me intuens: o si uester ille — nolo 2
nomen dicere — nunc adesset, uellem admodum istud audiret
exemplum, quem in multorum saepe personis nimium experti
sumus uehementer irasci: sed tamen, quia inimicis suis, quantum

2 abbas illc admonitus *F* 4 fidelis *V*: uir fidelis *AFv* 6 at ille *B* 8 palmitiam *A* || calido pane congestam *om. AFQ et 1 cod. Gisel.* 9 ante poste *(sic) V*, de poste *AFv* || primam *A* || caledi panis odore (odorem *corr.*) *V*, panis calidus sentitur odore *Rosweydus* 11 aegypti *V* 15 regressum *ed. Vorstii* 16 omnes incesserat a. animorum *BMV*: omnium incenderat ardor animos *AFv* 17 et ad sacras *F corr.* 18 si qui *B*: si quid *V*, qui *AFv*, siquidem *coni. de Prato* 20 quinquaginta *V, at u. de Prato* 25 uidisset iratum numquam *v* 27 dicere *BV*: edicere *AFv* || uelim *AF* || audire *F* 28 quem] quod *F*

audio, nuper ignouit, si istud audiret, magis magisque pro-
posito confirmaretur exemplo, praeclaram esse uirtutem iracun-
3 dia non moueri. nec uero infitiabor iustas illi causas irarum
fuisse: sed ubi durior pugna, ibi gloriosior est corona. unde
quendam, si agnoscis, censeo iure laudandum, quod cum eum
libertus deseruerit ingratus, miseratus est potius quam in-
sectatus abeuntem. sed neque illi irascitur, a quo uidetur ab-
4 ductus. Ego autem: nisi istud uincendae iracundiae Postumianus
prodidisset exemplum, grauiter irascerer discessione fugitiui:
sed quia irasci non licet, tota istorum commemoratio, quae nos
5 conpungit, abolenda est. te, inquam, Postumiane, te potius
audiamus. Faciam, inquit, Sulpici, quod praecipis, quatenus
tam studiosos esse audiendi uos uideo. sed mementote, quia non
sine faenore istum apud uos depono sermonem: libens praesto
quod poscitis, dummodo paulo post quod poposcero non negetis.
6 Nos uero, inquam, nihil habemus, in quo tibi mutuum uel sine
faenore restituere possimus. sed tamen quidquid putaueris, im-
perato, dummodo, ut coeperas, desideriis nostris satisfacias:
7 ualde enim nos delectat tua oratio. Nihil, inquit Postumianus,
uestra studia fraudabo: et quia eremitae unius agnouistis uirtu-
tem, referam adhuc uobis pauca de plurimis.

13 Ergo ubi prima eremi ingressus sum, duodecim fere a Nilo
milibus — habebam autem unum ex fratribus ducem locorum
peritum — peruenimus ad quendam senem monachum sub radice
montis habitantem. ibi, quod in illis locis rarissimum est, pu-
2 teus erat. bouem unum habebat, cuius hic erat totus labor, im-
pulsa rotali machina aquam producere: nam fere mille aut am-
plius pedum profundum putei ferebatur. hortus illic erat multis

1 si] iste *V* 3 nec uiro *V* 5 agnoscit (— at *corr. F*) *AF* 6 deseruerit ignarus miseratus *F in ras. habet m. 2* (*sine* libertus) 11 conpugnit *F* (conpugit *corr.*) 12 et postumianus *(sic minio)* faciam *V* || Sulpici *de Prato*: galle *libri* 13 esse audiendi uos *F*: esse ad audiendo .... uos *V*, esse uos aud. *A*, audiendi esse uos *v* 14 faenore *mei:* fenore (*uel* foen.) *edd.* 16 et gallus *(sic minio)* nos uero inquid *V* 19 tua delectat oratio *M* || et postumianus *(sic minio)* nihil inquid *V* 20 erimitae *V* || unius *V et Rosweydus:* incipientis unius *F*, unius incipientis *Av* 21 pluribus *A* 23 ex *AFV*: e *v* 26 bouem — decerperet *(p. 165, 25) haec desunt in V una scheda amissa*

holeribus copiosus, id quidem contra naturam eremi, ubi omnia
arentia, exusta solis ardoribus, nullius umquam seminis uel exi-
guam radicem ferunt. uerum hoc sancto illi labor cum pecore 3
communis et propria praestabat industria: frequens enim inri-
gatio aquarum tantam pinguedinem harenis dabat, ut mirum in
modum uirere adque fructificare horti illius holera uiderimus. ex 4
iis igitur una cum domino bos ille uiuebat: nobis quoque ex ea
copia cenam sanctus dedit. ibi uidi, quod uos Galli forte non
creditis, ollam cum holeribus, quae nobis in cenam praepara-
bantur, sine igne feruere: tanta uis solis est, ut quibuslibet co-
quis etiam ad Gallorum pulmenta sufficiat. post cenam autem 5
iam inclinante uespera inuitat nos ad arborem palmam, cuius in-
terdum pomis uti solebat, quae fere duobus milibus aberat. nam 6
hae tantum in eremo arbores, licet raro, habentur tamen. quod
utrum sollers antiquitas procurauerit, an soli natura gignat,
ignoro, nisi Deus praescius habitandam quandoque a sanctis ere-
mum haec seruis suis parauerit. ex maiore enim parte, qui intra 7
illa secreta consistunt, cum alia ibi germina nulla succedant,
istarum arborum pomis aluntur. ergo ubi ad illam, ad quam
nos humanitas nostri hospitis ducebat, arborem peruenimus,
leonem ibi offendimus: quo uiso ego et ille dux meus intremui-
mus, sanctus uero ille incunctanter accessit: nos licet trepidi
secuti sumus. fera paululum — cerneres imperatam a Deo — 8
modesta secessit et constitit, dum ille attigua ramis humilioribus
poma decerperet. cumque plenam palmulis manum obtulisset,
adcurrit bestia accepitque tam libere quam nullum animal dome-

1 holeribus *AF (et sic deinceps)*: oleribus *v* 3 ferunt *tres Gisel. libri*: fecerunt *A*, deperisse (dephendisse *F corr.*) ferunt *FQ*, *item alii interpolate* || pecude *Rosw. et cod. Berol.* 6 uiuere *BM* || uiderimus *AFM*: uideremus *v* || ex his *AF* 7 cum domino suo *Rosweydus* 8 sanctus ille *Rosw.* 9 credetis *de Prato* || praeparabantur *A et ed. Aldina*: praeparabatur *Fv* 12 inclinante iam *F* || palmae *cod. Berol.* 14 habentur quod tamen utrum *cod. Venetus apud de Prato* 15 soli *B*: solis *AFMv* 16 nisi *AFM*: nisi si *edd.* 17 praeparauerit *Rosw.* 18 succedant *BM*: succedunt *AFv*, succrescant *coni. de Prato* 20 humanitatis nostri duc. *A pr. m. fort. ex* humanitas hospitis n. duc. (hosp. n. duc. hum. *B*) 22 ille *om. F* 23 ut cerneres *ed. Ald.*, *ut est infra c. 14, 5* || imperata *F* 24 secessit *ed. Ald. et M*: discessit *AFv* 25 palmolis *F corr.* 26 occurrit *AFQ*

sticum, et cum comedisset, abscessit. nos haec intuentes et
adhuc trementes facile potuimus expendere, quanta in illo fidei
uirtus et quanta in nobis esset infirmitas.

14 Alium aeque singularem uirum uidimus, paruo tugurio, in
quo non nisi unus recipi posset, habitantem. de hoc illud fere-
batur, quod ei lupa solita esset adstare cenanti, nec facile um-
quam bestia falleretur, quin illi ad legitimam horam refectionis
occurreret et tam diu pro foribus expectaret, donec ille panem,
qui cenulae superfuisset, offerret: illam manum eius lambere
solitam, adque ita quasi inpleto officio et praestita consalutatione
2 discedere. sed forte accidit, ut sanctus ille, dum fratrem, qui
ad eum uenerat, deducit abeuntem, diutius abesset et nonnisi
sub nocte remearet. interim bestia ad consuetudinarium illud
cenae tempus occurrit. uacuam cellulam, cum familiarem pa-
tronum abesse sentiret, ingressa, curiosius explorans ubinam
esset habitator. casu contigua cum panibus quinque palmicia fis-
3 cella pendebat. ex his unum praesumens deuorat, dein perpetrato
scelere discedit. regressus eremita uidet sportulam dissolutam,
non constantem panum numerum: damnum rei familiaris in-
4 tellegit ac prope limen panis absumpti fragmenta cognoscit. sed
non erat incerta suspicio, quae furtum persona fecisset. ergo cum
sequentibus diebus secundum consuetudinem bestia non ueniret —
nimirum audacis facti conscia ad eum uenire dissimulans, cui
fecisset iniuriam —, aegre patiebatur eremita se alumnae solacio
5 destitutum. postremo illius oratione reuocata septimum post diem
adfuit, ut solebat ante, cenanti. sed, ut facile cerneres uere-
cundiam paenitentis, non ausa propius accedere, deiectis in ter-
ram profundo pudore luminibus, quod palam licebat intellegi,
quandam ueniam precabatur: quam illius confusionem eremita

5 unū *F* || posse *F ut uidetur*, possit *V* 6 lupa ei *v* || esset *BV*: erat *AFv* 8 prae *V* 10 consalutatione *de Prato:* consulatione *V*, consolatione *AFv* 12 deduceret *Q* || non *om. V* 14 tempus ueniens uacuam *Q* 16 casu *AV*: causa *F* || palmitia *AF* || fiscella *BV*: sportella *AFv* 17 praesumit et deuorat *AFv* || deinde *v* 18 erimita *V* || uidet *BMV:* uidit *AFv* 19 constantem p. numerum *V*: constante (stante *F*) p. numero *AFv* 20 assumpti *F* 21 suspitio *A* 22 ueniret *BV*: uenisset *AFv* 23 dissimulat *V*, *fort.* dissimulabat (*uel* dissimulauit) 26 caenantē *(sed* ē *in ras.) F*

miseratus iubet eam propius accedere ac manu blanda caput triste
permulcet: dein pane duplicato ream suam reficit. ita indulgen- 6
tiam consecuta officii consuetudinem deposito maerore reparauit.
intuemini, quaeso, Christi etiam in hac parte uirtutem, cui
sapit omne quod brutum est, cui mite est omne quod saeuit. lupa 7
praestat officium, lupa furti crimen agnoscit, lupa conscio pu-
dore confunditur: uocata adest, caput praebet et habet sensum
indultae sibi ueniae, sicut pudorem gessit errati: tua haec 8
uirtus, Christe, tua sunt haec, Christe, miracula. etenim quae in
tuo nomine operantur serui tui, tua sunt, et in hoc ingemescimus,
quod maiestatem tuam ferae sentiunt, homines non uerentur.

Ne cui autem hoc incredibile forte uideatur, maiora memo- **15**
rabo. fides Christi adest me nihil fingere, neque incertis auctori-
bus uulgata narrabo, sed quae mihi per fideles uiros conperta
sunt, explicabo. habitant plerique in eremo sine ullis taberna- 2
culis, quos anachoretas uocant. uiuunt herbarum radicibus:
nullo umquam certo loco consistunt, ne ab hominibus uisitentur
frequenter: quas nox coegerit, sedes habent. ad quendam igitur 3
hoc ritu adque hac lege uiuentem duo ex Nitria monachi, licet
longe diuersa regione, tamen quia olim ipsis in monasterii con-
uersatione carus et familiaris fuisset, auditis eius uirtutibus,
tetenderunt: quem diu multumque quaesitum tandem mense sep-
timo reppererunt in extremo illo deserto, quod est Memphis con-
tiguum, demorantem: quas ille solitudines iam per annos duo-
decim dicebatur habitare. qui licet omnium hominum uitaret oc-
cursum, tamen agnitos non refugit seque carissimis per triduum
non negauit. quarto die aliquantulum progressus cum proseque- 4
retur abeuntes, leaenam mirae magnitudinis ad se uenire conspi-
ciunt. bestia licet tribus repertis, non incerta quem peteret,

2 refecit *v* 5 mitae *V* 6 lupa f. c. agnoscit *om. V* 8 tua haec Christe miracula *V reliquis omissis* 10 ingemescimus *F pr. m. et V*: ingemiscimus *AF²v* 13 neq. *F corr. e* nec 14 narrabo *ABV*: narrare *Fv* 16 anachoritas *F et sic deinceps, sed p. 168, 13* anachoreta 17 uisitentur frequenter *V et cod. Vorstii:* frequententur *AFv* 18 quos nox coegeret *V*, qua nox c. *alter Traiectinus* 20 diuersa *BMV*: et diuersa *AFv* || qui *V* || monasterio *V* 23 repererunt extremo *v* || Blembis *B*, *fort.* Blemmyis, *cf. de Prato* || contiguo *V*, *ex* contiguom *ut uidetur* 25 occursum *BV*: occursus *AFv* 29 reppertis *V*

anachoretae pedibus aduoluitur et cum fletu quodam ac lamenta-
tione procumbens indicabat gementis pariter et rogantis affectum.
mouet omnes et praecipue illum, qui se intellexerat expetitum:
praecedentem sequuntur. nam subinde restitans, subinde respec-
tans facile poterat intellegi id eam uelle, ut quo illa ducebat,
5 anachoreta sequeretur. quid multis? ad speluncam bestiae per-
uenitur, ubi illa adultos iam quinque catulos male feta nutriebat,
qui ut clausis luminibus ex aluo matris exierant, caecitate per-
petua tenebantur. quos singulos de rupe prolatos ante anacho-
6 retae pedes mater exposuit. tum demum sanctus aduertit quid
bestia postularet, inuocatoque Dei nomine contrectauit manu lu-
mina clausa catulorum: ac statim caecitate depulsa apertis oculis
bestiarum diu negata lux patuit. ita fratres illi, anachoreta quem
desiderabant uisitato, cum admodum fructuosa laboris sui mer-
cede redierunt, qui in testimonium tantae uirtutis admissi fidem
sancti, gloriam Christi, quae per ipsos esset testificanda, uidis-
7 sent. mira dicturus sum, leaenam post dies quinque ad auctorem
tanti beneficii reuertisse eidemque inusitatae ferae pellem pro mu-
nere detulisse: qua plerumque sanctus ille quasi amiculo circum-
tectus non dedignatus est munus per bestiam sumere, cuius alium
potius interpretabatur auctorem.

16 Erat etiam alterius anachoretae in illis regionibus nomen in-
lustre, qui in ea parte deserti, quae est Syenis, habitabat. hic
cum primum se ad eremum contulisset, herbarum radicibus,
quas praedulcis interdum et saporis eximii fert harena, uicturus,
ignarus germinis eligendi nociua plerumque carpebat. nec erat
facile uim radicum sapore discernere, quia omnia aeque dulcia
2 erant, sed pleraque occultiore natura uirus letale cohibebant. cum

1 ac lam. *AFV*: et lam. *v* 3 mouit *AFv* 4 secuntur *F* || nam subinde restitans *V:* nam praciens et subinde restans *AFv* || subindeque resp. *M* 5 duceret *Q* 10 animaduertit *AFv* 14 desiderauerant *Ald.* 16 et gloriam *M* 18 inuisitatae *Meursius* 19 amminiculo *F* || circumiectus *V* 23 quae est syenis (synis *V*) *BV*: quae est Syenes *Rosw.*, quae syenis (sienis *A*) iungitur *AFv* 24 contulisset et *Fv* || herbarum *V*: herbis herbarumque *AFv, cf. I, 15, 2* 25 praedulcis *BV:* praedulces *AFv; caue tamen* praedulcis, *ut de Prato putat, pro genetiuo singul. numeri habeas* || uixisset *F in rasura m. 2* 26 nociua *V*: noxia *AFv* 27 saporẽ *F corr.* 28 erant *V: om. AFv* || loetale *AF* || cohibebant *AV*: habebant *F m. 2* (**h*bebant *pr. m.*), continebant *dett.*

ergo edentem uis interna torqueret et inmensis doloribus uitalia
uniuersa quaterentur ac frequens uomitus cruciatibus non feren-
dis ipsam animae sedem stomacho iam fatiscente dissolueret,
omnia penitus quae sunt edenda formidans septimum ieiunus
diem spiritu deficiente ducebat, cum ad eum fera, cui ibicis est 3
nomen, accessit. huic propius adstanti fasciculum herbarum,
quem collectum pridie adtingere non audebat, obiecit: sed bestia
quae uirulenta erant ore discutiens, quae innoxia nouerat eligebat.
ita uir sanctus eius exemplo quid edere, quid respuere deberet
edoctus, et periculum famis euasit et herbarum uenena uitauit.
sed longum est, de omnibus, qui eremum incolunt, conperta 4
nobis uel audita memorare. annum integrum et septem fere men-
ses intra solitudinem constitutus exegi, magis uirtutis admirator
alienae, quam quod ipse tam arduum adque difficile potuerim
temptare propositum: saepius tamen cum sene illo, qui puteum
et bouem habebat, habitaui.

Duo beati Antoni monasteria adii, quae hodieque ab eius di- **17**
scipulis incoluntur. ad eum etiam locum, in quo beatissimus
Paulus primus eremita est diuersatus, accessi. rubrum mare uidi, 2
iugum Sina montis, cuius cacumen caelo paene contiguum est et
nequaquam adiri potest. inter eius recessus anachoreta esse aliqui 3
ferebatur, quem diu multumque quaesitum uidere non potui, qui
fere iam ante quinquaginta annos a conuersatione humana remo-
tus nullo uestis usu, saetis corporis sui tectus, nuditatem suam
diuino munere nesciebat. hic quotiens eum religiosi uiri adire uo- 4
luerunt, cursu auia petens occursum uitabat humanum. uni tan-
tummodo ferebatur se ante quinquennium praebuisse, qui credo

1 edentem ergo *F* 2 non referendis *F* 3 fatescente *F* 4 sunt *V*: essent *AFv* || ieiunus *V*: ieiunii *M*, in ieiuniis *AFv* 5 cum *ABFMV*: tum *v* || hibicis *V* (cui nomen est dorcas *B et 1 cod. Gisel.)* 6 stanti *A corr. in* astanti 7 bestia *V*: fera *AFv* 13 solitudinem *Rosw. et V:* solitudines *AFv* || constitutos *F* 17 Antonii *AFv* || hodie*** *F*

19 deuersatus *V* 20 iugum etiam *A; sane* etiam *uel coniunctio desideratur, fort.* rubrum m. uidi, uidi iugum *etc.* || montis *AFV:* montis adscendi *v foeda interpolatione* || cacumen *Rosw. et V*: summum cacumen *AFv* || est et *V: om. AFv* 21 eius (*non* eius montis) *V:* huius *AFv* || aliquis *AFv* 22 dium *V* 23 ante iam *F*, iam *om. A* 24 usu sed *A* || saetis *FV:* setis *Av* 25 nesciebat *BV:* uestiebat *AFv, cf. de Prato ad h. l.* 26 occursum u. humanum *V:* congressus u. humanos *AFv*

potenti fide id obtinere promeruit: cui inter multa conloquia
percontanti, cur homines tantopere uitaret, respondisse perhi-
5 betur, eum, qui ab hominibus frequentaretur, non posse ab an-
gelis frequentari. unde non inmerito recepta opinione multorum
6 fama uulgauerat, sanctum illum ab angelis uisitari. ego autem
a Sina monte digressus ad Nilum flumen regressus, cuius ripas
frequentibus monasteriis consertas utraque ex parte lustraui. ple-
rumque uidi, ut dudum dixeram, uno in loco habitare centenos,
7 sed et bina et terna milia in isdem uiculis agere constabat. nec
sane ibi minorem putetis diuersantium in multitudine monacho-
rum esse uirtutem, quam eorum esse cognouistis, qui se ab hu-
8 manis coetibus remouerunt. praecipua, ut iam dixeram, ibi uir-
tus et prima est oboedientia: neque aliter aduenjens a monasterii
abbate suscipitur, quam qui temptatus prius fuerit et probatus,
nullum umquam recusaturus quamlibet arduum ac difficile in-
dignumque toleratu abbatis imperium.

18 Duo uobis referam incredibilis oboedientiae admodum magna
miracula, licet suppetant plura recolenti: sed ad incitandam uir-
tutum aemulationem, cui pauca non sufficiunt, multa non pro-
2 derunt. ergo cum quidam saeculi actibus abdicatis monasterium
magnae dispositionis ingressus suscipi se rogaret, abbas ei
coepit multa proponere: graues esse istius disciplinae labores,
sua uero dura imperia, quae nullius facile ualeret inplere pa-
tientia: aliud potius monasterium, ubi facilioribus legibus uiue-
retur, expeteret: non temptaret adgredi, quod inplere non posset.
3 ille uero nihil his terroribus permoueri, sed magis ita omnem
oboedientiam polliceri, ut, si eum abbas in ignem ire praeci-
peret, non recusaret intrare. quam illius professionem ubi magi-
4 ster accepit, non cunctatus probare profitentem. casu clibanus

2 percunctanti *F* 6 regressus *ABFMV:* regressus sum *Qv* 9 in *om. V* || isdem *F:* hisdem *AV,* iisdem *v* || agere *ABFQV:* degere *v*
10 deuersantium *V* || in *in A erasum est* 11 cognouistis *Rosw. et V:* cognoscitis *AFv* 13 a monasterii abbate *BMV:* ad monasterium abbatis *AFv* 15 quaelibet *V* 18 incitandam *V*: excitandam *AFv*
21 ingressus suscipi se rogaret *BMV:* ingressus coepisset rogare *FQ* (*et sic v, sed* ingressurus), ingressurus coepisset rogare ut susciperetur *A*
26 permoui *V* 27 praeceperit *F pr. m. et V* 29 cunctatus *A*F^1*V:* cunctatus est *M,* cunctatur *F corr. et v*

propter ardebat, qui multo igne succensus coquendis panibus
parabatur: exundabat abruptis flamma fornacibus, et intra camini
illius concaua totis habenis regnabat incendium. hic aduenam
illum iubet magister intrare, nec distulit parere praecepto: me-
dias flammas nihil cunctatus ingreditur, quae mox tam audaci
fide uictae uelut illis quondam Hebraeis pueris cessere uenienti.
superata natura est, fugit incendium: et qui putabatur arsurus, 5
uelut frigido rore perfusus se ipse miratus est. sed quid mirum, 6
si tuum, Christe, tironem ignis ille non adtigit? ut nec abbatem
pigeret dura mandasse nec discipulum paeniteret imperio paru-
isse: qui eo quo aduenerat die, dum temptaretur infirmus, per-
fectus inuentus est: merito felix, merito gloriosus, probatus
oboedientia, glorificatus est passione.

In eodem autem monasterio factum id, quod dicturus sum, **19**
recenti memoria ferebatur. quidam itidem ad eundem abbatem
recipiendus aduenerat. cum prima ei lex oboedientiae poneretur
ac perpetem polliceretur ad omnia uel extrema patientiam, casu
abbas storacinam uirgam iam pridem aridam manu gerebat. hanc 2
solo figit adque illi aduenae id operis inponit, ut tamdiu uirgulae
aquam inriguam ministraret, donec, quod contra omnem natu-
ram erat, lignum aridum in solo arente uiresceret. subiectus ad- 3
uena durae legis imperio aquam propriis umeris cotidie conue-
hebat, quae a Nilo flumine per duo fere milia petebatur. iamque
emenso anni spatio labor non cessabat operantis, et de fructu
operis spes esse non poterat: tamen oboedientiae uirtus in labore
durabat. sequens quoque annus uanum laborem iam affecti fratris
eludit. tertio demum succedentium temporum labente curriculo, 4
cum neque noctu neque interdiu aquarius ille cessaret operator,

1 propter *AV:* prope *F et 2 codd. Gisel.* 3 hic *V:* hunc igitur *M*, hoc igitur *AFv*, huc igitur *Mercerus* 4 iubet *om. F pr. m.* || nec distulit *V, sed litt.* cdis *in rasura* 8 perfusum se *B*, perfusum se esse *M* 9 tyronem *AFV* 11 eo die quo aduenerat *v* 12 meritoque glor. *A* 14 autem *om.* F^1 19 figit *ABV:* fixit *F* (*corr. e* uixit) *et v* 21 in solo — crediderunt *(p. 172, 20) deest in V, cum scheda interciderit* || uiresceret *BM:* uiuesceret *F*, uiuisceret *Av* 23 ferme miliaria *dett.* 24 *fort.* etsi de (et de fr. operis *om. B*) 26 effecti *F pr. m. fort.* effeti 27 succendentium AF^1 (temp. succ. *A*), tertio demum anno, succed. temp. l. curr. *Rosw.* 28 noctu *1 cod. Gis. et BM:* nocte *AFv*

5 uirga floruit. ego ipsam ex illa uirgula arbusculam uidi, quae
hodieque in atrio monasterii ramis uirentibus quasi in testimo-
nium manens, quantum oboedientia meruerit et quantum fides
6 possit, ostendit. sed me dies ante deficiet, quam diuersa mira-
cula, quae mihi de sanctorum uirtutibus sunt conperta, con-
summem.

20 Duo uobis adhuc praeclara memorabo: quorum unum egregium
erit aduersus inflationem miserae uanitatis exemplum, alterum
2 aduersus falsam iustitiam non mediocre documentum. quidam
ergo sanctus, fugandorum de corporibus obsessis daemonum in-
credibili praeditus potestate, inaudita per singulos dies signa fa-
ciebat. non solum enim praesens, neque uerbo tantum, sed absens
quoque interdum cilicii sui fimbriis aut epistulis missis corpora
obsessa curabat. hic ergo mirum in modum frequentabatur a po-
3 pulis ex toto ad eum orbe uenientibus. taceo de minoribus: prae-
fecti comitesque ac diuersarum iudices potestatum pro foribus
illius saepe iacuerunt. episcopi quoque sanctissimi, sacerdotali
auctoritate deposita, contingi se ab eo adque benedici humiliter
postulantes, sanctificatos se ac diuino munere inlustratos, quo-
tiens manum illius uestemque contigerant, non inmerito credi-
4 derunt. hic ferebatur omni potu in perpetuum penitus abstinere
ac pro cibo — tibi, Sulpici, in aurem loquar, ne Gallus hoc
5 audiat — sex tantum caricis sustentari. interea sancto uiro ut ex
uirtute honor, ita ex honore uanitas coepit obrepere. quod malum
ille ubi primum potuit in se sentire grassari, diu multumque
discutere conatus est, sed repelli penitus uel tacita conscientia
6 uanitatis perseuerante uirtute non potuit. ubique nomen eius dae-
mones fatebantur: excludere a se confluentium populos non ua-

1 ipse *B corr.* || uidi *ABM: post* uirentibus *habent F, corr. A et v* 2 in atrio monasterii *BM:* intra atrium m. est *AFv* || uirescentibus *F* || quasi *ABM:* uidi quasi *F,* uidi, quae quasi *v* 3 meruerit *M*: meruit *AFv* 5 sanctorum uirtutibus *AF:* uirt. sanctorum *v* 7 narrabo *B* 17 saepe *om. F pr. m.* 18 contingi se *F corr. e* contigisse, contingisse *A* 20 contingerent *M* 22 sulpicii *V* 23 sex *V*: septem *AFv* || caricis *F in ras. habet* || sustineri *V* || uiro *om. A pr. m.* || ex uirtute et honore *(om. mediis)* uanitas *V* 24 quo *V* 25 dium *V* 26 paenitus *V* 27 uanitatis *BMV, ut coni. Dauisius ad Minuc. Fel. p. 144 ed. 2*: uanitas *AFv* 28 confluentum *V* (confluentem populum *Rosw.*)

lebat. uirus interim latens serpebat in pectore, et cuius nutu ex
aliorum corporibus daemones fugabantur, se ipsum occultis cogi-
tationibus uanitatis purgare non poterat. totis igitur precibus 7
conuersus ad Deum fertur orasse, ut permissa in se mensibus
quinque diabolo potestate similis his fieret, quos ipse curauerat.
quid multis morer? ille praepotens, ille signis adque uirtutibus 8
toto Oriente uulgatus, ille ad cuius limina populi ante conflu-
xerant, ad cuius fores summae istius saeculi se prostrauerant
potestates, correptus a daemone est retentus in uinculis: omnia
illa, quae energumeni solent ferre, perpessus quinto demum 9
mense purgatus est non tantum daemone, sed, quod illi erat
utilius adque optatius, uanitate.

Sed mihi ista replicanti nostra infelicitas, nostra occurrit in- **21**
firmitas. quis enim nostrum est, quem si unus homunculus hu-
milis salutauerit aut fatuis adque adulantibus uerbis femina una
laudauerit, non continuo elatus sit superbia, non statim inflatus
sit uanitate? ut, etiamsi non habeat conscientiam sanctitatis,
tamen, quia uel stultorum adulatione aut fortasse errore sanctus
esse dicatur, sanctissimum se putabit! iam uero si ei munera 2
crebra mittantur, Dei se magnificentia adseret honorari, cui dor-
mienti adque resoluto necessaria conferantur. quodsi uel de mo-
dico ei aliqua uirtutis alicuius signa succederent, angelum se
putaret. ceterum cum neque opere neque uirtute conspicuus sit, 3
si quis clericus fuerit effectus, dilatat continuo fimbrias suas,
gaudet salutationibus, inflatur occursibus, ipse etiam ubique dis-
currit: et qui antea pedibus aut asello ire consueuerat, spuman- 4
tibus equis superbus inuehitur: parua prius ac uili cellula con-

1 uirtus *A* 4 conuersis *A* || deum *BV:* dominum *AFv* 5 diabolo *MV* (*sed V* diabulo): diaboli *AFv* 6 moror *coni. de Prato* || ille signis *ABM:* ille qui signis *Fv* 8 postrauerunt *F pr. m.* 9 retentus *V et Rosw.:* tentus *AFv* 10 energumini *FV*, inergumini *A* || perpessus. Quinto *v*, *interpunctionem uerborum corr. de Prato* 12 optatiubilis *V*, *unde* optabilius *scribendum uidetur* 13 infedilitas *V* 14 humilius *B*
15 femina uana *duo Traiectini* 18 fortasse *V:* fortassis *AFv*
20 magnificentia *ABFV:* munificentia *F corr. 2 libri Gis. et v* || adseret *BMV:* asserit *AFv* 22 ei *om. V* || alicuius *BV: om. AFv*
23 neque opere *om. V* 25 occursibus *V:* occursionibus *AFv* 26 ante *AFv* || spumantibus equis *MV:* spumante equo *3 libri Gis. et v,* spumeo equo *AFQ*

tentus habitare erigit celsa laquearia, construit multa conclauia,
sculpit ostia, pingit armaria, uestem respuit grossiorem, indu-
mentum molle desiderat, adque haec caris uiduis ac familiaribus
mandat tributa uirginibus, illa ut byrrum rigentem, haec ut
5 fluentem texat lacernam. uerum haec describenda mordacius
beato uiro Hieronymo relinquamus: ad propositum reuertamur.
Tu uero, inquit Gallus meus, nescio quid Hieronymo reliqueris
[disputandum]: ita breuiter uniuersa nostrorum instituta con-
plexus es, ut pauca haec tua uerba, si aequanimiter acceperint
et patienter expenderint, multum eis arbitrer profutura, ut non
6 indigeant libris posthac Hieronymi coërceri. sed tu illa potius
euolue quae coeperas, et illud, quod aduersus falsam iustitiam
dicturum te esse promiseras, prode documentum: nam, ut uere
tibi fatear, nullo perniciosius malo intra Gallias laboramus. ita
faciam, Postumianus inquit, nec te diutius tenebo suspensum.

22 Adulescens quidam ex Asia praediues opibus, genere clarus,
habens uxorem et filium paruulum, cum in Aegypto tribunus
esset et frequentibus aduersum Blembos expeditionibus quaedam
eremi contigisset, sanctorum etiam tabernacula conplura uidisset,
2 a beato uiro Iohanne uerbum salutis accepit. nec moratus inuti-
lem militiam cum uano honore contemnere, eremum constanter
ingressus breui tempore in omni genere uirtutum perfectus emi-
cuit. potens ieiuniis, humilitate conspicuus, fide firmus facile se
antiquis monachis studio uirtutis aequauerat, cum interim subiit
eum cogitatio iniecta per diabolum, quod rectius esset ut rediret
ad patriam filiumque unicum ac domum totam cum uxore sal-
uaret: quod utique esset acceptius Deo, quam si solum se saeculo
eripere contentus salutem suorum non sine inpietate neclegeret.
3 istiusmodi falsae iustitiae colore superatus post quadriennium

1 construxit *F pr. m.* 4 byrrum *AV:* birrum *Fv* 5 texat *om. V* 6 nos reuertamur *F corr.* 7 tu] Item postumianus *(minio)* tu *V* 8 disputandum *om. V* || brebiter *V* 9 acciperent et p. expenderent *V* 11 posthac *BMV:* post haec *AFv* || coherceri *AF et sic alias; in V additum minio*: et gallus 14 tibi *om. F* || laboramus. et postumianus nec te *etc. V* 15 suspensum tenebo *A* 16 quidem *F pr. m.* 17 paruum *V* 18 Blembos] *sic libri;* Blemmyes (*siue* Blemmyas) *de Prato* || quaedam loca *A* 19 eremi] hieme *V* || cumplura *F* 21 uano *V:* uano illo *AFv* 29 istiusmodi *V*: istiusmodi ergo *AFv*

fere cellulam suam adque propositum eremita deseruit. sed ubi
ad proximum monasterium, quod a multis fratribus habitabatur,
accessit, causam discessionis adque consilium quaerentibus con-
fitetur. renitentibus cunctis et praecipue loci illius abbate reti-
nente male animo fixa sententia non potuit auelli. igitur infelici 4
se obstinatione proripiens cum dolore omnium digressus a fratri-
bus. uix e conspectu abscesserat, inpletur a daemone cruentasque
spumas ore prouoluens suis dentibus se ipse lacerabat. deinde ad
idem monasterium fratrum umeris reportatus, cum coerceri in
eo inmundus spiritus non ualeret, necessitate cogente ferreis nexi-
bus alligatur, pedes cum manibus uinciuntur: non inmerita poena
fugitiuo, ut quem non cohibuerat fides, catena cohiberet. post 5
biennium demum oratione sanctorum ab inmundo spiritu libera-
tus ad eremum, unde discesserat, mox regressus, et ipse cor-
rectus et aliis futurus exemplo, ne quem aut falsae iustitiae um-
bra decipiat aut incerta mobilitas inutili leuitate conpellat semel
coepta deserere. haec uos de uirtutibus Domini, quae in seruis
suis uel imitanda operatus est uel timenda, scire sufficiat. sed 6
quia satisfeci uestris auribus, immo etiam uerbosior fui fortasse
quam debui, tu modo — ad me autem loquebatur — debitum
faenus exsolue, ut te de Martino tuo, ut es solitus, plura referen-
tem, iam pridem in hoc desideriis meis aestuantibus, audiamus.
Quid? inquam, tibi de Martino meo liber ille non sufficit, **23**
quem ipse tu nosti me de illius uita adque uirtutibus edidisse?
Agnosco id quidem, Postumianus inquit, neque umquam a dex- 2
tera mea liber iste discedit. nam si agnoscis, ecce — et aperit
librum, qui ueste latebat — en ipsum. hic mihi, inquit, terra
ac mari comes, hic in peregrinatione tota socius et consolator

4 retinente *MV*: *om. AF*, renitente *v* 5 male *AFQV:* malo || *v* sentia *V* || euelli *Rosw.* 6 digressus est *A* 7 inpletur *BMV:* inpletus *AFv* || a *om. A* 8 dein *F* 9 humeris *Av* 12 catena cohiberet *BV:* catenae cohiberent *AFv* 14 regressus est *A* || correctus *AFQ codd. Gisel. Rosw.:* correptus *V(?)v* 15 futurus *Rosw. et V:* post futurus *AFv* || neque aut *V* 17 quae *Lazius:* quas *AFVv* 23 et sulpicius *(minio)* quid *V* 25 et postumianus *(minio)* agnosco id quidem inquid *V* 26 iste *V:* ille *AFv* || discedit et ait *V* || ecce et *V: om. AFv* 27 ueste *BV:* sub ueste *AFv, cf. Verg. Aen. VI, 406* || en *AV:* enim *F* || terra *BMV, ut coni. Vorstius*: terrae *AFv* 28 maris *F corr.*

3 fuit. sed referam tibi sane, quo liber iste penetrarit, et quam
nullus fere in orbe terrarum locus sit, ubi non materia tam felicis
4 historiae peruulgata teneatur. primus eum Romanae urbi uir
studiosissimus tui Paulinus inuexit: deinde cum tota certatim
urbe raperetur, exultantes librarios uidi, quod nihil ab his quae-
stuosius haberetur, siquidem nihil illo promptius, nihil carius
5 uenderetur. hic nauigationis meae cursum longe ante praegressus,
cum ad Africam ueni, iam per totam Carthaginem legebatur.
solus eum Cyrenensis ille presbyter non habebat, sed me largiente
6 descripsit. nam quid ego de Alexandria loquar? ubi paene omni-
bus magis quam tibi notus est. hic Aegyptum, Nitriam, The-
7 baidam ac tota Memphitica regna transiuit. hunc ego in eremo a
quodam sene legi uidi: cui cum me familiarem tuum esse dixis-
sem, et ab illo et a multis fratribus haec mihi iniuncta legatio
est, ut, si umquam terras istas te incolumi contigissem, ea te
supplere conpellerem, quae in illo tuo libro de uirtutibus beati
8 uiri professus es praeterisse. age ergo, quia non illa a te audire
desidero, quae scripta sufficiunt, illa quae tum uel propter le-
gentium, ut credo, fastidium praeteristi, multis id una mecum
a te poscentibus explicentur.

24 Equidem, Postumiane, inquam, cum te iam dudum de sanc-
torum uirtutibus intentus audirem, tacitis ad Martinum meum
cogitationibus recurrebam, merito perspiciens omnia illa, quae
2 singuli diuersa fecissent, per unum istum facile conpleta. nam
cum excelsa retuleris, quod mihi dixisse liceat pace sanctorum,
nihil a te penitus audiui, in quo Martinus esset inferior. sed sicut
nullius umquam cum illius uiri meritis profiteor conferendam
esse uirtutem, ita illud animaduerti decet, iniqua illum cum ere-
mitis uel etiam anachoretis condicione conferri. illi enim ab omni

1 sane *V:* plane *AFv* || penetrarit *V:* penetrauerit *AFv* 2 tam *AFQV: om. v* 3 romae *V* 7 cursum *BMV:* cursus *AFv* || praegressus *V ut coni. Giselinus:* progressus *AFv* 8 ueni *BMV:* uenissem *AFv* || Kartaginem *A*, cartag. *F* 11 *fort.* Thebaidem *cf. p. 171, 18* 12 memfitica *V* 13 legi *F corr. e* longe || dississem *A* 15 incolume *FV* 18 tum *om. V* || uel *om. M* 20 explicetur. sulpicius *(minio)* equidem *V* 22 intentus *om. V* 23 me conuertebam *V solus* || prospiciens *F*, *sed* pro *ex corr.* 25 excelsa *om. V* 28 ita *V:* ita et *AFv* || iniqua *A et corr. F:* in qua *F pr. m. et V*, non aequa *M* 29 conditione *Fv*

inpedimento liberi, caelo tantum adque angelis testibus, plane
admirabilia docentur operari: iste in medio coetu et conuersa- 3
tione populorum, inter clericos dissidentes, inter episcopos sae-
uientes, cum fere cotidianis scandalis hinc adque inde premere-
tur, inexpugnabili tamen aduersus omnia uirtute fundatus stetit
et tanta operatus est, quanta ne illi quidem, quos ante audiui-
mus esse in eremo uel fuisse, fecerunt. ac si illi paria fecissent, 4
quis iudex tam esset iniustus, ut non istum esse potiorem me-
rito iudicaret? puta enim istum fuisse militem, qui pugnauerit
in iniquo loco et tamen uictor euaserit, illos autem aeque con-
pone militibus, sed qui ex aequo loco aut etiam de superiore cer-
tauerint. quid ergo? etsi omnium una uictoria est, non potest 5
omnium esse par gloria. tamen cum praeclara retuleris, a nemine
retulisti mortuum suscitatum: quo uno utique necesse est con-
fiteri Martino neminem conferendum. nam si admirandum est, **25**
quod illum Aegyptium flamma non adtigit, hic quoque saepius
imperauit incendiis. si reuoluas quod anachoretis feritas bestia-
rum uicta succubuit, hic familiariter et rabiem bestiarum et ser-
pentium uenena conpescuit. quodsi illum conferas, qui inmundis 2
spiritibus obsessos uerbi imperio aut etiam fimbriarum uirtute
curabat, ne in hac quidem parte inferiorem fuisse Martinum
multa documenta sunt. si etiam ad illum recurras, qui saetis 3
suis pro ueste contectus putabatur ab angelis uisitari, cum isto
angeli cotidie loquebantur. iam uero aduersus uanitatem adque 4
iactantiam ita inuictum spiritum gessit, ut illa uitia fortius nemo
contempserit, cum quidem inmundis spiritibus adflatos absens
plerumque curauerit, nec solum comitibus aut praefectis, sed
ipsis etiam regibus imperaret. minimum id quidem in illius uir-
tutibus, sed credas uelim, non solum uanitati, sed causis etiam
adque occasionibus uanitatis neminem fortius repugnasse. parua 5
quidem, sed non praetereunda dicturus sum, quia et ille laudan-
dus est, qui summa praeditus potestate tam religiosam ad reue-

6 ante] a te *B et Ald.* 9 puto *F* 10 in *om. BV* || aequae *V* 11 de] ad *V* 13 omnium esse *BMV:* omnium *om. AFv* || tamen *AFQV:* et tamen *v* 14 utique *V:* utique te *AFv* 18 rauiem *V* 20 aut *AFQV:* ac *v* 22 docimenta *V* || saetis *AV:* setis *Fv* 23 putatur *AF* 27 curauit *V* 28 imperarit *B*, imperauerit *M* || illius *BV*: illis *AFv* 29 uanitatis *V*

6 rentiam beati uiri ostenderit uoluntatem. memini Vincentium
praefectum, uirum egregium et quo nullus sit intra Gallias omni
uirtutum genere praestantior, dum Turonos praeteriret, a Mar-
tino saepius poposcisse, ut ei conuiuium in suo monasterio daret—
in quo quidem exemplum beati Ambrosi episcopi praeferebat, qui
eo tempore consules et praefectos subinde pascere ferebatur —:
sed uirum altioris ingenii, ne qua ex hoc uanitas adque inflatio
7 obreperet, noluisse. ergo fatearis necesse est in Martino omnium
illorum, quos enumerasti, fuisse uirtutes, Martini autem in illis
omnibus non fuisse.

26 Quid tu, inquit Postumianus, ita mecum? quasi non eadem
tecum sentiam semperque senserim. ego uero quoadusque uiuam
semper et sapiam, Aegypti monachos praedicabo, laudabo ana-
choretas, mirabor eremitas: Martinum semper excipiam: non illi
ego audeo monachorum, certe non episcoporum quempiam con-
2 parare. hoc Aegyptus fatetur, hoc Syria, hoc Aethiops conperit,
hoc Indus audiuit, hoc Parthus et Persa nouerunt, nec ignorat
Armenia, Bosporus exclusa cognouit, et postremo si quis aut For-
3 tunatas insulas aut glacialem frequentat oceanum. quo miserior
est regio ista nostrorum, quae tantum uirum, cum in proximo
habuerit, nosse non meruit. nec tamen huic crimini miscebo po-
pulares: soli illum clerici, soli nesciunt sacerdotes, nec inme-
rito nosse illum inuidi noluerunt, quia si uirtutes illius nossent,
4 sua uitia cognouissent. horreo dicere quae nuper audiui, infeli-
cem dixisse nescio quem, te in illo libro tuo plura mentitum. non
est hominis uox ista, sed diaboli, nec Martino in hac parte detra-
5 hitur, sed fides Euangeliis derogatur. nam cum Dominus ipse
testatus sit istiusmodi opera, quae Martinus inpleuit, ab omni-
bus fidelibus esse facienda, qui Martinum non credit ista fecisse,

3 praetestantior *V* || Turonas *M* 5 ambrosi *V:* ambrosii *AFv* || qui *F corr. e* quē *ut uidetur* 10 fuisse. et postumianus inquit ita *etc. V* 11 quasi *AV*: quia *F* || deodem *V, ex* de eo idem? 12 quoadusque *V*: quoad *AFv* 13 semper *om. B* 15 audeo *V*: quemquam audebo *AFv* 16 siria *A* || ethiops *V* 18 bosforus *AFV* 19 glatialem *AF* 20 nostrorum (*i. e.* Aquitanorum) *AFV*: uestrorum *M*, nostrarum *Q*, nostra *v* 24 uitia nouissent *BV* || quae *V*: quod *AFv* 27 fides *BV*: fidei *AFv* || euangeliis *V*: euangelii *ABFv* 29 ista fecisse non credit *om. F pr. m.*

non credit Christum ista dixisse. sed infelices, degeneres, som- 6
nulenti, quae ipsi facere non possunt, facta ab illo erubescunt,
et malunt illius negare uirtutes quam suam inertiam confiteri.
uerum nobis ad alia properantibus omnis istorum memoria relin- 7
quatur: tu potius, ut iam dudum desidero, residua Martini opera
contexe. At ego, inquam, arbitror rectius istud a Gallo esse
poscendum, quippe qui plura nouerit — neque enim ignorare po- 8
tuit magistri facta discipulus — et qui non inmerito istam uicem
non solum Martino, sed etiam nobis debeat, quia ego iam librum
edidi, tu hactenus Orientalium gesta memorasti: istam demum
necessarii sermonis historiam Gallus euoluat, quia, ut dixi, et
nobis debet loquendi uicem et Martino suo, credo, praestabit,
ut non grauate illius facta commemoret.

Ego plane, inquit Gallus, licet inpar sim tanto oneri, tamen **27**
relatis superius a Postumiano oboedientiae cogor exemplis, ut
munus istud, quod inponitis, non recusem. sed dum cogito me 2
hominem Gallum inter Aquitanos uerba facturum, uereor ne
offendat uestras nimium urbanas aures sermo rusticior. audietis
me tamen ut Gurdonicum hominem, nihil cum fuco aut cothurno
loquentem. nam si mihi tribuistis Martini me esse discipulum, 3
illud etiam concedite, ut mihi liceat exemplo illius inanes ser-
monum faleras et uerborum ornamenta contemnere. Tu uero, in- 4
quit Postumianus, uel Celtice aut, si mauis, Gallice loquere,
dummodo Martinum loquaris. ego autem credo, quia, etiamsi
mutus esses, non defutura tibi uerba, quibus Martinum facundo
ore loquereris, sicut Zachariae in Iohannis nomine lingua reso-

26 cf. Luc. 1, 63. 64.

1 somnolenti *AFv* 6 et sulpicius ad ego *V* 7 qui et plura *A* 9 quia *V*: ut quia (qui *F pr. m.*) *AFv* || et ego *V haud inepte, si deinde scribas* et tu 10 edidi *BMV*: editum *AFv* (habeo editum *F corr.*) || tu *MV*: ac tu *AFv* || ista *F pr. m.* 11 uoluat *V* 13 grauare *V* 14 et gallus ego plane inquit *V* || honori tamen praelatis *V* 16 istud *om. F pr. m.* 19 gurdonicum *AF*: gorthonicum *V*, gortonicum *uel* gurtonicum *aliquot Gisel. libri*, gorgonicum *BM* || coturno *AFV* 20 tribuistis *BV*: tribuitis *AFv* 22 faleras *AFV*: phaleras *v* || et postumianus tu uero inquid *V* 24 dummodo *BV*: dummodo iam *AFv* || de martinum (—no *corr. m. 2*) *V* || credo *BV*: profiteor *AFv* 25 motus *V* || quamuis profundo ore loquaris *BM* (*non item V, ut ait de Prato*) 26 zacchariae *V*

5 luta est. ceterum cum sis scholasticus, hoc ipsum quasi scholasticus artificiose facis, ut excuses inperitiam, quia exuberas eloquentia. sed neque monachum tam astutum neque Gallum
6 decet esse tam callidum. uerum adgredere potius et quod te manet explica: nimium enim dudum alias res agentes consumimus tempus, et iam solis occidui umbra prolixior monet, non multum
7 diei uicina nocte superesse. Deinde cum paululum omnes conticuissemus, Gallus ita coepit: cauendum mihi inprimis esse arbitror, ne ea de Martini uirtutibus repetam, quae in libro suo Sulpicius iste memorauit. unde prima illius inter militandum gesta praetereo, neque ea adtingam, quae laicus egit ac monachus: nec
8 uero audita ab aliis quam quae uidi ipse dicturus sum.

(DIALOGVS SECVNDVS).

1 Quo primo igitur tempore relictis scholis beato me uiro iunxi, paucos post dies euntem ad ecclesiam sequebamur. interim ei seminudus hibernis mensibus pauper occurrit, orans sibi uesti-
2 mentum dari. tunc ille arcessito archidiacono iussit algentem sine dilatione uestiri: dein secretarium ingressus, cum solus, ut erat consuetudo, resideret — hanc enim sibi etiam in ecclesia solitudinem permissa clericis libertate praestabat, cum quidem in alio secretario presbyteri sederent, uel salutationibus uacantes uel audiendis negotiis occupati: Martinum uero usque in eam horam, qua sollemnia populo agi consuetudo deposceret, sua solitudo
3 cohibebat. illud non praeteribo, quod in secretario sedens numquam cathedra usus est: nam in ecclesia nemo umquam illum sedere conspexit, sicut quendam nuper, testor Deum, non sine

1 scolasticus *(bis) AF* || quasi] quare sis *V* (hoc ipsum — scholast. *deest in ed. de Prato*) 2 qui *V* || exuberas *ABF*^{2}*MV*: exsuperas *F pr. m. et v* 7 diei] de *AFQV* 9 sulpitius *F* 10 inter militandum *AV*: interim militando (meditando *F corr.*) *FQ* 12 quam *V*: potius quam *AFv* || *Explicit liber secundus AF*; *in BV oratio pergit sine ulla interruptione* 14 primum *BM* || scolis *AF* 17 arcessito *AV*: arcersito *F*^{1}, accersito *F corr.* 18 deinde *AFv* || erat *V*: erat illi *AFv* 20 clerecis *V* 21 residerent *A* 22 audientes *F pr. m.* || martino *V* 23 quã *F*, quae *V* || populi *edd. complures* 26 deum *ABFMV*: dominum *v* || sine *V*: sine meo *AFv*

pudore uidi sublimi solio et quasi regio tribunali celsa sede resi-
dentem, sedentem uero Martinum in sellula rusticana, ut sunt 4
istae in usibus seruulorum, quas nos rustici Galli tripeccias, uos
scholastici aut certe tu, qui de Graecia uenis, tripodas nuncu-
patis —: hoc secretum beati uiri pauper ille captatus, cum ei
archidiaconus dare tunicam distulisset, inrupit, dissimulatum se
a clerico querens, algere deplorans. nec mora, sanctus paupere 5
non uidente intra amphibalum sibi tunicam latenter eduxit pau-
peremque contectum discedere iubet. dein paulo post archidia-
conus ingressus admonet pro consuetudine, exspectare in ecclesia
populum, illum ad agenda sollemnia debere procedere. cui ille 6
respondens ait, pauperem prius — de se autem dicebat — oportere
uestiri: se ad ecclesiam non posse procedere, nisi uestem pauper
acciperet. diaconus uero nihil intellegens, quia extrinsecus indu- 7
tum amphibalo, ueste nudum interius non uidebat, postremo
pauperem non conparere causatur. mihi, inquit, uestis, quae
parata est, deferatur: pauper non deerit uestiendus. tum demum 8
clericus necessitate conpulsus, iam felle commoto, e proximis
tabernis bigerricam uestem, breuem adque hispidam, quinque
conparatam argenteis rapit adque ante Martini pedes iratus ex-
ponit. en, inquit, uestem, sed pauper hic non est. ille nihil 9
motus iubet eum paululum stare pro foribus, secretum utique
procurans, dum sibi uestem nudus inponeret, totis uiribus ela-
borans ut posset occultum esse quod fecerat. sed quando in sanctis
uiris latent ista quaerentibus? uelint nolint cuncta produntur.
cum hac igitur oblaturus sacrificium Deo ueste procedit. quo 2
quidem die — mira dicturus sum — cum iam altarium, sicut
est sollemne, benediceret, globum ignis de capite illius uidimus

1 et *BMV*: *om. AFv* 2 sedentem uero martinum *V*: sedebat autem martinus *AFv* || ut sunt istae (ista *V*) *BMV*: ut sunt *A*, ut est *Fv* 3 tripeccias *V*: tripecias *F*, tripetias *Av* 4 scolastici *AF* 5 hoc *V*: ergo hoc *AF*, hoc ergo *v* || captatus *BMV* (*i. e.* deceptus): captatum *AFv* 7 quaerens *V*, conquerens *BM* 8 amfibalum *FV*, amphimalum *B* || educit *BM* 15 amfibalo *V* 17 parata *BV*: praeparata *AFv* || tum *V*: arta tum *B*, artatus *AF*, arctatus *v* 18 ac necessitate *F corr.* || iam *V*: iamque *AFv* || e *AFV*: a *edd.* 19 bigerricam *BMV*: bigerimam (bigerrimam *corr.*) *A*, nigerrimam *F*, *sed prior* n *et* m *in ras. m. 2;* bigerrigam *v* || breuem *BMV*: breuemque *AFv* 22 secreto *AF* 23 et totis *A* 24 possit *AFMV* 25 ista? quaerentibus *de Prato*

emicare, ita ut in sublime contendens longum admodum crinem
2 flamma produceret. et licet celeberrimo factum die in magna po-
puli multitudine uiderimus, una tantum de uirginibus et unus de
presbyteris, tres tantum uidere de monachis: ceteri cur non uide-
rint, non potest nostri esse iudicii.

3 Per idem fere tempus cum Euanthius auunculus meus, uir licet
saeculi negotiis occupatus admodum Christianus, grauissima
aegritudine extremo mortis periculo coepisset urgueri, Martinum
euocauit. nec cunctatus ille properauit: prius tamen quam me-
dium uiae spatium uir beatus euolueret, uirtutem aduenientis
sentit aegrotus, receptaque continuo sanitate uenientibus nobis
4 obuiam ipse processit. altera die redire cupientem magna prece
tenuit, cum interim unum e familia puerum letali ictu serpens
perculit: quem iam exanimem ui ueneni ipse Euanthius suis
umeris inlatum ante pedes sancti uiri, nihil illi inpossibile con-
fisus, exposuit. iamque se malum serpens per omnia membra
5 diffuderat: cerneres omnibus uenis inflatam cutem et ad utris
instar tensa uitalia. Martinus porrecta manu, uniuersa pueri
membra pertractans, digitum prope ipsum uulnusculum, quo
6 bestia uirus infuderat, fixit. tum uero — mira dicturus sum — uidi-
mus uenenum ex omni parte prouocatum ad Martini digitum cu-
currisse: dein per illud ulceris foramen exiguum ita uirus stipasse
cum sanguine, ut solet ex uberibus caprarum aut ouium pasto-
7 rum manu pressis longa linea copiosi lactis effluere. puer surrexit
incolumis. nos obstupefacti tantae rei miraculo, id quod ipsa co-
gebat ueritas, fatebamur non esse sub caelo, qui Martinum possit
imitari.

1 conscendens *de Prato cum cod. Vorstii* || longum a. crinem *V*: longius collum crinemque *AFv* 2 et *V*: hoc *AFv* 3 uideremus *V* || tantum *om. F* 4 non uiderent *V* 6 euanthius *FV (item infra)*: euantius *Av* || uir scilicet *F* 7 admodum *BV*: tamen admodum *AFv* 8 extremo *om. V* || coepit *F* 11 sentit *V*: sensit *AFv* 12 magna cum prece *V corr. m. 2* 13 tenuit *BMV*: detinuit *AFv* 14 quem iam *AV*: quo iam *F*, quoniam *Q* 16 exponit *B* || serpens *BV*: serpentis *AFv*

17 ad *om. F in rasura*, *item M* 19 pertrectans *A* || uulnusculum ipsum *A* 20 uidimus *om. F pr. m.* 21 prouocatum *V*: reuocatum *AFv*

22 deinde *AFv* || per *Giselino delendum uidebatur* || serpsisse *Lazius*, stillasse *lectio uaria in cod. Veneto*

Consequenti itidem tempore iter cum eo, dum dioeceses uisitat, 3
agebamus. nobis nescio qua necessitate remorantibus aliquan-
tulum ille processerat. interim per aggerem publicum plena mi- 2
litantibus uiris fiscalis raeda ueniebat. sed ubi Martinum in ueste
hispida nigro et pendulo pallio circumtectum contigua de latere
iumenta uiderunt, paululum in partem alteram pauefacta ces-
serunt. dein funibus inplicatis protentos illos, quibus, ut saepe 3
uidistis, misera ipsa animalia conglobantur, ordines miscuerunt:
dumque aegre expediuntur, moram fecere properantibus. qua
permoti iniuria militantes praecipitatis in terram saltibus se
dederunt. dehinc Martinum flagris ac fustibus urguere coeperunt, 4
cum quidem ille mutus et incredibili patientia praebens terga
caedentibus maiorem insaniam infelicibus commoueret, magis
ex hoc furentes, quod ille quasi non sentiens uerbera inlata con-
temneret. nos ilico consecuti foede cruentum adque uniuersa 5
corporis parte laniatum, cum exanimis in terram procubuisset,
inuenimus: statimque eum asello suo inposuimus ac locum caedis
illius exsecrantes raptim abire properauimus. interea illi regressi
ad raedam suam furore satiato, agi quo ire coeperant, iumenta
praecipiunt. quae cum omnia solo fixa ac si aenea signa riguis- 6
sent, adtollentibus altius uocem magistris, flagris hinc adque
inde resonantibus, nihil penitus mouebantur. consurgunt deinde
omnes pariter in uerbera: consumit Gallicas mularum poena
mastigias. tota rapitur silua de proximo, trabibus iumenta tun- 7
duntur, sed nihil penitus saeuae manus agebant: uno adque
eodem in loco stabant fixa simulacra. quid agerent infelices ho-
mines nesciebant, nec iam ultra dissimulare poterant, quin
quamlibet brutis pectoribus agnoscerent, diuino numine se teneri.
tandem ergo in se regressi coeperunt quaerere, quis ille esset, 8

1 eo dum] eodem *V*, eodem dum *AF* || diocisis uisitata *V* 3 pupli-cum *F* 4 raeda *V*: reda *AF*, rheda *v et sic infra* § 5 5 circumiec-tum *V* 6 cesserunt *ABV*: haeserunt *Fv* 7 deinde *v* 8 ipsa *V*: illa *AFv* 9 facere *F pr. m.* 10 saltibus *om. F pr. m.* 11 dehinc *V*: dein *A*, deinde *Fv* 12 ille non motus *2 codd. Gisel.* 14 furentibus *M; at u. de Prato* 15 ilico *AFV*: illico *v* || cruentato *F corr.* 16 terra *AF*

19 furore suo satiati *M*, furore fatigati *V; at cf. Paulinus*: Interea expleto satiati corda furore 20 signa *om. AFQ* 21 adtollentibus *BMV*: tollentibus *AFv* 24 trauibus *V* 29 regressi in se *F*, in se reuersi *M*

quem in eodem loco ante paulułum cecidissent, cum percontantes
cognoscunt ex uiantibus, Martinum a se tam crudeliter uerbe-
ratum. tum uero apparere omnibus causa manifesta, nec ignorare
9 iam poterant, quin ob illius uiri iniuriam tenerentur. igitur
omnes rapidis nos passibus consequuntur. conscii facti ac meriti,
pudore confusi, flentes et puluere, quo se ipsi foedauerant, caput
adque ora conspersi, ant Martini se genua prouoluunt, ueniam
precantes et ut eos abire sineret postulantes: satis se uel sola
conscientia dedisse poenarum satisque intellexisse, quam eodem
ipsos uiuos absorbere terra potuisset, uel ipsi potius amissis sen-
sibus in inmobilem saxorum naturam rigescere debuissent, sicut
adfixa locis quibus steterant iumenta uidissent: orare se adque
obsecrare, ut indulgeret sceleris ueniam et copiam praestaret
10 abeundi. senserat etiam, priusquam occurrerent, uir beatus illos
teneri, nobisque id ante iam dixerat: ueniam tamen clementer
indulsit eosdemque abire permisit, animalibus restitutis.
4 Illud autem animaduerti saepe, Sulpici, Martinum tibi dicere
solitum, nequaquam sibi in episcopatu eam uirtutum gratiam
suppetisse, quam prius se habuisse meminisset. quod si uerum
est, immo quia uerum est, conicere possumus, quanta fuerint
illa, quae monachus operatus est et quae teste nullo solus exer-
cuit, cum tanta illum in episcopatu signa fecisse sub oculis om-
2 nium uiderimus. multa quidem illius prius gesta innotuere
mundo neque potuere celari, sed innumerabilia esse dicuntur,
quae dum iactantiam uitat, occuluit neque in hominum notitiam
passus est peruenire, quippe qui humanam substantiam super-
gressus, uirtutis suae conscientia mundi gloriam calcans, caelo
3 teste frueretur. quod uerum esse uel ex his, quae conperta nobis
sunt nec latere potuerunt, possumus aestimare, siquidem ante
episcopatum duos mortuos uitae restituerit, quod liber tuus ple-

1 percontantes *AV et corr. F*: percunctantes *F pr. m. et v* 3 tum *BMV*: tunc *AFv* 5 conscii *BV et corr. F*: conscio *A*F^1*v* || merito *de Prato cum Aldina* 9 satisque se i. *A* || eodem *V*: eosdem *AFv*
10 absoruere *V* 14 occurrerent *V*: accurrerent *AFv* 16 eosdemque *V, sed* s *sup. lin.* 17 sulpicii *V* 18 episcopatum *V* 19 meminirat *V* 20 fuerint *MV*: fuerunt *AFv* 21 monacus *A* 23 gesta prius *v* 25 occuluit *BV* (*sed V* occoluit): occultauit *AFv* || et neque *V*
28 fruetur *V*

nius est locutus, in episcopatu uero, quod praetermisisse te
miror, unum tantummodo suscitarit. cuius rei ego testis sum,
si tamen nihil de idoneo teste dubitatis. id ipsum autem uobis,
qualiter gestum sit, explicabo. fuerat causa nescio qua Carno- 4
tum oppidum petebamus. interea, dum uicum quendam habitan-
tium multitudine frequentissimum praeterimus, obuiam nobis
inmanis turba processit, quae erat tota gentilium: nam nemo in
illo uico nouerat Christianum. uerum ad famam tanti uiri cam-
pos omnes late patentes confluentium multitudo contexerat. sensit 5
Martinus operandum et adnuntiante sibi spiritu totus infremuit,
nec mortale sonans uerbum Dei gentilibus praedicabat, saepius
ingemescens, cur tanta Dominum Saluatorem turba nesciret. in- 6
terea, sicut nos incredibilis circumdederat multitudo, mulier
quaedam, cuius filius paullo ante defecerat, corpus exanime
beato uiro protensis manibus coepit offerre dicens: scimus quia
amicus Dei es: restitue mihi filium meum, quia unicus mihi est.
iunxit se cetera multitudo et matris precibus adclamabat. tum 7
Martinus uidens pro expectantium salute, ut postea nobis ipse
dicebat, consequi se posse uirtutem, defuncti corpus propriis
manibus accepit: et cum spectantibus cunctis genua flexisset,
ubi consummata oratione surrexit, uiuificatum paruolum matri
reddidit. tum uero multitudo omnis in caelum clamore sublato 8
Christum Deum fateri, postremo cuncti cateruatim ad genua
beati uiri ruere coeperunt, fideliter postulantes ut eos faceret
Christianos. nec cunctatus, in medio ut erant campo, cunctos 9
inposita uniuersis manu catechumenos fecit, cum quidem ad nos
conuersus diceret, non inrationabiliter in campo catechumenos
fieri, ubi solerent martyres consecrari.

1 praetermisisset miror *V* 2 suscitarit *AF*: suscitaret *V*, suscitauerit *v* 3 de idoneo *V*: de minus idoneo *AFv*, de me minus id. *BM* 4 nescio qua *AFV*: nescio quae, qua *v* || carnutum *B* 5 habitantum *V* 8 Christum *F corr. et v* 9 sensit *V*: sensit hic *AFv* 11 uerba *V* 12 ingemiscens *AVv* 13 multitudo — defecerat *om. F pr. m.* 14 exanimum *v* 16 est mihi *v* 17 adclamabat (accl. *F*) *AFMV*: acclamat *v* 19 se *om. V* 20 spectantibus *BMV*: expectantibus *AFQ*, inspectantibus *v* 21 ubi — surrexit *om. V* || paruulum *AFv* 22 reddidit *2 codd. Gis. et V*: restituit *AFv* 23 deum *ABFV*: dominum *v* || fateri dixere *F* || postremũ *AF* 24 fediliter *V* 25 erant *AV*: erat *Fv* 26 cathecuminos *V*, *item paulo post* 28 solent *AFQ*

5 Vicisti, inquit Postumianus, Galle, uicisti, non utique me,
qui Martini sum potius adsertor et qui haec omnia de illo uiro et
sciui semper et credidi, sed eremitas omnes anachoretasque uicisti.
2 nemo enim illorum, sicut Martinus hic uester, immo noster,
mortibus imperauit. meritoque hunc iste Sulpicius apostolis con-
parat et prophetis, quem per omnia illis esse consimilem fidei
3 uirtus ac uirtutum opera testantur. sed perge quaeso, quamquam
nihil magnificentius audire possimus, perge tamen, Galle, quod
etiam nunc de Martino superest sermonis euoluere. nam etiam
minima illius et cotidiana animus festinat agnoscere, quia mi-
4 nima illius aliorum maximis maiora esse non dubium est. Ita
faciam, Gallus inquit: uerum id, quod dicturus sum, ipse non
uidi, prius enim gestum est, quam me illi uiro iungerem: sed
factum celebre est, fidelium fratrum, qui interfuerant, sermone
5 uulgatum. eo fere tempore, quo primum episcopus datus est,
fuit ei necessitas adire comitatum. Valentinianus tum maior
rerum potiebatur. hic cum Martinum ea petere cognouisset, quae
praestare nolebat, iussit eum palatii foribus arceri: etenim ad
animum illius inmitem ac superbum uxor accesserat Arriana,
quae totum illum a sancto uiro, ne ei debitam reuerentiam prae-
6 staret, auerterat. itaque Martinus, ubi semel adque iterum su-
perbum principem adire temptauit, recurrit ad nota praesidia:
cilicio obuoluitur, cinere conspergitur, cibo potuque abstinet,
7 orationem noctibus diebusque perpetuat. septimo die adsistit ei
angelus: iubet eum ad palatium ire securum, regias fores quam-
libet clausas sponte reserandas, imperatoris spiritum superbum
8 molliendum. igitur istiusmodi praesentis angeli confirmatus ad-

1 Postumianus *(minio)* uicisti inquit *V* 2 assertor *AF* 3 anacho-ritasque *V* 6 quem *F corr. ex* quae 7 testatur *V* || quanquam *AF* 8 possumus *F pr. m.* 11 non *BV*: nulli *AFv* 12 et gallus *(minio)* ita faciam inquid *V* || inquit. uerum inquit id *F* 13 gestum *V:* gesta res *AFv* || illi uiro] illo *F corr. in* illi 14 interfuerunt *V haud scio an recte* 15 eo *BV*: eodem *AFv* 16 ualentianus *V* 17 rerum *Fv:* rerum summa *A*, regno *B*, rerum omnium potiebatur imperiuest *(sic) V* || hic *V:* is *AFv* || petere cogn. quae *om. V* 21 auerteret *F pr. m.* 22 adire *FQV:* frustra adire *Av* 23 abstinet** *F* 24 orationem *BMV:* orationibus *A et pr. m. F*, orationes *F corr. et v* || noctibus diebusque *BMV:* diebus noctibusque *AFv* || septimo uero *AFv* || adsistit *V:* adstitit *AFv* 27 confirmatus est *F pr. m. et Q*

loquio et fretus auxilio palatium petit. patent limina, nullus
obsistit: postremo usque ad regem nemine prohibente peruenit.
qui cum uenientem eminus uideret, frendens cur fuisset admis-
sus, nequaquam adsurgere est dignatus adstanti, donec regiam
sellam ignis operiret ipsumque regem ea parte corporis, qua
sedebat, adflaret incendium. ita e solio suo superbus excu- 9
titur et Martino inuitus adsurgit: multumque conplexus quem
spernere ante decreuerat, uirtutem sensisse diuinam emen-
datior fatebatur: nec expectatis Martini precibus prius om-
nia praestitit quam rogaretur. conloquio illum adque conuiuio 10
frequenter adsciuit: postremo abeunti multa munera obtulit,
quae uir beatus, ut semper, paupertatis suae custos cuncta
reiecit.

Et quia palatium semel ingressi sumus, licet diuersis in **6**
palatio temporibus gesta conectam: nequaquam enim praetermit-
tendum uidetur circa Martini admirationem reginae fidelis exem-
plum. Maximus imperator rempublicam gubernabat, uir omni 2
uita merito praedicandus, si ei uel diadema non legitime tumul-
tuante milite inpositum repudiare uel armis ciuilibus abstinere
licuisset: sed magnum imperium nec sine periculo renui nec sine
armis potuit retineri. hic Martinum saepius euocatum receptum- 3
que intra palatium uenerabiliter honorabat: totus illi cum eo
sermo de praesentibus, de futuris, de fidelium gloria, de aeter-
nitate sanctorum, cum interim diebus ac noctibus de ore Martini
regina pendebat: euangelico illo non inferior exemplo pedes
sancti fletu rigabat, crine tergebat. Martinus, quem nulla um- 4
quam femina contigisset, istius adsiduitatem, immo potius ser-
uitutem non poterat euadere. non illa opes regni, non imperii
dignitatem, non diadema, non purpuram cogitabat: diuelli a
Martini pedibus solo strata non poterat. postremo a uiro suo
poscit, dicens Martinum uterque conpellant, ut ei remotis omni-
bus ministris praeberet sola conuiuium. nec potuit uir beatus

1 petiit *A* || patent *om. F* 3 frendens *V:* infrendens *AFv* 6 e *V*: *om. AFv* 8 sensisse se *A* 15 conectam *FV*: connectam *Av* 18 uita *AMV et pr. m. F:* uitae *F corr. et v* 21 retineri *V*: teneri *AFv*
22 ille *F pr. m.* 25 penderet *A* 26 crine tergebat *om. F* 29 de-uelli *F pr. m.* 31 poscit *BV*: poposcit *AFv* || dicens *V*: dein *AF*, deinde *v* || conpellant *AV*: compellunt *Fv*

obstinatius reluctari. conponitur castus reginae manibus appa-
ratus: sellulam ipsa consternit, mensam admouet, aquam mani-
bus subministrat, cibum, quem ipsa coxerat, adponit. ipsa illo
edente eminus secundum famulantium disciplinam solo fixa con-
sistit inmobilis, per omnia ministrantis modestiam et humili-
tatem exhibens seruientis: miscuit ipsa bibituro et ipsa porrexit.
6 finita cenula fragmenta panis absumpti micasque collegit, satis
fideliter illas reliquias imperialibus epulis anteponens. beata
mulier, tantae pietatis adfectu illi merito conparanda, quae ue-
nit a finibus terrae audire Salomonem, siquidem simplicem se-
7 quamur historiam. sed fides reginarum est conferenda, quod
mihi liceat separata mysterii maiestate dixisse: illa expetiit audire
sapientem, ista non tantum audisse contenta meruit seruire
sapienti.

7 Ad haec Postumianus, iam dudum, inquit, Galle, audiens te
loquentem uehementer admiror reginae fidem: sed ubi illud est,
quod nulla umquam femina ferebatur propius adstitisse Martino?
2 ecce ista regina non solum adstitit, sed etiam ministrauit. et
uereor ne isto aliquantulum se tueantur exemplo qui libenter
feminis inseruntur. Tum Gallus, quid tu, inquit, non uides,
quod solent docere grammatici, locum, tempus et personam?
propone enim tibi ante oculos captum in palatio imperatoris pre-
cibus ambiri, reginae fide cogi, temporis necessitate constringi,
ut clausos carcere liberaret, exiliis datos restitueret, bona
adempta rehiberet: haec quanti putas constare episcopo debuisse,
ut pro his omnibus non aliquantulum de rigore propositi rela-
4 xaret? uerumtamen quia occasione huius exempli male usuros
esse aliquos arbitraris, illi uero felices erunt, si a disciplina
exempli istius non recedant. uideant enim, quia Martino semel

1 reluctare *V* || castis *F corr.* 4 edente *V et 2 optimi libri Giselini:* sedente *AFv* || constitit *B* 7 caenula *AF*, coenula *v* || absumpti *AV*: assumpti *Fv* || colligit *V* 10 solomonem *V*, sapientiam salomonis *FM* 11 sed *AFQV*: sed si *v* 12 expetit *F* 13 meruit *V*: sed et meruit *AFv* 15 Et postumianus *V* || galle te loquente *F* 16 illud ubi *AFv* 17 adsistisse *V* 18 *fort.* ministrauit ei. uereor 20 inserentur *Q* || tum] et *V* || non uides — personam *om. F pr. m.* 21 dicere *V* 24 datos *FV*: dampnatos *A* || bona ad. rehiberet *om. AF et alii* 25 redhiberet *2 codd. Gisel.* || putes *v* || stare *F pr. m.* 28 aliquos *om. Vv* 29 exempli istius *BMV*: exempli istius uiri *FQv*, istius uiri exempli *A*

tantum in uita iam septuagenario non uidua libera, non uirgo
lasciuiens, sed sub uiro uiuens, ipso uiro pariter supplicante, re-
gina seruiuit et ministrauit edenti, non cum epulante discubuit:
nec ausa participare conuiuium, sed deferebat obsequium. disce 5
igitur disciplinam: seruiat tibi matrona, non imperet, et ser-
uiat, non recumbat: sicut Martha illa ministrauit Domino, nec
tamen est adscita conuiuio: immo praelata est ministranti, quae
uerbum potius audiebat. sed in Martino ista regina utrumque
compleuit: et ministrauit ut Martha, et audiuit ut Maria. quodsi 6
quis hoc uti uoluerit exemplo, per omnia teneat: talis causa sit
talisque persona, tale obsequium, tale conuiuium, et in omni
uita semel tantum.

Praeclare, inquit Postumianus, nostros istos, ut Martini 8
non egrediantur exemplum, tua constringit oratio, sed profiteor
tibi quia haec surdis auribus audientur. nam si Martini seque- 2
remur uias, numquam causas de osculo diceremus et uniuersis
scaeuae opinionis opprobriis careremus. ceterum, sicut tu soles
dicere, cum edacitatis argueris, Galli sumus: ita nos in hac
parte numquam nec Martini exemplo uel tuis disputationibus
corrigemur. uerumtamen haec nobis iam dudum agentibus, quid 3
tu tam obstinate, Sulpici, taces? Ego uero, inquam, non solum
modo taceo, sed olim de istis tacere disposui. nam quia quan-
dam uiduam uagam, nitidulam, sumptuosam obiurgauerim la-
sciuius uictitantem, itidemque uirginem adulescenti cuidam mihi

1 uita *ABFMQV*: uita sua *v* 2 sub uiro uiuens *om. V* 3 ministrauit edenti *V*: ministrauit. Haec edenti (edente *A*) *AFQ*, ministrauit. haec edenti adstitit *v* 4 ausa *V*: ausa est *AFv* || participari conuiuio *v* 5 nec imperet *F* || et *om. F in rasura* 6 deo *V* 7 adscita — praelata est *om. V* 8 audiuit *A* 10 teneat *V*: teneat exemplum *AFv* 13 et postumianus *(minio)* praeclare inquam *V* || nostros *om. V* 14 egredeantur *V* 16 numquam — diceremus et *om. V et cod. Trudonensis (Giselini), in alio Gis. libro eadem erasa sunt* || uniuersis *F, sed* is *in litura*, uniuersa *A* 17 sceuae *F, sed* c *erasa* || opinionis** *F*, opinionis et *A* || obprobriis *A* || ceterum *V*: uerum *AFv* 19 nec *V*: uel *AFv* 20 corrigemur *V*: corrigendi (— dos *corr.)* fatemur *Fv*, corrigendi. fatemur teuthones sumus *A* 21 sulpicii *V; additum minio in eodem* (*post* taces) seuerus sulpicius || ego uero *V*: egone *ABFQ*, ego *v* || inquam *B et corr. F*: *om. V*, inquit *AQ* 22 disui *V* 24 uiuentem *2 codd. Gisel.* || mihi caro *om. V*

caro indecentius adhaerentem, cum quidem ipsam frequenter
audissem alios etiam, qui talia agerent, increpantem, tanta
mihi omnium feminarum cunctorumque monachorum odia con-
ciui, ut aduersum me utraeque legiones iurata bella susceperint.
4 unde quaeso taceatis, ne etiam quod uos loquimini ad meam
referatur inuidiam. tota nobis istorum memoria relinquatur: ad
5 Martinum potius reuertamur. tu Galle, ut adgressus es, coeptum
opus explica. Tum ille, iam quidem uobis, inquit, tanta nar-
raui, ut satisfacere studiis uestris meus sermo debuerit: sed quia
uoluntati uestrae non obsecundare mihi non licet, quantum ad-
6 huc diei superest loquar. nam certe dum stramen illud, quod in
lectos nostros paratur, aspicio, subuenit in memoriam etiam de
7 stramine, in quo Martinus iacuerat, factam esse uirtutem. res
ita gesta est. Claudiomagus uicus est in confinio Biturigum ad-
que Turonorum. ecclesia ibi est celebris religione sanctorum nec
minus gloriosa sacrarum uirginum multitudine. praeteriens ergo
8 Martinus in secretario ecclesiae habuit mansionem. post disces-
sum illius cunctae in secretarium illud uirgines inruerunt: ad-
lambunt singula loca, ubi aut sederat uir beatus aut steterat,
9 stramentum etiam, in quo iacuerat, partiuntur. una earum post
dies paucos partem straminis, quam sibi pro benedictione colle-
gerat, energumeno, quem spiritus erroris agitabat, de ceruice
suspendit. nec mora, dicto citius eiecto daemone persona cu-
rata est.

9 Per idem fere tempus Martino a Treueris reuertenti fit obuiam
uacca, quam daemon agitabat: quae relicto grege suo in homi-
nes ferebatur et iam multos noxie petulca confoderat. uerum ubi

1 adherenti *V* 2 alios — increpantem] de eius amore profitentem *V solus* || quia talia *BM* 3 consciui *V*, concitaui *AFv* 4 ut *om. F* || utreque legionis *V* || susciperent *F* 5 quod *BV*: hoc quod *AFv* 6 uobis *AFv* || memoria *V*: mentio *AFv* 8 ille] gallus *V* 10 mihi non licet *AFQV*: nefas mihi est *Gisel. ex suis* 11 dies *AFQ* 14 Claudiomagus *BMV*: Claudiomacus *AF*, Claudiomachus *v* 15 turonum *F* || ecclesiam *V* 16 multitudine *BMV*: multitudo *AFv* 18 cunctae — illud *om. V* || irruunt *AB* || alambunt *A* 20 stram. *F corr. e* sacramentum || iacuerat *cod. Vorstii:* iacuerunt *V*, quieuerat *AFv* 22 inergumino *V* 23 curata *V et cod. Vorstii:* purgata *AFv* 27 noxiae *V*, noxie *F*, *sed* e *in ras.* || petula *F*, petulans *M*

nobis coepit esse contigua, ii qui eam eminus sequebantur, prae-
dicere magna uoce coeperunt ut caueremus. sed postquam ad nos 2
toruis furibunda luminibus propius accessit, Martinus eleuata
[obuiam] manu pecudem consistere iubet: quae mox ad uerbum
illius stare coepit inmobilis, cum interea uidit Martinus dorso 3
illius daemonem supersedentem: quem increpans, discede, in-
quit, funeste, de pecude et innoxium animal agitare desiste.
paruit nequam spiritus et recessit. nec defuit sensus in bucula, 4
quin se intellegeret liberatam: ante pedes sancti recepta quiete
prosternitur, dein iubente Martino gregem suum petiit seque
agmini ceterarum oue placidior inmiscuit. hoc illud fuit tempus, 5
quo inter medias flammas positus non sensit incendium, quod
mihi non arbitror esse referendum, quia hoc plenius iste Sul-
picius, licet in libro suo praeteritum, in epistula tamen postea,
quam ad Eusebium, tunc presbyterum, modo episcopum fecit,
exposuit: quam tu, Postumiane, aut credo legisti, aut si in-
cognita tibi est, cum libuerit, in promptu ex illo armario habes:
nos ab illo omissa referemus.

Quodam tempore, cum dioeceses circuiret, uenantium agmen 6
incurrimus. canes leporem sequebantur: iamque multo spatio
uicta bestiola, cum undique campis late patentibus nullum esset
effugium, mortem inminentem iam iamque capienda crebris fle-
xibus differebat. cuius periculum uir beatus pia mente miseratus
imperat canibus, desisterent sequi et sinerent abire fugientem.
continuo ad primum sermonis imperium constiterunt: crederes
uinctos, immo potius adfixos in suis haerere uestigiis. ita lepu-
sculus persecutoribus alligatis incolumis euasit.

Operae pretium autem est, etiam familiaria illius uerba, spi- **10**
ritualiter salsa, memorare. quem recens tonsam forte conspe- 2

1 hii *A*, hi *FVv* || praedicare *2 codd. Gis.* 4 obuiam *om. V, cf. tamen uit. Mart. 13, 8* || iubet *om. F pr. m.* iussit *F corr.* 5 uidit *V*: uidet *AFv* 6 descende *BM* 10 deinde *v* || petiit *ABMV*: petit *Fv* 14 lebro suo praeterito *V* 15 tum *AF* 18 referimus *AFv* 19 Quodam *BV*: Quodam autem *AFv* || cum *V*: dum *AFv* || iocisis *V* || circumiret *A* || agmini *Q et 2 libri Gisel.* 24 ut desisterent *AFv* 25 continuo *V*: qui continuo *AFv* || imperium sermonis *F, sed* imp. *additum m. 2*; sermonis eius imp. *B* 26 uestigis *F* 28 autem *V s. l. habet* || spiritualiter salsa *B*: spiritaliter sancta *V*, spiritali sale

xerat. euangelicum, inquit, mandatum ista conpleuit: duas habuit tunicas, unam earum largita est non habenti: ita ergo et
3 uos facere debetis. item cum subulcum algentem ac paene nudum in pellicia ueste uidisset, en, inquit, Adam [eiectus de paradiso] in ueste pellicea sues pascit: sed nos illo uetere deposito,
4 qui adhuc in isto manet, nouum Adam potius induamus. boues ex parte prata depauerant, porci etiam nonnulla suffoderant: pars cetera, quae manebat inlaesa, diuersis floribus quasi picta uernabat. speciem, inquit, gerit pars illa coniugii, quae a pecore depasta etsi non penitus gratiam amisit herbarum, nullam tamen florum retinet dignitatem: illa uero, quam porci pecora inmunda foderunt, fornicationis imaginem foedam protendit: ceterum illa portio, quae nullam sensit iniuriam, gloriam uirginitatis ostendit: herbis fecunda luxuriat, foeni in ea fructus exuberat et ultra omnem speciem distincta floribus quasi gemmis micantibus ornata radiat. beata species et Deo digna: nihil enim
5 uirginitati est conparandum. ita et illi, qui coniugia fornication comparant, uehementer errant, et illi qui coniugia uirginitati
6 aequanda aestimant, miseri penitus et stulti sunt. uerum haec a sapientibus tenenda distinctio est, ut coniugium pertineat ad ueniam, uirginitas spectet ad gloriam, fornicatio deputetur ad poenam, nisi satisfactione purgetur.

11 Miles quidam cingulum in ecclesia, monachum professus, abiecerat: cellulam sibi eminus in remoto quasi eremita uicturus erexerat. interea astutus inimicus uariis cogitationibus brutum pectus agitabat, ut coniugem suam, quam Martinus in monasterio puellarum esse praeceperat, uoluntate mutata secum po-
2 tius uellet habitare. adit ergo Martinum fortis eremita et quid

condita *v*, *F corr. et aliquot libri Giselini, ut uidetur*, spiritaliter (*uel* spiritualiter) sale condita *AMQ*

3 iterum *F* || humunculum *V solus* 4 pellicea *v* || eiectus de parad. *om. V* 5 oues pascit *V* 6 adhuc — induamus *om. V* || Adam *om. Q*

8 remanebat *F* 9 a *BV*: *om. AFv*, quā pecora depasta sunt *F corr. m. 2* 11 porci] *add. in F m. 2* id est 12 foeda *A*, foedera *V* || praetendit *AFv* 14 luxuriatur *A* || faeni *V*, feni *A* 16 radiauit *V* 17 fornicationi — qui coniugia *om. V* 19 existimant *B et 2 alii codd. apud de Prato* 24 heremita *AFV*, *item paulo post* 28 adit *BM*: adiit *AFVv* || et quid *AMV*: quid *Fv*

haberet animi confitetur. ille uero uehementer abnuere, feminam
uiro rursus, iam monacho, non marito, incongrua ratione mis-
ceri. postremo cum miles insisteret, adfirmans nihil hoc propo-
sito esse nociturum: se solo coniugis uti uelle solacio, porro ne
rursus se in sua reuoluerent, non esse metuendum: se esse mili-
tem Christi, illam quoque in eadem militiae sacramenta iurasse:
pateretur episcopus sanctos et sexum suum fidei merito nescien-
tes pariter militare. tum Martinus — uerba uobis ipsa dicturus 3
sum — dic mihi, inquit, si umquam in bello fuisti, si in acie
constitisti? at ille respondens, frequenter, inquit, in acie steti
et in bello frequenter interfui. ad haec Martinus: dic mihi ergo: 4
numquid in illa acie, quae armata in proelium parabatur aut
iam aduersus hostilem exercitum conlato comminus pede destricto
ense pugnabat, ullam feminam stare aut pugnare uidisti? tum 5
demum miles confusus erubuit, gratias agens errori suo se non
fuisse permissum, nec aspera increpatione uerborum, sed uera
et rationabili secundum personam militis conparatione correctum.
Martinus autem conuersus ad nos, sicut eum frequens fratrum 6
turba uallauerat, mulier, inquit, uirorum castra non adeat,
acies militum separata consistat: procul femina in suo degens
tabernaculo sit remota. contemptibilem enim reddit exercitum,
si uirorum cohortibus turba feminea misceatur. miles in acie, 7
miles pugnet in campo: mulier se intra murorum munimenta
contineat. habet et illa gloriam suam, si pudicitiam uiro absente
seruauerit: cuius haec prima uirtus et consummata uictoria est,
non uideri.

1 ueh. cepit abnuere *F corr.* 3 insisteret *V et cod. Vorstii:* instaret *AFv* 5 in sua *(i. e. in coniugii iura) AFMQV:* in sua uitia *v* 6 in eadem *V:* in eadem eiusdem *AFv* 7 sanctos *Giselinus*: scs *AFV*, *et sic uel* sanctus *plerique* || et *B et pr. m. F: om. AV,* eos *M et corr. F; cf. de Prato ad h. l.* || suum *om. F* 10 ad ille *V* 11 in bello *V*: bello *AFv* 12 et in illa *v* || armata in *F partim in litura m. 2* || proelium *ABM*: proelio *FVv* || mittebatur *A pr. m.* || aut iam *AFQV*: aut cum iam *v* 13 hostile (*om.* exercitum) *V* || conlato *V:* collocato *AM*, conlocata (-to *corr.*) *F*, collocatus *Q* || cominus *v* || districto *libri et v, sed* stricto *F* 14 pugnabas *FQ* || tum *BMV*: tunc *AFv* 19 ita dicebat mulier inquit *V* 20 in suo *om. F pr. m.* 22 choortibus *V* 23 pugnat *V* 24 illam *V* 25 casta (caste *corr.*) seruauerit *A* || confirmata *V*

12 Illud uero, Sulpici, meminisse te credo, quo affectu nobis,
cum et tu coram adesses, illam uirginem praedicarit, quae ita
se penitus ab omnium uirorum oculis remouisset, ut ne ipsum
quidem ad se Martinum, cum eam ille officii causa uisitare
2 uellet, admiserit. nam cum praeter agellum illius praeteriret,
in quo se ante conplures annos pudica cohibuerat, audita fide
illius adque uirtute deuertit, ut tam inlustris meriti puellam
3 religioso officio episcopus honoraret. nos consequentes gauisuram
illam uirginem putabamus, siquidem hoc in testimonium uir-
tutis suae esset habitura, ad quam tanti nominis sacerdos depo-
4 sito propositi rigore uenisset. uerum illa fortissimi uincula pro-
positi ne Martini quidem contemplatione laxauit. ita uir beatus
accepta per aliam feminam excusatione laudabili ab illius fori-
bus, quae se uidendam salutandamque ¦non dederat, laetus abs-
5 cessit. o uirginem gloriosam, quae ne a Martino quidem passa
est se uideri! o Martinum beatum, qui illam repulsam non ad
contumeliam suam duxit, sed magnificans illius cum exultatione
uirtutem inusitato in his dumtaxat regionibus gaudebat exem-
6 plo! ergo cum haut longe ab illa uillula nos manere nox inmi-
nens coegisset, xenium beato uiro eadem illa uirgo transmisit:
fecitque Martinus, quod ante non fecerat — nullius enim ille
umquam xenium, nullius munus accepit —: nihil ex his, quae
uirgo uenerabilis miserat, refutauit, dicens benedictionem illius
a sacerdote minime respuendam, quae esset multis sacerdotibus
7 praeferenda. audiant, quaeso, uirgines istud exemplum, ut
fores suas, si eas malis obsistere uolunt, etiam bonis claudant,
et, ne ad se inprobis sit liber accessus, non uereantur excludere
8 etiam sacerdotes. totus hoc mundus exaudiat: uideri se a Martino

1 illut *V*, illū *A* || sulpicii *V* 2 praedicarit *BMV*: praedicaret *AFv* || ita *om. F* 5 praeter *in F erasum est*, per *M* 6 ante ¦*V*: iam ante *AFv* || cohibuerat *V*: cohibebat *AFv* 7 deuertit *AF*[2]*V*: diuertit *F*[1]*v* 9 in *om. F in rasura* 10 esset habitura *AMV*: esse *(om. F 1. m.)* habituram *Fv* 11 proposito *B* || fortissima *B* || uincta *F* 12 nec *F (sed u. 15 idem* ne*)* 14 uidendam se *AFv* 16 o *om. V* || illum repulsum *F corr.* 18 inusitatum — exemplum *FQ* 19 aut *V* 20 senium *V, item paulo post* 21 ante *FV*: antea *Av* 22 nihil *AFQV*: nihil uero *v* 26 malis obsistere uolunt *BV*: mali obsidere uoluerint *AFv* 27 reuereantur *F corr.* 28 exaudiat *AFQV*: audiat *v*

uirgo non passa est. non utique illa quemcumque a se reppulit
sacerdotem, sed in eius uiri conspectum puella non uenit, quem
uidere salus uidentium fuit. quis autem hoc praeter Martinum 9
sacerdos non ad suam iniuriam rettulisset? quos aduersum sanc-
tam uirginem motus quantasque iras mente concepisset? haere-
ticam iudicasset et anathemandam esse decreuisset. quam uero 10
illi beatae animae illas uirgines praetulisset, quae crebris occur-
sibus ubique se praebent obuias sacerdoti, quae conuiuia sum-
ptuosa disponunt, quae una pariter discumbunt! sed quo me 11
ducit oratio? paululum iste liberior sermo reprimendus est, ne
in aliquorum forsitan incurrat offensam: etenim infidelibus
obiurgationis uerba non proderunt, fidelibus autem satisfaciet
exemplum. uerum ego ita uirtutem huius uirginis praedica-
bo, ut tamen nihil illis, quae ad Martinum uidendum ex
longinquis regionibus saepe uenerunt, arbitrer derogandum,
siquidem hoc beatum uirum frequenter affectu etiam angeli fre-
quentarint.

Ceterum hoc, quod dicturus sum, Sulpici, hoc te — me autem **13**
intuebatur — teste perhibeo. Quodam die ego et iste Sulpicius
pro foribus illius excubantes iam per aliquot horas cum silentio
sedebamus, ingenti horrore et tremore, ac si ante angeli taber-
naculum mandatas excubias duceremus, cum quidem nos, clauso
cellulae suae ostio, ibi esse nesciret. interim conloquentium mur- 2
mur audimus et mox horrore quodam circumfundimur ac stupore,

1 qualemcumque *cod. Vorstii* 3 uiuentium *F* || hoc *V*: hoc alius *AFv* 6 anathemandam *V*: anathematizandam *AFv; cf. Salmas. ad Tertull. de pallio p. 225* 9 discumbunt *V et cod. Vorstii*: accumbunt *AFv* 12 fedilibus *V* || satisfaciet *ABF*: satisfacit *V*, satisfaciat *v* 16 frequentauerunt *B*, uisitarunt *A* 18 hoc *V*: id *AFv* || Sulpici *V et cod. Lazii (sed V* sulpicii): Postumiane *AFv* || te *V*: tibi *AFv*, isto tibi *F corr. (al.* te *ante* teste *habent)* 19 teste *BMV*: teste recte *AFv. Post* perhibeo *additum est in marg. V manu saec. IX—X*: hic demitte usque ad finem libri istius. id est usque ad crucem † et notam asteriscum, *quae nota exstat ad calcem capitis 14; de qua adnotatione de Prato bene hoc monuit: Sane Paulinus ipse hoc dialogo quae sequuntur omnia omisit, non tamen Fortunatus, qui locum de Antichristo tantum silentio inuoluit.*
20 illius *om. V* 21 honore *AFQ* 22 mandatis *F pr. m.* || nos *BV: post* ostio *habent AFv* || clausos *V* 24 audimus *BMV*: audiuimus *AFv* || horrere *F pr. m.* || ac stupore *V*: ac obstupescentes *AF*, ac obstupentes *v*

3 nec ignorare potuimus nescio quid fuisse diuinum. post duas fere
horas ad nos Martinus egreditur: ac tum eum iste Sulpicius,
sicut apud eum nemo familiarius loquebatur, coepit orare, ut pie
quaerentibus indicaret, quid illud diuini fuisset horroris, quod
fatebamur nos ambo sensisse, uel cum quibus fuisset in cellula
conlocutus: tenuem enim nos scilicet et uix intellectum sermoci-
4 nantium sonum pro foribus audisse. tum ille diu multumque
cunctatus — sed nihil erat quod ei Sulpicius non extorqueret
inuito: incredibiliora forte dicturus sum, sed Christo teste non
mentior, nisi quisquam est tam sacrilegus, ut Martinum aestimet
5 fuisse mentitum —: dicam, inquit, uobis, sed uos nulli quaeso
dicatis: Agnes, Thecla et Maria mecum fuerunt. referebat autem
6 nobis uultum adque habitum singularum. nec uero illo tantum
die, sed frequenter se ab eis confessus est uisitari: Petrum etiam
et Paulum Apostolos uideri a se saepius non negauit. iam uero
daemones, prout ad eum quisque uenisset, suis nominibus incre-
pabat. Mercurium maxime patiebatur infestum, Iouem brutum
7 adque hebetem esse dicebat. haec plerisque etiam in eodem mo-
nasterio constitutis incredibilia uidebantur, nedum ego confidam
omnes, qui haec audient, credituros. nam nisi inaestimabilem
uitam adque uirtutem Martinus egisset, nequaquam apud nos
tanta gloria praeditus haberetur. quamquam minime mirum, si
in operibus Martini infirmitas humana dubitauit, cum multos
hodieque uideamus nec Euangeliis credidisse. a Martino autem
8 saepe angelos uisos familiariter et sensimus et experti sumus. rem
minimam dicturus sum, sed tamen dicam. apud Nemausum
episcoporum synodus habebatur, ad quam quidem ire noluerat,
sed quid gestum esset scire cupiebat. casu cum eo iste Sulpicius
nauigabat, sed procul, ut semper, a ceteris in remota nauis parte
residebat. ibi angelus, quid gestum esset in synodo, ei nuntiauit.
nos postea tempus habiti concilii sollicite requirentes satis con-

3 pie quaerentibus *BMV*: perquirentibus *AFv* 6 intente* enim *V* || scilicet *V*: licet *AFv* 9 incredibilia *BM* 10 nisi si *B* || existimet *B* 11 inquam *V* || nulli quaeso *AFV*: quaeso nulli *v* 12 dicetes *V* || tecla *AF* || praeferebat *F* 13 adque *om. A pr. m.* 18 in eodem etiam *v* 23 dubitauit *V*: dubitauerit *AFv* 24 nec euangeliis *BV*: ne eu. quidem *AFQv* 30 resedebat *V*, solus residebat *BM* || ei *post* ibi *habent AFv* 31 consilii *V*

pertum habuimus, ipsum diem fuisse conuentus et eadem ibi
fuisse decreta, quae Martino angelus nuntiarat.
Ceterum cum ab eo de fine saeculi quaereremus, ait nobis, Ne- 14
ronem et Antichristum prius esse uenturos: Neronem in occiden-
tali plaga subactis decem regibus imperaturum, persecutionem
ab eo eatenus exercendam, ut idola gentium coli cogat. ab 2
Antichristo uero primum Orientis imperium esse capiendum, qui
quidem sedem et caput regni Hierosolymam esset habiturus: ab
illo et urbem et templum esse reparandum. illius eam persecu- 3
tionem futuram, ut Christum Deum cogat negari, se potius
Christum esse confirmans, omnesque secundum legem circumcidi
iubeat: ipsum denique Neronem ab Antichristo esse perimendum,
adque ita sub illius potestate uniuersum orbem cunctasque gentes
esse redigendas, donec Christi aduentu impius opprimatur. non 4
esse autem dubium, quin Antichristus malo spiritu conceptus
iam natus esset et iam in annis puerilibus constitutus, aetate legi-
tima sumpturus imperium. quod autem haec ab illo audiuimus,
annus octauus est: uos aestimate, quam iam in praecipiti consi-
stant, quae futura metuuntur.
Haec cum maxime Gallus, necdum explicitis quae statuerat 5
referre, loqueretur, puer familiaris ingressus est, nuntians, Refri-
gerium presbyterum stare pro foribus. dubitare coepimus, utrum 6
Gallum adhuc esset melius audire, an exoptatissimo nobis uiro,
qui officii causa ad nos ueniebat, occurrere. tum Gallus: etiamsi 7
non ob aduentum sanctissimi sacerdotis relinquenda nobis haec

1 eadem ibi *V*: ea ibi ab episcopis *AFv* 3 Ceterum cum — futura metuuntur *(§ 4 extr.) haec om. AF et codd. plerique, sed exstant in MV, cod. Ven. (apud de Prato) et in 3 libris (Trudonensi, Bethl. et Parc.) Giselini* || ab eo *om. M* 4 antechristum *V et sic per totum hoc caput* 5 regibus subactis decem *v (i. e. hoc loco ed. Gis.)* || persecutionem *V*: persecutionemque *M Ven.*, persecutionem autem *v* 7 primum *Ven. et M*: primo *V*, *om. v* || orientale *v* || esse cap. imperium *M* 9 et urbem *V*: urbem *v* 10 futuram esse *v* || Dominum *v* 11 iubeat circumcidi *M Ven.* 12 ipsum *MV*: et ipsum *v* 13 ita *om. v* 14 aduentu Christi *v* || non esse — metuuntur *om. M Ven.* 16 iam natus *Parc. et V*: *om. v* 18 uos aestimate — metuuntur *Parc. et V*: uos autem aestimate quo in praecipitio consistunt quae futura sunt *v* 20 et sulpicius haec *V* || explicatis *v* 21 loqueremur *V* || ingreditur *A* 23 melius esset *B*

esset oratio, nox ipsa cogebat hucusque prolatum finire ser-
8 monem. uerum quia de Martini uirtutibus nequaquam expli-
cari uniuersa potuerunt, haec uos hodie audisse sufficiat, cras
reliqua dicemus. ita pariter accepta hac Galli sponsione sur-
reximus.

DIALOGVS TERTIVS.

1 Lucescit hoc, Galle: surgendum est. nam, ut uides, et Postu-
mianus instat et hic presbyter, qui hesterno auditorium amisit,
exspectat, ut quae de Martino nostro in hodiernum diem expli-
2 canda distuleras, debitor sponsionis euoluas. non ignarus quidem
iste omnium, quaecumque memoranda sunt, sed dulcis et grata
cognitio est etiam nota relegenti, siquidem natura ita conparatum
sit, ut meliore quis conscientia se nosse congaudeat, quae mul-
3 torum testimoniis non esse incerta cognoscat. nam [et] hic a
prima adulescentia Martinum secutus nouit quidem omnia, sed
libenter cognita recognoscit. fatebor enim tibi, Galle, Martini
mihi saepius auditas esse uirtutes, quippe qui de eo etiam litteris
multa mandauerim: sed per gestorum admirationem semper mihi
noua sunt, quae de illo licet audita saepius reuoluuntur. proinde
additum nobis Refrigerium auditorem eo inpensius gratulamur,
quo promptius Postumianus iste, qui haec Orienti inferre festinat,
quasi sub testibus consignatam abs te accepturus est ueritatem.
haec me loquente, Gallo iam ad narrandum parato, inruit turba
4 monachorum, Euagrius presbyter, Aper, Sabbatius, Agricola:

1 prolatum *V*: pertractum *Lazius*, protractum *AFv* 3 haec — sufficiat *om. V* 4 et sulpicius ita *V* || hac *BMV*: *om. AFv* 6 Explicit liber tertius *A*, Explicit liber tertius de uita Sc̃i Martini Dialogus secundi *(sic) F*; Finit 1 $\overset{r}{\text{ts}}$ (*i. e.* tractatus) incipit sequenti die de eadem re *V* 7 hoc *V*: o *AFv*; *est phrasis comica* lucescit hoc iam, *u. Plauti Amph. I, 3, 45. Ter. Heaut. III, 1, 1* 8 hesternum *BM* || auditorium amisit *ABFMQV* (*sed Q* admisit)*:* auditorio est admissus *v* 10 euoluas *om. A*, exsoluas *pauci dett.* 11 iste est *F corr. m. 2* 12 ita *om. V*, ista *A* 13 melior *V* || congaudeat *AFMQV:* gaudeat *v* 14 cognoscit AF^2 || et *om. V* 15 sequtus *V* 18 sed — sunt] *AV*: ut — sint *F in ras. m. 2* 19 saepius audita *F* 23 ad loquendum *A* 24 Aper *om. V, at cf. p. 199, 10* || sabbatius *V*: sebastianus *AFv*

et post paululum ingreditur presbyter Aetherius cum Calupione
diacono et Amatore subdiacono: postremus Aurelius presbyter,
dulcissimus meus, longiore uia ueniens anhelus occurrit. Quid, 5
inquam, tam subito et insperati tam ex diuersis regionibus tam
mane concurritis? Nos, inquiunt, hesterno cognouimus, Gallum
istum per totum diem Martini narrasse uirtutes, et reliqua in
hodiernum diem, quia nox oppresserat, distulisse: propterea ma-
turauimus frequens auditorium facere de tanta materia locu-
turo. interea nuntiatur multos saecularium stare pro foribus, nec 6
ingredi audentes, sed ut admitterentur rogantes. tum Aper, ne-
quaquam, inquit, istos nobis admisceri conuenit, quia ad audien-
dum curiositate potius quam religione uenerunt. confusus ego 7
illorum uice, quos non admittendos esse censebat, aegre tandem
obtinui, ut Eucherium ex uicariis et Celsum admitterent consu-
larem, ceteri sunt repulsi. tum Gallum media in sede conpo-
nimus: qui cum diu nobili sua uerecundia silentium tenuisset, 8
tandem ita exorsus est.

Conuenistis, inquit, ad me audiendum, uiri sancti et diserti, **2**
sed religiosas potius quam doctas aures, ut arbitror, adtulistis,
audituri me fidei testem, non oratoris copia locuturum. quae
autem hesterno dicta sunt, non reuoluam: illa qui non audierunt,
ex scripturis cognoscent. noua Postumianus expectat nuntiaturus 2
Orienti, ne se in conparatione Martini praeferat Occidenti. ac
primum gestit animus, quod Refrigerius in aurem suggerit, ex-
plicare: res in Carnutena gesta est ciuitate. 3

1 presbyter *V*: presbyter noster *AFv* || Etherius *v* || calupione *BV*: calyppione *A*, calyppiono *F*, Callipione *v*, Calliopio *Barthius* 3 longiori *A* || occurrit *BMV*: cucurrit *AFv* 4 et *V*: et tam *AFv*, tam *B* || tam *(ante* ex*) deletum in V eadem manu* 5 Et illi nos *V* || inquit *AF*¹*V* 8 de tanta materia *V et cod. Vorstii:* tantam materiam *AFv*

10 rogantes *BV*: orantes *AFv* 11 inquit istos *AF*: quidem istos *V*, istos inquit *v* 12 ergo *F pr. m.* 13 tandem *ed. Parisina*: tamen *libri* 14 admitteret *B* 15 repulsi sunt *F* || in media *A*

17 tamen *F pr. m.* 18 uiri sancti *V*: et sancti *AFv* 19 uti *v*

20 fidei testem *V*: fidei testes *AF*, fide teste *Q*, fide testis *v* 22 scripturis *V*: scriptore *B*, scriptis *AFv* || cognoscent *BV:* recognoscent *AFv*

24 explicare *BFV*: explicari *Av* 25 carnutena *V*: carnutum *B*, carnotena *AFv*

Paterfamilias quidam duodecennem filiam ab utero mutam
Martino coepit offerre, poscens ut linguam ligatam meritis suis
4 sanctis uir beatus solueret. ille cedens episcopis, qui tum forte
latus illius ambiebant, Valentino adque Victricio, inparem se
esse tantae moli, sed illis quasi sanctioribus nihil inpossibile fa-
5 tebatur. at illi pias preces una cum patre supplici uoce iungentes
orare Martinum ut sperata praestaret. nec cunctatus ultra —
utrumque praeclarum, et ostendendo humilitatem nec differendo
pietatem — iubet circumstantis populi multitudinem submoueri:
episcopis tantum et puellae patre adsistentibus in orationem suo
6 illo more prosternitur. dein pusillum olei cum exorcismi prae-
fatione benedicit, adque ita in os puellae sanctificatum liquorem,
7 cum et linguam illius digitis teneret, infudit. nec fefellit sanctum
uirtutis euentus. patris nomen interrogat: mox †illa respondit.
proclamat pater cum gaudio pariter et lacrimis Martini genua
conplexus, et hanc primam se filiae audisse uocem cunctis stu-
8 pentibus fatebatur. ac ne cuiquam id incredibile forte uideatur,
perhibeat uobis praesens Euagrius testimonium ueritatis: nam
res ipso praesente tum gesta est.

3 Paruum illud est, quod nuper Arpagio presbytero referente cog-
2 noui, sed non praetermittendum uidetur. Auitiani comitis uxo-
rem misisse Martino oleum, quod ad diuersas morborum causas
necessarium, sicut est consuetudo, benediceret: ampullam ui-
tream istiusmodi fuisse, ut rotunda in uentrem cresceret ore pro-
ducto, sed oris extantis concauum non repletum, quia ita moris
sit uascula conplere, ut pars summa umbonibus obstruendis li-

1 paterfamilias quidam *V*: pater filiam *AF*, paterfamilias *v* || duodennem *ed. Ald.* || filiam ab u. mutuam *MV:* ab u. mutam puellam *AFv* 3 s̃cis *AV:* s̃cs *Fv* || uir beatus *V: om. AFv* || solueret *V:* absolueret *AFv* 4 ualentino *V*: ualentiano *F pr. m.* ualentiniano AF^2v 7 orauere *F corr.* 9 circumstantes *V* 11 ille *Q* || more *om. F pr. m.* || pauxillum *M* 13 infundit *A* 14 respondet *ed. Ald.* 16 et] dicit *V, haud scio an recte, si uerba sic distinguas*: dicit hanc pr. se f. audisse uocem: cunctis stup. fatebatur 17 fatetur *coni. de Prato* 20 Paruum *BM*: Parum *AFVv* || arpagio *AFV*: Harpagio *v* 22 ad uersas *V* 23 ampullam *BFV*: ampullulam *AFv* 24 rotundam *B*, rotundum *coni. de Prato* 25 ita *BV*: id *AF* 26 uascula *AFV*: uascula illa *v* || conplere *AFV:* compleri *v* || summa umbonibus *de Prato:* summabonibus *V*, summa *om. AFv*

bera relinquatur. testabatur presbyter uidisse se oleum sub Mar- 3
tini benedictione creuisse, quoad exundante copia superne dif-
flueret: eademque, dum ad matremfamilias uasculum referretur,
ferbuisse uirtute: nam inter manus pueri portantis ita semper 4
exundasse oleum, ut omne illius uestimentum copia superfusi
liquoris operiret: matronam ita usque ad summum labrum plenum
uasculum recepisse, ut presbyter hodieque fateatur, obdendi pessuli,
quo claudi diligentius seruanda consuerunt, in uitro illo spatium
non fuisse. mirum et illud, quod huic — me autem intuebatur — 5
memini contigisse. uas uitreum cum oleo, quod Martinus bene-
dixerat, in fenestra paululum editiore deposuit: puer familiaris
incautior linteum superpositum, ampullam ibi esse ignorans, ad-
traxit. uas super constratum marmore pauimentum decidit. cunc-
tis metu exterritis benedictionem Dei perisse, ampulla perinde
incolumis est reperta, ac si super plumas mollissimas decidisset.
quae res non potius ad casum quam ad Martini est referenda 6
uirtutem, cuius benedictio perire non potuit.

Quid illud, quod factum a quodam est, cuius nomen, quia
praesens est et prodi se uetuit, supprimetur: cui quidem tem-
pori hic etiam Saturninus interfuit. canis nobis inportunior obla- 7
trabat. in nomine, inquit, Martini iubeo te obmutescere. canis
— haesit latratus in gutture: linguam abscisam putares — obmu- 8
tuit. ita parum est ipsum Martinum fecisse uirtutes: credite
mihi, quia etiam alii in nomine eius multa fecerunt.

Auitiani quondam comitis noueratis barbaram nimis et ultra 4
omnia cruentam feritatem. hic rabido spiritu ingressus Turonum

2 quod ad *F*, quod *V* || diffiueret *MV*: defiueret *AFv*; *apte comparauit de Prato Lucret. III, 436 et Cic. Brut.* § *316* 3 eademque — ferbuisse uirtute *V* (*sed* feruuisse *corr. in* feruisse)*:* eandemque — seruasse uirtutem *codd. rell. et v* 4 reportantis *BM* 6 ita usque *ABFMV:* itaque *v* 7 fatetur *v* 8 consueuerunt *v* 9 miror *V* || huic] adhuc *F sed in ras. m. 2* 10 uas *om. F pr. m.* 11 editiore *om. V* 12 ampullulam *A* || ignorans *BV*: ignarus *AFv* 14 benedictionem dei perisse *V*: ne benedictio deperisset *AFv* || ampullula *AF* 18 quod — quodam est *om. A*, est a quodam *Fv* 19 prodi se *F corr. e* prodisse || suppremetur *V* 20 interfuit — inportunior *om. V* 21 canis *ABV*: cani *Fv*; *mutauimus uerborum distinctionem* 22 abscisam *BV*: ut abscisam *AF*, ut abscissam *v* 24 alii etiam *A* 26 omnia *BMV*: omnes *AFv* || rabido *AM*: rauido *V*, rabulo *B*, rapido *Fv* || turonus *A*

ciuitatem, sequentibus eum miserabili facie ordinibus catenatis,
diuersa perdendis parari iubet genera poenarum, disponit po-
2 stero die adtonita ciuitate ad opus triste procedere. quod ubi
Martino conpertum est, solus paulo ante mediam noctem ad
praetorium bestiae illius tendit. sed cum profundae noctis silentio
quiescentibus cunctis nullus foribus obseratis pateret ingressus,
ante limina cruenta prosternitur. interea Auitianus graui somno
sepultus angelo ingruente percellitur: seruus, inquit, Dei ad tua
3 limina iacet et tu quiescis? qua ille uoce percepta lecto suo tur-
batus excutitur, conuocatisque seruis trepidus exclamat, Mar-
tinum esse pro foribus: irent protinus, claustra reserarent, ne
4 Dei seruus pateretur iniuriam. sed illi, ut est omnium natura
seruorum, uix prima limina egressi, inridentes dominum suum
quod somnio fuisset inlusus, negant quemquam esse pro foribus,
ex suomet ingenio coniectantes neminem nocte posse uigilare,
nedum illi crederent, in illo noctis horrore iacere ante aliena
limina sacerdotem: idque Auitiano facile persuasum est. rursum
soluitur in soporem: sed mox ui maiore concussus exclamat Mar-
tinum stare pro foribus: sibi ideo nullam quietem animi corpo-
5 risque permitti. tardantibus seruis ipse usque ad limina exteriora
progreditur: ibi Martinum ut senserat deprehendit. perculsus
6 miser tantae uirtutis manifestatione, quid, inquit, mihi hoc,
domine, fecisti? nihil te loqui necesse est: scio quid desideres,
uideo quid requiras: discede quantocius, ne me ob iniuriam tuam
caelestis ira consumat: satis soluerim hucusque poenarum. crede
7 quia non leuiter apud me actum est, ut ipse procederem. post
discessum autem sancti aduocat officiales suos, iubet omnes cu-
stodias relaxari et mox ipse proficiscitur. ita fugato Auitiano lae-
tata est ciuitas et liberata.

2 disponit *V*: disponens *AFv* || postera *v* 3 triste *V*: tam triste *AFv* 5 pertendit *M* || profundo *B* 6 nullis *F pr. m.* 9 et *om. V* 12 natura seruorum *om. V* 13 prima limina uix *A* (*sed add.* uix *m. 2*) 14 somnio *de Prato*: somno *libri* 15 suimet *F corr.* 16 necdum *V* || illius noctis *F* 17 est *om. AFv* 19 sibiq. *F*, *sed* q. *erasum* 20 usque *om. AF* 21 adpraehendit *V* 22 manifestatione uirtutis *AFv* 23 te loqui *AFV*: loqui te *v* 27 sancti martini *V*, martini (*om.* sancti) *F* || custodia *v* 29 est ciuitas et liberata *AFV*: est se ciuitas liberatam *duo codd. Gisel. et v*

Haec cum multis Auitiano referente conperta sint, tum nuper **5**
Refrigerius presbyter, quem coram uidetis, a Dagrido, fideli
uiro ex tribunis, sub inuocatione diuinae maiestatis audiuit, qui
sibi hoc ab ipso Auitiano relatum esse iurabat. ceterum nolo mi- 2
remini me hodie facere, quod hesterno non feci, ut ad singulas
quasque uirtutes nomina testium personasque subnectam, ad quas
si quis fuerit incredulus, quia adhuc in corpore sunt, recurrat.
exegit id infidelitas plurimorum, qui in aliquibus, quae hesterno 3
memorata sunt, nutare dicuntur. accipiant ergo testes adhuc in-
columes adque uiuentes, quibus, quia de fide nostra dubitant,
magis credant. sed si adeo infideles sunt, profiteor quia nec illis
sunt credituri. miror autem quemquam, qui uel tenuem sensum 4
religionis habeat, tantum piaculi uelle committere, ut putet quem-
quam de Martino posse mentiri. facessat a quoquam, qui sub Deo 5
uiuit, ista suspicio: neque enim Martinus hoc indiget, ut men-
daciis adseratur. sed totius sermonis fidem, Christe, apud te
deponimus, nos nec alia dixisse nec alia dicturos, quam quae
aut ipsi uidimus aut quae manifestis auctoribus uel plerumque
ipso referente cognouimus. ceterum etsi dialogi speciem, quo ad 6
leuandum fastidium lectio uariaretur, adsumpsimus, nos pie
praestruere profitemur historiae ueritatem. haec me extrinsecus
inserere nonnullorum incredulitas non sine meo dolore conpulit.
sed redeat ad nostrum sermo consessum: in quo cum me tam stu- 7
diose audiri uideam, fatear necesse est Aprum fecisse constanter,
qui reppulit infideles, eos tantum iudicans audire debere qui
crederent. efferor, si quid creditis, spiritu et prae dolore totus **6**

1 sint *ABFV*: sunt *v* 2 adagrido *V*: abagarido *AFMQ*, auagdrio *B* ab euagrio *cod. Trudon. Giselini et v* 3 magestatis *F* 5 externo *V* 8 exegit *V*: exigit *AFv* 9 nutare *F in ras. m. 2* 12 quendam *F* 13 uellet c. ut putent *V* 15 suspitio *AF* || nam neque *B* 16 sed *V:* sed tamen *AFv* || sermonis *V, sed* nis *s. l.* || Christe apud te *BV*: apud te Christe *AFv* 17 deponimus *B*: depromimus *AFVv, sed in V* o *m. post.* 19 quod *V* 20 leuandum *BFQV*: leuiandum *A,* releuandum *v* 21 praestruere *AQV et pr. m. F*: praestare *F corr. et v* 22 compulit *Mercerus:* compulerat *F* (*sed* at *corr. ex* it), conpulerit (*uel* comp.) *AVv; cf. uar. lect. ad p. 205, 5* 23 consensum *ABFMV* || tam *F in ras.* 24 fatear *de Prato:* fateor *Vv,* fatebor *ABF* 25 repulit *Av* 26 si quid *BMV*: siquidem *AFv* (siquidem, credite, *ed. Aldina,* si quidem cernitis *Casp. Barthius)*

insanio: non credunt Martini uirtutibus Christiani, quas daemones fatebantur?
2 Monasterium beati uiri duobus a ciuitate erat milibus disparatum: sed si quotiens uenturus ad ecclesiam pedem extra cellulae
suae limen extulerat, uideres per totam ecclesiam energumenos
rugientes, et quasi adueniente iudice agmina damnanda trepidare,
ut aduentum episcopi clericis, qui uenturum esse nescirent, daemoniorum gemitus indicaret. uidi quendam adpropiante Martino
in aëra raptum manibus extensis in sublime suspendi, ut nequa-
3 quam solum pedibus adtingeret. si quando autem exorcizandorum
daemonum Martinus operam recepisset, neminem manibus adtrectabat, neminem sermonibus increpabat, sicut plerumque per
clericos rotatur turba uerborum, sed admotis energumenis ceteros iubebat abscedere, ac foribus obseratis in medio ecclesiae
4 cilicio circumtectus, cinere respersus, solo stratus orabat. tum
uero cerneres miseros diuerso exitu perurgueri: hos sublatis in
sublime pedibus quasi de nube pendere, nec tamen uestes defluere
in faciem, ne faceret uerecundiam nudata pars corporum: at in
parte alia uideres sine interrogatione uexatos et sua crimina confitentes. nomina etiam nullo interrogante prodebant: ille se Iouem,
5 iste Mercurium fatebantur. postremo cunctos diaboli ministros
cum ipso cerneres auctore cruciari, ut iam in Martino illud fateamur inpletum quod scriptum est: quoniam sancti de angelis iudicabunt.

7 Pagum quendam in Senonico annis singulis grando uexabat.
conpulsi extremis malis incolae a Martino auxilium poposcerunt:

23 I ad Cor. 6, 2 et 3.

1 credunt *BMV*: credent *AFv* 3 disseparatum *V*, *fort.* separatum, *ut V habet Dial. I, 8, 1* 4 ad *F in ras.* 5 uideris *V* || inaerguminos *V* 6 damnata *F corr.*, damnanda — clericis *om. V* 7 clerici *A* || qui *F corr. e* quē *ut uidetur* 8 indicarent *F corr. et B* || appropinquante *M* 9 aera *AFQV*: aere *v* 10 exorcidiandorum *V* 11 recipisset *V* || adtractabat *F*, *om. V* 13 turba *V*: turbo *AFv*; turba uerborum *iam legitur apud Cic. de orat. III, § 50 et Quintil. inst. orat. 8, 2, 17* 16 sublatas *F pr. m.* 17 uestis deflueret *F* 18 in faciem *BV*: super faciem *AFv*; *receptam lectionem firmauit de Prato coll. Hilarii lib. c. Constantium 8 et Hieron. ep. 108, 13* 18 ad in *V*, atque in *F* 19 uideris *V* || confidentes *V* 21 fatebantur *F pr. m. et V*: fatebatur *AF*[2]*v* || diabuli *V* 25 uexabat *BV*: uastabat *AFv*

missa per Auspicium praefectorium uirum satis fida legatio, cuius
agros specialiter grauior quam ceterorum adsuerat procella popu-
lari. sed facta ibi oratione Martinus ita uniuersam penitus libera- 2
uit ab ingruenti peste regionem, ut per uiginti annos, quibus
postea mansit in corpore, grandinem in illis locis nemo pertu-
lerit. quod ne fortuitum esse et non potius Martino praestitum 3
putaretur, eo anno, quo ille defecit, rursum incubuit rediuiua
tempestas: adeo sensit et mundus uiri fidelis excessum, ut cuius
uita iure gaudebat, eiusdem mortem lugeret. ceterum si ad haec 4
probanda quae diximus testes etiam infirmior auditor exegerit,
non unum ego hominem, sed milia multa producam, et totam
in testimonium uirtutis expertae Senonum aduocabo regionem. et 5
tamen tu, Refrigeri presbyter, credo, meministi, nuper nobis
super hoc cum Romulo Auspicii illius filio, honorato et religioso
uiro, fuisse sermonem: qui haec nobis tamquam inconperta refe-
rebat, et cum futuris prouentibus per adsidua damna trepidaret,
ut ipse uidisti, magno secum maerore lugebat, Martinum non in
haec tempora reseruatum.

Sed ut ad Auitianum recurram — qui cum in omnibus locis 8
cunctisque in urbibus ederet crudelitatis suae infanda monumenta,
Turonis tantum innocens erat: et illa bestia, quae humano san-
guine et infelicium mortibus alebatur, mitem se adque tran-
quillum beato uiro praesente praestabat —: memini quodam die 2
ad eum uenisse Martinum: qui ubi secretarium eius ingressus est,
uidit post tergum ipsius daemonem mirae magnitudinis adsiden-
tem. quem eminus, ut uerbo, quia ita necesse est, parum Latino
loquamur, exsufflans, Auitianus se exsufflari existimans, quid
me, inquit', sancte, sic accipis? tum Martinus, non te, inquit,

1 uirum *in F erasum* || legatio *ABFV*: legatione *v* 2 adsueuerat *AFv* 4 ingruente *BF (non item V)* 5 pertulit *V* 6 esset non *V* 7 defecit *BV*: defunctus est *AFv* || rursus *v* 9 eiusdem *ABFMV*: etiam eiusdem *v* 10 exigeret *FQ* 11 hominem ego *A* || multa millia *v* 12 expertam *M, perperam probante de Prato* 14 romulo *V corr. e* rumulo 18 hae *V* 19 cum omnibus *V* 20 in urbibus *MV*: in *om. AFv* 22 tranquillam *F* 25 uidet *ABF* 26 ita *BMV:* et *AF, om. v* || est *om. BM* 27 exsufflans] *add. in V sup. lin. eadem m.* in eum || existimans ait *V* 28 accipis *BMV* (*sed V* accepis): aspicis *AFv*

3 sed eum, qui ceruici tuae taeter incumbit. cessit diabolus et reli-
quit familiare subsellium: satisque constat post illum diem Aui-
tianum mitiorem fuisse, seu quod intellexerit egisse se semper
adsidentis sibi diaboli uoluntatem, seu quod inmundus spiritus
ab illius consessu per Martinum fugatus priuatus est potestate
grassandi, cum erubesceret minister auctore nec ministrum auctor
urgueret.

4 In uico Ambatiensi, id est castello ueteri, quod nunc frequens
habitatur a fratribus, idolium noueratis grande opere construc-
tum. politissimis saxis moles turrita surrexerat, quae in conum
sublime procedens superstitionem loci operis dignitate seruabat.
5 huius destructionem Marcello, ibidem consistenti presbytero, uir
beatus saepe mandauerat. post aliquantum tempus regressus in-
6 crepat presbyterum, cur adhuc idolii structura consisteret. ille
causatus uix militari manu et ui publicae multitudinis tantam mo-
lem posse subuerti, nedum id facile putaret per inbecillos cleri-
7 cos aut infirmos monachos quiuisse curari. tum Martinus recur-
rens ad nota subsidia nocte tota in oratione peruigilat: mane orta
tempestas aedem idoli usque ad fundamentum prouoluit. uerum
haec Marcello teste dicta sint.

9 Aliam eius non dissimilem in simili opere uirtutem Refrigerio
adstipulante perhibebo. columnam immensae molis, cui idolum
superstabat, parabat euertere, sed nulla erat facultas, qua id
2 daretur effectui: tum ad orationem suo more conuertitur. uisam

1 incumbit cessit *BMV*: incubuit ita recessit *AFv* 2 post illum diem *V*: ab illo die *AFv* 3 intellexerat *F*, *immo exspectares* intellexit 5 consensu *ABF*'*M* 6 auctore *V*: auctorem *AFv* 8 uico *BV*: uico autem *AFv* || ambaciensi *F* (ambiac. *corr.*), ambaciacensi *A*, ambiacensi *al.* || castello *AFMQV*: castello illo *v* || quod — a fratribus *om. V; at u. Paulinum quem adfert de Prato:* Vicus erat, ueteris quondam uestigia castri, Nunc famulis habitata Dei Christique ministris 9 idolium *(i. e. templum idoli, εἰδωλεῖον) Casp. Barthius:* idolum *libri* 10 molis *V* || quae in conum sublime *B et cod. Trudon. Giselini:* quae in tronum (thronum *corr.*) sublime *V*, quae in quo collectio summitatis thronum sublime (— mẽ *F*) *AFQ* 12 distructionem *V* || uir beatus saepe *om. V* 14 idoli *libri* || structa consisterent *V* 15 tantum *A* 16 imbecilles *Fv* 17 tunc *AF* 18 praesidia *M* || nocte tota *V*: noctem totam *AFv* || orationibus *v* 19 eadem *V* 20 sunt *AFMQ* 22 perhibebo *BQV*: perhibeo *AFv* 24 affectui *A*

certum est parilem quodammodo columnam ruere de caelo, quae
inpacta idolo totam illam inexpugnabilem molem soluit in pul-
uerem: parum scilicet, si inuisibiliter caeli uirtutibus uteretur,
nisi ipsae uirtutes uisibiliter seruire Martino humanis oculis cer-
nerentur.

Idem autem Refrigerius mihi testis est, mulierem profluuio 3
sanguinis laborantem, cum Martini uestem exemplo mulieris
illius euangelicae contigisset, sub momento temporis fuisse
sanatam.

Serpens flumen secans in ripam, in qua constiteramus, adna- 4
bat: in nomine, inquit, Domini iubeo te redire. mox se mala
bestia ad uerbum sancti retorsit et in ulteriorem ripam nobis in-
spectantibus transmeauit. quod cum omnes non sine miraculo
cerneremus, altius ingemescens ait: serpentes me audiunt, et ho-
mines non audiunt.

Piscem Paschae diebus edere consuetus paulo ante horam refec- **10**
tionis interrogat, an haberetur in promptu. tum Cato diaconus, 2
ad quem monasterii administratio pertinebat, doctus ipse piscari,
negat per totum diem sibi ullam cessisse capturam, sed neque
alios piscatores, qui uendere solebant, quicquam agere quiuisse.
uade, inquit, mitte linum tuum, captura proueniet. contiguum 3
flumini, ut Sulpicius iste descripsit, habebamus habitaculum.
processimus cuncti, utpote feriatis diebus, uidere piscantem, om-
nium spebus intentis, non incassa futura temptamina, quibus
piscis Martino auctore Martini usibus quaereretur. ad primum 4
iactum in rete permodico immanem esocem diaconus extraxit et
ad monasterium laetus accurrens, nimirum ut dixit poeta nescio

2 expugnabilem *V* 4 oculis *V et cod. Ven. (apud de Prato):* etiam oculis *AFv* 6 testes *V* 10 fluuium *A* || secans *V et cod. Vorstii:* secabat et *AFv* || in ripam *scripsi:* in ripa *V*, ripam *F*, ripae *Av* || adnabat *V*: adnatabat *AFv* 11 cui ait *(sic minio)* in nomine *V* 12 inspectantibus *BMV*: expectantibus *AFv* 14 ingemescens F^1V: ingemiscens AF^2v || et homines n. audiunt *om. V* 18 ministratio *F* 21 contiguum — habitaculum *BFMV*: contigua — habitacula *Av* 23 omnium aciebus *B* 24 incassa *BFV*: incassum *Av* 26 in rete *FMV*: in reti *A*, reti *v* || ••esohascem *in rasura F*, isocem *M*, *ut est apud Plinium N. H. IX. 15, § 44 et Isid. Etym. XX, 2, 30* || et *om. BM* 27 nec mirum *V*

quis — utimur enim uersu scholastico, quia inter scholasticos fabulamur —

captiuumque suem mirantibus intulit Argis.

5 uere Christi iste discipulus, gestarum a Saluatore uirtutum, quas in exemplum sanctis suis edidit, aemulator, Christum in se monstrabat operantem, qui sanctum suum usquequaque glorificans
6 diuersarum munera gratiarum in unum hominem conferebat. testatur Arborius ex praefecto, uidisse se Martini manum sacrificium offerentis uestitam quodammodo nobilissimis gemmis, luce micare purpurea, et ad motum dexterae conlisarum inter se fragorem audisse gemmarum.

11 Veniam ad illud, quod propter temporum notam semper occuluit, sed nos celare non potuit: in quo illud est miraculi, quod
2 facie ad faciem cum eo est angelus conlocutus. Maximus imperator, alias sane bonus, deprauatus consiliis sacerdotum post Priscilliani necem Ithacium episcopum Priscilliani accusatorem ceterosque illius socios, quos nominari non est necesse, ui regia tuebatur, ne quis ei crimini daret, opera illius cuiuscumque modi
3 hominem fuisse damnatum. interea Martinus multis grauibusque laborantium causis ad comitatum ire conpulsus procellam ipsam totius tempestatis incurrit. congregati apud Treueros episcopi tenebantur, qui cotidie communicantes Ithacio communem sibi causam fecerant. his ubi nuntiatum est inopinantibus adesse Martinum, totis animis labefactati mussitare et trepidare coeperunt.
4 et iam pridie imperator ex eorum sententia decreuerat, tribunos summa potestate armatos ad Hispanias mittere, qui haereticos

3 Statii Theb. 8, 751.

1 scolastico — scolasticos *AF* 4 iste Christi *de Prato ex suis libris (non item ex V)* 5 Christum *BMV*: Christumque *AF (sed in F* q. *erasum)*, Christum quoque *v* 7 in unum h. conferebat *om. A* || testabatur *AF* 10 lucem m. purpuream *FQV* || et ad motatum *V*, et motu *M (de V errauit de Prato)* || dexterae *AMV*: dextrae *Fv* 12 illũ quod praeter *A* || notam temporum *AFv* 13 illud fuit *B* 14 occuluit *BV* (*sed V* occoluit): occultauit *AFv* 15 post — accusatorem *om. F pr. m.* 16 itachium *AF et sic deinceps, sed F aliquotiens* ithach. 17 nominare *F* || necesse non est *A* 21 treuerus *V* 24 totis animis *om. F pr. m.* || labefactati *AFMQV* (*sed F* ati *in ras.*): labefacti *v* || musitare *AF*[1], mussare *BM* 25 pridem *BM*

inquirerent, deprehensis uitam et bona adimerent. nec dubium 5
erat, quin sanctorum etiam magnam turbam tempestas ista depo-
pulatura esset, paruo discrimine inter hominum genera: etenim
tum solis oculis iudicabatur, ut quis pallore potius aut ueste
quam fide haereticus aestimaretur. haec nequaquam placitura 6
Martino episcopi sentiebant, sed male consciis illa uel molestissi-
ma erat cura, ne se ab eorum communione adueniens abstineret,
non defuturis qui tanti uiri constantiam praemissa auctoritate
sequerentur. ineunt cum imperatore consilium, ut missis obuiam 7
magistri officialibus urbem illam propius uetaretur accedere, nisi
se cum pace episcoporum ibi consistentium adfore fateretur. quos
ille callide frustratus profitetur, se cum pace Christi esse uen-
turum. postremo ingressus nocturno tempore adiit ecclesiam tan- 8
tum orationis gratia. postridie palatium petit. praeter multas,
quas euoluere longum est, has principales petitiones habebat:
pro Narsete comite et Leucadio praeside, quorum ambo Gratiani
partium fuerant, pertinacioribus studiis, quae non est temporis
explicare, iram uictoris emeriti: illa praecipua, ne tribuni cum 9
iure gladiorum ad Hispanias mitterentur. pia enim erat sollici-
tudo Martino, ut non solum Christianos, qui sub illa erant occa-
sione uexandi, sed ipsos etiam haereticos liberaret. uerum primo 10
die adque altero suspendit hominem callidus imperator, siue ut
rei pondus inponeret, siue quia obnoxius episcopis inplacabilis
erat, seu quia, ut plerique tum arbitrabantur, auaritia repu-
gnabat, siquidem in bona eorum inhiauerat. fertur enim ille uir 11
multis bonisque actibus praeditus aduersus auaritiam parum con-
suluisse, nisi regni necessitate, quippe exhausto a superioribus

1 ne dubium *V* 2 quin *F corr. e* quod || magnam *V*: maximam *AFv* 3 crimine *V*, decimine *A* 4 oculis *om. F pr. m.* || ut *V*: cum *AFv* 10 magistri *ABFMQV*: magistris *F corr.*, magisterii *Giselinus ex suis; cf. Chron. II, 41, 2. 48, 5* 11 secum pacem *F pr. m.* 12 est frustratus. profitetur *ABFMQ* || uenturum esse *F* 13 adit *BM* 14 gratia — multas *om. F pr. m.* || postera die *F*[1] || petiit *AF*[2] 15 quas *V habet s. l.* 16 qui *F corr. e* quorum 17 huius temporis *ed. Ald.* 18 praecipua (*sc.* petitio) *V*: illa praecipue *A*, illa praecipua (ua *F in ras.*) *Fv* 19 sollicitudo *om. F pr. m.* 21 ipsos *om. F pr. m.* 23 quia *V in ras. habet* || obnoxius ep̄is *scripsimus:* bonis id sibi *V*, obnoxius sibi *M*, omissis *B*, nimis sibi *AFv; cf. infra c. 12, 2* 27 nisi *AFQV:* nisi si *BM*, nisi fortasse *v* || necessitas *ABFMQV* || exausto *V* || a *ABMV*: *om. Fv*

principibus reipublicae aerario, paene semper in expectatione
adque procinctu bellorum ciuilium constitutus facile excusabitur
quibuslibet occasionibus subsidia imperio parauisse.
12 Interea episcopi, quorum communionem Martinus non inibat,
trepidi ad regem concurrunt, praedamnatos se conquerentes, actum
esse de suo omnium statu, si Theogniti pertinaciam, qui eos
solus palam lata sententia condemnauerat, Martini armaret aucto-
ritas: non oportuisse hominem recipi moenibus: illum iam non
defensorem haereticorum esse, sed uindicem: nihil actum morte
2 Priscilliani, si Martinus exerceat illius ultionem. postremo pro-
strati cum fletu et lamentatione potestatem regiam inplorant ut
utatur aduersus unum hominem ui sua. nec multum aberat, quin
cogeretur imperator Martinum cum haereticorum sorte miscere.
sed ille, licet episcopis nimio fauore esset obnoxius, non erat ne-
scius Martinum fide, sanctitate, uirtute cunctis praestare morta-
3 libus: alia uia sanctum uincere parat. ac primo secreto arces-
situm blande appellat: haereticos iure damnatos more iudiciorum
publicorum potius quam insectationibus sacerdotum: non esse
causam, qua Ithacii ceterorumque partis eius communionem pu-
taret esse damnandam. Theognitum odio potius quam causa
ecisse discidium, eundemque tamen solum esse, qui se a com-
munione interim separarit: a reliquis nihil nouatum. quin etiam
ante paucos dies habita synodus Ithacium pronuntiauerat culpa
4 non teneri. quibus cum Martinus parum moueretur, rex ira accen-
ditur ac se de conspectu eius abripuit. mox percussores his, pro
quibus Martinus rogauerat, diriguntur.
13 Quod ubi Martino compertum est, iam noctis tempore palatium
inrupit. spondet, si parceretur, se communicaturum, modo uti

1 principibus *om. B* || expectatione *BMV:* expeditione *AFv* 2 bellorum *om. F pr. m.* || constitutis *F corr.* 4 non ibat *F corr. in* non adibat 5 conquirentes *F* 6 sit deheognitis *V,* si theognisti *AFv* 12 utatur *om. V* 15 uirtute *V*: ac uirt. *AF*, et uirtute *v* 16 alia *V*: alia longe *AFv* || accersitum *AFv* (accers. secreto *A*) 20 theognitum *V*: theognistum *AFv* 22 separaret *AF* 25 eius *om. F pr. m.* || abripit *ABM* || mox *V*: et mox *AFv* 27 compertum est iam n. tempore *A corr. F et V*: comp. iam n. tempore est *F pr. m. et v* 28 irrupit *F, sed* pit *in ras.* (*ex* irrumpit?) || spondit *F corr.* || modo *BV*: tantummodo *M*, dummodo *AFv* || ut *om. B*

et tribuni iam ad excidium ecclesiarum ad Hispanias missi retra-
herentur. nec mora, Maximus indulget omnia. postridie Felicis 2
episcopi ordinatio parabatur, sanctissimi sane uiri et uere digni,
qui meliore tempore sacerdos fieret. huius diei communionem
Martinus iniit, satius aestimans ad horam cedere quam his non
consulere, quorum ceruicibus gladius imminebat. uerumtamen 3
summe episcopis nitentibus, ut communionem illam subscrip-
tione firmaret, extorqueri non potuit. postero die se inde prori-
piens cum reuerteretur in uiam et maestus ingemesceret, se uel
ad horam noxiae communioni fuisse permixtum, haut longe a
uico, cui nomen est Andethanna, qua uasta solitudine siluarum
secreta † patiuntur, praegressis paululum comitibus ille subsedit,
causam doloris et facti accusante ac defendente inuicem cogita-
tione peruoluens. adstitit ei repente angelus: merito, inquit, Mar- 4
tine conpungeris, sed aliter exire nequisti. repara uirtutem, re-
sume constantiam, ne iam non periculum gloriae, sed salutis
incurras. itaque ab illo tempore satis cauit cum illa Ithacianae 5
partis communione misceri. ceterum cum quosdam ex energu-
menis tardius quam solebat et gratia minore curaret, subinde
nobis cum lacrimis fatebatur, se propter communionis illius ma-
lum, cui se uel puncto temporis necessitate, non spiritu miscuisset,
detrimentum sentire uirtutis. sedecim postea uixit annos: nullam 6
synodum adiit, ab omnibus episcoporum conuentibus se remouit.

Sed plane, ut experti sumus, inminutam ad tempus gratiam
multiplicata mercede reparauit. uidi postea ad pseudoforum mo- **14**

1 ad *V*: in *AFv* 2 mora *BMV*: mora intercessit *AFv* 3 uere *V*: plane *AFv* 4 sacerdus *V* || huius die *V*, huiusmodi *BM* 5 satis *V* 7 summe *V*: summa ui *AFv* 8 firmaret sed extorqueri *AFQ* 9 reuerteretur in uiam et *V*: reuertens in uia (uiam *FQ*) *AFQv* || ingemisceret *Av et corr. F* 11 ande*thanna *A*, andetanna *F* || uasta solitudine *AFQV*: uastas solitudines *v* 12 patiuntur *libri corrupte, sed cod. Vorstii* petuntur; *fort.* patescunt 14 angelus] *additum in V s. l. manu eadem*: et ait 17 incurras *V*, *item F (sed hic* as *in ras.)*: incurreris *Av* || ab illo t. satis cauit cum *om. V* || ithachianae *AF*[1] 18 communione quam mixtus est ceteris cum quosdam ex inerguminis tradius *V* 22 sedicem *V* || nullam omnino synodum *A* 25 multiplicata *BMV* (*sed V* — atam): multiplici *AFv* || postea *ABFMQV*: praeterea *v* || pseudoforum *libri fere omnes*: pseudothyrum *Giselinus; illud firmat etiam Fortunatus:* Namque ad pseudoforum cellae dum accederet aeger *etc.* || monasteriū *F (sed* ū *m. 2 in ras.)*

nasterii ipsius adductum energumenum, et prius quam limen adtingeret, fuisse curatum.

Testantem quendam nuper audiui, cum in Tyrreno mari cursu
illo, quo Romam tenditur, nauigaret, subito turbinibus exortis
2 extremum uitae omnium fuisse discrimen. in quo cum quidam
Aegyptius negotiator necdum Christianus magna uoce clamauerit
'Deus Martini eripe nos', mox tempestatem fuisse sedatam, seque
optatum cursum cum summa placati aequoris quiete tenuisse.
3 Lycontius ex uicariis uir fidelis, cum familiam illius lues ex-
trema uexaret et inauditae calamitatis exemplo per totam domum
corpora aegra procumberent, Martini per litteras inplorauit auxi-
4 lium. quo tempore uir beatus † rem esse promisit difficilem inpe-
trari: nam spiritu sentiebat, domum illam diuino numine uer-
berari: tamen non prius destitit septem totos dies totidemque
noctes orando et ieiunando continuans, quam id quod exorandum
5 receperat inpetraret. mox ad eum Lycontius diuina expertus bene-
ficia peruolauit, nuntians simul et agens gratias, domum suam
omni periculo liberatam. centum etiam argenti libras obtulit,
6 quas uir beatus nec respuit nec recepit, sed priusquam pondus
illud monasterii limen adtingeret, redimendis id captiuis con-
tinuo deputauit. et cum ei suggereretur a fratribus, ut aliquid
ex eo in sumptum monasterii reseruaret, omnibus in angusto esse
uictum, multis deesse uestitum: nos, inquit, ecclesia et pascat
et uestiat, dum nihil nostris usibus quaesisse uideamur.
7 Succurrunt hoc loco illius uiri magna miracula, quae facilius
admirari possumus quam referre. agnoscitis profecto quod dico:
multa sunt illius, quae non queant explicari. uelut istud est,

1 ad limen *v* 3 nuper quendam *AF* || tyrreno *AFV*: Tyrrheno *v* 5 omnibus *ed. Ald.* || in *om. V* 6 clamaret *A* 8 obtatum *F* || placati *V*: placidi *AFv* 9 lyconcius *F* 12 remeare permissus difficili inpetratione *V*, rem esse permensus difficilis impetrari *B*, rem esse permensus difficilem impetrat *A*, rem esse promisit difficilem impetrari *Fv; fort.* rem esse promsit difficilem inpetratu (*uel* difficili inpetratione) 13 nomine *V* 14 distitit *V* 18 optulit *F* 19 accepit *ed. Ald.* || pondus illud priusquam *F* 21 aliquit *V* 22 sumptu *A*, sumptus *F* || in angusto *ABMV*: **angustum *F*, enim angustum *v* 23 et *om. F in loco eraso* 24 dum *BV*: dummodo *AFv* || uisibus *A* 26 possimus *B* 27 queant *ABFMV:* queunt *v* || ueluti *AFv* || est illud *F*, *sed* illud *in ras. m. 2; ipse malim* istud *sine* est

quod nescio an ita, ut gestum est, a nobis possit exponi. quidam 8
e fratribus — nomen non ignoratis, sed celanda persona est, ne
sancto uiro uerecundiam fecerimus — quidam ergo cum ad forna-
culam illius carbonum copiam repperisset, et admota sibi sellula
diuaricatis pedibus super ignem illum nudato inguine resideret,
continuo Martinus factam sacro tegmini sensit iniuriam, magna
uoce proclamans, quis, inquit, nudato inguine nostrum incestat 9
habitaculum? hoc ubi frater audiuit et ex conscientia quod incre-
pabatur agnouit, continuo ad nos cucurrit exanimis, pudorem
suum non sine Martini uirtute confessus.

Quodam itidem die, dum in area, quae parua admodum ta- **15**
bernaculum illius ambiebat, in illo suo, quod nostis omnes,
sedili ligneo resedisset, uidit duos daemones in excelsa illa, quae
monasterio supereminet, rupe consistere, inde alacres ac laetos
uocem istiusmodi adhortationis emittere: heia te Brictio, heia
te Brictio. credo cernebant miserum eminus propinquantem, con-
scii quantam illi rabiem spiritus suscitassent. nec mora, Brictio 2
furibundus inrupit: ibi plenus insaniae euomit in Martinum mille
conuicia. obiurgatus enim pridie ab eo fuerat, cur, qui nihil um-
quam ante clericatum quippe qui in monasterio ab ipso Martino
nutritus habuisset, equos aleret, mancipia conpararet. nam illo
tempore arguebatur a multis non solum pueros barbaros, sed
etiam puellas scitis uultibus coemisse. quibus rebus infelicissimus 3
insano felle commotus et, ut credo, praecipue daemonum illorum
agitatus instinctu, Martinum ita adgressus est, ut uix manibus
temperaret, cum quidem sanctus uultu placido, mente tranquilla
infelicis amentiam per mitia uerba cohiberet. sed ita in eo nequam 4
spiritus redundabat, ut ne sua quidem illi, quamuis uana admo-

4 copia *V* || amota *F pr. m.* 5 deuaricatis *V* 7 proclamans ait *V* || inquit *uncinis inclusit de Prato* 8 frater *V*: ille frater *AFv* 10 suum *om. A*

11 Quodam] *hoc caput et sequens om. V, F hic om. et habet in fine dialogi; nec Paulinus rem quae narratur tetigit* || dum] *immo* cum 13 residisset *F*

15 adhortationis *A*: exortationis *F*, *sed* ex *in ras. m. 2* || Brictio *M*: briccio *(bis) AFQ*, brichio *B*; heia te B. *semel habent BM* || 16 credo *om. A* 17 rabiem sui spiritus *M* 18 insania *F* || euomit *ABFQ*: euomuit *v* 19 conuitia *AF, et sic item infra* || umquam *om. A* 20 qui] *add.* fuisset *in F m. 2* 21 nam *AFQ*: nam iam *v* 22 arg. a m. quod — coemisset *AFQ* || barbaros *om. FQ* (non s. p. barbaros — coemisse *BM, ut uidetur, et Giselini libri meliores)* 27 nequam spir. in eo *F*

dum, mens subesset: trementibus labiis incertoque uultu decolor prae furore rotabat uerba peccati, se asserens sanctiorem, quippe qui a primis annis in monasterio inter sacras ecclesiae disciplinas ipso Martino educante creuisset: Martinum uero et a principio, quod ipse diffiteri non posset, militiae actibus sorduisse, et nunc per inanes superstitiones et fantasmata uisionum ridicula prorsus
5 inter deliramenta senuisse. haec cum multa adque alia etiam, quae reticere melius est, acerbiora uomuisset, egressus tandem furore satiato, quasi qui se penitus uindicasset, rapidis ea parte qua uenerat gressibus recurrebat, cum interea, credo per Martini orationes fugatis ab illius corde daemonibus, reductus in paenitentiam. mox reuertitur adque ad Martini se genua prosternit: ueniam poscit, fatetur errorem nec sine daemone se fuisse tandem
6 sanior confitetur. non erat apud Martinum labor iste difficilis, ut ignosceret supplicanti. tunc et ipsi et nobis omnibus sanctus exposuit, qualiter illum a daemonibus uidisset agitari: se conuiciis non moueri, quae magis illi, a quo essent effusa, nocuissent. exinde
7 cum idem Brictio multis apud eum magnisque criminibus persaepe premeretur, cogi non potuit ut eum a presbyterio submoueret, ne suam persequi uideretur iniuriam, illud saepe commemorans: si Christus Iudam passus est, cur ego non patiar Brictionem?

16 Ad haec Postumianus, audiat, inquit, istud exemplum noster iste de proximo. qui cum sit sapiens, immemor praesentium, immemor futurorum: si fuerit offensus, insanit in sua se non habens potestate: saeuit in clericos, grassatur in laicos, totumque terrarum orbem in suam commouet ultionem: in qua per triennium iugiter dimicatione consistens nec tempore nec ratione sedatur.
2 dolenda hominis et miseranda condicio, etiamsi hac sola insanabilis mali peste premeretur. uerum ista ei patientiae et tran-

6 fantasmata *AF*: phant. *v* 8 egressus — uindicasset *F post* recurrebat *habet* 9 rapidis — gressibus recurrebat *ABM:* rapidus — recurrebat *Fv* || ea parte qua *AFM:* ex qua parte *v* 11 poenitentiam, mox *distinctum est in edd. claudicante logica ratione. Sententia est:* in eo erat ut recurreret, cum interea reductus est in paenitentiam. Mox reuertitur *etc.*

13 poscit *BM:* poscens *AFv* 14 sanior fatebatur *A* 15 ipse *F pr. m.*

18 briccio *AF* || apud *in F erasum* 19 premeret.. *F* 21 briccionem *AF* 22 etiam istud *M* 23 *malim* cum est sapiens 24 leniter (*uel* leuiter) offensus *2 codd. apud de Prato et ed. Ald.* 27 oratione *F* 29 malo *F pr. m.*

quillitatis exempla referre saepius, Galle, debueras, ut nesciret
irasci et sciret ignoscere. qui si istum ipsum breuiter inser- 3
tum sermonem meum in se prolatum forte cognouerit, sciat non
magis ore inimici quam amici animo me locutum, quia, si fieri
posset, optarem ut Martino potius episcopo quam Phalari tyranno
similis diceretur. sed istum, cuius commemoratio parum suauis 4
est, transeamus et ad Martinum nostrum, Galle, redeamus.

Tum ego, cum iam adesse uesperum occiduo sole sentirem, 17
dies, inquam, abiit, Postumiane: surgendum est: simul tam
studiosis auditoribus cena debetur. de Martino autem exspectare
non debes, ut ulla sit meta referenti: latius ille diffunditur, quam
ut ullo ualeat sermone concludi. ista interim de illo uiro portabis 2
Orienti, et dum recurris diuersasque oras, loca, portus, insulas
urbesque praeterlegis, Martini nomen et gloriam sparge per po-
pulos: in primis memento non praeterire Campaniam: etsi ma- 3
xime cursus in deuio sit, non tamen tibi tanti sint uel magnarum
morarum ulla dispendia, quin illic adeas inlustrem uirum ac
toto laudatum orbe, Paulinum: illi, quaeso te, primum sermonis
nostri, quod uel hesterno confecimus uel hodie diximus, uolumen
euolue: illi omnia referes, illi cuncta recitabis, ut mox per illum 4
sacras uiri laudes Roma cognoscat, sicut primum illum nostrum
libellum non per Italiam tantum, sed per totum etiam diffudit
Illyricum. ille Martini non inuidus gloriarum sanctarumque in 5
Christo uirtutum piissimus aestimator non abnuet praesulem no-
strum cum suo Felice conponere. inde si forte ad Africam trans-
fretabis, referes audita Carthagini: licet iam, prout ipse dixisti,
uirum nouerit, tamen nunc praecipue de eo plura cognoscat, ne
solum ibi Cyprianum martyrem suum, quamuis sancto illius san-
guine consecrata, miretur. iam si ad laeuam Achaiae sinum pau- 6

1 saepe *F* || ut nesciret *BM et 2 codd. Gisel.:* ut sciret *AFv* 3 magis non *AF* 5 falari *AF* 6 memoratio *F* 8 Tum ego *V s. l. in quo minio praemissum est:* et sulpicius || ergo *F pr. m.* || uesperam *de Prato inuito cod. V* 9 simul tamen *V* 10 caena *AF*, coena *v* 11 referenti *V:* referendi *AFv* 12 ista *mei:* ita *v* 13 et *V:* sed *AFv* || diuersas *A, in F* que *erasum est* || oras *M:* horas *V*, regiones *AFv* 14 spargere *V*

19 quod *AV:* quo *F*, quem *v* 20 refers *V* 22 totam *v* 26 Kartag. *A*, chartag. *FV* || licet iam prout *scripsi:* licet etiam prout *V*, licet etiam pridem ut *AF*, licet iam pridem ut *v* 28 quauis *V* 29 leuam aciem (*ex* Achaicum?) sinum *V*

lulum deuexus intraueris, sciat Corinthus, sciant Athenae, non
sapientiorem in academia Platonem nec Socraten in carcere for-
tiorem: felicem quidem Graeciam, quae meruit audire Apostolum
praedicantem, sed nequaquam a Christo Gallias derelictas, qui-
7 bus donauerit habere Martinum. cum uero ad Aegyptum usque
perueneris, quamquam illa suorum sanctorum numero sit et uir-
tutibus superba, tamen non dedignetur audire, quam illi uel uni-
uersae Asiae in solo Martino Europa non cesserit.

18 Ceterum cum Hierosolyma inde petiturus uentis rursum uela
commiseris, negotium tibi nostri doloris iniungo, ut si umquam
inlustris illius Ptolemaidis litus accesseris, sollicitus inquiras, ubi
sit consepultus noster ille Pomponius, nec fastidias uisitare ossa
2 peregrina. multas illic lacrimas tam ex affectu tuo quam ex no-
stris funde uisceribus, ac licet inani munere solum ipsum flore
purpureo et suaue redolentibus sparge graminibus. dices tamen
illi, sed non aspere, non acerbe, conpatientis alloquio, non ex-
3 probrantis elogio: quod si uel te quondam uel me semper audire
uoluisset, et Martinum magis quam illum, quem nominare nolo,
fuisset imitatus, numquam a me tam crudeliter disparatus ignoti
pulueris syrte tegeretur, naufragi sorte praedonis passus in medio
4 mari mortem et uix in extremo nanctus litore sepulturam. uide-
ant hoc opus suum, quicumque in ultione illius mihi nocere uo-
luerunt, uideant gloriam suam et uel nunc aduersum me grassari
desinant uindicati.

5 Haec cum maxime flebili uoce gemeremus, omnium lacrimis
per nostra lamenta commotis, cum magna quidem Martini admi-
ratione, sed non minore ex nostris fletibus dolore discessum est.

1 diuexus *F* || chorintus *V* 2 socraten in *AV:* socratẽ (*om.* in) *F*, Socratem in *v* 5 donauerat *F pr. m.* 6 et uirtutibus sit *AFv* 7 quam *BV:* qua AF^1, quia *F corr. et v* 9 hierosolymam *AFv* || rursum *A et cod. Vorstii:* cursum *FMV*, cursim *F corr.*, cursuum *v* 14 inani] in omni *V* || florem *V* 15 spargere *V* || dicis *V* 16 compat. eloquio *F* 20 syrte *BV:* regione *AFv* 21 nanctus *V:* nactus *AFv* 22 in illius ultione *V:* ex i. ultione *B*, ex illius (illis *A*) discessu *AFv* || uoluerint *V*, uolunt *B* 23 nos *BM*; me grassari *om. V* 26 ammiratione *F*, admiseratione *A* 27 Explicit | dialogus de uita beati martini episcopi | et confessoris per seuerum sulpicium | monachum massiliensem *V*, Explicit dialogus secundus de uita sancti martini *F*, *in A nulla est subscriptio.*

APPENDIX.

SEPTEM EPISTVLAE QVAE SVLPICII SEVERI NOMEN FERVNT.

I. Epistula Sancti Seueri Presbyteri ad Claudiam sororem suam de ultimo iudicio.*)

Lectis epistolis tuis multo modo per motum affectum lacrimis tenere 1
non potui: nam et gaudio flebam, quod te secundum Domini Dei nostri praecepta uiuere ex sermone ipso litterarum tuarum poteram agnoscere, et prae desiderio tui non poteram non dolere, quod per summam a te iniuriam alienabar, si litteras non misisses. tali ergo sorore non fruerer? testor autem salutem tuam: persaepe ad uos uenire uolui, sed usque adhuc impeditus sum, obsistente eo qui consueuit obsistere. nam et festinabam desiderio meo in tuo aspectu satisfacere, et opus Domini nostri inter nos obiter uidebamur acturi, cum alter alterum consolando, calcata a nobis mole saeculi, uiueremus. sed iam ego ueniendi diem tempusque non statuo, quia quotiescumque statui, implere non potui: Domini opperiar uoluntatem speroque quod meis uotis et orationibus tuis de nostra nos fructum faciat capere praesentia.

Ceterum quod a me in omnibus epistolis, quas ad te miseram, 2
uitae ac fidei tuae praecepta desiderasti, iam per adsiduitatem scriptorum meorum uerba consumpsi: nihil nouum tibi rescribere modo possum, quod ante non scripserim. et sane propitio Deo iam non indiges admoneri, quae fidem inter principia consummans deuotam in Christo exhibes caritatem. unum tamen moneo, ne transcursa repe-

*) *Primum edita a Baluzio in Miscell. I, 329 sqq. ex codice collegii SS. et indiu. Trinitatis Cantabrigiensis (B, 2, 35).* C = *codex Cantabrigiensis:* b = *editio Baluzii.*

5 ex *b:* et *C* 6 pro desiderio *b* 7 iniuriam a te *malebat Clericus* 13 ego *om. b* 14 operiar *Cb*, opperior *Clericus* 15 capere faciat *b* 16 praesentia *C (ut coniecit Baluzius):* perseuerantia *b* 18 desiderasti *scripsi:* desiderans *Cb*

tas, ne contempta desideres, ne manum aratro inserens retrorsum conuersa respicias, quo utique in te redeunte uitio ordinem suum necesse est sulcus amittat, nec sane mercedem suam cultor accipiet. alioquin nec partem consequitur, si ex parte cessauerit. nam sicut a peccato ad iustitiam fugiendum est, ita ei, qui iustitiam fuerit ingressus, ne peccato pateat praecauendum. scriptum enim est, iusto, in qua die exerrauerit, iustitiam non |profuturam. in hoc igitur consistendum est, in hoc laborandum, ne qui peccata euasimus, praemia parata perdamus. stat enim aduersum nos paratus inimicus, ut nudatum fidei umbone mox feriat. non abiciendus est itaque clipeus, ne latus pateat: non remittendus est gladius, ne hostis incipiat non timere: porro cum armatum uiderit, abibit. nec ignoramus durum esse atque difficile aduersus carnem et saeculum cotidie dimicare. sed si aeternitatem cogites, si caelorum regna consideres, quae utique nobis Dominus licet peccatoribus praestare dignabitur, quae tandem condigna passio est, qua tanta mereamur? luctamen autem nobis in hoc mundo parui temporis est; nam etsi mors non succedat, senecta succedet. labuntur anni, fluunt tempora, et, ut spero, Dominus Iesus tanquam desideratos sibi celeriter uocabit.

3 O quam felix ille noster excessus, cum a labe peccati melioris uitae conuersatione purgatos sede sua nos Christus excipiet. occurrent martyres et prophetae, iungentur apostoli, gaudebunt angeli, laetabuntur archangeli, uictusque satanas cruento licet ore pallebit, quippe qui etiam nostra, quae |sibi in nobis praeparauerat, peccata perdiderit. uidebit gloriam concessam per ueniam, merita honorata per gloriam: nos triumphabimus hoste superato. ubi tunc mundi istius sapientes uidebuntur? ubi auarus, ubi adulter, ubi impius, ubi ebriosus, ubi maledicus recognoscentur? quid miseri pro sua defensione dicturi sunt? 'nesciuimus te, Domine, te in mundo esse non uidimus: prophetas non misisti, legem saeculo non dedisti: patriarchas uon nidimus, sanctorum non legimus exempla. Christus

1 Luc. 9, 62. 6 Ezech. 18, 24.

3 accipiat *b* 5 ita et qui *Cb* 6 iustus *C* 9 aduersus *b* 10 umbonē *C* 11 clypeus *b* 13 atque *C*: ac *b* 16 quae tanta *C* 17 nobis *om. b* 23 iungentur *C*: tangentur *b* 24 arcangeli *C* 28 ridebuntur *b*

tuus in terra non fuit, Petrus tacuit, Paulus noluit praedicare, Euangelista non docuit. martyres non fuerunt quorum exempla sequeremur: futurum iudicium tuum nemo praedixit, uestire pauperem nemo mandauit, prohibere libidinem nemo praecepit, repugnari auaritiae nemo persuasit: inscientia lapsi sumus, quae fecimus nescientes’.

His e contrario ex illo sanctorum choro uel primus Noe iustus 4
proclamabit: ‘Ego, Domine, et superuenturum propter peccata hominum diluuium praedicaui, et post diluuium exemplum de me praebui bonis, cum malis pereuntibus non perirem, ut isti cognoscerent et quae esset innocentibus salus et quae poena peccantibus.’ Post hunc Abraham fidelis obsistet. ‘Ego’ inquit ‘Domine, fidem qua humanum in te crederet genus media fere mundi illius aetate fundaui: ego pater gentium, cuius exempla sequerentur, electus sum: ego Isaac adhuc paruulum non dubitaui, Domine, offerre tibi pro uictima, ut isti recognoscerent nihil non Domino praestari debere, cum me ipsum ne filio quidem unico intellegerent pepercisse: ego terram meam et cognationem meam te, Domine, iubente deserui, ut istis quoque esset exemplum nequitias mundi et saeculi peccata deserere: ego, Domine, te licet corporea sub imagine primus agnoui, nec dubitaui credere quem uidebam, licet in alia mihi substantia uidereris, ut isti intellegerent non secundum carnem, sed secundum spiritum iudicare’. Huic Moyses beatus obsecundabit: ‘Ego legem, Domine, istis omnibus te iubente tradidi, ut quos libera fides non tenebat, lex saltim dicta cohiberet: ego dixi ‘non adulterabis’, ut licentiam fornicationis inhiberem: ego dixi ‘diliges proximum tuum’, ut caritas abundaret: ego dixi ‘Domino soli seruies’, ne isti idolis immolarent uel templa esse paterentur. ego ne falsa testimonia dicerentur edixi, ut istis aduersus omne mendacium praecluderem ora. ego facta dictaque a mundi exordio, operante in me spiritu tuae uirtutis, exposui, ut istis cognitio praeteritorum doctrinam tribueret futurorum. ego te uenturum, Domine Iesu, praedicaui, ut istis non inopinatum esset agnoscere quem uenturum ante praedixeram’.

24 Exod. 20, 14. 25 Leuit. 19, 18. 26 Deuter. 6, 13.

1 euangelistica *b* 4 *fort.* cohibere 5 sumus *C:* suum *b* 6 iustus Noe *b* 9 cum *nos*: ut *Cb* || perirent *b* 11 *malim* obsistet et ‘ego’ inquiet 17 domine *om. b* 19 corporea *scripsi:* corpore *Cb* 23 saltem *b* 24 cohibitet *b*

5 Post hunc adstabit dignus Domini sui Dauid semine: ‘Ego te, Domine, per omnia nuntiaui, ego nomini tuo tantum seruiendum esse clamaui: ego dixi ‘beatus uir qui timet Dominum’, ego dixi ‘exultabunt sancti in gloria’, ego dixi ‘desiderium peccatorum peribit’, ut isti te agnoscerent et peccare desinerent. ego cum regia praeditus essem potestate, cilicio supertecto, puluere subiecto, depositis insignibus magnificentiae meae procubui uestimentis, ut istis mansuetudinis atque humilitatis daretur exemplum. ego inimicis meis, qui interficere me cupierunt, peperci, ut misericordiam meam isti probarent imitandam’. Post hunc Isaias dignus Dei spiritu non tacebit. ‘Ego, Domine, te per os meum loquente praemonui ‘uae iis qui iungunt domum ad domum’, ut modum cupiditati inponerem. ego iram tuam peccantibus uenisse testatus sum, ut istos a malefactis suis si non spes praemiorum, saltim suppliciorum formido cohiberet’.

6 Post hos aliosque conplures, qui doctrinae nobis officia praestiterunt, ipse Dei filius haec loquetur: ‘Ego certe excelsa sede sublimis, caelum palma, terram pugillo continens, intra extraque diffusus, cunctorum quae gignuntur interior atque omnibus quae mouentur exterior, inaestimabilis, naturae potestate infinitus, inuisibilis aspectu, incomprehensibilis adtactu, ut inter uos ad edomandam duritiam cordis uestri et perfidiam doctrinis salutaribus molliendam uestrum minimus existerem, nasci carne dignatus sum depositaque Dei gloria habitum formae seruilis adsumpsi, ut communicata uobiscum infirmitate corporea, rursum in consortium gloriae meae per obedientiam praecepti salutis adhiberem. aegris infirmisque omnibus sanitatem, auditum surdis, uisum caecis, uocem mutis, claudis pedum officia restitui, ut uos signis caelestibus permouerem, quo facilius in me atque in iis, quae praedicaueram, crederetis. ego uobis caelorum regna promisi, ego etiam, ut inpunitatis haberetis exemplum, latronem, qui me sub mortis suae tempore fatebatur, in paradiso collocaui, ut uel illius fidem, qui remitti sibi meruerat peccata,

3 Ps. 111, 1. 4 Ps. 149, 5. || Ps. 111, 10. 12 Ies. 5, 8. 18 cf. Ies. 40, 12.

6 superiecto *b* 7 uestimentis *glossema uidetur* 10 istis probarem *b* || esayas *C* 12 hiis *C*, his *b* 14 saltem *b* 19 gignentur (v *supra* n) *C* 21 edomandum *Cb* 26 salutaris *b* 29 hiis *C*, his *b* 32 uel *om. b*

sequeremini. atque ut exemplo meo pro uobis et ipsi pati possetis, pro uobis ego passus sum, ne dubitaret homo pro se pati quod Deus pro homine pertulisset. ego me post resurrectionem, ne fides uestra confunderetur, ostendi. ego in Petro Iudaeos monui, ego in Paulo gentibus praedicaui: nec paenitet: est fructus bonorum. opus meum boni intellexerunt, perfecerunt fideles, iusti impleuerunt, consummauerunt misericordes: et magna pars martyrum, magna sanctorum est. in eodem certe et isti corpore, in eodem fuerunt mundo. cur nullum in uobis bonum opus, gens uipereae stirpis, inuenio? paenitentiam malorum uestrorum nec sub ultima die uestri finis egistis. quid autem attinet quod me labiis adoratis, si factis et operibus denegetis? ubi nunc uestrae diuitiae, ubi honores, ubi potentia, ubi uestrae sunt uoluptates? nullam nouam in uos mando sententiam: habetis iudicium quod ante praedixi'.

Tunc illud miseris Euangelista recitabit: 'ite in tenebras ex- 7
teriores, ubi erit fletus et stridor dentium'. o miseri, quos ista non permouent: uidebunt suam poenam et aliorum gloriam. utantur saeculo, dum aeternitate illa, quae sanctis praeparata est, non fruantur: affluant diuitiis, auro incubent, dum ibi egentes, ibi inopes deprehendantur: sint in saeculo diuites, dum in aeternitate sint pauperes, de quibus scriptum est: 'diuites eguerunt et esurierunt'. consequentia autem de bonis scriptura subiecit: 'inquirentes autem Dominum non deficientur omni bono'.

Itaque, soror, licet nos isti irrideant, licet nos stultos infelicesque commemorent, felicius gaudeamus opprobriis, quibus nobis gloria, illis poena cumulatur. nec rideamus illorum stultitiam, sed potius infelicitatem doleamus, quia inter illos pars magna nostrorum est, quos si lucri facere possimus, augetur in nobis gloria. sed agant se ut uolunt, sint nobis tanquam gentiles et publicani: nos uero saluos incolumesque tueamur. si illi nunc nobis dolentibus gaudent, nos postea in illorum dolore gaudebimus. uale, soror carissima et in Christo dilectissima.

15 Matth. 22, 13. 25, 30. 21 Ps. 33, 11. 22 ibid.

1 possitis *Cb* 7 martyrum *Baluzius:* maturum *C* 22 consequenter *b* 23 deficientur *nos:* deficient *Cb* 28 lucrificare *b* 29 puplicani *C* 32 Explicit epistola seueri presbyteri ad claudiam sororem suam. Incipit epistola sancti seueri ad eandem de uirginitate *C*

II. EPISTOLA S. SEVERI AD CLAVDIAM SOROREM DE VIRGINITATE *)

A = Excerpta in actis concilii Aquisgranensis (a. 816).
C = codex Cantabrigiensis.
H = textus Lucae Holstenii in Appendice Codicis Regularum (Paris. 1663) p. 8 sqq. ubi epistula sic inscripta est: 'Athanasii exhortatio ad sponsam Christi'.
R = codex Reginensis Romanus num. 140.
V = codex Vindobonensis, Theol. 664.
ed. Vall. = textus Vallarsii in Append. opp. S. Hieronymi XI, p. 127 sqq.
b = ed. Baluzii.
Ex *H* non notauimus nisi eas scripturas quae discrepant a lectionibus codicis Reginensis; cf. Praefat.

*) Epistola sancti Seueri presbyteri ad eandem de uirginitate *C ut uidetur*, ITEM AD VIRGINES *R*, S. Athanasii exhortatio ad sponsam Christi *H*, *inscriptione caret V*

II. Epistula S. Seueri ad Claudiam sororem de uirginitate.

Quantam in caelestibus beatitudinem uirginitas sancta possideat, 1
praeter scripturarum testimonia ecclesiae etiam consuetudine edocemur, qua discimus peculiare illis subsistere meritum, quarum specialis est consecratio. nam cum uniuersa turba credentium paria gratiae dona percipiat et isdem omnes sacramentorum benedictionibus glorientur, istae proprium aliquid prae ceteris habent, cum de illo sancto et inmaculato ecclesiae grege quasi sanctiores purioresque hostiae pro uoluntatis suae meritis a sancto spiritu eliguntur et per summum sacerdotem Dei offeruntur altario. digna reuera Domino hostia tam pretiosi animalis oblatio, et nulla magis ei quam imaginis suae hostia placitura. de huiusmodi enim Apostolum praecipue dixisse reor: Obsecro autem uos, fratres, per misericordiam Dei ut exhibeatis corpora uestra hostiam uiuentem, sanctam, Deo placentem. possidet ergo uirginitas et quod alii habent et quod alii non habent, dum et communem et peculiarem obtinet gratiam, et proprio, ut ita dixerim, consecrationis priuilegio gaudet. nam et Christi sponsas uirgines dicere ecclesiastica nobis permittit

13 Rom. 12, 1.

3 Quantum *R* 4 ecclesiae iam *V* 5 qua *AV:* quia *CH*, qui *R* || discimus *CH:* addiscimus *AVb*, addiscimur *R* || illis — quarum *V:* illi — cuius *ACHR* || est specialis *C* 6 dona gratiae *C* 7 percipiant *V* || hisdem *CRV*, eisdem *H* || omnium *V* 8 ista ad *A* || habendum de *AR* || cum *R:* dum *CV* 11 digna — placentem *om. A* || hostia *om. RV*
12 nulla magis ei *RV*: nullius magis *C* || quam *R corr. ex* quia, quum *V* || suae imaginis *C* 13 eiusmodi *R* 14 per miseric. Dei *om. RV*
15 uiuentem *RV*: uiuam *C* 17 dum communem *A* || pec. habet gratiam *V*

auctoritas, dum in sponsarum modum quas consecrat Domino uelat, ostendens eas uel maxime habituras spirituale conubium quae subterfugerint carnale consortium. et digne Deo per matrimonii comparationem spiritualiter copulantur quae eius dilectionis causa humana conubia spreuerunt. in his quam maxime illud impletur Apostoli:
2 *qui autem adhaeret Domino, unus spiritus est.* grande est enim et inmortale, paene ultra naturam corpoream, sopire luxuriam et concupiscentiae flammam adolescentiae facibus accensam animi uirtute restinguere, spirituali conatu uim genuinae oblectationis excludere, uiuere contra humani generis morem, despicere solacia coniugii, dulcedinem contemnere liberorum, et quaecumque praesentis uitae esse commoda possunt, pro nihilo spe futurae beatitudinis computare. magna haec, ut dixi, et admirabilis uirtus est et non inmerito pro magnitudine laboris sui ingenti praemio destinata. *Dabo inquit spadonibus, dicit Dominus, in domo mea et in muro meo locum nominatum meliorem a filiis et filiabus; nomen aeternum dabo eis et non deficiet.* de quibus spadonibus Dominus in euangelio repetit dicens: *sunt enim spadones, qui se ipsos castrauerunt propter regnum caelorum.* Magnus quidem est pudicitiae labor, sed maius est praemium, temporalis custodia, sed remuneratio aeterna. de his enim et beatus Iohannes Apostolus loquitur quod *sequantur agnum quo-*

6 I Cor. 6, 17. 15 Isai. 56, 5. 18 Matth. 19, 12. 22 Apoc. 14. 4

1 dum sponsarum modo *C* || quas *AR:* quam *V*, eas *C* || domino consecrat *C* || uelat *AH*: ualeat *R*, et uelat *C*, uoueat *V* 2 ostendens — Apostoli *om. R* || spiritale *ACR* 4 copulantur spiritualiter *V* 5 completur *C* 6 adhaeret deo *C* || est spiritus *C* || grande — custoditur *(pag. 228, 5) om. A* 7 enim *V*: *om. CR* || mortalem *V* || et paene *H* || sopire *RV*: superare *C*, frenare *ed. Vall.* 8 flammam *RV*: palmam |*C*, spasmeam *b* || facibus aestuantem *ed. Vall.* 9 spirituali *V*: et spiritali *CR* || oblationis *R* 10 et uiuere *C* || morem *RV*: legem *C* 11 coniugii *C*: coniugum *RV* || et *om. R* 12 possint *C*
14 magnitudinis *R* || destinatur *C* 15 dabo, inquit (*sc.* propheta) spadonibus, dicit (dicit *om. R*) dominus *RV:* dabo inquit Dominus spadonibus meis *H*, dabo spadonibus dicit deus et *C* 16 a *HV*: et *CR* || filiabus Israel *H* 17 eis *RV*: illis *C* || et *CRV*: quod *H; hoc quidem est in Vulgata* 'quod non peribit', *sed in LXX*: καὶ οὐκ ἐκλείψει || deficient *RV* 18 enim] autem *V* 20 est quidem *CR* || est (*post* maius) *om. H* 21 aeterna est *C* || etenim *V* 22 apostolus Iohannes *C* || quod *CR*: qui *V* || secuntur *HV*

cumque ierit. quod ita intellegendum puto, nullum eis locum in caelesti aula claudendum et cuncta eis diuinarum mansionum habitacula reseranda.

Sed ut inlustrius uirginitatis meritum clareat et quam Deo digna 3
sit manifestius possit intellegi, illud cogitetur, quod Dominus et saluator noster Deus, cum propter humani generis salutem hominem dignaretur adsumere, non alium quam uirginalem elegerit uterum, ut uirtutem huiusmodi plurimum sibi complacere monstraret: et ut pudicitiae bonum utrique sexui intimaret, uirginem habuit matrem uirgo ipse permansurus: in se uiris et in matre feminis praebuit uirginitatis exemplum, quo demonstraretur in utroque sexu beatam et integram diuinitatis habitare plenitudinem meruisse, dum totum in matre fuit quicquid habitabat in filio. sed quid ego satisago excellens ac sublime pudicitiae meritum reuelare et gloriosum bonum uirginitatis ostendere, cum de hac re plerosque perorasse non nesciam et eius beatitudinem manifestissimis rationibus conprobasse, et nulli sapienti uenire in dubium possit eam rem maioris esse meriti, quae sit amplioris laboris? quisquis enim pudicitiam aut nullius praemii aut parui existimat, certum est illum aut ignorare aut non uoluntarium eius ferre laborem. unde illi semper castitati derogant qui eam aut non habent aut habere coguntur inuiti.

1 puta *R* || locum eis nullum *V* 2 et *RV*: sed *C* 4 digna deo sit *V*, digna sit deo *C* 5 intellegi possit *C* || recogitetur *RV* || dominus saluator noster (*sine* Deus) *V* 6 hominem *CR*: carnem *V* 7 uterum elegerit *C* || ut *CRV*: et *H* 8 uirtutem *V*: *om.* *CR* || complacere *CRV*: placere *Hb* || et ut *CRV*: et *H* 9 utrisque *V* || intimaret. Virginem *b* || matrem habuit *C* 10 uirgo ipse permansurus *V*: uirgo mansurus *CR* || uiris sed *Clericus* 11 quod *CR* || demonstratur *C* || beatam et integram diu. habitare plenit. *V*: beatam integritatem diuinitatis haberi (haberi et *H*) plenitudinem *HR*, beatam integritatem diuinitatis habere plenitudinem *C* 13 totum *RV*: tantum *C* || habitabat *R*: habebat *C*, habitaret *V*, habebatur *H et ed Vall.* || quod *V* || satago *H* 14 meritum pudicitiae *V* || gloriosum *V*: gloriosae *CR* 15 uirginitatis bonum *HV* 16 nonne etiam *R* || orationibus *V* 17 sapientium *V* || in dubium uenire *b (non C)* || posse *R* 18 quisque *V* 20 uoluntarie *C* || eius *om.* *R* || referre *V* || unde *R*: inde *CV* 21 castitatem qui etiam derogant *R*

4 Nunc itaque quoniam, paucis licet, tam laborem quam meritum integritatis ostendimus, ne res quae et grandi uirtute constat et ingenti praemio destinatur, carere fructu suo possit, diligentius excubandum est. quanto enim quaecumque species pretiosior fuerit, tanto maiore sollicitudine custoditur. et quoniam multa sunt quae bono proprio carent, nisi aliarum rerum iuuentur auxilio, ut est mellis species, quae nisi cerarum custodia et fauorum cellulis conseruetur et, ut uerius dixerim, nutriatur, naturalem gratiam perdit et subsistere per se ipsa non potest, sicut et uini species, quod nisi in boni odoris uasis et reparatis crebrius picibus foueatur, genuinae uim suauitatis amittit: adtentius prouidendum est, ne forte et uirginitati aliqua sint necessaria, sine quibus nequaquam fructum adferre sufficiat, et tantus nihil proderit labor, dum uane prodesse creditur, quod absque rebus necessariis possidetur. nisi enim fallor, ob caelestis regni praemium pudicitiae seruatur integritas, quod sine aeternae uitae merito neminem consequi posse satis certum est. aeternam uero uitam nonnisi per omnium diuinorum praeceptorum custodiam promereri posse scriptura testatur dicens: si uis ad uitam uenire, serua mandata. uitam ergo non habet nisi qui cuncta legis mandata seruauerit, et qui uitam non habuerit, caelestis regni non potest esse possessor, in quo non mortui, sed uiui quique regna-

18 Matth. 19, 17.

1 licet paucis *V*, tam paucis licet *R* 2 uirginitatis *V* || quae et *R*: quae *CHV* 3 diligentius *om. V.* || excubendum *R* 4 quantum *CRV* || species quaecumque *V* || fuerit *CR*: est *V* 5 maiori *V* || multae *R*
6 careant proprio *V* || ut est — amittit *(u. 11) om. A* 9 ipsa *R*: ipsam *CH*, ipsam naturalis *V* || nisi in boni od. uasis *V*: si non boni od. uasis (uas *R*) *CR*, nisi boni od. uas sit *H* 10 reparati *R* || crebris *C* || genuinae uim suauitatis *R*: genuinae uini suauitatis *C*, genuinae uitis suauitatem *V*, genuinam uini suauitatem *b* 11 prouidendum *V*: praeuidendum *AR*, ergo prouid. *CH* || et in uirginitate *R* 12 sint aliqua *V*, alia sint *H* || fructus *V* 13 uanũ *R* 14 rebus *ARV*: uiribus *C* || possideatur *V* || nisi — certum est *om. A* || fallor enim *CR* 16 uitae aeternae *C* || posse *om. V* || satis *om. C* || aeterna uero uita *C* 17 omnium *V*: omnem *ACR* 18 promereri posse scriptura testatur dicens *AH* (*sed om. A* dicens): promereri posse *(om. V)* scriptura dicente *RV*, promereri potest scriptura dicente *C* || si uis inquit *A* || ad *AH*: in *CRV*
19 peruenire *C*, ingredi *A* || cuncta *om. A* 20 mandata legis *C*
21 in quo — ante omnia *(u. 3) om. A*

bunt. nihil ergo uirginitas sola proficiet, quae caelestis regni gloriam sperat, nisi et illud habuerit cui perpetua uita promittitur, per quam caelestis regni praemium possidetur. ante omnia ergo pudicitiam integritatemque seruantibus et eius remunerationem a Dei aequitate sperantibus mandatorum sunt custodienda praecepta, ne gloriosae castitatis et continentiae labor in irritum deducatur. supra mandatum uel praeceptum esse uirginitatem sapiens ex lege nullus ignorat, Apostolo dicente: de uirginibus autem praeceptum Domini non habeo, consilium autem do. cum ergo obtinendae uirginitatis consilium dat, non praeceptum statuit, supra mandatum eam esse professus est. quicumque ergo uirginitatem seruant, maius quam praeceptum est faciunt. tunc enim proderit amplius fecisse quam iussum est, si quod iussum est feceris. nam quomodo plus fecisse gloriaberis, si minus aliquid non facias? cupiens diuinum implere consilium ante omnia serua mandatum: uolens uirginitatis praemium consequi uitae amplectere merita, ut sit cuius remunerari castitas possit. nam ut uitam praestat obseruatio mandatorum, ita eorum e contrario generat praeuaricatio mortem. et qui per praeuaricationem in mortem fuerit deputatus, uirginitatis coronam sperare non poterit, neque pudicitiae praemium exspectare constitutus in poena.

Tres enim species sunt uirtutum, per quas caelestis regni possessio 5
introitur. prima pudicitia est, secunda mundi contemptus, tertia uero iustitia, quae ut conexae plurimum se possidentibus praestant, ita diuisae prodesse difficile possunt, dum unaquaeque earum non prop-

8 I Cor. 7, 25.

2 illud *RV*: aliud *C* 3 ergo omnia *H* 5 sunt custodienda *ARV*: est custodia *C*, custodia est *b* 6 in interitum *V*, in *om. R* 6 et 10 super *V*; supra — non facias *(u. 14) om. A* 6 uel praeceptum *uidetur glossema* 7 ex lege *CV*: et legens *R* 10 statuit *R*: *om. CV* || mandatum *RV*: mandatum uel praeceptum *H*, mand. et praeceptum *C* 11 ergo *om. R* || maius *CR*: magis *HV* 13 iustum *V* || facias *R*, feceris — minus aliquid *om. H* 14 aliquod *V* || non *om. RV* || facias *RV*: feceris *C* || cupies *R* 15 mandatã tam (*corr.* tum) *R* | uirginitatem *R* 16 amplectere meritum uitae *C* || ut sit cuius *ARV*: ut tua *CH* || castitas remunerari *C* 17 eorum e contrario *ACR*: e contr. eorum *HV* 18 praeuaricatio generat *V* 19 in morte *AC* || deputatus *H et ed. Vall.*: *om. ACRV* 21 tres — — fac bonum *(p. 231, 2) om. A* || uirtutum *V*: *om. CHR* || regni caelestis *C* 22 est pudicitia *CH*

ter se tantum, sed propter aliam efflagitatur. in primis ergo quaeritur pudicitia, ut facilius subsequatur mundi contemptus, quia ab illis mundus contemni leuius potest qui matrimonii nexibus non tenentur. mundi uero contemptus exposcitur, ut iustitia conseruetur, quam implere difficile possunt qui saecularium bonorum cupiditatibus et mundanarum uoluptatum negotiis implicantur. quisquis ergo pudicitiae primam speciem possidet et secundam, quae est mundi contemptus, non obtinet, paene sine causa possidet primam, quando secundam non habet, propter quam prima quaesita est. et si primam et secundam habeat, cui tertia, quae est iustitia, desit, frustra laborat, quoniam superiores duae propter tertiam praecipue requiruntur. quid enim prodest propter mundi contemptum pudicitiam habere, et propter quod eam habeas non habere? uel cur res mundi contemnas, si iustitiam, propter quam pudicitiam, propter quam mundi contemptum habere te conuenit, non custodias? quia ut prima species propter secundam est, ita prima et secunda propter tertiam: quae si non fuerit, nec prima nec secunda proficiet.

6 Dicis forsitan: 'doce me ergo quid sit iustitia, ut eam, si cognouerim, facilius implere sufficiam'. Dicam breuiter, ut ualeo, et uerborum utar simplicitate communium, quia causa de qua agimus talis est, quae disertioribus facundiae sermonibus nequaquam debeat obscurari, sed simplicioribus eloquentiae narrationibus pandi. res enim omnibus in commune necessaria communi debet sermone monstrari. Iustitia ergo non aliud est quam non peccare, non peccare autem est legis praecepta seruare. praeceptorum autem obseruatio duplici genere custoditur, ut nihil eorum quae prohibentur facias, et cuncta quae

1 aliam *CRV*: alias *b* || efflagitatur *R*: flagitatur *CV* 2 sequatur *V*, obsequatur *R* 3 a matr. nexibus *V*, matrimoni in nexibus *R* 5 difficile implere *C* 6 quisque *RV* || ergo *om. V* || pudicitiae (pudicitiam *V*) primam speciem possidet *RV*: poss. prim. sp. pudicitiae *H*, pudicitiae poss. prim. sp. *C* 11 duae propter iustitiam praecipue requiruntur *R*, duae requiruntur propter tertiam *V* 12 enim *om. V* 13 habeat *R* || cur res mundi *H*: cur mundum *V*, cui rei mundum *CR* 14 propter quam mundi *RV*: et propter quam mundi *C*, et mundi *H* 15 conueniat *R* 16 ita prima *R*: ita et prima *CV* || et secunda — nec prima *om. V* || tertiam *CH*: iustitiam *R* 18 ergo me *R* 19 dicam tibi breuiter *C* || ualeam *V* 20 causa talis quae *V* 21 defortioribus *R* || debet *H* || obsecrari *R* 22 simplicioris *CV* 23 omnibus *om. R* 24 non est aliud *H*, aliud non est *V* 25 autem *H*: uobis *R*, uero *CV (?)* 26 facias — iubentur *om. R pr. m.*

iubentur implere contendas. hoc est quod dicit: recede a malo et fac bonum. nolo enim putes in hoc constare iustitiam ut malum non facias, cum et bonum non facere malum sit et in utroque legis praeuaricatio committatur, quoniam qui dixit 'recede a malo', ipse dixit 'et fac bonum'. si a malo recesseris et non feceris bonum, transgressor es legis, quae non tantum in malorum actuum abominatione, sed et in bonorum operum perfectione completur. neque enim hoc solum tibi praecipitur ut uestitum suis non spolies indumentis, sed et ut spoliatum operias tuis, neque ut habenti panem non auferas suum, sed et non habenti tuum libenter impertias, neque solum ut pauperem suo non pellas hospitio, sed ut pulsum et non habentem recipias tuo. praeceptum enim nobis est flere cum flentibus. quomodo cum illis flemus, si in nullo eorum necessitatibus participamus, nec aliquod eis in his propter quas lacrimantur causis praebemus auxilium? neque enim fletuum nostrorum Deus infructuosum quaerit humorem, sed quia lacrimae doloris indicium sunt, uult te ita alterius angustias sentire ut tuas. et quomodo tibi, in tali tribulatione si esses, subueniri cuperes, ita alteri ipse subuenias propter illud: quaecumque uultis ut faciant uobis homines bona, ita et uos facite illis. nam cum flente flere et nolle, cum possis, flenti conferre, subsannationis, non pietatis indicium est.

1 Ps. 33, 15. 12 Rom. 12, 15. 19 Matth. 7, 12.

1 dicit *RV*: dicit psalmista *C* 2 in hoc putes *C* 4 committatur *ARV*: continetur *C* || et ipse dixit fac *H et ed. Vall.* 6 abhominatione *CV*, dominatione *R* 7 sed etiam *A* || neque enim — quae iubentur *(p. 232, 23) om. A* 8 sed et ut *H et corr. R*: ut et *R pr. m.*, sed ut *C*, sed *V* 9 spoliatos *C* || panem suum auferas *(om.* non*) V* 10 sed et non *V*: sed ut non *CH*, sed non ut *R* || neque ut solum *C* 11 *malim* sed et ut 12 est nobis *C* 14 ne aliquid *R* || propter quae *V* || prebeamus *C* 16 indicium doloris *R* 17 quomodo in tribulatione tali si esses tu *V* 18 subuenire *C* || ipse *om. H (habet R)* || subuenies *R* 19 quae *V* 20 ita et uos f. illis *CR:* ita *(om. V)* et uos f. illis similiter *HV* || et nolle *V*: et nihil *R*, si nihil *C* 21 conferre, conferas *C; post* conferre *in R additum est:* ostendens eas uel maxime habitaturas (*scr.* habituras) spiritale conubium quae subterfugerint carnale consortium. et digne deo per matrimonii conparationem spiritaliter copulantur. quae eius dilectionis causa humana conubia spreuerunt in his quam maxime illud impletur || indicium est non pietatis *V*

denique Saluator noster cum Maria et Martha Lazari sororibus fleuit et inmensae misericordiae adfectum lacrimarum contestatione monstrauit. et uerae pietatis indicia mox opera subsecuta sunt, cum suscitatus Lazarus, cuius causa lacrimae fundebantur, sororibus redditur. hoc fuit pie cum flentibus flere, occasionem fletus auferre. sed quasi potens, inquies, fecit. uerum nec tibi aliquid inpossibile imperatur: impleuit omnia qui quod potuit fecit.

7 Sed ut dicere coeperamus, non sufficit Christiano a malis se abstinere, nisi etiam bonorum operum officia perfecerit, quod illo uel maxime testimonio comprobatur, quo comminatur Dominus aeterni ignis reos fore, qui quamuis mali nihil gesserint, non fecerint omne quod bonum est, dicens: Tunc dicet rex his qui ad sinistram sunt: discedite a me, maledicti, in ignem aeternum, quem praeparauit pater meus diabolo et angelis eius. esuriui enim, et non dedistis mihi manducare; sitiui, et non dedistis mihi potum et cetera. non dixit: discedite a me, maledicti, quia homicidium, quia adulterium aut quia furta fecistis: non enim quia malum fecissent, sed quia bonum non fecerant, condemnantur et aeternae gehennae suppliciis addicuntur, nec quia quae prohibita sunt admisissent, sed quia quae praecepta erant implere noluerunt. unde animaduertendum est quam spem habere possint qui adhuc aliquid eorum faciunt quae prohibentur, cum etiam illi aeterni ignis rei sint qui non fecerunt quae iubentur. nolo enim

12 Matth. 25, 41.

1 marta et lazari *R* 3 et ueritatis *R* || suscitatur *R* 4 fundebantur *RV*: funduntur *C* || sororibus uiuus redditur. et hoc fuit pie flere cum flentibus *C* 5 fletus benigne auferre *V* 6 quasi *CRV*: quis *b* || fecit *H et ed. Vall.*: *om. CRV* || uerum *RV*: sed *C* || ne tibi *V* || imperatur *CR*: imperet non sufficit mala cauere nisi bona quoque studeamus agere *V* 8 coeperam *V* || sufficit *HV*: sufficere *CR* || se *om. V* 9 perficere *R* || quod *RV*: *om. C* 11 quod bonum est *CH*: bonum *RV* 12 dicet *HV*: dicit *CR* 15 sitiui — potum *V*: *om. CR* 16 et reliqua *C* 17 quia homicidium fecistis quia adulterium perpetrastis *V et ed. Vall.* || furtum *V* 18 non enim — fecissent *RV*: *om. C* || bona non fecerunt *C* 19 et aeternae *HV*: et *om. R*, hi aeternis *C* || non quia *C* 20 sunt *R*: fuerant *CV*: erant *ed. Vall.* || erant *RV*: fuerant *C* 21 enim aduertendum *R*, aduertendum *CH* 23 illi *om. H* || aeterni ignis *V et ed. Vall.*: *om. CR* || sint *C*: sunt *RV* || fecerint *RV*

tibi in hoc blandiaris, si aliqua non feceris, quia aliqua feceris, cum scriptum sit: qui uniuersam legem seruauerit, offendat autem in uno, factus est omnium reus. Adam enim semel peccauit et mortuus est: et tu te uiuere posse existimas illud saepe committens, quod alium, dum semel perpetrasset, occidit? an grande illum commisisse crimen putas, unde merito poena damnatus sit acriore? uideamus ergo quid fecerit: contra mandatum de fructu arboris edit. quid ergo? propter arboris fructum Deus hominem morte multauit? non propter arboris fructum, sed propter mandati contemptum. ergo non agitur de qualitate peccati, sed de transgressione mandati. et qui dixit Adae ut de arboris fructu non ederet, ipse tibi praecipit ut non maledicas, non mentiaris, non detrahas, non detrahentem auscultes, ut omnino non iures, ut non concupiscas, non inuideas, non sis tepidus, non sis auarus, ut nulli malum pro malo reddas, ut inimicos tuos diligas, ut maledicentibus benedicas, ut pro calumniantibus et pro persecutoribus tuis ores, ut percutienti maxillam alteram praebeas, ut in iudicio saeculari non litiges, ut si quis tua auferre uoluerit, gratanter amittas, ut nec iracundiae nec zeli nec liuoris malum intra pectus admittas, ut crimen auaritiae fugias, ut omnis superbiae ac iactantiae malum caueas, et humilis ac mitis Christi uiuas exemplo, malorum consortia in tantum uitans, ut cum fornicatoribus aut auaris aut maledicentibus aut inuidis aut detrac-

2 Jac. 2, 10.

1 si aliqua non f. quia (qui *A*) aliqua feceris *AR*: quia aliqua feceris *om. C*, si aliquid eorum feceris quia aliquid non feceris *V*; *sequitur deinde in V glossema:* Audiant qui quaedam mala cauere negligunt quibusdam bonis confidentes quae agunt || cum] quod *V* 2 sit *ed. Vall. et A*: est *CRV* || offenderit *C* 3 semel enim peccauit adam *V* 4 posse *om. H* || existimans *C* 5 cum *ed. Vall.* || an grande — blandiris *(p. 234, 8) om. A* 6 merito poena damnatus sit acriori *H et ed. Vall.*: merito ac iure damnandus sit *R*, merito ac digne sit damnatus *V*, merito ac iure (iuste *b*) damnatus est *C* 7 quid fecerit contra mandatum. De fructu *distinxit Holstenius* 10 agitur iam de *V* || mandati *CR*: praecepti *V* 11 fructū *R* 12 precipit *C*: praecepit *RVb* || nec detrahentes *C* 15 ut inimicos — benedicas *RV*: *om. C; additum in V*: et aduersantibus benefacias 16 pro *om. C* 17 in *om. V* 18 amittas *RV*: remittas *C*, dimittas *ed. Vall.* 20 iactantiae ac superbiae *C* || humilis et mitis *C*, mitis ac hum. *V* 21 exemplo uiuas *C* || deuitans *C* 22 detractatoribus *C*, detrectatoribus *b*

toribus aut ebriosis aut rapacibus nec cibum capias. quem si in aliquo contempseris, si pepercit Adae, parcet et tibi. immo illi magis parcendum fuerat, qui adhuc rudis et nouellus erat, et nullius ante peccantis et propter peccatum suum morientis retrahebatur exemplo. tibi uero post tanta documenta, post legem, post prophetas, post euangelia, post Apostolos si delinquere uolueris, quomodo indulgeri possit ignoro.

8 An tibi de uirginitatis praerogatiua blandiris? memento Adam et Euam uirgines deliquisse, nec integritatem corporis profuisse peccantibus. uirgo quae peccat Euae, non Mariae comparanda est. non negamus in praesenti tempore paenitentiae remedium, sed hortamur magis praemium sperare debere quam ueniam. turpe est enim delicti indulgentiam postulare quae palmam uirginitatis exspectant, et inlicitum aliquid incurrere quae se etiam a licitis castrauerunt: licitum quippe est matrimonii inire consortium. et ut laudandae sunt quae propter Christi amorem et caelestis regni gloriam copulam contempserint nuptiarum, ita damnandae sunt quae propter incontinentiae uoluptatem, cum Deo se uouerint, remedio apostolico abutantur. ergo, ut diximus, quae conubia deserunt, non inlicita, sed licita spernunt. eiusmodi autem si iurent, si maledicant, si detrahant, si detrahentes patiantur audire, si malum pro malo reddant, si cupiditatis in alienis aut auaritiae in propriis crimen incurrant, si zeli aut liuoris uenena possideant, si contra legalia et apostolica instituta indecens aliquid aut loquantur aut cogitent, si in carne placendi studio comptae et ornatae procedant, si alia, ut adsolet, inlicita faciant,

1 nec cibum *R*: uel cibum non *V*, cibum non *C* 2 parcet et tibi? *b* || magis *om. V* 3 ante *om. V* 4 retrahebatur *R*: trahebatur *C*, terrebatur *V* 6 indulgere *R* 8 blandiris *RV*: plaudes *C* || memor esto *V* 10 uirgo — castrauerunt *(u. 14) om. A* || eua *R* 11 remedium penitentiae *C* 12 enim *CRV*: enim illis *H* 13 expectat *CRV* 14 se *V post* licitis *habet* || castrauerunt *CR*: castrauere *H*, castrauit *V* 15 consortium inire *V* || et ut — ut diximus *(u. 19) om. A* 16 gloriam *CR*: desiderium *V* || contempserunt *C* 17 dam. sunt *V*: dam. non sunt *CR* || innocentiae uoluntatem *R* 18 cum deo se uouerint *V*: nondum deo deuotae *CR* 19 connubia *Hb* || spernuntur *C* 20 iurant *R* || detrahunt cupidos *C* 21 patiantur *ARV*: pa | antur *C (omissa syllaba* ti *initio noui uersus)*, probantur *b* 22 aut *ARV*: uel *C* || incurrant crimen *C* || aut *ARV*: si *C* 23 leg. instituta et apostolica *V* 24 loquuntur aut cogitant *b* 25 compte et ornate *V* || si alia (alia quae *R*) ut

quid proderit eis spreuisse quod licuit et exercere quod non licet? si uis prodesse tibi, quod licita contempsisti, uide ne quid eorum quae non licent facias. stultum enim est timuisse quod minus est, et non timere quod maius est [aut ab iis non uitari quae prohibentur, spreuisse uero ea quae conceduntur]. dicit enim Apostolus: innupta cogitat quae Domini sunt, quomodo placeat Deo, ut sit sancta et corpore et spiritu: quae autem nupta est, cogitat quae sunt huius mundi, quomodo placeat uiro. nuptam uiro placere adserit, cogitando quae mundi sunt, innuptam uero Deo, eo quod nulla cura illi sit saeculi. dicat ergo mihi, quae uirum non habet et tamen quae mundi sunt cogitat, cui placere desiderat? nonne incipiet illi nupta praeponi? quia illa cogitando quae mundi sunt complacet uel marito, ista uero nec marito, quem non habet, potest placere nec Deo. sed nec illud silentio praeterire nos conuenit, quod dixit: innupta cogitat quae Domini sunt, quomodo placeat Deo, ut sit sancta et corpore et spiritu. [quae Domini sunt, inquit, cogitat; non quae saeculi, non quae hominum, sed quae Dei sunt cogitat.] quae sunt ergo Domini? dicat Apostolus: quaecumque sunt sancta, quaecumque iusta, quaecumque amabilia, quaecumque bonae famae, si qua uirtus, si qua laus disciplinae.

5 I Cor. 7, 34. 19 Phil. 4, 8.

adsolet inlicita *AR*: si aliqua quae ut adsolet, illicita sunt *H*, et alia quae assolent inlicita *V*, et alia quae fieri solent inlicite *C*

2 licita *CRV*: licite *A*, licitum *H* 3 est enim *C* 4 aut ab — conceduntur, *quae desunt in A, ut glossema inclusimus; nam uix credendum est epistolae auctorem, quisquis fuit, alias optime scribentem hic tam barbare locutum esse* || ab his uetari *V* || prohibentur spreuisse uero ea quae *V*: prohibentur quae (si *H*) subterfugerint quae *CR* 6 Dei *C* 7 et corpore *V*: corpore *ACR*, *ut est in Vulgata, at textus graecus habet:* καὶ σώματι καὶ πνεύματι || quae autem nupta — — et corpore et spiritu *(u. 17) RV (item ex parte A): om. C; haec spuria esse censet is qui curauit editionem Parisiensem apud Migne* 8 huius *om. A* 9 nuptam uero uiro *V*, nuptam — sit saeculi *om. A* || placere uiro *H* 10 illi cura *V*, cura illa *R* 11 tamen ea quae *V* 12 incipiat *A* || quia illa *AR*: quae *V* 15 dixerit *A* || Dei *A* 16 sancta corpore *AR* 17 Quae Domini sunt — — quae Dei sunt cogitat *om. AR* || Domini *V*: Dei *C* 19 dicat *ARV*: dicit *C* || sunt *AR*: *om. CV* || quaecumque sunt iusta *A*, *om. C*

ista sunt Domini, quae sanctae et uere apostolicae uirgines die noctuque sine ullo temporis interuallo meditantur et cogitant. Domini est etiam regnum caelorum, Domini est resurrectio mortuorum, Domini est inmortalitas, Domini est incorruptio, Domini est splendor solis qui sanctis promittitur, sicut in Euangelio scriptum est: tunc iusti fulgebunt sicut sol in regno Patris eorum: Domini sunt plures iustorum in caelestibus mansiones, Domini est fructus tricesimus et sexagesimus atque centesimus. haec quae cogitant et quibus possint ea operibus promereri, quae Domini sunt cogitant. Domini est etiam lex noui et ueteris testamenti, in qua oris eius eloquia sancta refulgent: quae si quae uirgines sine intermissione meditantur, quae Domini sunt cogitant, et impletur in eis illud propheticum: fundamenta aeterna super petram solidam et mandata Dei in corde mulieris sanctae.

9 Sequitur, 'quomodo placeat Deo', Deo, inquam, non hominibus, 'ut sit sancta et corpore et spiritu'. non dixit, ut sit sancta membro aut corpore tantum, sed ut sit sancta corpore et spiritu. membrum enim una corporis pars est, corpus uero omnium conpago membrorum est. cum ergo dicit ut sit sancta corpore, omnibus membris eam sanctificari debere testatur, quia non proderit ceterorum sanctificatio membrorum, si inueniatur uel in uno corruptio. etiam non erit sancta corpore, quod ex omnibus constat membris,

5 Matth. 13, 43. 13 Eccl. 26, 24 15 I Cor. 7, 34.

1 sunt D. quae *om. A* || et uere *nos*: uere *C*, et reuere *R*, et uerae et *HV* 2 sine u. t. interuallo *AR*: *om. CV* || Dei est etiam *C*, etiam *om. R;* Domini — mulieris sanctae *(u. 14) om. A* 4 D. est inmortalitas, D. est incorruptio *scripsi:* domini est inmortalitatis incorruptio *RVb*, domini est inmortalis incorruptio *C et ed. Vall.* (Domini immortalitas; incorruptio Domini est; splendor *etc. H*) 5 sicut — patris eorum *om. CR* 7 iustorum *RV*: iterum *C*, sanctorum *H* 8 centesimus et sexag. atque tricesimus *V* || atque *RV*: et *C* || quae *R*: igitur *V*, *om. CH* || cogitent *V* 9 ea operibus *R:* ea *om. CH,* operibus deum *V* || et quae *V* || cogitent *V* 10 in qua oris *V*: in quibus oris *H*, in quibus *C* || elogia *C* 11 si quae *HV*: siq; *R*, si *C* 12 completur *H* || in illis *V* || propheticum illud *C* 13 petram solidam *RV*: terram solidata *C* 14 dei *V*: domini *CR* 16 sit sancta corpore *AR*, sancta corpore sit *C* 18 uero *om. R* 19 est *om. C* || sancta sit *C* 20 debere sanctificari *A* || testantur *C* 21 sanctificatio ceterum *C* 22 etiam *CRV*: et iam *AH, om. b*

quae uel unius fuerit coinquinatione polluta. sed ut quod dico manifestius et lucidius fiat, esto sit quaecumque omnium membrorum sanctificatione purgata et lingua tantummodo peccet, quia aut blasphemet aut falsum testimonium dicat, numquid liberabunt omnia membra unum, an propter unum iudicabuntur et cetera? ergo si nec aliorum membrorum sanctificatio proderit, cum in uno sit uitium, quanto magis, si diuersorum flagitio peccatorum omnia corrumpantur, unius nihil proderit integritas!

Unde quaeso te, uirgo, ne in sola tibi pudicitia blandiaris neque 10
in unius membri integritate confidas, sed secundum Apostolum solide conserua corporis sanctitatem. Munda ab omni inquinamento caput, quia crimen est illud post chrismatis sanctificationem aut croci aut alterius cuiuslibet pigmenti suco uel puluere sordidari, aut auro uel gemmis uel qualibet alia terrena specie comi, quod iam caelestis ornatus splendore refulget. grandis quippe diuinae gratiae contumelia est mundani et saecularis ornamenti praelatio. Munda frontem, ut humana, non diuina opera erubescat, et illam confusionem recipiat, quae non peccatum sed Dei gratiam parit, scriptura dicente: est confusio adducens peccatum, et est confusio adducens gratiam. Munda collum, ut non aurea reticula capillus

19 Eccl. 4, 25, 26.

1 quoinquinatione *R* || sed ut — integritas *(u. 8) om. A* 3 purgata] *add. in V glossema*: Esto hunc habet sensum quasi diceret. Consentiamus ut ita sit. uidelicet ut nihil iniqui contrahat || quia aut *nos*: quia ut *R*, qua aut *H*, aut *CV* 4 falsum test. *R*: test. falsum *C*, falsum *om. V* 5 sine aliorum *R* 6 *immo* cum in uno est 7 flagitiis *V* 8 proderit *R et ed. Vall.*: proficiet *C*, proficiat *V* 9 ne — neque *CV*: neque — ne *AR* 10 confundaris *A* || solide *V*: soli *R*, soli deo *ACH* 11 omni inquinamento *AR*: omnibus inquinamentis *C*, omni iniquitate *V* 12 crismatis *CR*, chrimatis *V* || aut croci aut alt. *om. A* 13 picmenti *R* || suco *CRV*: fuco *AHb*; *illud magis quadrat ad oppositum* pulnere || uel gemmis *AR*: aut g. *C, om. V* 14 uel *om. R* || qualibet alia terrena specie *A*: cuiuscumque terrenae specie (speciei *H*) *R*, cuiuslibet (cuiuscumque *C*) terrenae creaturae specie *CV* || comi *RV*: componi *A*, *om. C* || quod — refulget *RV*: *om. C*; quod iam — praelatio *(u. 16) om. A* 16 et saecularis *om. V* || fontem *R* 17 confusione *V* 18 Dei gloriam *A* || scriptura *RV*: scriptura diuina *C*; scriptura — gratiam *(u. 20) om. A* 19 et *RV*; *om. C* 20 gratiam *RV:* gratiam dei *C* || non ut *V* || aurea reticula capillus portet et *H et ed. Vall.*: aurea texta pilis portet *R*, auro texta capillis (lapillis *V*) portet *CV*, aurea ex capillis portet *A*

portet et suspensa monilia, sed illa potius ornamenta circumferat, de quibus scriptura dicit: misericordia et fides non deficiant a te. suspende autem illa in corde uelut in collo tuo. Munda oculos, dum eos ab omni concupiscentia retrahis et ab intuitu pauperum numquam auertis et ab omnibus fucis liberos ea qua a Deo facti sunt sinceritate custodis. Munda linguam a mendacio, quia os quod mentitur occidit animam: munda eam a detractione, a iuramento, ab adulatione, a periurio. nolo praeposterum ordinem putes, quod prius a iuramento quam a periurio linguam dixi debere mundari, quia tunc periurium facilius effugies, si in toto non iures, ut impleatur in te illa sententia: cohibe linguam tuam a malo, et labia tua ne loquantur dolum. et memor esto dicentis Apostoli: benedicite et nolite maledicere. sed et illud crebrius recordare: uidete ne quis malum pro malo alicui reddat neque maledictum pro maledicto, sed e contrario benedicentes, quia in hoc uocati estis, ut benedictionem hereditate possideatis. et illud: si quis autem in lingua non offendit, hic perfectus est. nefas est enim ut labia illa, quibus Deum confiteris, rogas, benedicis et laudas, alicuius polluantur sorde peccati. nescio qua conscientia ea lingua quis Deum rogat, qua aut mentitur aut maledicit aut detrahit. labia sancta exaudit Deus et ipsis annuit cito precibus, quas lingua inmaculata pronuntiat. Munda aures,

2 Prou. 3, 5 sec. LXX. 6 Sap. 1, 11. 11 Ps. 33, 14. 12 Rom. 12, 14. 14 I Thess. 5, 15 et I Petr. 3, 9. 17 Jac. 3, 2.

1 potius illa *C* 2 fides *CR*: ueritas *AV*, *ut habet Vulgata, sed in LXX est:* ἐλεημοσύναι καὶ πίστις || deficient *C* 3 autem *om. V* || in corde uelut *H et ed. Vall.*: *om. ACRV* 4 retraes *R* 5 auertes *R* || et ab omnibus — custodias *om. A* || liberos — sinceritate *HV (item R sed hic* liberas eas): liberos ad ea quae sunt a deo facta *C* 6 custodias *CH* 7 munda eam *H et ed. Vall.*: *om. ACRV* 8 ab adulatione *om. A et ed. Vall.* || nolo *CR*: Nam *V*; nolo — sententia *(u. 11) om. A* || putes *om. V* 9 lingua d. d. mundare *R* 10 in toto *CR*: omnino *V* || ut *ed. Vall.*: *om. CRV* 12 docentis *V* (Apostolum dicentem *A*) 13 sed illud *R*; sed — perfectus est *(u. 18) om. A* 14 reddat alicui *C* 16 benedictionem hereditate *corr. R* (hereditatem *pr. m.*): benedictione hereditatem *V* benedictionem hereditatis *C* 17 illut *V* || in lingua *RV*: in uerbo *C*, uerbo *b* 18 offendit *RV*: offendit fratrem *C* 19 deum *V*: dominum *ACH* 20 ea *ARVb*: et *CH* || dominum *AC* 21 labia enim *A* || dominus *C* 22 quas *ACR*: quas ei *V*

ut nonnisi sermonibus sanctis et ueris auditum praebeant, ut numquam obscena aut turpia aut saecularia uerba suscipiant aut aliquem de altero audiant derogantem, propter illud quod scriptum est 'saepi aures tuas spinis et noli audire linguam nequam', ut cum eo habere partem possis, de quo dicitur: quoniam auditu et uisu iustus erat, hoc est, nec oculis nec auribus delinquebat. Munda manus, ne porrectae ad accipiendum sint, ad dandum autem collectae, nec ad feriendum paratae, sed ad omnia misericordiae et pietatis opera satis promptae. Munda pedes, ne latam et spatiosam pergant uiam, quae ducit ad splendida saeculi et pretiosa conuiuia, sed arduum magis et angustum gradiantur iter, quod tendit ad caelum, quia scriptum est: iter rectum facite pedibus uestris. agnosce tibi a Deo artifice non ad uitia, sed ad uirtutes membra formata: et cum uniuersos artus mundaueris ab omni sorde peccati et toto fueris sanctificata corpore, tunc tibi castitatem intellegas profuturam, et cum omni fiducia palmam uirginitatis exspecta.

Quid sit sanctam esse corpore breuiter quidem, sed plene expo- 11
suisse me arbitror: nunc quod sequitur et spiritu, nosse debemus, hoc est, ut quod opere nefas est fieri, nec fas sit cogitatione concipere. illa enim est sancta tam corpore quam spiritu, quae nec mente nec corde delinquit, sciens etiam cordis esse inspectorem Deum, et idcirco satisagit, ut omni modo etiam animum cum corpore mundum

3 Eccl. 28, 28. 5 II Pet. 2, 8. 7 Eccles. 4, 36 12 Prou 4, 26.

1 sanctis modestis et *V* || ueris *H et ed. Vall.*: seriis *CRV*; et ueris *om. A* 2 obscoena *edd.* || aut non aliquem *C* 3 derogantem *ARV*: detrahentem *C* 4 ut cum — munda *(u. 7) om. A* 6 nec oculis nec auribus *V* 7 sint ad accipiendum *V* || ad d. aut. collectae *om. A* 10 pergant uiam *AR*: uiam p. *C*, uiam pergant et *V* 11 sed ad arduum *C* 12 tendat *V* || quia — uestris *om. A* 13 uirtutem *AH*, non ad uitia sed ad uirtutem *(sic) add. in R m. 2* 14 actus *C* 15 totus *R corr. manu 3 in* tota || tibi tunc *V* 16 omni *om. C* 17 expectes *ed. Vall.* 18 Quid — defendi *(p. 241, 15) om. A* || sancta *C* 20 operi *R* || fieri nefas est *V*, fieri *om. R* || nec fas sit cogit. concipere *H:* nec cogitatione concipere *CR*, nec concipiamus cogitatione *V* 21 est *om. R 1 m.* || sancta corpore et spiritu *V* 22 corde *R*: carne *CV*, corpore *ed. Vall.* || deliquit *V* || etiam *RV:* enim *C* || cordis *V post* deum *habet* || speculatorem *C* 23 satagit *H*

habeat a peccato, sciens scriptum esse: omni custodia serua cor tuum, et iterum: diligit Deus sancta corda, accepti sunt autem ei omnes inmaculati, et alibi: beati mundo corde, quoniam ipsi Deum uidebunt: quod de illis dici arbitror, quos conscientia in nulla redarguit culpa peccati, de quibus et Iohannem in epistola dixisse reor: si cor nostrum nos non reprehendit, fiduciam habemus ad Deum, et quaecumque petierimus accipiemus ab eo. nolo existimes te crimen fugisse peccati, si uoluntatem non sequatur effectus, cum scriptum sit: quicumque uiderit mulierem ad concupiscendam eam, iam moechatus est in corde suo. nec dicas ‘cogitaui quidem, sed non perfeci’, quia etiam concupiscere nefas est quod fieri nefas est. unde et beatus Petrus praecipit dicens ‘animas uestras castificantes’: qui si nullam animae constuprationem nosset, nec castificari eam desiderasset. sed et illum locum quo continetur ‘hi sunt qui se cum mulieribus non coinquinauerunt, uirgines enim permanserunt, hi secuntur agnum quocumque ierit’, adtentius considerare debemus et animaduertere, si solius integritatis ac pudicitiae merito isti diuino comitatui copulentur et per omnia caelorum tabulata discurrant, an et alia sint quibus adiuta uirginitas tantae beatitudinis gloriam consequatur. sed unde hoc scire poterimus? de sequentibus nisi fallor, in quibus scriptum est: hi empti sunt ex hominibus primitiae Deo et agno, et in ore eorum non est inuentum mendacium, sine macula

1 Prou. 4, 23. 3 Matth. 5, 8. 6 I Joh. 3, 21 sq. 9 Matth. 5, 28. 13 I Pet. 1, 22 17 Apoc. 14, 4, 22 ibid. 4, 4 sq.

1 serua *CRV:* custodi *b* 2 iterum *CRV:* Ita enim *b* || dominus *CR* 3 omnes *RV*: om. *C* 5 et ad iohannem *R* 6 epistola sua *F et ed. Vall.* || non repr. nos *C* 8 peccati *om. V*, *ante* crimen *habet C* 9 affectus *R* || qui *V* 10 concup. eam *RV:* concupiscendum *C* || mechatus *CRV* 11 est *R:* est eam *CV* || nec *CRV*: Ne *b* 12 quia *CRV:* quoniam *b* || quod f. nefas est *V: om. R,* quod f. crimen est *C* 13 praecepit *R* || castificate *C* 14 quia si *V*, quasi *R* || animam *R* 15 eam *CR:* iam *V* || locum illum *H* 16 cum mulieribus non se *V* || quoinquinauerunt *R* 19 ac *om. R* || ipsi *H* 20 tabulata *RV:* tabernacula *C* || sunt *V et ante rasuram R* || adiuta *V*: auita *R*, adiuncta *CH* 21 consequantur *R* 22 de sequentibus — scriptum est *deest in V* 23 ex *CR:* de *V* || hominibus *HV:* omnibus *CR* 24 eorum *V*: ipsorum *CR*

enim sunt ante thronum Dei. uides ergo quod non in uno tantum membro dominicis referantur inhaerere uestigiis, sed illi qui praeter uirginitatem ab omni contagione peccati inmaculatam gesserint uitam. idcirco uel maxime uirgo nuptias spernit, ut, dum securior est, facilius, quod etiam a nubentibus quaeritur, ab omni se delicto custodiat et uniuersa legis mandata perficiat. nam si non nubat et ea nihilominus faciat, a quibus et nuptae esse iubentur inmunes, non nupsisse quid proderit? quamquam enim nulli Christianorum peccare liceat et omnes quicumque spiritualis lauacri sanctificatione purgantur, inmaculatam decurrere conueniat uitam, ut ecclesiae, quae sine macula, sine ruga, sine aliquo eiusmodi esse describitur, possint uisceribus intimari: multo magis hoc uirginem implere necesse est, quam nec mariti nec filiorum nec alterius necessitatis causa prohibet quo minus diuinam scripturam perficiat, nec aliqua, si peccet, poterit excusatione defendi.

O uirgo, serua propositum tibi magno praemio destinatum. prae- 12
clara est apud Dominum uirginitatis et pudicitiae uirtus, si non aliis peccatorum et malorum lapsibus infirmetur. agnosce statum tuum, agnosce locum, agnosce propositum. Christi sponsa diceris: uide ne quid indignum ei, cui desponsata uideris, admittas. cito scribet repudium, si in te uel unum uiderit adulterium. quaecumque ergo humanorum sponsaliorum pigneribus subarratur, statim a domesticis, a familiaribus, ab amicis sponsi sollicite et diligenter requirit [et ser-

10. Ephes. 5, 27.

1 enim *HV: om. CR* || ante thronum dei *C: om. RV* || in uno tantum *CH*: in uno uirgines tantum *RV* 3 contagione *H et ed. Vall.*: cogitatione *CRV* || gesserunt *V* 4 spernat *C* 7 immunes esse iubentur *V* 8 quamquam enim *H:* quamquam *RV*, et quamquam *C* 9 omnis *R* || spiritalis *CR* 10 immaculata d. c. uita *R* 11 eiusmodi *R:* huiusmodi crimine *V*, uitio huiusmodi *C; cf. ep. ad Ephes. 5, 27:* ut exhiberet ipse sibi gloriosam ecclesiam, non habentem maculam aut rugam, aut aliquid huiusmodi (ἤ τι τῶν τοιούτων) 11 possit *R* 12 magis tamen hoc *H* 14 aliqua si *RV*: si qua *C* 16 destinato *R* || praeclara — infirmetur *om. A* 18 maculorum *(sic) C* 19 agnosce propos. agnosce locum *V* || ne *om. R* 20 disponsata *R* || scribit *C et pr. m. R;* cito — tu quae *(p. 242, 5) om. A* 21 uideat *C* 22 sponsa aliorum *C* || pigneribus *CRV*: pignoribus *Hb* || subarratur *R:* obarratur *Vb*, abarratur *C* 23 et *CR*: ac *b*, et dilig. *om. V* || et a seruulis *R*, et seru. *ed. Vall. post* ab amicis *habet; nos ut glossema inclusimus*

uulis], quales iuuenis habeat mores, quid potissimum diligat, quid accipiat, quo usu uiuat, qua se consuetudine regat, quibus utatur dapibus, in quibus praecipue rebus delectetur et gaudeat. quae cum didicerit, ita se in omnibus temperat, ut sponsi moribus suum obsequium, sua iucunditas, sua diligentia, sua uita concordet. et tu, quae Christum sponsum habes, a domesticis et familiaribus eius sponsi tui mores interroga, et strenue ac sollerter inquire in quibus praecipue delectetur, qualem compositionem in te uestium diligat, cuiusmodi concupiscat ornatum. dicat tibi eius familiarissimus Petrus, qui ne nuptis quidem corporalem permittit ornatum, sicut in epistola sua scripsit: 'Mulieres similiter subiectae sint suis uiris, ut si qui non credunt uerbo, per mulierum conuersationem sine uerbo lucrifiant, considerantes in timore Dei castam conuersationem uestram: quarum sit non extrinsecus capillatura aut circumdatio auri aut indumenti uestimentorum cultus, sed qui absconsus cordis est homo in incorruptibilitate quieti et modesti spiritus, quod est in conspectu Dei locuples. Dicat et alius Apostolus beatus Paulus, qui ad Timotheum scribens eadem de fidelium feminarum disciplina testatur: Mulieres similiter in habitu ornato cum uerecundia et sobrietate ornantes se, non in tortis crinibus 'aut auro aut margaritis aut ueste pretiosa, sed quod decet mulieres, promittentes castitatem per bonam conuersationem.

11. I Pet. 3, 1 sqq. 20. I Tim. 2, 9.

1 quod potiss. *V* 2 quas consuetudines *V* 3 in quibus *om. R*, in *om. H* || praecipue *RV*: maxime *C* || rebus *om. V* || quaecumque didicerit *RV* 4 se *om. V* || temperet *R*, obtemperat *V* 5 sua iucunditas] *add. in C*: sua dilectio || tu *RV*: tu quoque *C* 7 solerter *AHb* 8 delectetur et *V*, delectatur *C* || in te compositionem *C* || cuiusmodi — ornatum *ARV*: *om. C* 10 ne *H*: nec *ACRV* || corporalem *AR*: corp. sed spiritualem (spiritalem *C*) *CV* || sicut et *V* 11 scripsit *ACR*: scribit *Vb* 11 sint *ed. Vall. et A*: *om. CRV* || suis uiris *ARV*: uiris suis *CH* || ut et *A* 12 si qui *ARV*: si *C* || mulierem *V et 1 m. R* 13 lucrificent *V* || dei *om. C* 15 capillaturae *R* || indumenta *R* 16 est cordis *AC* 18 quod est *CRV*: qui est *Ab* 19 beatus *om. V* || scribens epistolam *V et ed. Vall.*; qui — testatur *om. A* || eandem — disciplinam *C* || de *R*: *om. CV* 21 ornatum (ornatu *corr.*) *R* || non intortis *H* 22 uel ueste *A*

Sed tu forsitan dicis: cur haec îdem Apostoli non iusserunt? quia 13
non necessarium iudicabant, ne talis uirginibus commonitio potius iniuria quam emendatio uideretur. sed nec eas umquam tantae temeritatis fore credidissent, ut ne nuptis quidem concessa carnalia ornamenta et terrena praesumerent. re uera ornare se et componere uirgo debet: nam quomodo sponso suo placere poterit, nisi composita et ornata processerit? ornetur plane, sed interioribus ornamentis et spiritualiter, non carnaliter componatur, quia Deus non corporis, sed animae decorem in illa desiderat. ergo et tu quaecumque animam tuam a Deo diligi et inhabitari concupiscis, omni eam diligentia compone et spiritualibus indumentis exorna. nihil in ea dedecorum, nihil foedum appareat. resplendeat auro iustitiae et gemmis refulgeat sanctitatis ac pretiosissimo pudicitiae margarito coruscet: pro bysso et serico misericordiae et pietatis tunica uestiatur, secundum quod scriptum est: induite ergo uos sicut electi Dei, sancti et dilecti, uiscera misericordiae, benignitatem, humilitatem et cetera. et non decorem cerussae aut alterius pigmenti quaerat, sed innocentiae ac simplicitatis candorem habeat, roseum uerecundiae colorem et purpureum ruborem pudoris possideat. caelestis abluatur nitro doctrinae et lomentis spiritalibus emundetur. nulla in ea malitiae, nulla delicti macula relinquatur. et ne quando

15. Col. 3, 12.

1 tu *AV*: *om. CR* || dicas *ed. Vall.* || haec *om. C* || idem *RV*: iisdem *H, om. C* || non iusserunt *AR*: uirginibus non iusserunt *CHV* 4 crediderunt *ed. Vall.* || ne *ed. Vall. et H*: nec *ACRV* || nuptae concessa *A* 7 spiritaliter *ACRV* 8 carnaliter *ARV*: corporaliter *C* || dominus *C* 10 diligis *R* || compone *AH*: compte *C*, come *V (?) b*, commenda *R* 11 spiritalibus *ACR* || ornamentis *V* || in ea indecorum *C*, indecorum in ea *R* 12 et *om. AR* 13 ac *ARV*: et *C* || margarito pudicitiae *C* (pretiosissima pudic. margarita *ed. Vall.*) 13 corruscet *RV*, coruscet et pietatis tunica uestiatur *C* 15 uos ergo *CV* || dilecti *ACR*: dilecti dei *V* 16 benignitatem *om. V et ed. Vall.* || humilitatis *V* 17 et *om. C*; et non — concupiscit *(p. 244, 4) om. A* || decorem cerussae *H*: cerussę (*sine* decorem) *R*, resine speciem *V*, decorem *C post* pigmenti *habet* 18 ac simplicitatis *R*: simplicitatisque *CV* 19 purpureum ruborem pudoris *V*: purpureum ruboris pudorisque *R*, pudorem ruboris pudorisque *C* 19 caelesti *R* || 20 mitro *R* || lomentis *Cotelerius*: lamentis *RV*, lumentis *C*, lauamentis *ed. Vall.* 21 delicti *ed. Vall. et V*: doli *C*, diaboli *R*

male redoleat odore peccati, unguento suauissimo sapientiae et scientiae perfundatur.

14 Huiusmodi Deus quaerit ornatum et animam taliter compositam concupiscit. memento te Dei filiam dici, secundum quod ait: a u d i, f i l i a, e t u i d e. sed et tu ipsa, quotienscumque Deum patrem nominas, Dei te filiam esse testaris. ergo si Dei filia es, uide ne quid eorum facias, quae Deo patri incongrua sunt, sed age omnia quasi filia Dei. cognosce quomodo huius saeculi nobilium filiae se gerant, quibus adsuescant moribus quibusue se disciplinis instituant. tanta in quibusdam uerecundia est, tanta grauitas, tanta modestia, ut ceterorum hominum ritum intuitu humanae ingenuitatis excedant, et ne quam honestis parentibus suis per lapsum suum infamiae inurant notam, alteram sibi quodam modo inter homines consuetudinis studeant facere naturam. et tu ergo originem tuam respice, genus intuere, gloriam nobilitatis aduerte. agnosce te non hominis tantum, sed et Dei filiam et diuinae natiuitatis nobilitate decoratam. ita te exhibe, ut in te caelestis natiuitas appareat et ingenuitas diuina clarescat. sit in te noua grauitas, honestas admirabilis, stupenda uerecundia, mira patientia, uirginalis incessus et uerae pudicitiae habitus, sermo semper modestus et suo in tempore proferendus, ut quisquis te uiderit, admiretur et dicat: 'quae haec nouae inter homines grauitatis patientia est? quae pudoris uerecundia, quae honestatis modestia, quae maturitas sapientiae? non est ista humana institutio nec disciplina mortalis. caeleste mihi aliquid in terreno corpore redolet. puto quod ha-

4, Ps. 44, 11.

1 malo *V et ed. Vall.* || suauissimo *CV*: suauissimae *Rb* 3 ornamentum *V* 4 quod ait *ARV*: illud *C* 6 filia dei *CV* 7 patri *ARV*: om. *C* || sint *CH* 8 cognosce — ergo *(u. 14) om. A* || filiae se nobilitum *(sic) V* || se *om. R, C ante* saeculi *habet* 9 se *om. V* || in *om. R*

11 ne quam *RV*: nequaquam *C* 12 per lasciuiam infamiae *V* || infamiae *om. R* || notam inurant *C* 13 studeant facere *R*: fecere *ed. Vall. et V,* facientes *C* 14 et tu origine tua te crede non hominis tantum *mediis omissis V* 15 non hominis tantum (tantum esse *C*) sed — decoratam *CV*: non hominis sed Dei filiam — decoratam *H,* non hominibus sed et (et *om. A*) dei diuinitatis nobilitate decoratam *AR* 17 appareat *ed. Vall. et V*: sc̃a pareat *R,* pareat *ACH,* pateat *b* || et *R*: ut *AV*, et ut *C*

19 uere *RV* || habitus et sermo *AR* 20 quisque *R* 21 nouae *ARV*: noua *C* 23 sapientiae *ARV*: *om. C* || institutione disciplina *R* 24 redolet *ARV*: refulget *C* || puto enim quod habitat *A*

bitet in quibusdam hominibus Deus'. et cum te Christi famulam esse cognouerit, maiore stupore tenebitur et cogitabit qualis ille sit dominus, cuius talis ancilla est.

Si uis ergo esse cum Christo et partem habere cum Christo, Christi 15
tibi exemplo uiuendum est, qui ab omni malitia et nequitia ita fuit extraneus, ut ne inimicis quidem uicem redderet, quin potius et pro ipsis oraret. nolo enim eas animas Christianas existimes, quae aut fratres aut sorores non dico oderunt, sed quae proximos toto corde et conscientia coram Dei testimonio non diligunt, cum Christianis Christi similitudine inimicos etiam amare necesse sit. si sanctorum cupis habere consortium, a malitiae et nequitiae cogitatu pectus emunda. nemo te circumueniat, nemo fallaci sermone seducat. nonnisi sanctos et iustos et simplices et innocentes et puros caelestis aula suscipiet: nullum apud Deum habet malitia locum. ab omni nequitia et dolo mundum esse necesse est qui cupit regnare cum Christo. nihil tam contrarium, nihil tam exsecrabile Deo quam aliquem odisse, aliquem uelle laedere, nihil tam probabile quam omnes amare. quod Propheta sciens testatur docens: qui diligitis Dominum, odite malum.

Vide ne in aliquo humanam gloriam diligas, ne et tua inter illos 16
portio computetur, quibus dictum est: quomodo uos potestis

18. Ps. 96, 10. 21. Joan. 5, 44.

1 Christi famulam *ARV*: filiam Christi *C* 2 maiori *CV* || tenebitur *CH:* teneatur *ARV* || cogitabit *H*: cogitet *ACRV*, cogitat *C corr.* || sit ille D. cuius talis et ancilla *A* 4 ergo *om. A* || esse cum Christo et *AH*: *om. CRV* || partem habere *RV*: habere partem *CH* (cum Christo p. habere *A*) 5 et nequitia *CH: om. ARV* || ita *om. R* 6 externus *V* || ut ne — emunda *(u. 12) om. A* || ne *ed. Vall. et H*: nec *CRV* 7 enim ut eas *C* || existimes esse *C* 9 conscientia *R*: conscientia munda *V*, conscientiae *C* || Dei *H*: Deo *CRV* || testimonio *om. V* || cum — necesse sit *deest in V* 11 malitia *R* 12 nemo fallaci *CRV*: nemo te fallaci *AH* 13 et iustos *CH*: *om. ARV* 14 suscipit et *A*, suscipiat *R*, *sed corr. 1 m.* || locum habet malitia *C* || nequitiae *V* 15 necesse est esse *V et ed. Vall.* || nihil — Domini *(p. 246, 4) om. A* 16 aliquem *R*: alterum *CV* 17 uelle *R*: uelle uel *C*, uel *V* 18 sciens *RV*: prospiciens *C* 19 malum num *R* (malignum *corr. m. 2*) 20 ne in ali*co *R*, ne aliquam *C* || necet *R (sed* c *punct.)*, et *om. V* 21 portio inter illos *C* || quomodo potestis querere gloriam dei gloriam ab hominibus quaerentes *V*

credere, gloriam ab inuicem quaerentes? et de quibus per Prophetam dicitur: auge eis mala, auge mala gloriosis terrae, et alibi: confundimini a gloriatione uestra, ab obprobrio in conspectu Domini. nolo enim illas respicias, quae saeculi, non Christi sunt uirgines, quae propositi sui et professionis inmemores gaudent in deliciis, in opibus delectantur et corporeae nobilitatis origine gloriantur: quae si pro certo Dei filias se esse crederent, numquam post diuinos natales nobilitatem admirarentur humanam nec gloriarentur in patre quolibet honorato: si patrem Deum se habere sentirent, nobilitatem carnis non amarent. quid tibi, o stulta, in generis nobilitate blandiris et conplaces? duos homines [in exordio] fecit Deus, ex quibus totius humani generis silua descendit: mundanam nobilitatem non naturae aequitas praestitit, sed cupiditatis ambitio. certe omnes per diuini lauacri gratiam aequales efficimur, et nulla inter eos potest esse discretio, quos natiuitas secunda generauit, per quam tam diues quam pauper, tam liber quam seruus, tam nobilis quam ignobilis Dei efficitur filius, et terrena nobilitas splendore caelestis gloriae obumbratur et nusquam omnino iam comparet, dum qui retro in saecularibus honoribus inpares fuerant, caelestis et diuinae nobilitatis gloria aequaliter uestiuntur. nullus ibi

2. Is. 26, 15 secundum LXX. 3. Jerem. 12, 13 sec. LXX.

1 ab *R*: ad *C* 3 alibi *RV*: *om. C* || confundimini *R*: confundemini *V*, confundentem *C*, confundantur *b* || a *om. V* || glorificatione *C* 4 et ab obprobio *C* 5 quae *AR*: nec quae *C*, nec *V* || sui immemore professionis recordantur sed gaudent *V* 6 et corp. — credunt *(p. 247, 6) om. A* 7 corpore *R* || nobilitatis in origine *C*, nobilitatis hac (ac *corr.*) in uirginitate *R* || pro certo *CV*: procerte *R*, profecto *H et ed. Vall.* || filias esse se *V*, filia esse *R* 8 crederent Numquam *R* 9 humanam. Nam nec *R* 10 nobilitatem c. n. amarent *ed. Vall. et H*: *om. CRV* 11 o stulta *om. H*, o *om. R* || in generis nobil. *H*: *om. CRV* || blandiris et *CH*: plaudis et *V*, plaudissent *R* 12 fecit ab exordio deus *H*, in exordio *om. R*, *nos inclusimus* || deus fecit *V* 13 praestat *C* 14 certe — efficimur *RV*: *om. C* || gratiam *V*: gramen *R* (*abiit* gram̃ *in* grañ) 15 inter nos *V* || discretio potest esse *C* 16 generaret *V* 18 caelestis gloriae *CR*: caelesti *V*
18 obumbratur *R V:* adumbratur *CH* || et *om. C* || nusquam *R corr. ex* numquam 20 caelestis et *R:* caelesti *C*, caelesti gloria obumbrantur et *V* || diuinae nobilitatis gloria *HV*: diuinae gloriae nobilitate *CR* || uestiuntur aequaliter *C* || nullus iam ignobilitati *H*

iam ignobilitatis locus, nec degener quisquam est, quem diuinae natiuitatis sublimitas ornat, nisi apud illos, qui non putant humanis caelestia praeponenda. aut si putant, quam uanum est ut se illis in minoribus praeferant, quos sibi in maioribus pares sciunt, et quasi infra se positos in terra existiment quos sibi aequales in caelestibus credunt. tu autem, quaecumque Christi, non saeculi uirgo es, omnem praesentis uitae gloriam fuge, ut eam quae in futuro promittitur consequaris.

Contentionum uerba et animositatis causas deuita, discordiarum 17
quoque et litium occasiones subterfuge. nam si iuxta Apostoli doctrinam seruum Domini litigare non oportet, quanto magis Dei ancillam, cuius quo uerecundior est sexus, animus debet esse modestior. linguam a maliloquio cohibe et ori tuo frenum legis inpone, ut tunc, si forte, loquaris, quando tacere peccatum sit. caue ne quid quod in reprehensionem ueniat dicas. lapis emissus est sermo prolatus: quapropter diu antequam proferatur cogitandus est. beata quippe labia sunt, quae numquam quod reuocare uelint emittunt. pudicae mentis sermo etiam debet esse pudicus, qui aedificet semper magis quam aliquando destruat audientes, secundum quod praecepit Apostolus dicens: omnis sermo malus ex ore uestro non procedat, sed si quis bonus ad aedificationem fidei, ut

10. II Tim. 2, 24. 20. Eph. 4, 29.

1 locus *RV*: locus est *C* || est quisquam *V* || quem *CR:* et *V* 2 sublimitas non ornat illos qui putant humana caelestibus *V* 3 quãmanum *R* || se *HV:* si *R*, sese *C* 4 sciunt *H:* scient *R*, censeant *V*, sentiant *C* 5 positus *R* || in caelestibus aequales *C*, in *om. R* 6 credunt *R:* crediderunt *CV* || omnis *V* 7 in saeculo futuro *V* 9 causam *V* || deuita *V:* euita *CR*, uita *ed. Vall.*, deuita disc. quoque *om. A* 10 occasionem *C* 11 quanto m. ancillam domini non expedit *V* 12 quo *om. V* || sexus et animus *V* 13 frenum *AH et corr. R:* freno *R 1 m.* frenos *CV* || ut *ARV*: et *C* 14 tunc loquaris si forte loqueris *V*, si *om. A; nos commate post* si forte *posito (cf. p. 249, 1) loci interpunctionem emendauimus; uidendum tamen, ne uerba* caue ne — dicas *loci structura non intellecta ex interpolatione irrepserint* || sit *om. b* || caue — audientes *om. A* 17 labra *C* || reuocare iterum *R*, reuocare postea *V* 18 etiam *om. b* 19 destruat aliquando *V* || secundum id (hoc *ed. Vall.)* quod *A* || praecipit apost. *V* (Apostolus dicit *A*) 20 de ore *C*, ex ore *deleuit m. 2 in R* 21 sed si — inferri (*p. 248, 10) om. A* || bonus est ad *C* || ut *om. V*

det gratiam audientibus. pretiosa Deo lingua est, quae nonnisi de diuinis rebus nouit uerba construere, et sanctum os, unde caelestia semper eloquia proferuntur. absentium obtrectatores quasi malignos scripturae auctoritate deterre, quia etiam hoc inter uirtutes perfecti hominis Propheta commemorat, si ante conspectum iusti malignus ad nihilum deducatur qui contra proximum non probanda protulerit. non licet enim tibi alterius uituperationem patienter audire, quia nec ab aliis optas recipi tuam. iniustum quippe est quicquid contra Christi euangelium uenit, si alteri quod tibi ab alio fieri molestum est patiaris inferri. semper linguam tuam de bonis loqui adsuesce, et auditum tuum ad bonorum magis laudem quam ad malorum uituperationem accommoda. uide ut omnia quaecumque bene facis propter Deum facias, sciens eius rei tantum te a Domino recepturam esse mercedis, quantum eius timoris et dilectionis causa perfeceris. sancta magis esse quam uideri stude, quia nihil prodest aestimari quod non sis, et duplicis peccati reatus est non habere quod creditur et quod non habeas simulare.

18 In ieiuniis magis quam in epulis delectare, illius uiduae memor, quae non discedebat de templo ieiuniis et obsecrationibus Deo seruiens die ac nocte. et si uidua et quidem Iudaea talis fuit, qualem nunc uirginem conuenit esse Christi? diuinae magis lectionis conuiuium dilige, et spiritualibus te saturari dapibus concupisce, et illos potius quaere cibos, quibus anima magis quam corpus reficiatur. carnis et uini species quasi caloris fomenta et libidinis incitamenta

1 non sine diuinis *R* 4 etiam *om. R* || inter] in *V* || perfecti hominis uirtutes *C*, uirtutis perfectionis (*om.* hominis) *R* 5 connumerat *V* 7 enim *RV: om. CH* || alterius tibi *V* || uituperationes *C* || patienter *om. V* 9 euang. Christi *V* 10 linguam tuam semper *C* 11 ad laudem bonorum magis *A*, magis ad bon. laudem *C* || quam malorum *V* 12 accommoda *CH:* commoda *ARV* || omnia *om. V* || bona facis *V*, benefacis *R corr. ex* beneficias || propter Dominum *A* 13 tantum *ARV:* tantam *C* 14 mercedis quantum *A:* mercedem quam *CRV* 15 uidearis *C* || quia — simulare *om. A* 16 crederis *V* 18 in *utroque loco om. V* 19 de] a *V* || obsecrationibus *ARV:* orationibus *C* || seruiens Domino nocte ac die *A* 20 et si — Christi (*u. 21*) *om. A* || et assidua (*corr. ex* si iudaea) et quidem talis *V* || uiduae quidem *R*, uidua quidem *H* || fuerit *R*, erat *H* || qualis *V* 21 conuenit uirg. esse *V*, esse uirg. conuenit *C* || lectionis *ARV:* dilectionis *C* 22 tu *V* || saturari *AR:* satiari *CV* || et *om. C* 23 require *C* || reficiatur *AR:* reficitur *CV*

fuge. et tunc, si forte, uino exiguo utere, cum stomachi dolor et nimia corporis compellat infirmitas. iracundiam uince, animositatem cohibe, et quicquid illud est quod post factum paenitentiam ingerit, uelut proximi criminis abominationem declina. satis tranquillam et quietam esse conuenit mentem et ab omni perturbatione furoris alienam, quae Dei habitaculum esse desiderat, quod per Prophetam testatur dicens: Super quem requiescam alium nisi super humilem et quietum et trementem uerba mea? Omnium operum et cogitationum tuarum speculatorem Deum crede, et caue ne quid, quod diuinis oculis indignum sit, aut opereris aut cogites. cum orationem celebrare desideras, talem te exhibe, quasi sis cum Domino locutura. cum psalmum dicis, cuius uerba 'dicis' agnosce, et in conpunctione 19
magis animi quam in tinnulae uocis dulcedine delectare. lacrimas enim psallentis Deus magis quam uocis gratiam comprobat, sicut Propheta dicit: seruite Domino in timore et exultate ei cum tremore. ubi timor et tremor est, ibi non uocis elatio est, sed animi flebilis et lacrimosa deiectio. omnibus actibus tuis diligentiam adhibe, quia scriptum est: maledictus homo qui facit opera Domini neglegenter. Crescat in te cum annis gratia, crescat cum aetate iustitia, et fides eo perfectior uideatur esse quo senior es, quia Iesus, qui nobis uiuendi reliquit exemplum, proficiebat non

7. Is. 66, 2. 15. Ps. 2, 11. 18. Jer. 48, 10.

1 et tunc — infirmitas *om. A* || sic forte *V* || utere ut stomachi dolor et animae corporisque expellatur infirmitas *V* || dolor et nimia *R:* dolore nimio *C* 3 uelut proximi criminis *AH:* uelut *om. R*, pro maximo crimine proximi criminis *CV* 4 abhominatione *V* || quietam et tranquillam̄ conuenit esse *C* 5 et *om. b* || perbatione *R* 6 quod per — uerba mea *om. A* || quod *V:* qui *CR* || dicens *ed. Vall. et V:* et dicit *CR* 8 quietam *R* || sermones meos *C* || Omnium — cogites *(u. 10) A post* comprobat *(u. 14) habet* 9 Deum *om. R* || quid quod *CV:* quidquam quod *H*, quicquam (*add. m. 2* quod) *R* 11 quasi *V:* quasi quae *ACR* || cum Deo *C* 12 uerba dicis *AH:* u. diceris *R*, u. loqueris *V*, u. loquaris *C*

14 sicut — neglegenter *(u. 19) om. A. Quae deinceps in A sequuntur, non sunt nisi paucae sententiae breuiatae.* 16 non ibi *V*, non ubi *R* 17 dilectio *R; post* deiectio *in V additum est:* Dicat et tibi deus. Audiui uocem orationis tuae et aspexi lacrimas tuas 18 adhibe *RV:* exhibe *C* || homo *om. C* || opera domini *CRV:* opus dei *H, Vulg. habet* opus Domini, *sed LXX:* τὰ ἔργα κυρίου 19 gratiam *R* 20 es *om. C* 21 Jesus *R:* Jesus dominus *V*, dominus Jesus *C*, Dominus noster Jesus *H*

aetate tantum corporea, sed et sapientia et gratia spirituali coram Deo et hominibus. omne tempus in quo te non meliorem senseris, hoc te aestima perdidisse. Coeptum uirginitatis propositum ad finem usque conserua, quia non inchoasse tantum, sed perfecisse uirtutis est, sicut in euangelio Dominus ait: q u i p e r s e u e r a u e r i t u s q u e i n f i n e m , h i c s a l u u s e r i t. caue ergo ne cui uel concupiscendi occasionem tribuas, quia sponsus tuus Deus zelans est: criminosior est enim Christi adultera quam mariti. Esto ergo omnibus uiuendi forma, esto exemplum, praecede et in actu quos in castitatis sanctificatione praecurris. uirginem te in omnibus exhibe: nihil corruptionis obiciatur capiti tuo. cuius corpus integrum est, sit et inuiolabilis conuersatio. et quoniam in exordio epistolae praefati sumus te Dei sacrificium factam, quod utique sanctitatem suam etiam aliis inpertit, ut quisquis ex eo digne sumpserit, sanctificationis et ipse sit particeps, ita ergo et per te quasi per diuinam hostiam sanctificentur et ceterae, cum quibus te tam sanctam in omnibus exhibeas, ut quisquis uitam tuam uel auditu uel uisu contigerit, sanctificationis uim sentiat et tantum sibi intellegat gratiae ex tua conuersatione transfundi, ut, dum te imitari concupiscit, Dei sacrificio et ipse sit dignus.

4. Matth. 10, 22.

1 sed et *ed. Vall. et V:* sed *CR* 2 meliorem te non *V* 3 coeptum (*s.* ceptum) *ARV:* conceptum *C* 4 uirtutes *ed. Vall., sed lectionem* uirtutis *A quoque firmat* 6 ergo *om. H* || cuiquam *C* || uel *om. b* 7 quia *RV:* quoniam *C* || est deus zelans *V* 8 enim *om. C* || *post* quam mariti *sequuntur in HV* (*glossemate carent CR*): Vnde pulchre Romana ecclesia apostolico sine dubio, cuius sedem obtinet, spiritu animata, tam seueram nuper de huius modi sententiam statuit, ut uix uel penitentia dignam iudicaret, quae sanctificatum Deo corpus libidinosa coinquinatione uiolasset (dignas iudicaret quae.. uiolassent *V*) || ergo *ACRV:* igitur *b* || uiuendi forma *AR:* forma uiuendi *CV* 10 corruptionis obiciatur capiti tuo *CH:* corruptionis subiciatur tuum *R*, subiciatur corruptioni tuae *V* 11 est sit et *RV:* est sit *C*, est; at et tua sit *H* || conuersio *R* 12 quoniam *RV*: quoniam ut *C*, quoniam, sicut *H* || praefatus sum *V* 13 factum *H* || ut *R et corr. C:* et C^1V 14 quisque *V*, quis *R* || digne *ac paulo post* sanctificationis *om. V* 15 et ceterae *om. V* 16 cum quibus *CH:* cumque *RV* || tam sanctam *R:* ita *HV*, *om. C* || quisque *RV* 17 uel auditu uel uisu cont. *V:* aut aud. aut uisu c. *C*, aut auditu contigerit aut uisu *R* 18 et *om. V* 17 tantum *C:* in tantum *ARV* || gratiam *AH:* gratiae *CRV* 19 dignus. Amen *V*, dignus. FINIT AD VIRGINES *R*.

III. Epistula Seueri ad Sanctum Paulum episcopum *).

Postquam omnes coquos tuos coquinae tuae renuntiasse cognoui, credo quia dedignarentur officium uilibus praebere pulmentariis, puerulum tibi ex nostra misimus officina, doctum satis pallentem coquere fabam et ignobiles betas aceto et iure condire uilemque pultem esurientium faucibus inferre monachorum, piperis nescium, laseris ignarum, familiarem cymini et adprime callidum herbis suaue redolentibus clamosum urgere mortarium. unum habet uitium, quod hortorum omnium non est ciuilis inimicus: ita, si admissus fuerit, proxima quaeque metet gladio nec exsaturabitur umquam caede maluarum. in praebendis autem sibi lignis calumniosus tibi non erit: obuia quaeque conburet, metet nec dubitabit inferre tectis manus et antiquos asseres laribus amouere. hunc igitur cum his moribus adque uirtutibus donatum tibi non seruum, sed pro seruo filium cupimus, quia non erubescis minimorum esse pater. ego tibi pro hoc seruire uoluissem, sed si uoluntas facti portio est, tu modo facito ut inter prandia cenasque felices mei memineris, quia rectius est uestrum esse mancipium quam dominum ceterorum. ora pro me.

*) Hanc et sequentes epistolas primum edidit D'Achery in Spicilegio V, 532 sqq.

4 praebere] bere *P in ras.* *(P = Palat. Vatic. 829 saec. IX)* 6 aceto ex iure *P* || esuriensium *P* 13 dubitauit *P*

IIII. Alia epistula.

1. Sacrae religionis fidus interpres uniuersa conponit, ut peccatis ulterius locus esse non possit: nam quid aliud tanta morum sanctitate promittis, nisi ut uitam beatam submotis erroribus agitemus? in quo laudem maximam tuis uideo conuenire uirtutibus, quod inperitam mentem piis hortationibus inmutaris et ad optimam traxeris rationem. ceterum non ita mirabile uideretur, si eruditos animos infusa sapientia confirmasses: est enim prudentibus uiris cum deuotione cognatio nec est cito conueniens credulitati rusticitas. sic illi, qui figuras animantium de lapidibus ducunt, difficilioris operis negotium gerunt, si durissima saxa ferramentis incutiunt, illi uero, qui mollioris materiae tentamenta susceperint, manus suas iuuari sentiunt facilitate fingendi, consentaneumque putatur, ut arduus labor opificis honore maximo censeatur: ita tibi, domine, praedicatio singularis est exhibenda, quod inpolitos agrestesque sensus culpae caligine liberatos et humana sentire feceris et diuina cognoscere.

2. Non minus ille Xenocrates in laude est, philosophorum longe doctissimus, qui seueris exhortationibus fecit ut luxuria uinceretur. nam cum Polemo quidam uino languidus ex antelucano conuiuio publice uagaretur illudque temporis esset, quo ad gymnasium Xenocratis confluerent auditores, ingressus et ipse est et in numero studiosorum eo habitu, quo de cena prodierat, inpudenter adsedit; nam caput eius florens corona contexerat: neque est ueritus se omnibus uideri dissimilem, quia re uera caput, quod est domicilium sanitatis, usus

1 Incipit epistulae . . . *P* 2 Sacrae *P:* Sanctae *edd.* 4 agitimus *P* 5 uides *uel* uidemus *de Prato* 9 crudelitati *P* || *fort.* si illi 12 temtamenta *P* || fingendi *P et Clericus:* pingendi *ed. d'Achery* 17 senocrates *P* || philosofforum *P* 20 illutque *P* || quod ad gypnasium senocrates *P* 22 quod de *P* || 22 *et* 24 capud *P* 24 quia *P*: qui *ed. d'Achery*

longae potionis inuerterat. tunc grauiter inmurmurantibus ceteris, quod in multitudinem litteratorum intempestiuus auditor inrepserat, ne minimum quidem magister ille commotus est, sed potius de disciplina morum legibusque modestiae instituit disputare: tantumque ualuit docentis auctoritas, ut petulantis illius animus ad amorem pudoris inpelleretur. et primo quidem Polemo coronam capite conturbatus deposuit discipulumque professus est: ad extremum ita se ad officium grauitatis inflexit seque totum formauit ad uerecundiam, ut prioris uitae consuetudinem emendatio gloriosa texisset. hoc ipsud nos in tuis praeceptionibus admiramur, quod nullis minis, nullis omnino terroribus ad cultum Dei uaesanos animos conuertisti, ut confusa mens illud crederet esse rectissimum, cum omnibus bene beateque uiuere, quam cum paucis iniusta sentire.

V. Alia epistula.

Licet domnus et germanus meus de uestra petierit honestate ut Tutum uelitis esse tutissimum, tamen mihi fas fuit eundem litteris commendare, ut conduplicata petitione tutior habeatur: huic enim nocuerit puerilis culpa et error aetatis incertae, ut annorum suorum initia macularet: sed qui necdum sciret quid bonis moribus deberetur, prope sine culpa peccauit. nam se ubi ad bonam mentem considerationemque conuertit, intellexit uitam scenicam consilio meliore damnandam: huic autem plena non posset euenire purgatio, nisi diuinitatis accessu delicta dilueret, si quidem catholicae religionis remedio conmutatus usum sibi loci turpioris negauit seque ab oculis popularibus uindicauit.

2 litterarum tempestiuus *P* || neminium *P* 5 animus — inpelleret *P*, animum — impelleret *edd.* 6 exposuit *P*, *em. d'Achery* 9 texisset *P:* contexisset *edd.* 12 rectius *malebat d'Achery*

14 Incipit alia *P* 15 domnus *P*: dominus *edd.* 16 tutum *P et edd.* || uellitis *P* 22 diuitnatis *P corr. m. 1 in* diuinatis

Domini ut supra.

Quomodo itaque et diuinae leges et publicae fidele corpus et sanctificatos animos non permittunt inhonestas exhibere delicias et uulgares edere uoluptates, maxime cum castae deuotionis quodammodo uideatur iniuria, si quis sacro baptismate renouatus in ueterem lasciuiam reuocetur, oportet laudabilitatem uestram bonis fauere propositis, ut is, qui beneficio Dei pium munus indeptus est, in foueam theatralem cadere non cogatur. uestrum tamen omnium iudicium non recusat, si alias iniungatis congruas pro necessitate communis patriae functiones.

VI. Ad Saluium.

---

1. Forensis elatio fori debet exercitatione feruere; conuenit enim lacertis industriae cotidie depugnantis motus habere terribiles: at cum sonora facundia receptui cecinit et in otiosa nemora adque amoena diuorsoria semigrauit, fremitus inertis oportet abiciat et desinat inefficacia minitari. scimus etenim palmigeros biiuges ubi e circo recesserint, quietissime stabulari: illos non iugis formido, non ambiguae palmae sollicitant, sed demum pacatis adfixi praesepibus timere iam nesciunt hortatorem, seditiosae contentionis dulcia ducentes obliuia. sed et stipendiis consummatis tropaea suspendere iuuet militem gloriosum et patienter gerere senectutem.

2. Ac tibi cur cordi sit terrificare miseros aratores, non plane intellego, et ruricolas meos cur uelis exhibitionis urgere formidine, non agnosco: quasi uero illos nesciam consolari et a pauore retrahere et

2 fidilae *P* 7 his qui *P* 14 rectui *P* 15 diuorsorias emigrauit *P*, d. remigrauit *Clericus* || insertis *P*, inertes *edd.* 19 seditiose *P* 20 iubet *P*, iuuat *edd.* 22 ac tibi tur (*uel* cur) *P*, At tibi igitur *d'Achery*, An tibi ig. *alii*

docere non tantum esse timoris quantum ipse praetendis. fateor, dum nos campus exciperet, me saepe armis eloquentiae tuae fuisse conterritum, sed frequenter ut poteram recidiua uulnera reponebam. tecum sane condidici, quo iure coloni quoue ordine repetantur, cui conpetat actio, cui non conpetat exitus actionis. Volusianenses ais te uelle reducem ac frequenter iratus ingeminas te rusticos ex mea turricula retracturum: et is qui, ut ego spero adque desidero, mihi antiqua necessitudine sis copulatus, correpturum te homines meos conuentione neglecta temere minitaris. quaero de insigni prudentia tua, utrum ius aliud habeant aduocati, aliud ex togatis, an aliud aequum Romae sit, aliud Matari.

3. Te interim nescio Volusiani fundi umquam fuisse dominum, si quidem Dionysius fertur eius possessionis iura seruasse, neque heredes illius defecisse, qui dum uiueret, rei naualis in plurimos uenales aculeos intendebat. fuit ea tempestate Porphyrius quidam Zibberino satus, neque tamen recte Zibberini filius nominatus. idem generis quaestionem militia conuelabat, et ut nubem a fronte repelleret, officiosa gratia et laetis obsequiis fungebatur. multum mecum fuit et domi et in foro, cum me et apud patrem defensore et apud iudicem patrono saepius uteretur. aliquando etiam Dionysium conprimebam, quod Porphyrio non deberet uiginti iugerum causa nauicularia iurgia commouere.

4. En causa est cur insignis prudentia tua meis minitetur actoribus, ut cum dominus loci non sis, passim colonorum meorum facias mentionem. et si te Porphyrii denuntias successorem, uiginti iugerum noris angustias ne ab uno quidem cultore posse tractari: aut si te memorem custodemque propriae dignitatis piget heredem nominare Porphyrii, certum manifestumque est illum posse proponere, qui proponendi habeat facultatem, ut aduersum eos experiatur, qui nihil ex eadem terra possideant. ceterum si diligenter inspicias, mihi potissimum deferri potest intentio repetendi. quare, domine praedicabilis frater, quiescas oportet et mecum redeas in gratiam et ad priua-

2 armis eloq. tuae *P*: eloquentia tua *edd.* 6 reducem *P*: reducere *edd.* 8 antiquae *P* || correpturum *P*: confecturum *edd.* 10 *fort.* aliud sit tog. 11 est *libri* || matari. te interim nescio uolusiani *P*: Mataritae. Interim nescio Volusium *edd.* 13 dionisius *P* 14 illius] aliuo (i *in ras.*) *P* || nuenales *P deleta* n, uenenales *edd.* 15 porfyrius *P* 16 situs *P* 21 pyrfyrio *P* 25 pyrfyrii *P*

tum digneris uenire conloquium. desinas, quaero, inertes et trepidos conturbare et iactantiam tuam procul exerceas, et existimes me laetari tua superbia, non offendi: nec nudi enim nec ineruditi sumus. saltim te mitem faciat Maximinus.

VII. *Alius epistulae initium.*

Animorum quidem fides et religio manet, sed haec declaranda est indicio litterarum, ut caritatis augmentum salutatione succrescat. sicut enim fertilis ager fructus copiosos adtollere non potest, si cultura cessauerit, et terrarum bonitas perit desidia quiescentis, sic amorem gratiamque animi puto posse torpescere, nisi qui absentes sunt epistulari praesentia uisitentur.

3 nudi *P*: duri *edd.* 4 saltem *edd.* 6 Alia animorum *P et edd. Apparet* Alia (*sc.* epistula) *titulum esse* 7 caritatis.... *P* 8 fructos *P* || si. cultra P^1 10 absente *P* 11 *sequitur in P (item in edd.) spatio interiecto:* Deo gratias amen.

I. INDEX SCRIPTORVM.

A = Appendix, D = Dialogi, E = Epistulae, M = uita Martini; loci, quibus nulla littera praefixa est, sunt ex Chronicis.

II. INDEX NOMINVM ET RERVM.

III. INDEX VERBORVM ET LOCVTIONVM.

Los MILAGROS *del* ARCÁNGEL GABRIEL

CM Burd
ANNUNCIATION

Los MILAGROS *del* ARCÁNGEL GABRIEL

Doreen
Virtue

Grupo Editorial Tomo, S.A. de C.V.
Nicolás San Juan 1043
03100, México, D.F.

1a. edición, abril 2014.

© 2014, Grupo Editorial Tomo, S.A. de C.V.
Nicolás San Juan 1043, Col. Del Valle
03100 México, D.F.
Tels. 5575-6615, 5575-8701 y 5575-0186
Fax. 5575-6695
http://www.grupotomo.com.mx
ISBN-13: 978-607-415-641-6
Miembro de la Cámara Nacional
de la Industria Editorial No 2961

Traducción: Graciela Frisbie
Diseño de portada: Karla Silva
Formación tipográfica: Armando Hernández
Supervisor de producción: Leonardo Figueroa

Impreso en México - *Printed in Mexico*

Dedicado a María
Nuestra Santísima Madre

Contenido

Introducción

"No teman, porque les traigo una buena noticia, una gran alegría..."

Estas poéticas palabras del arcángel Gabriel cuando anunció la maternidad de María (Lucas 2:10) producen en mí, y en muchas otras personas, una gran emoción. Con esta frase, Gabriel anuncia la noticia del nacimiento de un hombre que realmente será capaz de hacer milagros. ¡Es un mensaje muy poderoso para darlo al mundo!

En este libro, que no se relaciona con una religión específica, estudiaremos a Gabriel, el ángel mensajero. Gabriel sigue siendo un mensajero para las madres, los escritores y los artistas de todo el mundo como lo comprobarás al leer las historias reales contenidos en estas páginas…

Solo para aclarar, yo no recomiendo el culto de los ángeles o que se les dirijan oraciones. Los ángeles no quieren que se les rinda culto. Toda la gloria debe darse a Dios, el Creador de los ángeles y de todos nosotros. Este libro explora la forma en la que Dios envía ángeles a aquellos que los necesitan. Al arcángel Gabriel se le asigna, en particular, la tarea de ayudar a las madres y a los mensajeros.

La historia y los símbolos del arcángel Gabriel

Al igual que Miguel, Gabriel es uno de los dos ángeles que se nombran en la Biblia *Canónica*, un término que se usa para describir a la Biblia que aceptan la mayoría de las religiones cristianas. Algunas religiones aprueban otros libros sagrados (normalmente, los Pergaminos del mar Muerto) como parte de su Biblia, y estos libros describen a los otros arcángeles. Por ejemplo, el Libro de Tobías deuterocanónico (reconocido por la religión católica, la Iglesia ortodoxa y las religiones ortodoxas orientales), y Uriel solo aparece en libros bíblicos apócrifos. El arcángel Metatrón se describe en el Libro de Enoc, uno de los pergaminos del mar Muerto.

Aunque Miguel y Gabriel se mencionan en la Biblia canónica, solo Gabriel tiene conversaciones y encuentros con la gente. En todos los libros sagrados que hablan de Gabriel, este ángel interactúa activamente con las personas y las guía. Como verás en este libro, Gabriel sigue interactuando activamente con personas de diversos estilos de vida.

El nombre de Gabriel o "fuerza de Dios", se deriva de la raíz semita *geber*, que significa "ser fuerte" o "usar más poder", y de la raíz *el*, que quiere decir "Dios" o "de Dios". A Gabriel se le conoce, generalmente, como el "ángel mensajero". Como la palabra ángel significa "mensajero de Dios", se cree que Gabriel es el supervisor de los mensajeros humanos y angélicos. Y como el prefijo arc- significa "primero" o "principal", Gabriel es el "primer mensajero o el mensajero principal"; de hecho, es el primer ángel que se menciona en la Biblia (en el Libro de Daniel). Gabriel es un ángel importante en las tres religiones monoteístas: el judaísmo, el cristianismo y el islam.

Gabriel se menciona inicialmente en el Libro de Daniel, uno de los Pergaminos del mar Muerto. Los eruditos están de acuerdo con que el Libro de Daniel se escribió en el siglo II y con que es una mezcla de tradiciones escritas, un análisis de la historia de Babilonia y visiones proféticas. Estas son las visiones y sueños del rey de

Babilonia y de Daniel, que trabajaba para el rey como su intérprete oficial de sueños. El arcángel Gabriel tiene un papel primordial, pues ayuda a Daniel a interpretar estas visiones, lo que incluye su profecía sobre la llegada del Mesías. La mayoría de las personas cree que la profecía de Daniel sobre el Mesías se relaciona con Jesucristo, basándose en la cronología y en otros detalles que contiene.

Después, Gabriel aparece en el Libro de Lucas, que es el libro más largo de los evangelios sinópticos del Nuevo Testamento (los libros de Mateo, Marcos y Lucas, que describen los mismos relatos bíblicos en forma diferente [sinóptica]).

Se cree que Lucas era médico y que fue seguidor del apóstol Pablo, quien vivió y escribió el evangelio en griego casi cien años después de la ascensión de Jesús. Es el único autor de los evangelios que se refiere a Gabriel usando su nombre.

En primer lugar, Lucas describe el encuentro de Gabriel y Zacarías, un sacerdote de edad avanzada. Zacarías y su esposa, Isabel, eran descendientes de Aarón, el hermano mayor de Moisés. Zacarías e Isabel no tenían hijos, y ya habían superado la edad en que podrían tenerlos. Por eso, Zacarías sintió miedo y se sorprendió cuando vio al arcángel Gabriel en el templo donde trabajaba. Gabriel le dijo:

Zacarías, no temas; porque tu oración ha sido oída, y tu mujer Elisabet te dará a luz un hijo, y llamarás su nombre Juan. Y tendrás gozo y alegría, y muchos se regocijarán de su nacimiento; porque será grande delante de Dios. No beberá vino ni sidra, y será lleno del Espíritu Santo, aun desde el vientre de su madre. Y hará que muchos de los hijos de Israel se conviertan al Señor su Dios. (Lucas 1:13-16)

Al principio, Zacarías discutió con el ángel, diciendo que él y su esposa eran demasiado viejos para tener hijos. Pero poco después, la profecía del ángel se hizo realidad e Isabel concibió y dio a luz a un hijo, que sería conocido como Juan el Bautista.

Seis meses después, Gabriel hizo un anuncio similar a María, esposa de José, sobre el futuro nacimiento de Jesucristo. María también se sorprendió con esta profecía, pues todavía era virgen. Sin embargo, igual que la profecía sobre la concepción poco probable de Zacarías e Isabel, la profecía que Gabriel le hizo a María se hizo realidad. El arcángel Gabriel le había ayudado al profeta Daniel a interpretar su visión sobre la llegada del Mesías, y ahora participó en *dos* anunciaciones al proclamar la llegada de Jesús.

Seiscientos años después de la vida mortal de Jesús, el arcángel Gabriel visitó al profeta Mahoma de la Makkah (conocida actualmente como Meca), en Arabia Saudita, mientras meditaba en una cueva. Mahoma siguió recibiendo revelaciones del ángel hasta el final de su vida. Las revelaciones de Gabriel, que Mahoma puso por escrito, son las escrituras islámicas, el Corán o Qur'an. En ellas, se da al arcángel el nombre de Jibril, que es la traducción árabe de Gabriel.

En el libro *Mohammed: The Man and His Faith [Mahoma: el hombre y su fe],* su autor, T. Andrae, cita a Mahoma describiendo su interacción con el arcángel Gabriel:

La revelación llega a mí en dos formas. A veces, Gabriel me visita y me habla de la revelación como un hombre habla con otro, pero después pierdo lo que me dijo. Pero a veces viene a mí con el sonido de una campana, y mi corazón se confunde. Pero lo que se me revela en esta forma nunca se aleja de mí.

Gabriel también se menciona en los Libros de Enoc, que son parte de los Pergaminos del mar Muerto y que incluyen tres libros canónicos de la Iglesia ortodoxa de Etiopía y de la Iglesia ortodoxa Eritrea. Enoc fue bisabuelo de Noé y bisnieto de Adán; visitó el cielo con la ayuda de los arcángeles Gabriel y Miguel, y tuvo visiones fugaces, pero claras, de Dios y de los ángeles. Al final de su vida, Dios transformó a Enoc en el arcángel Metatrón.

En el primer Libro de Enoc, Dios llama al arcángel Gabriel para pedirle que destierre de este mundo a los Vigilantes (ángeles caídos que se unieron a mujeres humanas para tener hijos) y a los pecadores. Este libro también describe a Gabriel como "uno de los santos ángeles que vigilan el Jardín del Edén, las serpientes y los querubines" (1 Enoc 20:7).

Gabriel también desempeña papeles importantes en los *midrashim* hebreos (leyendas y escritos que amplían

los relatos de la Biblia hebrea). Según los midrashim, Gabriel fue responsable de ayudarle a Abraham a sobrevivir siendo niño; le enseñó idiomas a José; hizo que Moisés, siendo un bebé, llorara para atraer la atención de la hija del faraón, que después lo adoptó.

Los símbolos de Gabriel: los lirios y el corno

Cada arcángel tiene un símbolo que se relaciona con su misión específica. Por ejemplo, el arcángel Miguel tiene una espada porque triunfa sobre el miedo. El símbolo de Rafael es un pez, ya que el Libro de Tobías describe cómo el ángel sanó a un hombre ciego, poniendo pez molido sobre sus ojos (y ofreció oraciones para sanarlo).

Los símbolos de Gabriel son un corno de cobre y lirios blancos. Gabriel usa el corno para anunciar mensajes y captar nuestra atención. Algunas personas creen que el corno de Gabriel también se usará el "Día del Juicio", aunque esta es una leyenda que se originó siglos después de que se escribiera la Biblia en obras de la literatura popular como *Paraíso Perdido,* de John Milton, y en obras de arte que se remontan al menos hasta el siglo XV.

Usualmente, a Gabriel se le representa sosteniendo un tallo largo de lirios blancos, como en la pintura que aparece en la página de la izquierda.

Los lirios simbolizan la pureza y la fe espiritual. También se relacionan con la humildad de María, la madre de Jesús; por tanto, Gabriel lleva lirios como una conexión simbólica con la Santísima Virgen. Los lirios de tres pétalos son un símbolo de la Santísima Trinidad, y son el origen de la *flor de lis*.

Una lectora que se llama Michele Lackley me contó su historia relacionada con Gabriel y esta flor tan especial:

Una noche, siendo ya muy tarde, me detuve en una tienda de comestibles. Estaba viviendo un periodo de transición muy estresante después de haber trabajado en un centro de yoga donde se hacían retiros. Estaba confundida y no estaba segura del giro que daría ahora mi carrera.

Era tan tarde, que ya no vendían café y las sillas de esa sección estaban sobre las mesas.

De pronto, me detuve. Ahí, sobre una de las mesas, había un lirio del valle con un largo tallo, ¡el mismo tipo de flor que aparece con Gabriel en muchas imágenes!

Mientras me dirigía a la caja para pagar por las cosas que había comprado, me preguntaba cómo había llegado ahí esa flor. (Por cierto, no tomé el lirio porque pensé que la gente podría pensar que me lo había robado de la sección de flores. ¡Honestamente, a veces la mente mundana puede llegar a ser muy latosa!). Mientras esperaba en la fila decidí tomar la flor al salir de la tienda. ¡Pero cuando regresé ya no estaba ahí!

Todo parecía muy misterioso.

No sé qué pasó con la flor, pero a partir de entonces el lirio del valle ha sido sagrado para mí. Cada vez que veo uno, siento una conexión muy fuerte con él. Ahora también lo uso en mi meditación con flores de la salud y he tenido resultados maravillosos. Además, siempre me recuerdan al arcángel Gabriel. Estoy muy agradecida por ese incidente, porque desde entonces me ha obsequiado muchas veces el don de sentir la Presencia Divina.

Aunque la Biblia nunca menciona que Gabriel haya usado un corno, este instrumento ha llegado a ser, en el arte y en la literatura, un símbolo del arcángel, como un heraldo que anuncia su mensaje. Como Gabriel aparece en dos libros apocalípticos de la sagrada escritura (el Libro de Daniel y el Libro de Enoc, los cuales describen hechos históricos apocalípticos relacionados con la época en que fueron escritos, como por ejemplo, la caída de Babilonia), muchas personas han llegado a la conclusión de que el corno de Gabriel resonará para anunciar el "fin de los tiempos". Este hecho también se describe en los *midrashim* hebreos.

Esto parece una interpretación sombría del corno, que podría utilizarse para captar la atención de las personas de modo que escuchen el mensaje que vendrá después. En realidad, Gabriel desempeña un papel más importante al anunciar nuevos principios (como el nacimiento de Juan el Bautista y de Jesús) que en las profecías sobre el fin de los tiempos.

El género de Gabriel

Existen muchas controversias y especulaciones relacionadas con la identidad de Gabriel. ¿Es Gabriel un ser angélico masculino o femenino? El Antiguo y el Nuevo Testamento, el Corán y los Pergaminos del mar Muerto describen a Gabriel usando pronombres masculinos. Sin embargo, existen innumerables pinturas de la Anunciación en las que Gabriel aparece con rostro, cuerpo e indumentaria femenina. Mira las imágenes de Gabriel en este libro, y verás al ángel luciendo ropajes amplios y con una cabellera larga y ondulada. Esto marca un contraste con las pinturas del arcángel Miguel, que siempre se representa con facciones muy masculinas, con armadura y con una impactante musculatura.

En la mayoría de las pinturas y esculturas de la Anunciación, se representa a Gabriel con facciones y ropa femeninas.

El hecho es que los ángeles no tienen cuerpos humanos con características femeninas o masculinas. Sin embargo, sí tienen personalidades y se especializan en tareas que se inclinan hacia lo masculino o lo femenino.

Como los ángeles no son seres físicos, cambian su apariencia para que nosotros los reconozcamos y no les tengamos miedo.

Una mujer de Copenhague, Dinamarca, me dijo que en una ocasión estaba muy enferma y cuando estaba sentada en la sala de espera de su médico, sintió una presencia cerca de ella. Elevó la mirada y vio a un ángel de apariencia masculina que le dijo: "Me llamo Gabriel, y soy uno de tus ángeles guardianes. Por favor, no temas por tu salud, podrás curarte por completo. Tienes cuatro asistentes espirituales que te protegen". Entonces, le mostró una visión de los cuatro asistentes. La mujer se sintió tranquila, libre de angustia, ¡y poco tiempo después recuperó la salud!

Varios años más tarde, ella estaba en cama meditando cuando tuvo la visión de un hermoso ángel femenino, que también le dijo que se llamaba Gabriel. Le preguntó por qué antes se le había aparecido como un ángel masculino, y Gabriel respondió que se aparecía con el género qué más ayudara a la persona. Esta mujer sigue recibiendo ayuda de Gabriel en sus actividades relacionadas con la música y la escritura.

El siguiente es otro ejemplo de una persona que se sorprendió, y sintió consuelo, cuando Gabriel se le apareció en forma femenina:

Después de su divorcio, Sabrina Mizerek estaba reconstruyendo su vida. Durante su proceso de separación, tuvo una experiencia milagrosa cuando oraba pidiendo ayuda, y los trámites del divorcio pasaron de ser conflictivos a resolverse en forma amigable. Su camino espiritual continuó y ella siguió en contacto con los arcángeles Miguel y Gabriel.

Sabrina se sorprendió cuando leyó lo que escribí respecto a que Gabriel es un arcángel femenino, ¡así que decidió preguntárselo directamente a Gabriel! Ella había aprendido a tranquilizar su mente y a concentrarse para solicitar ayuda espiritual. Sabrina empezó a orar, cerró los ojos y dijo en silencio: "arcángel Gabriel, ¿eres un ángel femenino?".

De inmediato escuchó en su mente una voz que parecía femenina, pero no como la suya. La voz respondió a la pregunta de Sabrina con un "sí". Sabrina se emocionó tanto que casi perdió su conexión con Gabriel. Pero hizo su mejor esfuerzo por continuarla y decidió empezar a escribir los pensamientos y los sentimientos que llenaban su mente y se filtraban a través de sus emociones.

Sabrina recibió de Gabriel un mensaje que decía que ella era una mujer fuerte, una guerrera del amor, como el arcángel. A través de pensamientos y sentimientos, el ángel le comunicó a Sabrina que había llegado el momento de hacer realidad sus sueños y de pasar más tiempo jugando con su hijo pequeño y escucharlo más.

La comunicación de Sabrina con Gabriel se ha fortalecido y ella ha seguido viviendo sus sueños y desempeñando su papel de madre. Dice: "Me siento muy agradecida y bendecida".

Notarás que los relatos de este libro se refieren al arcángel Gabriel como un ser masculino y también como un ser femenino, según la percepción de la persona que relata su experiencia. Siempre se refleja un gran respeto por la tradición bíblica y por el arcángel de la Anunciación.

Quizás por el hecho de que la religión sea predominantemente patriarcal, el arcángel Gabriel trate de encontrar un equilibrio entre las energías masculinas y femeninas para aquellas personas que necesitan la fortaleza y el consuelo de un ser femenino. Después de todo, Gabriel tiene una relación muy cercana con la Reina de los Ángeles, la Santísima Virgen María, que también encarna una feminidad ideal y al mismo tiempo una gran fortaleza.

He descubierto que el arcángel Gabriel ofrece a quienes logran tener un encuentro con él, un apoyo patriarcal y matriarcal que tiene un equilibrio perfecto. Gabriel es al mismo tiempo alentador, bondadoso, compasivo y gentil (cualidades que se consideran femeninas); pero también es fuerte, ofrece apoyo y motiva (cualidades que se consideran masculinas).

A final de cuentas, cualquier controversia sobre el género del arcángel Gabriel se resuelve al concentrarnos en la ayuda y la sanación que este glorioso arcángel nos ofrece a todos. Las historias que se presentan en este libro son extraordinarias, conmovedoras e impresionantes.

Si has leído mis libros anteriores de la serie de *Milagros* (*Los Milagros del arcángel Miguel, Los Milagros de Sanación del arcángel Rafael* y *María, Reina de los Ángeles*), podrás percibir las diferencias energéticas que hay entre ellos.

La energía fuerte y muy masculina del arcángel Miguel tiene una calidez física palpable cuando está presente. Muchas personas de hecho sudan cuando lo llaman o tienen un encuentro con él.

La energía del arcángel Rafael es muy ligera y se siente como una vibración suave y curativa que reverbera a través de la persona a la que cura.

La Santísima Virgen María trae consigo dulzura, pureza y gracia sobrenaturales, combinadas con límites muy claros y fuertes, como la madre perfecta que ama a sus hijos con todo el corazón, pero que también es estricta cuando es necesario, con el fin de protegerlos.

Como el arcángel Gabriel tiene una relación tan cercana con María, la Madre de Jesús, es lógico que comparta un balance similar de energía suave y fuerte.

En el Capítulo 1, exploraremos la forma en la que el arcángel Gabriel ayuda a las madres de familia y permite que los bebés lleguen a este mundo sobre las alas de los ángeles.

Capítulo 1

Concepción y embarazo

Cuando el arcángel Gabriel le anunció a Zacarías que su esposa Isabel daría a luz a un hijo que sería el precursor de Jesucristo, el sacerdote se mostró escéptico. Después de todo, él y su esposa ya no eran jóvenes. Muchos eruditos creen que Isabel había sobrepasado la edad en la que podía tener hijos. No obstante, como se describe en la Introducción, el anuncio de Gabriel se hizo realidad y dio a luz a Juan el Bautista, que viajó a varias ciudades antes de que lo hiciera Jesús.

Es probable que la Anunciación más famosa sea la que ocurrió cuando el arcángel Gabriel visitó a María para proclamar que tendría un hijo de nombre Jesucristo. María, al igual que Zacarías, se mostró incrédula ante esta noticia, pues todavía era virgen.

Desde que Gabriel anunció el nacimiento de Juan el Bautista y el de Jesucristo, se ha relacionado a este arcángel con las noticias sobre la concepción. Aunque se podría creer que las visitas de un ángel tan importante como Gabriel estarían reservadas para los santos, existen numerosas historias que muestran que el arcángel ayuda a padres de familia de corazón puro en todas partes del mundo. Los anuncios de nacimientos milagrosos siguen ocurriendo en nuestros días, como lo leerás en este capítulo.

Por ejemplo, una mujer de Malasia, llamada Venyz, recibió un mensaje del arcángel Gabriel en un sueño. En él, Venyz estaba de rodillas con la cabeza inclinada frente a un ángel masculino de pelo rubio rizado. El ángel vestía una túnica dorada y estaba rodeado de una luz resplandeciente. Se veía casi translúcido.

Venyz supo de inmediato que el ser que estaba frente a ella era el arcángel Gabriel. Le anunció que estaba embarazada, que Dios le había mandado un hijo como obsequio, y que tenía que cuidarlo bien.

Venyz recordaba que en ese momento había sentido mucha curiosidad sobre el arcángel Gabriel, porque no sabía con seguridad cuál era el género del arcángel. Pero, como recordó: "Para entonces, sentí que estaba flotando cerca del techo, y entonces desperté".

Simplemente supuso que se trataba de un sueño, pero más o menos una semana después, fue a ver al médico porque sintió dolores gástricos, y él confirmó que sí estaba embarazada. Luego le hicieron un ultrasonido ¡y se enteró de que estaba esperando un niño!

Venyz dijo: "De verdad le doy gracias a Dios por haberme dado un regalo tan maravilloso. Mi hijito está a punto de cumplir dos años; ¡es un niño inteligente, amoroso y afable!".

La historia de Venyz confirma la aparición de Gabriel en sus sueños, porque en ese momento ella ni siquiera estaba pensando en ser madre. Esto descarta la posibilidad de que el sueño haya sido una creación de la mente inconsciente o el producto de una ilusión.

Muchas personas reciben visitas de los ángeles durante los sueños, pues en ese momento su mente escéptica está dormida y su alma está abierta a los contactos espirituales. Estas visitas son muy reales para estas personas, si se les compara con los simples sueños. Quienes reciben estas visitas las recuerdan en detalle mucho después de haberlas experimentado, mientras que los sueños se desvanecen de la memoria al paso del tiempo.

Los abortos naturales son crisis dolorosas para las madres y sus familias, y producen un pesar muy profundo. Se puede recurrir al arcángel Gabriel y pedirle que ayude a sanar el dolor físico y emocional causado por un aborto natural, y también para pedirle que calme la ansiedad de las madres embarazadas que antes han sufrido abortos naturales.

Por ejemplo, una mujer llamada Corinne me habló de una experiencia profunda, relacionada con Gabriel, que vivió varios años atrás. En ese entonces, ella tenía 42 años y ya había sufrido dos trágicos abortos naturales. Se había embarazado de nuevo (solo tenía unas semanas de embarazo) y como era de esperarse, estaba muy nerviosa. Para tranquilizarse, empezó a meditar cerrando los ojos, respirando y concentrándose en la divinidad. Un día, durante su meditación, Corinne tuvo una visión del arcángel Gabriel con el ojo de la mente.

Como yo misma he tenido esta clase de visiones mentales desde que era niña, puedo dar fe de su validez. Muy a menudo, despierto de un sueño con una visión clara que después puedo confirmar investigando, o con una experiencia, que ocurre tal y como se predijo en la visión. Por eso, también presto atención a las visiones de otras personas.

Corinne recordó: "Con el ojo de mi mente, vi que Gabriel me entregaba una rosa color de rosa y me sonreía. En ese momento supe que tendría una hija, que mi embarazo llegaría a término y que mi bebé estaría bajo la protección de Gabriel. Ocho meses después di a luz a una niña perfectamente sana que pesó casi cuatro kilos. La bauticé con el nombre de Gabriela. El arcángel Gabriel sigue protegiendo a mi hija, y las dos tenemos una relación muy cercana con él".

A veces, las visiones y los sueños ocurren en combinación y las madres tienen visitas del arcángel Gabriel tanto estando despiertas como estando dormidas. En esa forma, la madre no tiene dudas sobre el origen celestial de los mensajes relacionados con el hijo que espera.

Una terapeuta con ángeles que se llama Camille Mojica Rey, recibió una visita sorpresiva de Gabriel; Camille ya tenía dos hijos y su esposo no quería un tercero. Además, había tenido dos abortos naturales. Sin embargo, sintió una urgencia Divina de tener otro hijo, aunque le preocupaba que a su edad ya no pudiera volver a concebir.

Pero un día, Camille tuvo una visión del arcángel Gabriel, que se le apareció como un ángel femenino grande. Después, Camille soñó que su madre estaba cargando a un bebé, ¡y en el sueño se dio cuenta de que ese bebé era hijo suyo!

Cuando Camille estudió el relato del Evangelio de Lucas, descubrió que Isabel era una mujer avanzada en años cuando Gabriel le anunció su embarazo. Algunos eruditos bíblicos creen que Isabel ya no estaba menstruando y que nunca había tenido un hijo antes de dar a luz a Juan el Bautista.

¡Entender esto fue inspirador para Camille! Poco después, se confirmó su embarazo y fue el mejor que tuvo; el más sano de los que había tenido.

Más tarde, Camille me escribió diciendo:

Me complace informar que Lola Cristina Rey nació el miércoles 26 de septiembre de 2012, a las 12:19 p.m., en San José, California.

La cesárea no tuvo complicaciones. Lola es una niña saludable; estaba moviendo las piernas incluso cuando el médico hizo la incisión para sacarla. Es preciosa y cautivó el corazón de todos los que estuvieron en contacto con ella en el hospital. Impactó hasta a los médicos, pues les sonreía y seguía a la personas con la mirada. Un doctor comentó: "¿Nadie le dijo que los bebés no hacen eso a los tres días de nacidos?".

Los ángeles siguieron protegiéndonos en el hospital. Estuve segura de ello cuando entramos a nuestro cuarto y descubrí que tenía vista a la capilla. Desde mi cama podía ver el campanario, hermosos árboles secoya, y el sábado por la noche vi la luna llena.

Lola lleva el nombre de mi madre, que ya falleció. Es como el bebé que mi mamá me mostró en mi sueño.

Hace poco verifiqué la fecha de la primera visita de Gabriel. Fue el 15 de octubre de 2011. Menos de un año después, tengo una hijita y una carrera nueva en la que estoy cumpliendo con mi misión como maestra espiritual. En mi corazón siempre habrá un lugar especial para el arcángel Gabriel por haberme traído la noticia de estos milagros que estaban a punto de ocurrir.

Dos mil años después de la Anunciación que leemos en la Biblia, el arcángel Gabriel sigue anunciando embarazos a muchas mujeres alrededor del mundo. A veces, el anuncio de Gabriel se relaciona con un embarazo que ya existe, y en ocasiones se refiere a un embarazo futuro. De todos modos, los mensajes de Gabriel alegran a las madres, a los padres y a toda la familia.

He notado que muchas de las historias que recibo sobre visitas en las que el arcángel Gabriel anuncia embarazos futuros incluyen la meditación. Esto podría deberse a que la meditación es una práctica que tranquiliza la mente y se concentra en la voluntad de Dios y en sus mensajes. Cuando las personas aprenden a ignorar el bullicio del mundo y la palabrería interna de la mente que a veces también es muy ruidosa, pueden escuchar mejor la voz Divina que va dirigida a cada aspecto de su vida.

Podría parecer un reto aprender a distinguir la verdadera voz Divina de la imaginación, del ego o de las energías inferiores. Sin embargo, como en el caso de cualquier cosa importante, esto requiere práctica; ¿y qué podría ser más importante que aprender a escuchar con claridad los mensajes de Dios y de los ángeles? Esta misma habilidad también te ayuda a escuchar la voz de Jesús, de su Madre María y de las otras deidades de tu religión que tanto amas.

Puedes tomar clases de meditación, como lo hizo una mujer llamada Julie Lovelock. Ella me dijo que esas clases le ayudaron a tener una visión clara del arcángel Gabriel y a recibir su mensaje anunciando su embarazo.

Julie había atravesado por un periodo muy difícil en su vida; tuvo problemas con su madre, con su exesposo y con un hijo muy enfermo, y había padecido una profunda depresión. Después conoció a un hombre maravilloso (Gareth, su esposo actual) que trajo muchas cosas buenas a su vida. Por ejemplo, él se encargaba de su hijo enfermo para que ella pudiera participar en un grupo de meditación.

Durante una meditación, Julie se puso en contacto con los ángeles y recibió su guía, pero como era principiante, todo era muy poco claro. Aunque recordó haber sentido una presencia hermosa, cálida y benévola; y con el ojo de su mente vio un rostro que asentía o negaba con la cabeza cuando Julie hacía una pregunta, ella quiso saber si estaba embarazada y el rostro asintió. Después indagó si estaba esperando una niña, y el rostro asintió una vez más. Julie preguntó si la niña se llamaría Elizabeth y el rostro asintió de nuevo.

Julie dijo: "Ahora tengo una hermosa hija llamada Elizabeth (pero le gusta que le digan Beth) que pronto va a cumplir 14 años. Sin embargo, durante mi embarazo, cuando participaba en el círculo de meditación, a menudo escuchaba el nombre de Gabriel. Tanto así, que si hubiera tenido un hijo varón, se habría llamado Gabriel. Después me enteré de que Gabriel es el arcángel que transporta a las almas de una vida a la siguiente".

Julie estaba muy agradecida por la presencia del arcángel Gabriel, especialmente después de su trauma por la enfermedad de su hijo (que ahora es un muchacho saludable de 19 años de edad). Pudo vivir su embarazo sin miedo, y el resultado fue su hija Elizabeth, que siempre ha sido sana. Julie siguió comunicándose con los ángeles, entre ellos con Gabriel, y está muy complacida por toda la ayuda que ha recibido de ellos.

Embarazos con la protección divina

Mis investigaciones sobre el arcángel Gabriel han sido serias (he leído la Biblia y otros textos espirituales), y he llevado a cabo estudios de campo sobre personas que han vivido milagros modernos que atribuyen a la intervención del arcángel Gabriel. Algunos de estos milagros han ocurrido en forma espontánea, sin que la persona haya recurrido específicamente a Gabriel. Creo que en esos casos Dios manda al especialista más adecuado para que ayude en cada situación.

Cada arcángel tiene una especialidad. Por ejemplo, el arcángel Miguel se encarga de liberar al mundo del mal y del miedo. El arcángel Rafael es el ángel de la curación, pues leemos en el Libro no canónico de Tobías que él le devolvió la vista a Tobías, que estaba ciego.

La especialidad del arcángel Gabriel tiene dos aspectos: actúa como el ángel mensajero que tiene una trompeta de cobre, y como el ángel que anuncia y presta ayuda en la concepción, el embarazo, el nacimiento y la primera infancia.

A lo largo de los años, he recibido cientos de historias de mujeres que han pedido ayuda al arcángel Gabriel en su embarazo, como en la siguiente historia de una mujer rusa llamada Elena Sorokina.

Cuando Elena se embarazó de su primer hijo, también se volvió más sensible a las energías. Con este cambio, empezó a sentir la presencia de los ángeles alrededor de ella y de su hijo. En su segundo trimestre de embarazo, Elena encontró una estatua del arcángel Gabriel que se le había olvidado que había comprado hacía años. Cuando Elena contempló el hermoso rostro de la estatua de Gabriel, una intuición y conocimiento interno le indicaron que esta energía era la misma presencia protectora que siempre había sentido a su alrededor.

Escuchó que Gabriel le decía: "Todo va a estar bien contigo. Has actuado bien. Y ahora yo voy a ser tu ángel guardián".

A partir de entonces, Elena siente constantemente la presencia tranquilizante de Gabriel. Esto es lo que dijo:

Gracias a Gabriel y a María nuestra Madre, mi embarazo fue ideal, mi presión arterial siempre estuvo nor-

mal; los análisis fueron maravillosos. No tuve dolores ni edemas. Hice ejercicios aeróbicos en agua y caminaba tan rápido como antes de estar embarazada.

Me sentía tranquila, protegida y fuerte. Era como si resplandeciera desde mi interior. Cuando llegó el momento del parto, les pedí al arcángel Gabriel y a María, nuestra Madre, que me acompañaran. Fue un parto doloroso pero rápido. Mi hijo estaba saludable y tranquilo. Nos dieron una habitación privada, aunque la clínica de maternidad estaba llena esa noche.

De hecho todo estuvo bien, como me lo había dicho el arcángel Gabriel. También sentí su presencia amorosa y su protección durante los primeros dos años después del nacimiento de mi bebé. Deseo expresar mi agradecimiento a Dios, a María y al arcángel Gabriel por su amor incondicional y por su apoyo, ¡que tanto necesitaba! ¡Yo quisiera que todas las futuras madres y las madres jóvenes aceptaran la ayuda de Gabriel en su vida!

¡Yo también, Elena!

Embarazos de alto riesgo

A veces, los embarazos se complican debido a condiciones serias que amenazan la salud del bebé. El arcángel Gabriel hace sanaciones divinas en formas milagrosas.

Amanda Bain estaba ansiosa de compartir la historia de cómo su segunda hija, Gabriela, recibió ese nombre. Cuando Amanda estaba embarazada, se hizo un ultrasonido de rutina al llegar a la trigésima semana. El médico obstetra le dio una noticia que la preocupó muchísimo: la niña tenía un quiste de plexo coroideo en el cerebro y era necesario hacerle un ultrasonido de nivel II. Los resultados mostraron que había un quiste asilado, de gran tamaño, en el cerebro de su hija, y que existía una probabilidad de 1 en 300 de que le causara una trisomía 18, un trastorno genético relacionado con una disfunción mental tan severa, que el embarazo tendría que interrumpirse.

Como Amanda solo tenía 23 años de edad y no contaba con un historial familiar de defectos congénitos, su médico no recomendó una amniocentesis. Simplemente tenían que esperar y tener fe en que el quiste se disipara por sí mismo en el tercer trimestre.

Lisa, la madre de Amanda, practicante de "Terapia con ángeles", que tomó mis cursos en 2006, le dijo a su hija que llamara al arcángel Gabriel, protector de las mujeres embarazadas y de los niños.

Amanda me dijo: "Hablé con el arcángel Gabriel todos los días y prometí que si el quiste del cerebro de mi niña desaparecía, se llamaría Gabriela en su honor. En un ultrasonido posterior, en el tercer trimestre, pudimos ver que el quiste había desaparecido por completo. La niña nació aproximadamente diez días después de la fecha esperada, pero con los ojos muy abiertos, alerta y muy saludable. Su cabello era rizado y de color castaño cobrizo, el cual conserva hasta el día de hoy, a sus casi cuatro años de edad, y tiene grandes ojos de color azul claro. Siempre que saco una carta del arcángel Gabriel del mazo de cartas del *Oráculo de los arcángeles,* sonrío al ver el parecido entre mi hermosa hija y su santo patrono".

Es muy hermoso que la hija de Amanda tenga cabello color cobrizo, ¡el color de la trompeta del arcángel Gabriel!

Dar a luz

El arcángel Gabriel sigue apoyando y acompañando a las futuras madres durante el embarazo y el parto.

¡Entrar en trabajo de parto después de un embarazo saludable es bastante aterrador! De modo que cuando se presentan desafíos médicos, el arcángel Gabriel ayuda a la madre y al niño a permanecer en calma, centrados y saludables.

Puedo imaginar el miedo que debió sentir Nelly Coneway con las complicaciones que se presentaron en el parto, y que pusieron en peligro su vida y la de su hijo. ¡Gracias a Dios, el arcángel Gabriel les salvó la vida a ambos!

Nada durante el embarazo de Nelly podía haberla preparado para las complicaciones que se presentaron

en el momento de dar a luz. El ejercicio diario y la meditación le ayudaron a permanecer activa y feliz, pero muy temprano en la mañana del 29 de abril de 1991, sintió que comenzaban las contracciones. A pesar del clima frío y lluvioso y de la espesa niebla que cubría la ciudad, sentía que había magia en el aire. Algo le decía que esperara un milagro.

En el hospital, después de horas de dolor, no había señales de que el bebé de Nelly estuviera a punto de nacer. Cuando los médicos la examinaron, se dio cuenta, por la expresión de sus rostros, de que algo estaba muy mal, pero sus dolores eran tan insoportables, que perdió el conocimiento.

Después, Nelly recordó:

Como si estuviera soñando, escuché que decían: "Los estamos perdiendo a ambos. El cordón umbilical está enredado en el cuello del bebé. Necesitamos usar fórceps ahora".

Lo último que recuerdo es que le estaba rezando a María nuestra Madre y a los ángeles para que salvaran a mi bebé. Más tarde ese día, vi claramente a una mujer hermosa vestida de blanco que me despertó. Volaba sobre mí y el cuarto estaba iluminado por rayos de luz dorada, lo que marcaba un contraste con la oscuridad exterior. El amor que fluía de ella era arrollador, yo me sentí agradecida y me fusioné con su aura de color cobrizo. Ella me sonrió y me dijo: "Felicidades, acabas de tener un hijo hermoso. Está saludable y traerá muchas bendiciones a ti y al mundo".

Yo sabía que era un ángel enviado por Dios para asegurarme que mi hijo estaba bien. Estaba feliz porque pronto podría verlo. Después tuve una visión clara del arcángel Gabriel que me aseguró que mi bebé no tendría ningún problema.

Minutos después, entró un doctor y me dijo que había tenido un hijo. Sin pensarlo, le respondí: "Sí, lo sé".

Me miró asombrado, pero continuó: "Su bebé está en una incubadora bajo observación debido a complicaciones respiratorias. Necesita quedarse en el hospital dos semanas más. ¡Es un niño afortunado porque sobrevivió!".

Mi hijo había nacido a las 11:11 a.m. Yo seguí rezando por su salud. Todos los días visitaba a mi hijo en la incubadora, veía su cuerpecito, le mandaba todo mi amor y mis oraciones para que tuviera una salud perfecta y fuera un niño fuerte.

Esta experiencia hizo que Nelly recordara su propio nacimiento. Ella nació prematura y nadie creyó que sobreviviría, pero los sorprendió a todos con su pasión por la vida. Ahora su hijo también estaba aprendiendo una lección importante en el plano terrenal.

Nelly no dejaba de decirle: "Eres fuerte; eres saludable". Eso y la idea de que el amoroso ángel Gabriel también estaba con él, le ayudó a Nelly a tener fe en que su hijo estaría bien. Nelly fue a la capillita del hospital, dedicada a San Jorge, todos los días, en la mañana y en la noche, hasta que ocurrió el milagro. Varios días después, el médico le dijo que su hijo iba muy bien y podía irse a casa. Eso sucedió el día de San Jorge, el 6 de mayo de 1991.

Nelly me dijo: "Gracias a Dios y a los ángeles, mi hijo sanó completamente y ahora es un joven feliz, inteligente y fuerte. Nunca olvidaré al hermoso ángel que me cubrió con sus alas y me dio esperanzas de que todo estaría bien. ¡Gracias querido Gabriel!".

¡Qué experiencia tan asombrosa, tanto para Nelly como para su hijo! Cuando sufres un trauma que pone en peligro tu vida, tu fe en Dios puede fortalecerse o

desaparecer si no ves los milagros y las bendiciones que ocurren tras bambalinas. Por fortuna, Nelly y su hijo decidieron concentrarse en la belleza cuando estuvieron cerca de la muerte. Ellos consideran que los milagros de su nacimiento son parte de las lecciones de su alma, que los hacen más fuertes y más sabios.

La nuera de Joanne S. Kuhenbeaker también tuvo complicaciones graves al dar a luz, que pusieron en peligro su vida. En ese momento, Joanne recurrió a Dios y al arcángel Gabriel pidiendo protección, ¡y el niño nació sano!

La nuera de Joanne había estado embarazada unos años atrás, pero sufrió un aborto natural. Volvió a embarazarse al año siguiente, y como su útero tenía la forma de un riñón, debía hacerse un ultrasonido cada mes. A causa de esta gran cantidad de exámenes, Joanne se dio cuenta de muchos detalles de los que por lo general las suegras no necesariamente se enteran.

Fue bastante aterrador para Joanne escuchar co-

sas como: "el bebé tiene el cordón umbilical alrededor del cuello" o "el bebé está en una posición incorrecta y si permanece así, podría morir". Esto hizo que todos se preocuparan mucho durante el embarazo y Joanne oraba constantemente por su hijo y por su esposa.

Joanne recordaba:

> *Un día estaba yo rezando y por casualidad miré un taburete que estaba frente a mí. Había una publicación llamada* Inspiraciones *que había recibido por correo. Leí un artículo sobre ángeles que decía cómo el arcángel Gabriel protegía a las nuevas madres y a sus embarazos. A partir de ese día, le pedí a Dios y a Gabriel un embarazo, un trabajo de parto y un nacimiento perfectos, y oré para que mi hijo y su esposa tuvieran un hijo.*
>
> *Bueno, todo lo que pedí, sucedió. Cuando nació la niña, la enfermera le sacó una foto. Un segundo después, exclamó: "¡Hay un ángel en la foto!". Y ahí estaba, era un ángel con alas de color verde y amarillo que estaba besando el rostro de la recién nacida. Sé que el arcángel Gabriel estuvo con mi nieta desde el momento en que le pedí que la ayudara. Gabriel estuvo con ella durante el parto.*

Desde el día en que nació la nieta de Joanne, a la que bautizaron con el nombre de Riley, parecía ser una niña extraordinaria. Joanne leyó un libro sobre los niños cristal, y Riley correspondía exactamente con su descripción. Joanne también consultó a un terapeuta con ángeles, quien al ver la fotografía de Riley afirmó: "Es una niña cristal traída por un ángel". Joanne sabe que el ángel fue Gabriel.

La historia de Joanne muestra que podemos llamar al arcángel Gabriel en nombre de otra persona. Mientras ella esté dispuesta a recibir la ayuda celestial, Gabriel se acerca a ella de inmediato (los ángeles no actúan contra el libre albedrío de una persona).

El arcángel Gabriel monitorea los embarazos y da a las madres indicaciones claras e inconfundibles para garantizar la salud de la madre y del niño. Emilie Jones recibió este tipo de ayuda de Gabriel durante su embarazo. Como Dios y los ángeles respetan nuestro libre albedrío, no pueden imponernos su guía. Lo único que pueden hacer es ofrecerla y esperar que los escuchemos y actuemos, como lo hizo Emilie.

Cuando Emilie estaba esperando a su tercer hijo, recibió una poderosa visita de Gabriel. Vio y escuchó al arcángel que le dijo que tenía que irse al hospital de inmediato. El arcángel dijo literalmente: "¡Ve!".

Emilie escuchó el mensaje y se fue al hospital en ese momento; allí, los exámenes que le hicieron revelaron que el ritmo cardiaco de su hijo que aún no había nacido, había descendido a niveles peligrosos. El médico decidió practicar una cesárea urgente para salvar al bebé. Emilie pidió la ayuda de Gabriel y escuchó que el arcángel le decía con toda calma: "Haz a un lado todos tus temores; todo va a estar bien".

El médico dijo que no había tiempo para que una anestesia epidural o espinal surtiera efecto, así pusieron a Emilie bajo anestesia general. Cuando despertó; ¡tenía un niño perfectamente saludable!

Diez meses después, el arcángel Gabriel se le apareció a Emilie una vez más. Ella estaba bañándose en la regadera (un lugar donde muchas personas reciben inspiración debido a los efectos que tiene el agua para abrir la percepción espiritual) y escuchó una voz que le decía con toda claridad: "Vas a quedar embarazada".

Emilie protestó sorprendida: "¡No es posible! Estoy tomando una dosis baja de progestágeno, y estoy amamantando a mi bebé". Entonces Emilie se dio cuenta de que estaba discutiendo con un ángel, y dijo: "Si estoy embarazada, respetaré mi estado con amor y gratitud. Pero también necesitaré ayuda porque he estado tomando progestágeno y estoy amamantando a mi bebé".

En efecto, la prueba casera de embarazo que se hizo Emilie resultó positiva. Siempre había querido tener

cuatro hijos (¡y en los números de los ángeles el cuatro significa "los ángeles están contigo"!) ¡Emilie se rio al darse cuenta de que el cielo es más poderoso que cualquier método anticonceptivo!

Como había estado tomando progestágeno, los médicos hicieron un análisis de sangre y le advirtieron que tal vez no podría llevar su embarazo a feliz término. Emilie rezó todos los días concentrándose en su útero, y escuchó al arcángel Gabriel insistir en que sí llevaría su embrazo a feliz término; que tendría un bebé sano, sin necesidad de una cesárea. ¡Y eso fue lo que sucedió!

Actualmente, Emilie y su esposo llevan a cabo su tarea de ser padres junto con los ángeles. Ambos consultan al arcángel Gabriel en lo relacionado con el cuidado de sus cuatro hermosos hijos. Y ahora Emilie es practicante de "Terapia con ángeles" y ayuda a otras personas a ponerse en contacto con Gabriel.

La gente constantemente me pregunta por qué hay personas como Emilie que parecen recibir la ayuda de Dios, mientras que otras la ignoran. Yo realmente creo que Dios trata de ayudar a toda la gente, pero en ocasiones las personas no escuchan, no creen o no siguen las advertencias Divinas que les llegan a través de los ángeles. Por eso es tan importante tener una mente clara y sobria, pues el estar intoxicados puede impedir que las personas escuchen la guía de los ángeles.

También es necesario tener fe en la guía de Dios, aunque parezca ilógica. Siempre les puedes pedir a Dios y a los ángeles señales y verificación adicionales, si no estás seguro de la validez de la guía que recibes. Pero en casos como el de Emilie, el tiempo a menudo es esencial.

¡Gracias a Dios, ella actuó de inmediato cuando el arcángel Gabriel le dijo que se fuera al hospital!

Las enfermeras y los ángeles

¡Las personas que ayudan a las mujeres a dar a luz tienen mucha interacción con los ángeles! Por ejemplo, Lisa Bolton, una enfermera especializada en obstetricia, le ha pedido muchas veces al arcángel Gabriel que le ayude en los partos difíciles. Parece que el arcángel siempre guía a las enfermeras y a los médicos a tomar las decisiones correctas.

Lisa dijo: "Siento que mis oraciones reciben respuesta siempre que pido ayuda. Hace poco, recé por una mujer que estaba sangrando tanto al dar a luz, que pensé que iba a morir. Milagrosamente, el sangrado se detuvo por unos minutos, lo que permitió que llegara el personal necesario para llevarla a la sala de operaciones. Pudimos detener la hemorragia e irse a su casa varios días después con su bebé, un niño muy saludable. ¡Doy gracias al arcángel Gabriel por su constante ayuda!".

A lo largo de los años, he escuchado muchas historias de este tipo que han compartido conmigo enfermeras y otros profesionistas del cuidado a la salud, que les rezan a los ángeles pidiendo ayuda. Si yo tuviera que recibir atención médica, definitivamente preferiría recibirla de personas que saben orar, ¿tú no?

Otra enfermera, Audrey, me contó cómo el trabajar con el arcángel Gabriel ayudó a que su consultorio de ginecología y obstetricia tuviera más pacientes.

Audrey es enfermera titulada y estaba preocupada porque el número de pacientes que acudían a su consultorio se había reducido considerablemente. La persona que se encargaba de la facturación señaló que había estado trabajando ahí durante 15 años, y nunca había visto una reducción tan grande en el número de pacientes.

Todos los que laboraban ahí empezaron a preocuparse pensando que los iban a despedir; necesitaban el empleo para mantener a sus familias. Todas las mañanas, camino al trabajo, Audrey le pedía al arcángel Gabriel que mandara pacientes a su consultorio y que bendijera su trabajo. Varias semanas después, un compañero de trabajo que se encargaba de anotar las citas de los pacientes, le dijo que tenían la agenda llena para varias semanas (y un año después, seguían con este mismo ritmo de trabajo).

Audrey dijo:

> *Como Gabriel nos ha ayudado tanto con el volumen de pacientes, decidí pedirle que ayudara a algunas de nuestras pacientes que no eran fértiles. De nuevo, todas las mañanas, camino al trabajo, le daba gracias a Gabriel por ayudar a varias pacientes a embarazarse. Por ejemplo, una mujer que tenía poco más de 40 años ha-*

bía intentado, sin éxito, varias opciones para tratar la infertilidad durante años. Pero justo antes de que ella y su esposo llenaran una solicitud para adoptar un niño, descubrió que estaba embarazada y en su momento tuvo un hijo saludable.

Otra mujer había tenido varios abortos naturales pero al final tuvo una hija saludable. Y otra más no podía creer que se hubiera embarazado sin la ayuda de los medicamentos para la fertilidad que había necesitado en el pasado. ¡Estoy agradecida con el arcángel Gabriel por estos milagros!

Otros profesionales de la salud, que trabajan en campos relacionados con la concepción y el embarazo, pueden seguir el ejemplo de Audrey y pedirle al arcángel Gabriel que los ayude con sus clientes y sus pacientes.

Cómo tratar la infertilidad a nivel espiritual

Con el incremento en las tasas de infertilidad y esterilidad, el arcángel Gabriel ayuda a los matrimonios que desean desesperadamente un hijo. Sé que Gabriel ayuda a los matrimonios que quieren adoptar niños para que lo hagan con éxito. También he visto a las personas superar los problemas de fertilidad para concebir un hijo y lo logran recurriendo a Dios y a los ángeles. ¡Por ejemplo, mi propio nacimiento!

Mis padres habían estado casados durante siete años y tenían grandes deseos de tener un hijo, pero mi mamá no lograba concebir. Finalmente, llevó una petición de oraciones a la Iglesia Unity de la zona donde vivían. ¡Fui concebida diez meses después! ¡Con razón creo en el poder de la oración, pues nací con ayuda de oraciones!

Esta es la carta que mis padres recibieron después de llevar su petición de oraciones:

Science of Mind Church

DR. FREDERICK BAILES, DIRECTOR

128 SOUTH LA BREA AVENUE
LOS ANGELES 36, CALIFORNIA
WEBSTER 8-4177

25 de septiembre de 1956

Sra. Jean Hannan
608A Mariposa
Burbank, Calif.

Estimada Sra. Hannan:

Gracias por su carta y por el cheque de cinco dólares que la acompañaba. El Dr. Bailes quiere que sepa que ha encargado las peticiones que hizo. Además, desea informarle que incluirá su petición en el periodo de meditación silenciosa el domingo, donde una gran audiencia se une en oración y se concentrará conscientemente en usted.

Con mis mejores deseos de que experimente una manifestación siempre creciente de todo lo Bueno que hay en su vida y en sus asuntos, incluyendo a sus seres queridos.

Sinceramente,

Robert Cabal

Robert Cabal
Secretario

Durante siete años, mis padres habían estado intentando concebir un hijo; finalmente llevaron una petición de oraciones, y yo fui concebida diez meses después.

En mi libro, *Angel Medicine [Medicina de ángeles]*, incluí la historia de una mujer llamada Leisa Machado, que pudo vencer la infertilidad con la ayuda de los arcángeles Gabriel y Miguel.

Conocí a Leisa en un taller que impartí en la ciudad costera de Santa Cruz, en el norte de California. Cuando Leisa pidió una sesión con ángeles para saber si podía embarazarse, yo usé la clarividencia para ver su interior; se trata de un proceso llamado "intuición médica". Me impresioné (y no estoy exagerando) por lo que vi en el interior del cuerpo de esta mujer. Todos sus órganos se veían tan limpios como una sala de operaciones. Sus chacras mostraban una pureza prístina, y definitivamente brillaba desde dentro. ¡Nunca antes había visto tanta limpieza en el interior de un cuerpo!

Leisa me dijo que se alimentaba exclusivamente de comida orgánica, que evitaba las sustancias químicas y que solo bebía agua destilada, porque sentía que otros tipos de agua contenían microbios dañinos. Me agradó escuchar esto, pues se ha demostrado que los organismos modificados genéticamente, la ingeniería genética y la agricultura de alta tecnología producen esterilidad. Los alimentos orgánicos certificados son la única manera de evitar estas toxinas que son producto de la bioingeniería, especialmente en Estados Unidos y Canadá, donde la ingeniería genética no está sujeta a reglamentos.

Leisa me explicó que ella y su esposo querían tener un hijo, y que pensó que la mejor forma de lograrlo era preparando su cuerpo lo mejor posible. Sin embargo, le era difícil concebir.

Había tenido tres embarazos ectópicos, un aborto natural y un intento fallido de fertilización in vitro. Después de seis años de tratar de concebir, Leisa empezó a preocuparse porque los años pasaban y no podía tener un hijo. Fue entonces cuando decidió usar un enfoque holístico para concebir. Leisa inició un camino de espiritualidad, que incluía oración, alimentos orgánicos y pensamientos positivos.

Ella asistió a mi taller sobre ángeles poco después de haber comenzado este proceso. Pude ver físicamente que Leisa lograría concebir y dar a luz a un hijo; sin embargo, eso sería después de dos años, al menos. Leisa no se sintió bien con esa noticia; ella quería tener un hijo antes. Entonces les pedí un mensaje a los ángeles, y ellos me dijeron que tal vez Leisa podría concebir antes con la ayuda de los arcángeles Miguel y Gabriel. Miguel ayuda a eliminar del cuerpo energético los efectos del miedo, que tienen el gran poder de retrasar cualquier meta, incluyendo la de concebir un hijo.

Leisa recordó lo que pasó después del taller:

Empecé a meditar y a orar sobre esta situación y me sentí guiada a recurrir no solo a los arcángeles Gabriel y Miguel, sino también a Rafael. Doreen había mencionado que Gabriel ayudaba durante el embarazo. Miguel siempre había estado cerca de mí en el pasado, y llamé a Rafael, el ángel sanador, para que me ayudara a prepararme físicamente para la concepción y el embarazo.

Comencé a meditar dos veces al día, visualizando a cada ángel llevando a cabo su trabajo específico en mi cuerpo y en mi espíritu para prepararme para concebir. Durante una de esas meditaciones, los ángeles me dijeron que mi hijo podría llegar antes de lo señalado por los planes divinos, si me seguía preparando para ser asesora infantil. Los ángeles insistían en que entregara mis miedos a Dios, y cuando me sentía frustrada, les decía: "Ya no soporto; necesitan ayudarme con ello".

Finalmente, conseguí mi milagro. Aunque los segundos intentos de concebir in vitro solo tienen éxito en

aproximadamente el 20 por ciento de las veces, a mí me funcionó. ¡Finalmente estaba embarazada y el embrión era saludable! Tengo que agradecer a los ángeles por esto, y reconozco que no habría sucedido si no hubiera recordado pedir ayuda constantemente.

Gracias a Dios, también aprendí esa lección, porque necesité ayuda de los ángeles a lo largo de casi todo mi embarazo. Durante las primeras semanas empecé a sangrar. Mi médico recomendó que me quedara en cama, así que puse a trabajar a mis tres arcángeles especiales (Gabriel, Miguel y Rafael), y recurría a ellos continuamente. Podía (y todavía puedo) sentir que cada uno estaba cerca de cierto lado de mi cuerpo, manteniéndome tranquila.

Después de varias semanas, me permitieron levantarme. Mi segundo trimestre transcurrió bien, pero en la semana 31, entré en trabajo de parto. En el hospital, sentí una efusión de amor y sanación. Los ángeles me dijeron que este bebé era un espíritu puro y necesitaba que yo me mantuviera tan pura como fuera posible para honrar su llegada a este mundo.

De nuevo me hicieron recordar que debía entregarme y "dejarlo ir". Sin embargo, las palabras que usaban para expresarlo eran poco usuales y aterradoras. Me dio miedo que sus palabras significaran que perdería al bebé. Luego entendí que necesitaba dejar ir el deseo de aferrarme a él. En la semana 34 nació Jaren, un niño fuerte y saludable, cuyo nombre es de origen hebreo y significa "grito de alegría". Fue prematuro, pero respiró por sí mismo y respondió de maravilla en el aspecto cognitivo.

Pero Jaren todavía no estaba fuera de peligro. Unas ocho horas después de que naciera, se presentó un problema serio: el niño dejó de respirar y entró en coma. Los médicos no podían determinar cuál era el problema. En su pesar y su pánico, Leisa recurrió a sus ángeles. Pensó: ¡Esto no puede estar sucediendo! ¡Ellos me han guiado paso a paso! ¡No puedo perder a mi hijo ahora!

Mientras sollozaba en su cama de hospital, Leisa sintió una presencia dulce que la tranquilizaba con afecto y amor. Leisa y su esposo enviaron una solicitud de oración. Llamaron a sus amigos, que a su vez mandaron correos electrónicos a otros amigos. Poco después sintieron el efecto de muchas oraciones, una abundancia de energía Reiki y la ayuda de los ángeles que se presentaron para ayudarlos.

Leisa dijo: "¡Realmente podía yo ver a Jaren rodeado de filas y filas de ángeles! A veces, veía el espíritu de mi hijo flotando entre ellos, pero sus pies siempre permanecían cerca de su cuerpo. Dos días después, los médicos se sorprendieron por su recuperación milagrosa. Y semana y media después, mi esposo y yo nos llevamos a nuestro pequeño milagro a casa, donde tenía que estar".

La historia de Leisa nos recuerda la importancia de hablar con Dios y con nuestros ángeles continuamente, y luego actuar de acuerdo con la guía Divina que ellos nos den. Una parte importante del trayecto de Leisa fue que estaba dispuesta a desprenderse de las cosas. No siempre le fue fácil. Con frecuencia, Leisa tuvo que pedirles a los ángeles que le ayudaran, porque su meta de quedar embarazada era algo que deseaba con el corazón.

Su historia ilustra el principio de la entrega. Aunque Leisa deseaba con claridad ser madre, también estaba dispuesta a tener la fe necesaria para renunciar a este deseo y confiar por completo en la voluntad de Dios. He estado en contacto con Leisa a lo largo de los años, ¡y ella y Jaren están muy bien!

Después del parto, el arcángel Gabriel sigue apoyando a los niños y a sus familias, como podrás leerlo en el capítulo siguiente.

Ave Maria gratia

Capítulo 2

La paternidad, la maternidad y la infancia

El arcángel Gabriel no solo ayuda al padre y a la madre con la concepción, el embarazo y el nacimiento; el ángel cría a los niños y actúa como un padre para ellos en cada aspecto de su vida. Al paso de los años, he hablado con muchos matrimonios que recurrieron a Gabriel pidiéndole que los guiara al resolver rivalidades entre sus hijos; a enfrentar problemas relacionados con el desarrollo, la alimentación y la nutrición; el cuidado de los hijos, su educación escolar, confusiones sobre vacunas y otros medicamentos, y muchas otras cosas.

Se dice que las oraciones que los padres hacen por sus hijos son las primeras que reciben respuesta en el cielo. De hecho, Dios, Jesús, la Virgen María y el arcángel Gabriel pueden hacer y hacen *cualquier cosa* para garantizar la salud y el bienestar de tu familia. Lo único que necesitas hacer es pedir ayuda, y luego escuchar atentamente la guía que recibes en forma de sentimientos, intuición, ideas inspiradas y señales.

Gabriel, como todos los ángeles, sigue la voluntad de Dios en lo que se relaciona con nosotros. Los arcángeles saben cómo ayudarnos en formas que superan nuestras expectativas. Por eso es importante pedir ayuda, sin especificar cómo queremos que se presente, porque la solución de Dios será creativa, pacífica, armoniosa y beneficiará a todos los involucrados. Si imponemos nuestros planes a la forma en que deben responderse nuestras oraciones, entonces podríamos no percibir a un ángel que nos señala una mejor dirección.

Dulces sueños

En muchos hogares, la noche no es el tiempo propicio para descansar, pues los niños sufren insomnio, pesadillas y trastornos del sueño. Los investigadores calculan que del 30 al 40 por ciento de los niños no duermen lo suficiente, y han descubierto que el insomnio infantil se relaciona con trastornos de aprendizaje y de conducta.

Cuando los niños no pueden dormir, por lo general significa que sus atormentados padres tampoco. Por fortuna, puedes recurrir al arcángel Gabriel para que te ayude en todos los aspectos de la salud de los niños, incluyendo el garantizar que duerma bien toda la noche, como lo descubrió una mujer llamada Ángela Tyack. Esto es lo que ella me dijo:

Desarrollé una relación muy cercana con el arcángel Gabriel cuando mi bebé despertaba un promedio de siete veces durante la noche. Recuerdo una noche en particular, en la que le rogué al arcángel Gabriel que ayudara, consolara y durmiera a mi hijo. ¡Esa noche, Nate durmió ocho horas seguidas! A partir de entonces, solo despierta dos veces en la noche.

Antes de quedarme dormida, le pido al arcángel Gabriel que se quede con nosotros y siga ayudando a Nate a dormir profundamente y en paz. Le doy gracias a Dios y al arcángel Gabriel por sus bendiciones, su amor y su apoyo.

El arcángel Gabriel es un ángel maternal, que garantiza la paz en la mente y el cuerpo de los niños. Los adultos que tienen sensibilidad pueden sentir y escuchar la presencia de Gabriel, y algunos, como una mujer llamada Lorna,* también pueden *ver* al arcángel.

Lorna es una madre de 33 años de edad que dedica todo su tiempo a sus tres hijos. Una noche, llevaba a Sara, su hija de dos años, a su cuarto para darle de comer. Las luces estaban apagadas, pero Lorna vio la silueta de las alas de un ángel en la pared, al lado de su cama. Se sorprendió pero se sintió feliz y segura. Se sentó en la cama para darle de comer a Sara y luego notó un resplandor anaranjado profundo alrededor de su hija. Lorna sintió una paz profunda y se relajó aún más.

* Lorna pidió que su nombre y el de su hija se cambiaran en este libro porque está consciente de que su historia es tan poco común, que otras personas podrían dudar de ella. Pero Lorna sabe que realmente vio las alas y el resplandor naranja y que escuchó el nombre del arcángel. (A lo largo de este libro, he señalado con un asterisco los nombres que se cambiaron por petición de la persona que compartió su historia).

En ese momento, Lorna escuchó una voz que le dijo que Sara era una niñita muy especial y con mucha sensibilidad, y que el ángel que estaba hablando con ella le ayudaría y la guiaría en la educación de su hija.

La experiencia le pareció natural y maravillosa a Lorna. Cuando preguntó el nombre del ángel, escuchó: "Gabriel, Gabriel". Lorna se quedó sentada, aturdida, durante unos minutos y notó que la luz anaranjada resplandecía suavemente sobre el rostro de Sara.

Más tarde, Lorna leyó mi libro *Arcángeles 101* y se sorprendió al descubrir que el color de la energía de Gabriel es el cobre, (que es muy similar al tono naranja que ella había visto), y que Gabriel ayuda a educar a los niños. Lorna dice: "Siento que mis hijos y yo hemos sido muy bendecidos, y estoy lista para seguir trabajando con los ángeles para nutrir a mis hijos en todos los aspectos de nuestra vida".

La provisión infinita de Dios

La maternidad y la paternidad no son papeles fáciles, pero están llenos de recompensas maravillosas. Sin embargo, cuando las finanzas son limitadas, educar a una familia puede ser incluso más estresante. Sin importar cuál sea el panorama económico del mundo, Dios y los ángeles te ayudarán a satisfacer las necesidades de tu familia.

Esta conmovedora historia de un hombre de 21 años que se llama Crystal Sven Kabongo, de Bruselas, Bélgica, muestra la manifestación del poder del arcángel Gabriel.

La mamá de Crystal se llama Gabrielle, y creció con la habilidad de ver a los ángeles y a la Santísima Virgen María y de hablar con ellos. Ella le enseñó esta habilidad a su hijo.

Cuando Crystal estaba en el último año de la preparatoria, su maestro anunció que habría un viaje de dos semanas a Senegal, un país muy hermoso. Todos los estudiantes estaban felices de ir, pero Crystal estaba preocupado, pues no sabía si su madre podía hacer el gasto necesario para mandarlo al viaje.

Cuando le preguntó si podía ir a Senegal con sus compañeros, ella le dijo que no había suficiente dinero en su cuenta bancaria, pero que de alguna manera pagarían el viaje. Le dijo a Crystal: "Le voy a pedir a mi arcángel, el arcángel Gabriel, pues sé que me ayudará a conseguir este dinero. No te preocupes, y ten fe. Vas a ir a Senegal".

Crystal preguntó cómo lo haría el ángel. Su madre respondió: "Solo ten fe. El arcángel Gabriel es muy poderoso. No tengas miedo... ten fe".

Crystal no entendía cómo era posible que su madre estuviera tan segura de que recibiría una cantidad de dinero tan alta; pero, por supuesto, ¡dos meses después llegó un cheque inesperado! Era un dinero que alguien le debía a la mamá de Crystal y que ella había olvidado por completo.

Entonces, Crystal dijo: "Sé que el arcángel Gabriel siempre ha tenido una conexión sutil con mi mamá y que le ayuda todos los días. Por eso me fascina aprender sobre los ángeles y los arcángeles".

De la misma manera en que Jesús nos enseñó el poder de la fe, la madre de Crystal demostró que una fe firme produce milagros. Por supuesto, cuando tienes miedo, no siempre es fácil permanecer centrado y en paz, como lo hizo la mamá de Crystal. El estrés acelera la respiración, bloquea la percepción creativa y oscurece el estado de ánimo y la perspectiva. En esos momentos, los ángeles pueden devolverle la luz a tu vida, si les pides ayuda.

Por ejemplo, Cherilyn Schlange estaba preocupada por sus finanzas y no sabía cómo podría pagar sus deudas y tener suficiente dinero para alimentar a sus hijos. Empezó a repetir mentalmente los nombres de tres arcángeles: "Gabriel, Miguel, Rafael".

De inmediato, Cherilyn escuchó una suave voz masculina que le decía al oído: "Deja de preocuparte, Cheri. Todo va a estar bien. No te preocupes".

Cherilyn se tranquilizó de inmediato y durmió bien esa noche. Dijo: "Desperté y era un día glorioso; al final, todo estuvo bien y las cosas resultaron de maravilla".

¡Por supuesto! La vida siempre da un giro para mejorar, aunque en ese momento no lo parezca. Cuando pedimos la intervención Divina, es como si llamáramos a un equipo de apoyo para que nos ayude a llevar nuestra carga y a encontrar soluciones.

La preocupación nunca ayuda, pero la oración siempre lo hace.

Capítulo 3

Visiones de Gabriel

Miles de años después de que el profeta Daniel, Zacarías y la Santísima Virgen María vieron a Gabriel, hay en la actualidad personas que se siguen encontrando con este poderoso ángel mensajero. Yo he hablado con personas de todo el mundo que han tenido visiones y sueños de Gabriel. Algunas de ellas lo vieron en forma espontánea, y otras tuvieron un encuentro con el ángel después de orar pidiendo ayuda.

Quienes han compartido estos relatos profundamente personales, no están buscando atención ni otro tipo de gratificación mundana. Por el contrario, la experiencia les causa un gran asombro y se sienten muy agradecidas con Dios. Muchas experimentan humildad y se preguntan: ¿Por qué un arcángel me visitaría a *mí*?

Cuando recordamos que los ángeles son seres ilimitados y que pueden estar con todo el mundo en forma simultánea, no es tan extraño que "personas ordinarias" reciban visitas de ellos. ¡Después de todo, para Dios, *todos* somos extraordinarios!

En este capítulo, vamos a explorar las experiencias de personas cuya vida cambió milagrosamente gracias a sus encuentros con el arcángel Gabriel, ya sea a nivel físico o a través de los sueños.

Encuentros físicos con los ángeles

"No os olvidéis de la hospitalidad; gracias a ella algunos, sin saberlo, hospedaron a ángeles".

Estas palabras de la Epístola a los Hebreos, en el Nuevo Testamento, han resonado en mi mente porque en años recientes he hablado con un número creciente de personas que han tenido encuentros físicos con ángeles que tienen forma humana. Muchas de estas historias se

publican en mi columna semanal, en la revista *Woman's World [El mundo de la mujer]*.

Estos encuentros por lo general se relacionan con personas que están en peligro, que están muy preocupadas por algo o que sienten que no pueden avanzar en la vida. Entonces, se aparece un extraño que parece un hombre o una mujer, un ser humano, pero se presenta con una vestimenta poco usual (ya sea con ropa muy formal o con un aspecto harapiento) y una mirada de otro mundo. Estas figuras no tienen alas ni aureolas, pero *son* ángeles puros de Dios en forma humana.

Estos extraños conocen detalles personales, como el nombre de la persona o la causa de sus preocupaciones, y ofrecen palabras de consuelo, por ejemplo: "No te preo-

cupes; todo va a estar bien y las cosas saldrán a la perfección". O pueden dar ayuda física; por ejemplo, sacar un coche atorado en la nieve con una fuerza sobrehumana.

A veces, el extraño le da a la persona una tarjeta de presentación o un número telefónico donde se le puede contactar... pero más tarde descubre que esa dirección o número telefónico no existen. O si el extraño que presta ayuda tiene un vehículo que es útil en situaciones de emergencia (los ángeles encarnados a veces llegan con una grúa, una ambulancia, un camión u otro vehículo), no existe un registro sobre él en la compañía que presta ese servicio.

Cada una de estas historias termina igual: el extraño que prestó ayuda, al igual que el vehículo, siempre desaparece en forma misteriosa. En un gran porcentaje de las historias de este tipo que recibo, el extraño que presta ayuda se identifica como "Miguel".

Las personas que comparten conmigo estos relatos no tienen intenciones ocultas. No están tratando de convencer o de convertir a nadie, y no sacan provecho de la historia ni están vendiendo un producto relacionado con ella. Simplemente la cuentan y dicen que saben que es verdad, se encontraron con un ángel y gracias a ese encuentro recibieron ayuda en forma milagrosa.

Es interesante que el relato original del arcángel Rafael aparezca en el Libro de Tobías. Habla de un extraño servicial que más tarde revela que es Rafael. Aunque es raro que conozca personas que hayan tenido encuentros físicos con el arcángel Gabriel o con cualquier otro arcángel que se les hayan aparecido en forma humana, como en la experiencia que compartió conmigo una mujer llamada Roxane Veillet.

A los 16 años, Roxanne salió a dar un paseo que le cambió la vida. Había pasado su adolescencia viviendo junto a un río y a menudo salía a caminar para tener algo de esa soledad que tanto necesitaba. Un día sintió un intenso deseo de salir a caminar. La sensación era tan fuerte, que no pudo rechazarla.

En esa época, Roxanne había sentido una gran desesperación y aislamiento. Su familia la había ridiculizado porque quería dedicarse profesionalmente a ser escrito-

ra, y esa falta de aprobación de su parte le había dolido mucho, ya que no podía pensar en dedicarse a ninguna otra cosa. Según su familia, los escritores se morían de hambre y no podían cubrir sus gastos.

Así que Roxanne fue al río a la hora de la puesta del sol y se quedó sentada ahí por largo rato, hasta que un hombre interrumpió su ensoñación apareciéndose a su lado. Le dijo que él era fotógrafo, escritor y pintor, y le preguntó si podía tomarle una foto sentada de frente a la puesta del sol. También mencionó que vivía bien con lo que ganaba como artista.

Roxanne sintió que sus palabras la habían sanado; era exactamente lo que necesitaba escuchar en ese momento. Le habló al extraño de sus preocupaciones como si fuera su amigo de muchos años, y descubrió que era gentil, hermoso y reconfortante. Roxanne supo instintivamente que podía confiar en él. Hablaron sobre la creatividad y las artes hasta que el sol se ocultó. Entonces, él se ofreció a acompañarla a su casa porque tal vez sus padres estarían preocupados.

Cuando llegaron a la calle donde ella vivía, el hombre miró a Roxanne con una actitud muy seria y le dijo: "Me llamo Gabriel. Si alguna vez lo necesitas, no dudes en llamarme. Siempre estoy disponible y puedo escucharte, sin importar la hora que sea". Se mostró muy insistente a ese respecto.

Esto es lo que Roxanne recuerda:

Le pedí su número telefónico y lo anoté entre mis contactos en el teléfono celular. Nos despedimos y él se alejó. Cuando di la vuelta para verlo por última vez, había desaparecido. Pensé que era extraño, pero seguí caminando hasta que llegué a mi casa, que estaba a unos cinco minutos de distancia. ¡Cuando entré, me di cuenta de que mi teléfono celular también había desaparecido!

Después de ese momento me sentí completamente diferente, y supe que había sucedido algo especial. Por lo tanto, empecé a explorar mi espiritualidad y mi creatividad. Ahora tengo 23 años y siento que fue una bendición haber descubierto a Dios y a los ángeles siendo tan joven. Sigo trabajando muy de cerca con Gabriel hasta el día de hoy, y he tenido numerosas señales de que nunca está demasiado lejos.

¡Es natural que Gabriel ayude a alguien que aspira a ser artista! Siendo el ángel de la comunicación, Gabriel anima a los escritores y a otros mensajeros humanos, como lo leerás en el siguiente capítulo. Notarás que Roxanne dijo que se sentía segura y cómoda cuando Gabriel estaba presente, y este es otro signo que indica que su experiencia fue un verdadero encuentro con un ángel.

En el caso de Roxanne, Gabriel apareció en forma humana porque estaba demasiado molesta por lo que había pasado y no habría podido escuchar con claridad el mensaje Divino en otra forma. A las personas que están angustiadas o sufren de ansiedad, a menudo les es difícil recibir mensajes celestiales o sentir la presencia de Dios. Cuando nos sentimos molestos, nuestros músculos se tensan y nuestra respiración es menos profunda, lo que nos vuelve menos perceptivos y no podemos sentir, escuchar y ver los estímulos espirituales que siempre están al alcance de todos nosotros. Por eso, a menudo Dios manda ángeles, que se encarnan temporalmente, a transmitir sus mensajes Divinos con claridad y con fuerza.

Encuentros con Gabriel en los sueños

No es inusual que las personas sueñen con ángeles, y muchos de esos sueños son auténticos encuentros con ángeles, y no producto de la mente inconsciente. El Dr. Ian Stevenson, de la Universidad de Virginia, ha documentado miles de casos de "visitaciones en los sueños" donde las personas, estando dormidas, interactuaron con ángeles o con sus seres queridos difuntos. El Dr. Stevenson dijo que el "grado de intensidad" es la característica que distingue a las visitaciones verdaderas de los sueños como tales. Las visitaciones incluyen colores ricos, emociones intensas y una sensación "más que real". Cuando despiertas después de una de estas visitaciones, la experiencia permanece contigo durante más tiempo que un sueño ordinario. Tal vez recuerdes detalles explícitos durante muchos años.

Una de las maneras más fáciles de recibir guía Divina (en especial si estás bajo estrés o tienes algún bloqueo) es pedir ayuda antes de conciliar el sueño. Puedes hacerlo en voz alta, a través de una oración en silencio, o incluso escribiendo tu petición en una hoja de papel que pones debajo de la almohada.

Cuando estamos dormidos, nuestra escéptica mente-ego también lo está; esto hace que nuestro yo superior esté más abierto al contacto directo con la Divinidad.

Por ejemplo, una mujer llamada Elena Covarrubias recibe mensajes y guía del arcángel Gabriel en sus sueños. Gabriel aparece ante Elena como un ángel varón, joven, delgado y de piel morena.

En una ocasión, soñó que estaba en su casa con Gabriel, que le pidió que lo siguiera a la cocina, donde estaba su abuela que se veía muy triste. Gabriel le solicitó a Elena que le diera un abrazo reconfortante a su abuela.

OMENSIS·IOANIS
PVLVS·PINXIT

A la mañana siguiente, durante el desayuno, Elena notó que su abuela realmente se veía muy triste. Entonces, como Gabriel se lo había mostrado en su sueño de la noche anterior, se acercó a su abuela y le dio un abrazo. Elena dice que después de haber tenido ese sueño, le expresa mayor cariño a su abuela con mucha más frecuencia, y como resultado, tiene con ella una relación más cercana.

Los encuentros con los ángeles que ocurren durante los sueños, en especial los encuentros con el arcángel Gabriel, que es un ángel mensajero, nos brindan una guía importante, como la que recibió Elena y que tuvo como resultado una mejor relación con su abuela. Tú también puedes pedir que se te envíen mensajes Divinos mientras duermes. Tal vez al despertar no recuerdes el sueño con exactitud, pero las respuestas del cielo te guiarán desde tu inconsciente.

A lo largo de los años, me han llegado muchas historias de personas que han recibido respuestas a través de los sueños de otra gente. Si estamos demasiado tensos para captar los mensajes, los ángeles a menudo buscan otra ruta y se comunican por medio de otra persona. En el siguiente relato conmovedor, el mensaje era para el hombre que tuvo el sueño y también para su hija Susan.*

Hace poco, Susan murió después de una larga enfermedad. Se había estado sintiendo bien durante cierto tiempo, así que nadie pensó que fuera a morir, o al menos, no tan pronto. Varios días antes de su muerte, su padre soñó que el arcángel Gabriel lo visitaba y le decía que se iba a llevar a su hija al otro mundo. El padre no creía en los ángeles, pero pocos días después del sueño, su hija tuvo una crisis y falleció. El nombre del médico que la atendió en el hospital era... lo adivinaste... Dr. Gabriel.

Gabriel intentó suavizar el golpe de la muerte de Susan advirtiéndole de ella al padre por adelantado. A veces, los ángeles no nos dan a conocer sucesos futuros para que evitemos que ocurran, sino para prepararnos emocionalmente para ellos. Y el hecho de que el médico llevara el nombre del ángel era un signo celestial de que Susan estaba ahora con los ángeles, y también con el arcángel Gabriel.

Encuentros con ángeles y experiencias cercanas a la muerte

¿Qué pasa con el alma de una persona después de la muerte? Los investigadores han reunido mucha información de las personas que han tenido "experiencias cercanas a la muerte", en las que estuvieron clínicamente muertas y luego revivieron. El fenómeno de las "experiencias cercanas a la muerte" ha sido estudiado por científicos, incluyendo a algunos que han tenido este tipo de experiencia a nivel personal. Algunos escépticos creen que las visiones que describen las personas que han tenido experiencias cercanas a la muerte son producto de un cerebro moribundo al que le falta oxígeno. Sin embargo, existe mucha evidencia que muestra que estas experiencias no son meras alucinaciones. Por ejemplo, un gran número de personas que han tenido experiencias cercanas a la muerte pueden recordar lo que dijeron los médicos cuando consideraban que estaban muertas. Y otras han dicho que sus almas "volaron" alrededor de la sala de operaciones o del cuarto del hospital después de la muerte y vieron cosas que después se verificaron (por ejemplo, un zapato deportivo en el techo del hospital).

Las personas que tienen experiencias cercanas a la muerte informan que cuando alguien cruza al otro lado, va al encuentro de los ángeles, de figuras religiosas (como Jesús), y de seres queridos que han fallecido (incluyendo a sus mascotas). Estos seres ayudan a la persona que acaba de cruzar al otro lado a integrarse a una "vida" nueva en el mundo espiritual, en la que no tiene un cuerpo físico.

Por ejemplo, la madre de Mary Ann Kipuro tuvo un ataque cardiaco después de una cirugía en un hospital. Durante su recuperación, habló de haber cruzado un túnel largo al final del cual había luces brillantes; donde vio que su esposo y un perro, que ya habían muerto, la estaban esperando. Luego, el arcángel Gabriel salió a su encuentro. Ella le dijo que todavía no estaba preparada para dejar a su hija ni su vida en la Tierra, y entonces Gabriel le permitió regresar durante varios años.

Mary Ann no creyó en la historia de su madre y tampoco creía en los ángeles. Pero varios años más tarde, después de que su madre muriera, ocurrió algo extraordinario.

Alguien le regaló un perrito a Mary Ann, pero el cachorro no se le acercaba ni cooperaba con ella. En su mente, Mary Ann escuchó la voz de su madre que le decía: "Gabriel, Gabriel". Esto continuó durante horas.

Mary Ann se dio cuenta de que su madre le estaba hablando desde el cielo y le estaba aconsejando que le diera al perrito el nombre de Gabriel. Intentó llamar al cachorro con ese nombre ¡y de inmediato corrió a sus brazos!

Mary Ann dijo: "Ahora les digo a mis amigos que mi mamá le dio el nombre de Gabriel desde el cielo". Y *ahora* sí cree.

Gabriel es alto

Muchas personas que tienen visiones del arcángel Gabriel dicen que es muy alto. La mayoría de los arcángeles son más altos y más fuertes que los ángeles guardianes. En ocasiones se ha dicho que la altura de un arcángel es de la Tierra hasta el Cielo.

Una joven llamada Donna tuvo una visión clara de Gabriel y dijo que era un ángel de 27 metros de altura. Para poner esa altura en perspectiva, 27 metros sería la altura de un edificio de ocho o nueve pisos, por ejemplo, un hotel mediano. ¡Creo que estarás de acuerdo en que eso es *alto*!

El encuentro de Donna con el Gabriel alto ocurrió en su cumpleaños, cuando sufría de una severa depresión. Estando en el trabajo, ese día pensó en lo fácil que sería acabar con su vida, y que nadie lo notaría ni le importaría. Acababa de tener una fuerte pelea con su mejor amiga, que puso a todos sus demás amigos en su contra.

No contaba con nadie y puso sus preocupaciones completamente en manos de Dios. Así es como ella lo recuerda:

> *Fue el momento de ese vacío… un momento tan rápido y tan minúsculo como la punta de una aguja… cuando ocurrió la magia. El instante después de "darme por vencida" y antes de tomar la decisión de "acabar con todo"… fue cuando todo cambió.*
>
> *Estaba casi congelada, todo el cabello y toda la vellosidad de mi cuerpo estaban erizados… levanté la vista y vi una energía de proporciones inmensas, que me llenó de asombro a medida que elevaba la vista más y más para mirarla. Era el arcángel que me miraba directamente, y yo lo observé sin poder creer lo que veía. Supe que el que había venido por mí era Gabriel. Tenía ante los ojos a un ángel tan grande que seguro medía casi 30 metros de altura, y su belleza me cautivó.*
>
> *Pude ver una gran belleza y un gran amor. Seguí mirando hasta que mi interior se calmó; no tengo idea de cuánto tiempo pasó antes de que sintiera la necesidad de regresar a mi trabajo. Ahora estaba llorando, así que volteaba la cara a los compañeros de trabajo que pasaban cerca de mí.*
>
> *Gabriel captó mi atención con gran rapidez y me dio todo el amor incondicional que necesitaba en ese momento. Yo no estaba consciente de haber pedido ayuda. Por el contrario, me había dado totalmente por vencida. Ahora tenía la calma suficiente para hacer nuevos planes.*

En ese momento, no tenía idea de lo que estaba pasando, pero después me puse a investigar. Descubrí que los arcángeles de hecho asumen el tamaño del espacio que ocupan, y aparecen cuando uno más los necesita. Siento un gran respeto reverente hacia los arcángeles, y me avergüenza darme cuenta de lo cerca que estuve de acabar con mi vida. Esto, por supuesto, me enseñó a pedir ayuda antes de perder toda la esperanza, y a confiar en que los ángeles siempre están cerca.

Al igual que otras personas que han tenido encuentros con el arcángel Gabriel, Donna descubrió que su vida cambió profundamente.

Los ángeles no tienen cuerpos físicos, así que pueden adoptar la forma que nos dé mayor consuelo. Tal vez el arcángel Gabriel se presenta como un ser de gran altura para darnos una sensación de seguridad y protección, algo similar a lo que sienten los niños con el cuidado de un adulto amoroso que es más grande que ellos.

En nuestra siguiente historia, otra persona vio una imagen gigantesca del arcángel Gabriel.

Kevin recibió una educación católica y siempre sintió una conexión con la Santísima Virgen y el arcángel Gabriel. Sabía que el nombre de Gabriel significa "poder y fuerza de Dios". Una tarde, Kevin le pidió al arcángel Gabriel el don de la valentía, la fuerza y el poder.

Esa noche, Kevin asistió a un seminario carismático en su Iglesia católica. Un joven y una muchacha invocaron al Espíritu Santo mientras hacían una imposición de manos sobre él. La muchacha vio al arcángel Gabriel detrás de Kevin; tenía 15 metros de altura. Después, el joven le dijo Kevin que había recibido el don de la fuerza, y que el mensaje del arcángel Gabriel para él era: *Tus oraciones no son en vano.*

Kevin dijo: "Más tarde recordé la oración que le había hecho al arcángel Gabriel ese día. Estaba muy asombrado y agradecido porque la única oración que le había hecho al arcángel Gabriel pidiendo el don de la fuerza había sido respondida".

Gabriel, al igual que Dios, Jesús y todos los ángeles, siempre responde a nuestras oraciones. Quizás no sintamos o veamos evidencias de esta presencia celestial, especialmente si estamos bajo estrés, pero los ángeles siempre están presentes.

La presencia consoladora y sanadora de Gabriel

Los ángeles de Dios son compasivos y nos brindan consuelo durante nuestros momentos más difíciles. Saben lo complicada que puede ser la vida en la Tierra. Aunque tal vez no puedan resolver las situaciones dolorosas, sí alivian nuestro dolor, como lo descubrió una mujer llamada Jennifer L. Petrus.

En 2010, Powder, la hermosa gatita de Jennifer, enfermó de gravedad. Después de dos semanas de intentar curarla, Jennifer tuvo que hacer lo más difícil que había hecho en toda su vida. Llevó a Powder al hospital veterinario para sacrificarla.

Jennifer no se apartó de Powder un solo momento. Me escribió diciendo: "No puedo dejar de llorar mientras te escribo esto. Ella era la gatita más preciosa que alguien podría tener para alegrar su vida. Me quedé con ella y no dejaba de mirarme con una gran confianza. Podía escucharla cuando me decía que tenía que irse y que me quería mucho. Fue un momento de mucha paz, pero muy difícil, aunque fue la acción más compasiva que pude hacer. Lloré durante varios días, incluso cuando estaba en mi trabajo decorando pasteles".

La mañana del Día de Gracias, cuando Jennifer salió de su trabajo, llegó a su casa y se quedó dormida llorando. Mientras dormía, tuvo un encuentro muy vívido que fue como un sueño: el arcángel Gabriel vino a ella mientras descansaba y fue la experiencia más real que había tenido con los ojos cerrados.

Así es como Jennifer la recuerda:

"El arcángel Gabriel estaba a los pies de mi cama. El impacto hizo que me paralizara y luego traté de aferrarme al brazo de mi esposo, pero ya no estaba en la cama junto a mí. Entonces vi que el arcángel Gabriel se había elevado por encima de mí.

"Sentí que todo el dolor salía de mí. Me levanté de la cama de un salto al escuchar que mi esposo

estaba en la cocina. Corrí a él y lo abracé, señalando hacia el corredor donde estaba Gabriel. Y al lado del ángel había una hermosa esfera de luz que iluminaba cada rincón de la habitación. Escuché el maullido de Powder y luego desaparecieron. Desperté sintiéndome en paz".

Dos semanas después, Jennifer fue a la organización de rescate "Angels for Animals" [Ángeles para animales] y adoptó a un gatito color oro al que amorosamente dio el nombre de Gabriel. Ella y su esposo lo cuidan mucho; saben que nunca podría remplazar a su dulce Powder, pero están agradecidos de poder compartir su cariño con su nuevo "hijo".

El arcángel Gabriel es fuerte y sensible, y ayuda a quienes están en su presencia a sentirse tranquilos y protegidos, como lo describió Jennifer.

La trompeta de cobre de Gabriel

Como la trompeta simbólica de Gabriel es de cobre, la gente a menudo dice que ve destellos de luces cobrizas o color naranja en la presencia del ángel. Es muy normal que las personas que han tenido encuentros con un arcángel o con un maestro ascendido vean luces de colores. A lo largo de los años, he descubierto que las personas que han tenido una visión o una visitación en sueño dicen que los siguientes colores rodean al ser que se les presenta o aparecen como destellos visibles de luz:

- **Jesucristo:** Oro
- **La Santísima Virgen:** Azul pálido
- **El arcángel Miguel:** Azul rey
- **El arcángel Rafael:** Verde esmeralda
- **El arcángel Gabriel:** Cobre o naranja

¡Una amiga mía, Carmen Carignan, incluso captó los colores del arcángel Gabriel en una foto!

Hace varios años, Carmen (que es enfermera titulada y practica medicina alternativa) decidió hacer realidad su sueño de crear su propio espacio para su consultorio privado. Fue un paso importante para ella, pues sabía que, por así decirlo, estaba saliendo del clóset. Encontrar un lugar fue una tarea abrumadora, como también lo fue conseguir el dinero necesario para pagar la renta mensual. Pudo haber elegido seguir posponiendo el plan, pero sentía una urgencia en su interior. Como no quería realizar esta tarea sola, recurrió a Gabriel, pues sabía que este arcángel ayuda a las personas en los cambios, en la comunicación y en la tarea de poner las cosas en orden. Como enfermera, la especialidad de Carmen es la obstetricia y ha tenido muchas experiencias milagrosas al llamar al arcángel Gabriel pidiéndole que ayude a las madres y a los bebés.

Después de pedir la ayuda del arcángel Gabriel para encontrar un lugar para su consultorio, ocurrieron dos cosas asombrosas:

- En primer lugar, varios días después, captó la presencia del ángel en una foto de noche, cuando trataba de fotografiar la luna llena. El ángel tenía un aura cobriza y las alas más hermosas y grandes.
- Encontró una pluma color naranja que la llenó con la total confianza de que todo saldría bien.

Ella sabía que el arcángel Gabriel era responsable de esto debido al amor y a la sensación de consuelo que de inmediato invadió su ser cuando vio la foto y cuando encontró la pluma.

Carmen recordaba: "A la mañana siguiente, una terapeuta amiga mía me llamó para preguntarme si todavía estaba buscando un lugar para rentarlo. Cuando le dije que sí, me dijo que otra terapeuta se iría de la ciudad y quería asegurarse de que la persona que rentara su local se dedicara al cuidado a la salud. Decidí ir a verlo. Tenía la ubicación perfecta y la renta era más barata de lo que pensaba pagar. También tenía la ventaja adicional de contar con árboles hermosos que se veían desde las ventanas. Mi amiga terapeuta me ayudo a insta-

larme, respondió a mis numerosas preguntas y hasta me ayudó a conseguir el permiso para colocar un letrero. ¡Ella fue un ángel que otro ángel me envió!".

El arcángel Gabriel nos ofrece consuelo y al mismo tiempo nos da fuerza y valor. En el siguiente capítulo veremos cómo Gabriel ayuda a los mensajeros humanos, ¡los escritores!

Capítulo 4

Los escritores de Gabriel

Todos los ángeles son mensajeros de Dios, y cada uno tiene una especialidad individual. Sin embargo, con frecuencia consideramos al arcángel Gabriel *el* mensajero entre los mensajeros. Después de todo, los famosos anuncios que hizo a Daniel (el profeta), a Zacarías y a la Santísima Virgen, cambiaron al mundo.

Los mensajes de Gabriel siguen resonando por el mundo. El arcángel también transmite información importante a través de las personas, en especial de los escritores.

En el catolicismo, el arcángel Gabriel es el santo patrono de quienes trabajan en profesiones relacionadas con la comunicación, como los periodistas y los escritores, y también es patrono de los mensajeros; por ejemplo, los carteros. Pero no necesitas ser católico, ni siquiera religioso, para recibir ayuda de este ángel en tu trabajo como mensajero; ya que Gabriel es un ángel aceptado en muchas religiones, que está con todos los ángeles mensajeros de la Tierra.

Debo recordarte que no les rezamos a los ángeles porque no estamos deificándolos ni convirtiéndolos en ídolos. Sin embargo, podemos pedirle a Dios que nos envíe la ayuda de Gabriel, o llamar al arcángel directamente. Por ejemplo, puedes decir:

"Querido Gabriel, gracias por darme el valor, el enfoque y la motivación para escribir. Gracias por ayudarme a escuchar mensajes auténticamente Divinos que puedo expresar a través de la palabra escrita".

En este capítulo, leerás muchas historias de personas interesadas en ser escritoras y de autores que han publicado libros cuyo trabajo se elevó a nuevas alturas sobre las alas del arcángel Gabriel.

Lisa, que ha leído mis libros, me escribió lo siguiente:

Yo no estaba convencida de que tenía que ser escritora, aunque esa había sido una de mis metas desde que era pequeña. Me emocionaba crear libros para niños con imágenes. Siempre que me preguntaban lo que quería hacer con mi vida, decía: "Quiero ser escritora".

Recuerdo que la gente respondía: "¿En serio? Es difícil ser escritora". *Al ir creciendo, empecé a creer en esos comentarios; ya no estaba segura de elegir la carrera de escritora.*

*Intenté escribir y enviar artículos para revistas, pero siempre recibía cartas rechazándolos. Sabía que otros escritores se habían enfrentado a esta experiencia, incluyéndote a ti [Doreen], pero siempre me consideraba menos competente que ellos y no tomé en cuenta que también tuvieron que esforzarse para lograr que sus obras se publicaran. Eso siempre se me olvidaba y mi conclusión lógica era: "*Así de mala soy. Mira lo rápido que lograron el éxito y les publicaron sus obras; yo no puedo hacerlo".

Pero cada vez que consultaba las cartas en relación con mi carrera usando las cartas del Oráculo de los Arcángeles, *me salía la carta de* "Escritura creativa" *en la que aparece el arcángel Gabriel. Y con la* Baraja del Oráculo sobre el Propósito de la Vida, *siempre aparecían las cartas de* "Escritura" *y* "Viajes" *cuando pedía consejo sobre mi carrera.*

*Sin embargo, había renunciado a mi sueño de ser escritora y pensaba: "*No, esto no es para mí". *Esta creencia se reforzaba con cada carta de rechazo que recibía.*

Yo en realidad quería escribir desde mi casa, y sabía que el destino tenía algo para mí. Recurrí a Gabriel muchas veces, pidiéndole que me ayudara a dar a conocer mis obras y a conseguir un trabajo como escritora, a recibir un pago y a publicar mis libros.

Una amiga mía muy querida es terapeuta con ángeles; me dijo que el arcángel Gabriel era uno de mis ángeles principales y que siguiera escribiendo porque todo iba a salir bien.

¡Y eso fue lo que sucedió! ¡Ahora me pagan por escribir una columna mensual sobre los ángeles en una revista en línea! Sé que debo darle gracias a Gabriel por esto y por la ayuda que me envió. Ahora me doy cuenta de que el retraso en mi carrera fue la manera en que Gabriel me dio la oportunidad de practicar y pulir mis

habilidades como escritora. Voy a seguir llamando a Gabriel, pues tengo muchos otros proyectos literarios y creativos que quiero dar a conocer al mundo. Arcángel Gabriel, ¡gracias una vez más!

A partir de 1995, cuando empecé a entrevistar a personas para que me hablaran de sus experiencias con los ángeles, he escuchado y recibido muchas historias similares a la de Lisa. Gabriel ofrece motivación, valor y oportunidades a quienes se sienten llamados a escribir.

Creo que el *deseo* de escribir es una señal de que esto es parte de tu misión. Las personas que continuamente piensan, *yo debería escribir,* están recibiendo la guía Divina para expresar mensajes celestiales a través de un libro, un artículo, un blog u algún otro medio. En algunos casos, Gabriel sugiere llevar un diario como una forma de abrir los conductos de la creatividad. Independientemente de la forma que tome el arte de escribir, el proceso de poner una pluma sobre el papel o los dedos sobre un teclado, es emocionante.

Como se ilustra en la siguiente historia, Gabriel también puede ayudarte a cambiar el género de las obras que escribes.

Kevin Hunter ha trabajado como escritor en la industria cinematográfica desde 1996. Él sabía que a la larga escribiría sus propios libros, pues es un escritor muy apasionado. Kevin siente que escribir es su vocación y su misión.

Así que empezó a invocar al arcángel Gabriel, pidiéndole que le ayudara en su carrera como escritor, y lo hace todos los días. Como resultado, tiene torrentes de ideas, es entusiasta y está motivado para escribir. Incluso pulió y volvió a escribir tres relatos antiguos que habían estado latentes durante años.

Desde que empezó a invocar al arcángel Gabriel, Kevin ha escrito, editado y publicado tres libros, y tiene muchos otros en proceso. Él dice:

> *Estoy rebosante de ideas y no dejan de llegar. Mi estilo sigue mejorando y todo se lo debo al arcángel Gabriel por ser mi representante como autor.*
>
> *También invoco al arcángel Uriel para que me infunda ideas e ilumine mi siguiente paso. Cuando escribo*

una escena para un libro, Gabriel y Uriel me muestran la siguiente escena. Es como el antiguo video "Billie Jean" de Michael Jackson, donde baila en la calle y las luces se encienden frente a él a medida que se mueve.

Kevin tiene razón al decir que el arcángel Gabriel trabaja como un agente literario moderno que motiva a los escritores a terminar sus libros y artículos, y a entregar el trabajo en la fecha esperada. He escuchado relatos en los que Gabriel insiste en que los escritores trabajen hasta altas horas de la noche para terminar sus manuscritos. Por esta razón, a menudo me refiero a Gabriel como el "ángel que insiste". Les he "advertido" a quienes quieren ser escritores que si recurren a Gabriel pidiéndole ayuda, ¡no van a dormir hasta que el manuscrito esté terminado!

Esto es lo que vivió Jessyka Wallace.

Desde que era muy joven, a Jessyka le ha gustado escribir. Durante su adolescencia, pasaba el tiempo libre escribiendo historias, poemas y canciones. Recuerda: "Si tenía un minuto de tiempo libre, sacaba mi cuaderno y me ponía a escribir".

Ella compartía estos escritos con sus mejores amigos y con los maestros en quienes confiaba, ¡y recibía retroalimentación positiva de todos ellos! Uno de sus maestros, incluso le dijo que debería hacer una carrera como escritora, y ese era su sueño. Sin embargo, cuando Jessyka entró a la preparatoria, escuchó lo difícil que era tener una carrera satisfactoria como escritora y lo poco que ganaban. Lentamente, su sueño se desvaneció.

En la universidad, Jessyka se especializó en justicia criminal. Aunque consideraba que este campo era interesante, le faltaba algo. No sentía tanta pasión por su carrera como pensó. Las mejores calificaciones siempre las obtenía en los ensayos. Era una chica que se atemorizaba ante un examen de elección múltiple pero resplandecía cuando tenía que escribir un trabajo de investigación de 15 páginas.

La universidad fue un tormento hasta su penúltimo año, cuando inició su sendero espiritual. Jessyka aprendió que estamos diseñados para seguir nuestras pasiones y que servimos mejor a Dios cuando lo hacemos. Aprendió que los talentos no son accidentales; se nos dan por una razón. También aprendió sobre los ángeles y que podemos pedirles ayuda y guía. Poco después, Jessyka tomó la decisión más aterradora de su vida y dejó la universidad.

Se sentía muerta de miedo y liberada al mismo tiempo. Era la primera vez que hacía algo totalmente para sí misma. Sin embargo, no sabía qué camino tomar. Cada vez que le preguntaba a Dios o a los ángeles qué debería hacer, la respuesta siempre era: "escribir".

Cuando Jessyka se sentaba a escribir, experimentaba el "bloqueo de los escritores". Durante semanas, después de dejar la universidad, no escribió nada. Lo único que hacía era quejarse de que no tenía ideas y no sabía por dónde comenzar.

Pero una noche, en la casa de una amiga, Jessyka se puso a hojear mi libro *Arcángeles y maestros ascendidos* y encontró al arcángel Gabriel. Jessyka ya sabía de este arcángel, pero no conocía los detalles relacionados con él. Al leer lo que yo había escrito, ¡se dio cuenta de que necesitaba trabajar muy de cerca con el arcángel Gabriel!

Escribió esta invocación:

Arcángel Gabriel, pido tu presencia mientras [describir el proyecto]. Por favor, abre mis canales creativos para que pueda tener inspiración verdadera. Ayúdame a abrir mi mente para poder gestar ideas únicas. Y, por favor, ayúdame a mantener la energía y la motivación para seguir adelante con esta inspiración. Gracias, Gabriel.

Cuando llegó a casa, Jessyka repitió estas palabras y conversó en silencio con Gabriel. Después tomó su cuaderno, se sentó cómodamente en su cama y empezó a escribir.

Esa fue la primera vez en muchos años que sintió la inspiración para tomar una pluma y escribir. Jessyka no podía hacerlo muy rápido y tuvo que usar una laptop porque los pensamientos le llegaban a gran velocidad. ¡Incluso con el teclado, le era difícil escribir de prisa!

Carreras literarias

Los arcángeles pueden ayudarte a desarrollar una carrera satisfactoria que se centre en tu misión. El arcángel Miguel conoce el contenido del Libro de la Vida (llamado también el Registro Akásico, o el Contrato de tu Alma). Tu verdadera pasión, lo que en realidad te interesa hacer, es la base de tu misión Divina, y Miguel puede ayudarte a descubrir ese propósito y a vivirlo. Miguel te dará fuerza, valor e ideas.

El arcángel Rafael ayuda a aquellos cuya misión se relaciona con la sanación. Puede guiarte hacia la formación académica adecuada, libros y otra información que necesites en tu carrera en el cuidado a la salud.

El arcángel Gabriel abre puertas para las personas cuya misión se relaciona con escribir, como lo ilustran las siguientes historias.

Una mujer llamada Shanaya reconoce que Gabriel es responsable del éxito que ha tenido como editora y escritora. Todo empezó cuando era niña y su madre le

regaló un cartel que brillaba en la oscuridad y que tenía la imagen de un ángel con una trompeta. (Recuerda que la trompeta es el símbolo de Gabriel). Varios años más tarde, una de sus tías le dio un dije del arcángel Gabriel, que era igual a la imagen del cartel.

Shanaya hablaba constantemente con Gabriel, y también de su sueño de ser escritora. Encontraba señales del arcángel, como imágenes de ángeles en todas partes. Estas imágenes no tenían un origen lógico y Shanaya sabía que eran señales del cielo.

Cuando Shanaya recibió una invitación para presentarse a una entrevista para un puesto editorial muy interesante, preparó su currículum con cuidado y llevó muestras de sus obras. ¡Pero cuando llegó al lugar donde sería la entrevista, se dio cuenta de que había dejado los documentos en su casa! Se sentó en el área de recepción, esperando el momento de su entrevista e implorando la ayuda de Gabriel.

Shanaya se sorprendió cuando le pidieron que pasara a la oficina del editor ¡y él tenía en sus manos el currículum de Shanaya y las muestras de su trabajo! Descubrió que había mandado estos documentos a la empresa antes de la entrevista.

Cuando escuchó que el editor le decía: "Nos gustaría ofrecerle el puesto de asistente editorial", supo que el arcángel Gabriel le había ayudado. Después de ese día, Shanaya dejó de encontrar imágenes de ángeles por todas partes. ¡Ya no era necesario, pues sus oraciones habían sido escuchadas!

Shanaya descubrió que el arcángel Gabriel tiene la capacidad de ayudar a los escritores en formas muy prácticas. El ángel sabe que no es suficiente con escribir un artículo o un libro de gran inspiración. Es necesario contar con una manera de publicar el material.

Cuando yo decidí ser escritora, uno de mis maestros en la universidad trató de disuadirme. Me dijo que mis obras nunca se publicarían, así que no valía la pena intentarlo. ¡Por fortuna no le hice caso!

Como lo descubrió una mujer llamada Janhavi Patel, el arcángel Gabriel ayuda a los escritores a vencer las adversidades para que puedan sostenerse con su trabajo como escritores. Aunque la familia de Janhavi se mostraba escéptica en relación con su capacidad para vivir como escritora, el arcángel Gabriel la ayudó de principio a fin.

Janhavi asegura que el arcángel Gabriel ha apoyado su floreciente carrera como escritora en el mundo del entretenimiento. Su relación con el arcángel inició, de manera consciente, cuando la eligieron para representar el papel del arcángel Gabriel en una obra teatral navideña cuando estaba en la primaria.

Siempre que Janhavi llama a Gabriel, el arcángel le da a entender que la ha escuchado, mandándole señales como ver u oír el nombre de Gabriel (con los sentidos físicos), o ver videos o tarjetas relacionadas con el arcángel.

El primer empleo de Janhavi como escritora fue redactando reseñas de cine. Lo disfrutó, pero le preocupaba poder mantener la objetividad de sus opiniones y no le agradaba involucrarse con películas violentas. De inmediato, vio que su estilo como escritora mejoró, se volvió más imparcial y así pudo escribir reseñas más objetivas.

Janhavi dijo: "Si necesitas ayuda y ánimo como escritor, invoca a Gabriel. Cualquier persona puede escribir con la ayuda de este arcángel. Yo sabía que quería desarrollar una carrera como escritora, pero todos mis conocidos se oponían y me aconsejaban que me dedicara a una carrera más convencional. Sin embargo, tenía fe en que me iría bien. Me da mucho gusto decir que he tenido una carrera exitosa en el mundo del espectáculo, que ha sido satisfactoria en muchos aspectos, y ahora estoy lista para hacer algo (relacionado con escribir) que marque una diferencia positiva en el mundo.

Es probable que el número de escritores que he conocido y que atribuyen su éxito al arcángel Gabriel sea igual al número de personas que he conocido y que aseguran que el arcángel Miguel les ha salvado la vida. Los escritores son el campo y la especialidad del arcángel Gabriel. Y eso incluye, sin limitarse a ello, a las personas que tienen profesiones relacionadas, como los editores, dueños de casas editoriales, dueños y empleados de librerías, bibliotecarios y quienes trabajan en periódicos o en los medios de comunicación masiva. Recuerda que Gabriel es el patrono de todas las personas cuyas profesiones tienen que ver con la comunicación.

Si sueñas con una carrera como escritor, no permitas que nadie te convenza de no hacerlo. Sigue escribiendo y continúa invocando al arcángel Gabriel pidiéndole ayuda.

Durante mucho tiempo, una mujer llamada Bindiya había albergado en secreto el sueño de ser escritora, de expresarse a través de las palabras. Sin embargo, en su familia se menospreciaba cualquier tipo de expresión creativa. Se consideraba que la vida era simplemente adversidades, de modo que el enfoque primordial era ganar dinero y satisfacer las necesidades materiales. A Bindiya se le había educado básicamente en un entorno que creía en las carencias. Por tanto, cuando dejó un empleo bien pagado para explorar su potencial creativo y su espiritualidad, no recibió el apoyo de nadie, excepto de su hermano. La ventaja fue que nadie la detuvo ni la obstaculizó… simplemente la ignoraron. Tal vez pensaban que reflexionaría y actuaría con sensatez poco tiempo después.

Dejar el empleo fue una decisión difícil para Bindiya, pero sabía que tenía que explorar su potencial interior. Después de tres años de rigurosos procesos para limpiar la energía, impulsados con la meditación y varios programas de crecimiento personal, tomó un curso en línea sobre los ángeles y después conoció mis *Cartas del oráculo de los arcángeles*. Estaba luchando con sus finanzas y no podía darse el lujo de comprar las cartas, pero llegaron a sus manos porque su hermano se las dio como regalo sorpresa. Así es como lo recuerda Bindiya:

> *Más o menos al mismo tiempo, estaba buscando un trabajo como escritora; todas las empresas en las que presenté mi solicitud exigían un portafolio que mostrara mi experiencia, pero no la tenía. Vi un anuncio en el periódico que solicitaba escritores que trabajaran por cuenta propia y decidí intentarlo, aunque apenas estaba saliendo del cascarón como escritora creativa y no tenía confianza en mí misma. Pero había empezado a tomar una carta del* Oráculo de los arcángeles *todos los días y ese día saqué la carta de "escritura creativa"; era un mensaje del arcángel Gabriel. Mandé mi solicitud y recibí una llamada pidiéndome que me presentara para una entrevista. Me emocioné, pero después mis temores se hicieron más fuertes.*
>
> *Durante la entrevista me pidieron que presentara una muestra de mi trabajo como escritora. Invoqué a*

Gabriel en silencio y de inmediato recordé una tarea que había hecho hacía casi un año. Sentí muchas dudas, pero mandé la muestra ¡y me contrataron! La primera asignación que me dieron también fue milagrosa. Me pidieron que escribiera una reseña sobre dos restaurantes; yo no sabía qué hacer ni por dónde empezar. Sin embargo, el arcángel Gabriel me aseguró que estaba en contacto con las personas adecuadas y me guio paso a paso, calmando mis miedos y dándome confianza.

El arcángel Gabriel también se aseguró de que Bindiya estuviera rodeada de personas que la animaran. Con todo el apoyo que tuvo, los artículos fueron excelentes y recibieron buenos comentarios. ¡Se publicaron sus obras!

Después, Bindiya le pidió al arcángel Gabriel una forma de expresar su espiritualidad, y el ángel la impulsó a crear un blog, y la guio a lo largo del proceso, paso a paso. Cuando se exigía demasiado, Gabriel le mandaba mensajes pidiéndole que cuidara a su niña interior y a su capacidad artística.

Bindiya dijo: "Hoy en día, estoy desarrollando muchas ideas y le pido a Dios que pueda terminar las tareas que se me han asignado. No bromeo cuando digo que mientras estaba escribiendo estas experiencias maravillosas, recibí *otra* asignación. ¡Creo que si no fuera por el ánimo y la constante compañía del arcángel Gabriel, no habría vivido mi sueño!".

Me da mucho gusto que Bindiya haya hecho realidad su sueño. ¡Ser escritora profesional es muy satisfactorio!

La siguiente historia es sobre un maestro de redacción que recibió ayuda del arcángel Gabriel. Este es un tema con el que estoy familiarizada por experiencia personal, pues he dado clases en el Programa de Redacción de los Cursos a Distancia de la Universidad de California, en Los Ángeles. Siempre que un maestro ayuda a un estudiante a escribir, ¡ese maestro está trabajando en la misión del arcángel Gabriel!

He sentido mucha alegría y satisfacción al ver que algunos de mis estudiantes han logrado convertirse en escritores cuyas obras se publican. ¡Puedo imaginar el gozo Divino que debe experimentar el arcángel Gabriel al animar y apoyar a los escritores!

Suhana Bhatia de Mumbai (Bombay), India, escribe guiones para la televisión, artículos para el periódico *The Times of India,* e imparte la materia "Escribir para los

Medios" en la universidad local, como miembro visitante del personal docente.

Suhana disfruta los libros y la pintura porque adora las palabras y los colores. También le gusta trabajar con los ángeles y con las *Cartas del Oráculo de los Arcángeles*.

Al estar dando clases a sus estudiantes de redacción, Suhana a veces tenía la sensación de que no les ayudaba lo suficiente. Enseñaba sin una guía para el maestro y sin un libro de texto, porque el campo de escribir para los medios es más un arte que una ciencia.

Como tenía un gran interés en la experiencia de aprendizaje de sus alumnos, Suhana oraba y meditaba antes de cada clase. Visualizaba una luz blanca alrededor del salón y de cada estudiante, y le pedía al arcángel Gabriel que le ayudara a comunicarse bien con sus estudiantes. A Suhana la complacía ver que día tras día sus alumnos salían de su clase sonriendo y le dijeran que era su maestra favorita.

El último día del semestre, Suhana no tenía idea de lo que iba a enseñar. Ya había presentado todos los temas que tenía que abordar ese semestre. Como ella recuerda: "Estuve a punto de cancelar la clase, ya que no había preparado ningún tema específico. Estaba preocupada pensando que tal vez no iba a contribuir mucho ese día y le pedí al arcángel Gabriel que me ayudara. Casi no recuerdo lo que pedí en mi oración, ¡pero sé que necesitaba ayuda urgentemente!".

Al dar la clase, ¡tuvo la idea de ayudar a los estudiantes a analizar un guion de televisión viendo el programa como grupo! Ya habían estudiado los guiones de películas, y esta idea fue una inspiración (que atribuye a la intervención de Gabriel) para terminar el curso de manera espectacular, con un análisis minucioso del guion de una popular serie de televisión.

Ese día, Suhana impartió su clase sin esfuerzo. Explicó: "Sentía que alguien estaba poniendo las palabras en mi boca. Resultó ser una de las sesiones más intensas del semestre para todos. Además, lo que les había estado enseñando empezó a encajar y a tener sentido".

Mientras conducía de regreso a casa, Suhana le dio las gracias a Gabriel por estar con ella en el salón de clase y asegurarse de que su última lección del semestre fuera significativa para los estudiantes, y también para *ella*. Al día siguiente, uno de sus alumnos mandó un mensaje a todos sus compañeros comentando lo maravillosa que había sido esa clase.

Suhana dijo: "A veces he tenido dudas y me he preguntado si los ángeles están realmente cerca de mí, y entonces tengo un día tan increíble como este que me demuestra sus grandes poderes".

Escritores estudiantes

Por lo general, pensamos en el arcángel Uriel como el ángel a quien los estudiantes pueden recurrir para pedir apoyo intelectual. Después de todo, Uriel es el ángel que enciende una luz en la mente de los alumnos durante los exámenes. Muchos estudiantes también invocan al arcángel Zadquiel, que durante mucho tiempo se ha considerado como el ángel que fomenta el desarrollo de la buena memoria. Zadquiel les ayuda a los estudiantes a recordar las respuestas sobre los temas que han estudiado.

El arcángel Gabriel también es un ángel maravilloso que asiste a los estudiantes en cualquier aspecto de su trabajo escolar que se relacione con escribir. Por ejemplo, hay momentos en que deben hacer una composición o un ensayo, como en el caso de Laura Lawson, que recibió ayuda del arcángel Gabriel cuando escribió un ensayo como parte de los requisitos para entrar a la universidad.

Laura estaba tratando de llenar su solicitud de ingreso a la universidad, pero se sentía bloqueada. Decidió dormir un poco antes de comenzar, pero despertó con la sensación de que alguien estaba con ella en la habitación. Segura y en paz, vio una gran figura resplandeciente.

Así es como Laura lo recuerda: "Vi un ser de luz muy alto; tenía destellos blancos y brillos dorados. Recibí sus mensajes como si fueran sentimientos en mi interior, como emociones de confianza, fortaleza e inspiración. Estos sentimientos me decían que iba en el camino correcto, que estaba haciendo lo que tenía que hacer".

Al día siguiente, Laura iba conduciendo su coche y pensaba en esa experiencia; se preguntaba: *¿Quién fue ese visitante?* Justo en ese momento movió la cabeza y vio un letrero en una iglesia que decía GABRIEL. Dijo: "En lo más profundo de mi ser siempre *supe* que se trataba de Gabriel".

Laura fue aceptada en la universidad que eligió y ya se graduó. Asegura que el arcángel Gabriel le ayudó a escribir un ensayo excelente para ingresar.

Me parece interesante que Laura sea otra persona que describe al arcángel Gabriel como un ser muy alto. Creo que aparece en esta forma para inspirar confianza y un sentido de autoridad en el interior de la persona que recibe ayuda. También he notado que las personas que dicen haber tenido una visión del arcángel Gabriel nunca cuentan que la experiencia las haya atemorizado. De hecho, todas describen sentimientos de paz. Aunque estas sensaciones podrían ser producto de un recuerdo eufórico y no de una memoria exacta de lo que pasó, los resultados ciertamente han sido agradables en todos los casos que he escuchado.

Este es otro ejemplo de una estudiante que destacó gracias a la gran ayuda del arcángel Gabriel.

Desde que Stevi era una niñita, se había sentido atraída a varias formas de expresión escrita. También disfrutaba la lectura siendo muy joven y escribía todo tipo de poemas e historias. Cuando estaba en el último año de preparatoria y tomaba cursos de inglés, literatura e historia, entre otros, escribía muchas composiciones y ensayos, y tuvo que presentar exámenes que eran vitales para la carrera de periodismo, que era la que quería seguir en el futuro. Estaba estresada y preocupada antes de terminar estas composiciones y exámenes, aunque se hubiera preparado para ellos.

Como se concentraba tanto en sus estudios y en su entorno físico, Stevi sentía que cada vez le era más difícil tener acceso al aspecto espiritual de su vida. Así que rezó pidiendo guía, y sintió la necesidad de meditar y de desintoxicarse.

Durante sus meditaciones, Stevi pedía ayuda para escribir sus composiciones y ensayos, y casi de inmediato, sentía que la guiaban para que volviera a consultar los libros espirituales que había leído antes. Reflexionaba sobre mis libros, pues le recordaban que el arcángel Gabriel ayuda a los periodistas y a los maestros, y cuando iba a tener exámenes, invocaba al arcángel Gabriel la noche anterior y justo antes de entrar al salón de clase para presentarlos.

Stevi dijo: "En cuanto me sentaba, respiraba profundamente para tranquilizarme. Y al empezar a escribir, una fuerza asombrosa me cubría y me sentía guiada conforme escribía. Hasta escuchaba palabras con las que no estaba familiarizada y las escribía, ¡y cuando salía del salón tenía que buscar sus significados! Nunca recibí una calificación por debajo de 90 por ciento en mi trabajo escrito, lo que fue fantástico. Estoy segura de que recibí ayuda de la hermosa presencia del arcángel Gabriel y de mis ángeles, ¡así que todos los días les doy las gracias!".

Formas cotidianas de escribir

Aunque no seas estudiante ni aspires a tener una carrera como escritor, puedes pedir y recibir la ayuda del arcángel Gabriel al redactar escritos de uso cotidiano. Por ejemplo, el arcángel Gabriel puede ayudarte a expresar tus ideas con claridad y elocuencia en el trabajo cuando escribes informes, formas y correos electrónicos.

Este es el caso de una mujer llamada Soniya Kalani que recibió ayuda cuando tuvo que escribir el eslogan para un producto maravilloso, que tuvo resultados excelentes. Soniya me dijo:

> *Mi papá administra un gran negocio industrial y de exportaciones, y una tarde me llamó con urgencia pidiéndome que fuera a su oficina y le ayudara con un eslogan para el lanzamiento de su producto más reciente. Mientras conducía mi auto hacia su oficina, men-*

talmente le pedí al arcángel Gabriel que me ayudara a encontrar el eslogan adecuado para este producto. En cuanto entré a la sala de juntas, escuché en mi mente: Lo que prefieren los ganadores.

En cuanto compartí esta idea con los ejecutivos de la empresa, ¡fue un éxito total! Me sentí muy feliz al recibir un cheque enorme solo por haber creado este gran eslogan. ¡Estaba saltando de alegría! Gracias, Gabriel… te quiero mucho.

La guía del arcángel Gabriel es práctica y realista, y puede ayudarte siempre que necesites expresarte mediante la palabra escrita. Muchas personas escriben blogs, que son editoriales que expresan opiniones y que aparecen en sitios web personales y en sitios de los medios sociales. Puedes pedir la ayuda de Gabriel para expresar tus sentimientos en tus blogs y en otros sitios, como lo hizo una mujer llamada María Flynn.

María siente y escucha al arcángel Gabriel, que le pide que escriba blogs. Ella dijo: "Mis blogs son el lugar donde comparto palabras sanadoras y practico mis habilidades para escribir, me pongo en contacto con otros y, a la larga, podré contar toda mi historia".

Las ideas para los temas que trata en el blog llenan la mente de María, y en una ocasión que se preguntó de dónde venían estas ideas, tuvo visiones de esferas metálicas color oro. (El color del aura de Gabriel es el cobre, que es muy similar al color oro). Después, María consultó las cartas del oráculo para saber quién le estaba ayudando a escribir, y la carta del "arcángel Gabriel" apareció una y otra vez. Ella tomó esto como una señal y ahora escribe blogs y mensajes en Twitter todos los días, y tiene muchos seguidores que la leen.

¡Los arcángeles se mantienen al día con los avances de nuestro tiempo!

Los diarios personales

Los ángeles con frecuencia guían a las personas para que lleven diarios personales como una herramienta terapéutica para expresar sus sentimientos y entrar en contacto con la Divinidad. Si has sentido este impulso interno, por favor entra en acción. Cualquier cuaderno funciona como diario, aunque siempre siento una inspiración especial con los cuadernos que tienen cubiertas bonitas. Sin embargo, no permitas que la búsqueda de un diario especial haga que pospongas tu trabajo en él.

Cuando escribes un diario, te pones en contacto con la sabiduría infinita del universo de Dios. Puedes pedir y recibir respuestas mientras escribes, como lo descubrió una mujer llamada Joy Perino.

Joy, que es maestra y enseña a escribir guiones, reconoce que el arcángel Gabriel le dio la inspiración para escribir su libro, *It Comes [Viene]*. Gabriel también le ayudó a sanar después de una relación dolorosa.

Un día, Joy se preguntaba por qué una mujer estaba resentida con ella. Decidió escribir la pregunta en una hoja de papel y pedirle al arcángel Gabriel que le diera respuestas y la guiara. Por cierto, el nombre que Joy recibió en el Sacramento de la Confirmación en la Iglesia católica, es Gabrielle, en honor al ángel. De hecho, su nombre completo es Joy Gabrielle.

Joy nunca antes había recurrido a la escritura automática, pero estaba dispuesta a intentarlo. Sabía que los puntos fundamentales de esta práctica eran escribir la pregunta y luego anotar cualquier respuesta que se presentara a través de pensamientos, sensaciones o visiones.

Así que Joy le escribió la pregunta a Gabriel: "¿Por qué me odia esta mujer?". De inmediato, recibió las respuestas: la mujer era muy desdichada y estaba celosa de la felicidad de Joy. Eso era perfectamente lógico y le ayudó a Joy a sentir compasión por esa persona.

El arcángel Gabriel ayuda a todas las personas que se lo piden, en especial si se dedican a escribir. Siendo el ángel mensajero supremo, Gabriel parece hacer que las personas entreguen mensajes de amor Divino a través de lo que escriben.

A lo largo de los años, también he notado que el arcángel Gabriel ayuda a otras clases de mensajeros, como lo veremos en el capítulo siguiente.

Capítulo 5

Comunicación clara

Acabas de leer sobre el apoyo que el arcángel Gabriel da a los mensajeros de la palabra escrita. En este capítulo, exploraremos cómo el arcángel facilita la comunicación clara a través de la palabra hablada.

La icónica imagen de un ángel con una túnica suelta y una trompeta, representa al arcángel Gabriel transmitiendo un mensaje Divino.

La trompeta de Gabriel prepara a las personas para recibir los mensajes. La música del instrumento limpia el aire y la energía; produce una pausa en las conversaciones y actividades, y hace que la persona que escucha pueda oír lo que el ángel tiene que decir.

Gabriel sigue mandando mensajes de amor, a menudo a través de personas receptivas que inconscientemente actúan como mensajeros angélicos. Sin embargo, hay ocasiones en que la presencia y el mensaje de Gabriel son claros, como se muestra en el siguiente relato.

Katie Comello recibió un mensaje del arcángel que al principio le dio miedo, pero que después resultó ser muy reconfortante.

El viernes 19 de enero de 1996, Katie, de 33 años de edad, estaba lavando los platos. Sin razón alguna, sintió una tristeza que casi la paralizó. De hecho, su padre acababa de salir del hospital después de una operación de hernia que le habían hecho el día anterior, y ahora estaba descansando en casa.

Katie dijo:

Entonces, sentí que alguien se acercaba a mí desde atrás, alguien que era mucho más alto que yo, y me abrazaba por la espalda. Literalmente, percibí la presencia física de un cuerpo a lo largo de mi espalda y por la parte de atrás de mis piernas. Podía sentir su pecho en mi nuca y sus brazos me rodeaban. Recuerdo que sentí amor y consuelo. Sin embargo, las palabras, lo lamento, *llegaron súbitamente a mi cabeza. Al instante entendí el significado de este mensaje: ¡mi padre! Me di la vuelta y "empujé" a este ser alejándolo de mí; intenté liberarme de los brazos y de la presencia del ángel, y dije en voz alta: "Gabriel, si crees que esto me hizo sentir consuelo, estás equivocado. No quiero que te lo lleves. No estoy lista".*

Fue como si un pensamiento impreso entrara en mi alma diciéndome que Gabriel había venido a darme la noticia de que mi papá moriría pronto y me estaba diciendo que yo no iba a estar sola en ese proceso y en esa transición. No tengo idea de por qué llamé Gabriel al ser que trató de consolarme, ni de cómo recibí ese mensaje. Fue más bien como una sensación inmediata.

El martes siguiente, mi padre falleció de manera inesperada en el suelo del baño. Mi mamá lo encontró ahí después de varias horas. En cuanto recibí su llamada telefónica, fui a su casa en mi coche. Me senté cerca de él, en el suelo del baño, tratando de recordar todos los detalles de su rostro. Gabriel se presentó de nuevo; sentí cómo se sentaba en el suelo junto a mí. Supe que esta energía era del ángel y no de mi padre porque era la misma que había sentido en mi cocina.

Sentí que la energía de Gabriel ponía un brazo sobre mis hombros y me abrazaba de lado. En el interior de mi mente "escuché" una vez más las palabras, lo lamento.

Respondí: "Sé que estás aquí. Todavía no estoy lista para perder a mi padre, pero, por favor, cuídalo, ¿sí?". Sentí el amor del abrazo, y me perdí en él. En esta ocasión no traté de alejar al ángel.

Hasta el día de hoy sigo recordando exactamente lo que sentí en mi cocina. Fue muy real para mí y no hay duda de que haya sucedido. Todavía siento escalofríos en la espalda cuando pienso en ello, y siempre reconozco la presencia de Gabriel. No puedo explicar cómo supe que era Gabriel, excepto que lo sentí en mi corazón y escuché en mi cabeza. Y eso en sí me brindó consuelo durante ese oscuro capítulo de mi vida.

A veces, las personas se sorprenden, se sienten mal o tienen dudas al pensar que un ángel bíblico, como Gabriel, pueda ponerse en contacto con personas en el mundo moderno. Después de todo, las personas que Gabriel visitó en tiempos bíblicos eran santas. ¿Por qué este ángel poderoso se toma la molestia de preocuparse por los seres mortales ordinarios y por sus experiencias cotidianas?

La respuesta es que el amor de Dios es ilimitado, omnipresente e incondicional. Además, la Divinidad no está limitada por el tiempo. Dios no dejó de mandarnos ángeles hace 2000 años. Los ángeles cuyos nombres no conocemos y los ángeles famosos están entre nosotros más que nunca, porque nuestro complicado mundo necesita más protección y guía por parte de los mensajeros de Dios.

Cuando recordamos que Gabriel no es un ser físico y por lo tanto no está limitado por las restricciones del espacio y del tiempo, entendemos porqué el arcángel puede estar con todos al mismo tiempo. Por eso no necesitamos preocuparnos de que estamos "molestando" a los ángeles cuando les pedimos ayuda. La verdad espiritual es que pueden asistir a todas las personas que recurren a ellos en forma simultánea.

Las conexiones de los niños con los ángeles

Los niños tienen mentes hermosamente abiertas, así que les es fácil creer en los ángeles. A veces, su fe en ellos se basa en experiencias que han tenido. Cuando yo era niña, tuve muchas interacciones con los ángeles, y sé que es una experiencia común entre los niños a nivel mundial. Muchos "amigos invisibles" son en realidad ángeles guardianes.

Al paso de los años, he recibido muchas historias de niños que tienen interacciones con arcángeles. Las historias más impactantes provienen de niños que no sabían nada sobre estos arcángeles, pero describen con exactitud sus nombres, sus especialidades y otras características específicas.

Creo que para los niños es fácil tener contacto con los ángeles porque su mente joven no está llena del escepticismo o de las dudas que a menudo acosan las mentes de los adultos. Eso es lo que significa la frase bíblica: "ser como niños", y todos podemos tratar de tener la fe de un niño combinada con el conocimiento de un adulto.

Eva,* una niña de ocho años, habla de su amigo Gabriel desde que era muy pequeña. Gabriel le dio a Eva información sobre sucesos futuros, pero ella le gritó a Rosalie, su mamá, quejándose de que le estaba llegando con demasiada rapidez e intensidad.

Eva le dijo a su mamá que sus sueños nocturnos eran proféticos y le revelaban lo que iba a suceder al día siguiente. Eva temía que estuviera creando estas experiencias con sus sueños y que fuera una "mala persona".

—No te preocupes, chiquita, —le dijo Rosalie, tratando de consolar a su hija que estaba llorando—. Eso no significa que seas mala. Se llama *intuición*. Toda la gente tiene intuición, pero algunas personas tienen un poco más que otras, y no debes tenerle miedo.

—Eso fue lo que dijo mi ángel también, —respondió Eva.

—¿Un ángel en tu sueño? —preguntó su mamá.

—No, —dijo la niñita—. El ángel de mi cuarto, Gabriel.

Rosalie había escuchado a su hija hablar de su amigo Gabriel durante mucho tiempo. Cuando ella y otras personas comentaban noticias o decisiones familiares, Eva a menudo decía: "Lo sé… me lo dijo Gabriel". Pero Rosalie nunca había tomado en serio esos comentarios pues consideraba que era fruto de la "imaginación" de la niña. ¡Pero era obvio que, para Eva, Gabriel era muy real!

Sin embargo, Rosalie no estaba totalmente convencida de lo real que era Gabriel, así que empezó a hacerle a Eva preguntas muy específicas sobre la apariencia y las visitas del ángel. Eva describió a Gabriel como un joven ángel femenino de pelo castaño y largo, de alas muy grandes. Decía que el ángel tenía un resplandor blanco y amarillo y que a menudo llegaba con un perro pastor alemán y otros animales.

Las visitas del ángel se habían vuelto más frecuentes, tanto en sus sueños como la vigilia, cuando Eva estaba sola en su cuarto. Gabriel le decía que no tuviera miedo y que le ayudaría en su proceso de aprender las cosas nuevas que el ángel había venido a enseñarle. Gabriel también le daba a Eva lindos mensajes de seres queridos que habían muerto.

Con el apoyo de su madre, Eva dejó de llorar mientras hablaba de la relación cercana que había desarrollado con Gabriel, su ángel. Ella empezó a sonreír al recordar las palabras reconfortantes que el ángel le había dicho, asegurándole que los mensajes que escuchaba no eran "malos" y que el ángel siempre estaría a su lado. Rosalie dijo:

"Gracias, arcángel Gabriel, por ayudar y consolar a mi hija".

¡Es maravilloso que Eva tenga una madre comprensiva y dulce, que la consuela y le enseña!

Muchas personas me han dicho que cuando eran niños o niñas, los castigaban por decir que habían tenido un encuentro con un ángel. Algunas me confiaron que las llevaron a ver a un psiquiatra o incluso a una clínica psiquiátrica, ¡solo porque les dijeron a sus padres que habían hablado con los ángeles! Me dio gusto descubrir que a pesar de esas experiencias dolorosas, siguieron creyendo en los ángeles. ¡Claro que siguieron creyendo en ellos, ya que *sabían* que los ángeles eran reales!

Los padres les hacen a sus hijos un gran favor al explorar el tema de los ángeles con ellos. Yo incluso escribí un libro para niños que lleva el título *¡Gracias, ángeles!*, para ayudar a los padres y a los niños a compartir este tema. Es importante dar a los niños un espacio seguro

en el que puedan hablar abiertamente sobre sus visiones y sus experiencias espirituales. Si no lo hacen, conservarán todo en su interior y se sentirán desconectados de la vida *y* de la realidad.

Comunicación clara

El arcángel Gabriel también puede fortalecer los vínculos entre los padres y los hijos enseñándoles destrezas de comunicación. Después de todo, la base para ser un mensajero es la *comunicación clara*. Gabriel instruye en la destreza de expresar sentimientos y pensamientos, como lo descubrió una mujer llamada Merle Tomson.

Desde que Merle recuerda, se le ha facilitado escribir. Por otra parte, hablar de tal manera que pudiera abrir su alma por completo, era algo que le costaba trabajo (debido a situaciones del pasado y también como una forma de protección).

Hace muchos años, la madre de Merle le pidió que fuera a la cocina para platicar y tomarse una taza de té. Normalmente, no habría estado dispuesta a aceptar esa clase de invitación, pero Merle sintió que era importante para su madre, así que estuvo de acuerdo y se sentó a platicar con ella. Por lo general, la clase de comunicación que tenían se limitaba a "Hola" y "Adiós", y nunca habían tenido conversaciones más profundas.

Merle explicó:

En el interior de mi mente, invoqué al arcángel Gabriel, y le pedí que me ayudara, pues no sa-

bía cómo empezar a hablar con mi mamá. De pronto, estaba muy relajada y sentí en mi interior que todo estaba bien y que seguiría *estando bien. Pude hablar con mi mamá como nunca antes lo había hecho. Cuando mencioné mis sueños y mis deseos, tuve una asombrosa sensación de liviandad. Todas mis palabras fluían con facilidad, aunque al empezar a hablar no tenía idea de lo que iba decir, ni del rumbo que tomaría la conversación.*

Cuando hablé de lo más importante; de mi gran deseo de hacer mi mejor esfuerzo, de ayudar a otros y de tratar de hacer de este mundo un mejor lugar, sentí calidez en mi chacra del corazón. Me pareció que algo en mi interior se había abierto y sanando.

Estoy segura de que cuando terminé de hablar, mi mamá debió estar sintiendo algo asombroso. Ella era la clase de persona que siempre conservaba todo en su interior, en lugar de compartirlo, así que creo que se quitó un peso de encima.

Después de que Merle se abrió con su madre por completo, ella le habló de su relación con su padre y también compartió otros pensamientos y sentimientos profundos, que nunca antes había expresado. Merle atribuye la apertura que se produjo entre ellas a sus oraciones al arcángel Gabriel. La relación entre la madre y la hija cambió profundamente a partir de ese día.

Si como Merle, tienes dificultades para abrirte y hablar con otros sobre tus verdaderos sentimientos, llama al arcángel Gabriel y pídele que te apoye:

Dios mío y arcángel Gabriel, por favor
ayúdenme a expresar mis sentimientos a

otros con claridad, amor y consideración.
Ayúdenme a sentirme confiado y seguro
de mis habilidades, emociones y opiniones.
Gracias por guiar mis destrezas de comunicación
en todas mis relaciones. Amén.

En cualquier relación es importante ser auténtico y honesto. Es la única forma en que otras personas pueden llegar a conocerte. Si ocultas tus sentimientos para complacer a otros o para calmarlos, entonces esas personas no tienen una relación verdadera contigo, ¡sino una personalidad ficticia! Por tanto, invocar al arcángel Gabriel y pedirle que te entrene en la comunicación es esencial para crear relaciones sanas.

Comunicaciones de paz

Con frecuencia, somos llamados a hacer el trabajo de los ángeles y llevar paz a nuestras relaciones con otros. El arcángel Gabriel trabaja a través de nosotros en esas ocasiones. A veces, el ángel nos guía para que digamos ciertas palabras o frases útiles. En otros momentos, Gabriel trabaja tras bambalinas para lograr resoluciones pacíficas. Este es un ejemplo:

Troy Schmit es lo que yo llamo un "trabajador de la luz encubierto", ya que es un médium psíquico que también trabaja en una tienda. Las personas como Troy brindan ayuda angélica en situaciones ordinarias, ¡y nadie lo sabe siquiera!

Por ejemplo, una clienta se enfureció cuando Troy le dijo que no podía aceptar el cupón vencido que ella le había entregado. La clienta exigió hablar con un gerente, quien le dijo lo mismo. La mujer ascendió por toda la cadena de mando y seguía sin aceptar la respuesta que le daban. Troy decidió llamar al arcángel Gabriel para lograr una comunicación pacífica.

La mujer se tranquilizó de inmediato y el gerente general hizo una concesión que le permitió recibir el descuento. Todos estaban felices, y Troy sonrió, sabiendo que se debía a la intervención de Gabriel.

Me encanta la historia de Troy porque muestra la forma milagrosa en la que Gabriel transmite mensajes sanadores. Como lo ilustra su historia, puedes pedirle en silencio a Gabriel que intervenga en cualquier situación. Aunque el ángel no puede violar el libre albedrío de las personas, la sola presencia de Gabriel tiene un efecto tranquilizador en la gente que está cerca.

La comunicación en reuniones de negocios

Lo que cuenta no es lo que dices, sino *cómo* lo dices. Un aspecto de la comunicación clara se relaciona con pro-

yectar tu voz y tu energía lo suficiente para captar la atención y el respeto de los demás. Esto es verdad, especialmente en el entorno de los negocios competitivos, donde los empleados luchan para obtener la primera posición.

Si alguna vez has participado en reuniones de negocios, sabes que las personas compiten por atraer la atención y el crédito de otros. Por tanto, si tienes una buena idea, debes expresarla con claridad para poder avanzar en tu carrera.

El arcángel Gabriel da apoyo a las personas que tienen intenciones puras (no basadas en el ego), de manera que otros escuchen y entiendan mejor sus ideas.

Por ejemplo, una mujer llamada Saumya trabajaba en el departamento de recursos humanos de una institución de educación superior, donde las funciones que desempeñó a lo largo de cinco años incluían dar presentaciones a estudiantes en diversas universidades, discutir planes financieros con los jefes de departamento, y negociar políticas, valoraciones y salarios con los empleados y los directores.

Al principio, era difícil para Saumya dar a entender sus puntos de vista; en ocasiones, era firme y en otras, diplomática, dependiendo de la situación. Así que empezó a invocar al arcángel Gabriel antes de las reuniones, pidiéndole que le ayudara a establecer una comunicación eficaz y armoniosa para el beneficio de todos los involucrados (nunca omitía esta última frase). En esta forma, Saumya no solo descubrió que las reuniones fluían inesperadamente bien, sino que también recibió felicitaciones por muchos de los conceptos que presentaba.

Saumya recordaba: "De hecho, entre mis cualidades, mencionadas en la evaluación de mi trabajo, figuraban mis destrezas de comunicación y mi conexión con los clientes. Solo puedo decir que esto hacía que me sintiera complacida. Hubo ocasiones en las que, a nivel consciente, sentía que había chocado con una barricada y no sabía que rumbo tomar, ¡así que confiaba en que el ar-

cángel Gabriel me daría su amor y su apoyo constantes para progresar en mi carrera!".

El éxito de Saumya fue el resultado de seguir estos pasos:

- Pedir la ayuda del arcángel Gabriel para el beneficio de todos los involucrados (sin incluir al ego).
- Entregarse, es decir, no obstaculizar el trabajo del arcángel Gabriel (no luchar con Gabriel para obtener poder y control, ni rebelarte ante la guía Divina).
- Percatarse de los sentimientos o pensamientos intuitivos que te guían a actuar en forma positiva.
- Pedirle a Dios y al arcángel Gabriel que te den señales de que escuchaste y entendiste claramente su guía.
- Seguir esta guía sin tardanza ni dudas.

Oratoria

Según las encuestas, hablar en público es lo que más miedo les da a los adultos. Según los investigadores, pararse frente a un grupo de personas y hablar es más aterrador que la muerte, el divorcio o la enfermedad. Así que no eres el único que siente que se le acelera el corazón, le tiembla la voz y se le tensa la garganta ante la idea de tomar un micrófono ante una audiencia.

Por fortuna, el arcángel Gabriel tranquiliza y entrena a las personas que dan discursos con mensajes sanadores. Como oradora profesional, he enfrentado muchas situaciones que generalmente destrozarían los nervios. Lo que ha calmado mi ansiedad son las oraciones que elevo antes de dar un discurso. El mensaje más importante que he recibido antes de subir a un escenario es: "Concéntrate en bendecir y expresar, no en impresionar".

Kristy M. Ayala, practicante de Terapia con Ángeles, también descubrió el valor de orar pidiendo ayuda cuando tenía que hablar en público. Kristy empezó a participar en actividades en las que tenía que presentarse ante un público, como cantar, actuar y concursos de oratoria, a los siete años de edad. Siempre le gustó hablar frente a grandes audiencias; era algo que le salía natural.

Los padres de Kristy se dieron cuenta de que lo disfrutaba, y la apoyaron mucho; encontraron formas diversas de fomentar este talento. Así que siguió participando en diferentes eventos durante la primaria. Cuando creció, sin embargo, dejó de participar en muchas de estas actividades porque sus estudios académicos consumían la mayor parte de su tiempo.

Al paso de los años, Kristy estudió una maestría y llegó a ser profesora a nivel universitario, dando clases de psicología. Le gustaba estar en un entorno que le permitía hablar en público todos los días, pero durante este periodo de su vida empezó a recibir una guía Divina muy clara que le decía que ya no debía seguir trabajando en el campo de la psicología de manera tradicional. Se le guió a alejarse de su carrera y a empezar a trabajar con las personas, usando las modalidades de asesoría y sanación espiritual.

En cierta forma, este fue un periodo difícil para ella, pues no estaba segura de cómo podría crear esta nueva carrera, y le entristecía la idea de dejar a sus estudiantes. Sin embargo, sabía que tenía que hacer este cambio y tenía el compromiso para permanecer en su camino.

Después de hacer la transición hacia su nueva carrera y recibir el gran apoyo de la intervención Divina, Kristy se capacitó como Terapeuta con Ángeles, también estu-

dió otras modalidades de sanación, y finalmente puso un consultorio privado.

Esto es lo que Kristy recuerda:

Aunque me sentía muy satisfecha con el trabajo que realizaba, una parte de mí extrañaba hablar en público y me di cuenta de que tratar de esconder esos sentimientos no me estaba funcionando. Así que le pedí al arcángel Gabriel que me ayudara en esta situación. Le pedí que por favor intercediera en mi nombre. Le dije que si debía continuar dando clases y discursos a mayor escala y no solo tratar a las personas a nivel individual, me diera una señal clara que pudiera entender con facilidad. También le pedí que si tenía que seguir hablando en público, por favor atrajera a mí a las personas adecuadas y se me presentaran los eventos apropiados, pues no estaba segura de cómo avanzar. Realmente intenté desprenderme de cualquier necesidad de lograr un resultado específico y dejarla ir.

Aproximadamente un mes después, recibí un correo electrónico de un médico de la localidad que había oído hablar de mí y de mi trabajo, y quería que les diera a sus pacientes una plática de dos horas sobre la forma de reducir el estrés y tener una vida más equilibrada. Me llené de felicidad y gratitud porque sabía que era obra del arcángel Gabriel.

¡Durante las semanas siguientes, recibí más propuestas y llamadas de otros dueños de negocios y facultades que me pedían que les diera conferencias a sus empleados, pacientes y estudiantes! Estaba feliz; era maravilloso volver a hablar en público y dar clases de temas relacionados con la mente, el cuerpo y el espíritu en eventos importantes.

Estoy muy agradecida con el arcángel Gabriel por haberme guiado y haberme abierto todas las puertas para seguir haciendo este trabajo. No podría haberlo logrado sin la ayuda, el apoyo y la constante intervención Divina.

Conozco personalmente a Kristy y sé que es afectuosa, generosa y humilde. Me da mucho gusto que esté hablando en público como mensajera del amor sanador de Dios. También sé que el éxito no se le subirá a la cabeza porque Kristy se lo atribuye todo a Dios. Esto es importante, porque el ego suele jugarnos bromas.

El ego trata de persuadirnos de que tenemos talentos especiales que otros no tienen. En cuanto permitimos que nuestra vanidad se eleve por encima de los demás, nos desconectamos y ya no escuchamos la voz Divina. Por eso, es esencial conservar la humildad y el equilibrio, con un sano respeto y un alto nivel de confianza en nosotros mismos. Ámate a ti mismo, y date cuenta de que todos tienen dones y poseen igual potencial que tú.

Presentación de talleres

El arcángel Gabriel nos ayuda a superar el nerviosismo y a expresar con claridad nuestros pensamientos en ambientes personales y de negocios. De hecho, Gabriel nos ayuda con brillantez en *todos* los formatos de la oratoria y la enseñanza. Esto incluye talleres o seminarios; discursos de más de dos horas que requieren de la participación del público.

Jenny Bryans da clases sobre las facultades de la mente y también lee las cartas de los ángeles combinando esta actividad con la meditación; su amiga es bailarina. Las dos estaban hablando sobre nuevas formas de presentar el trabajo que realizan. Se les ocurrió la idea de combinar la danza con la meditación, y una hora después ya habían reservado un espacio, tenían un anuncio en el periódico y habían diseñado el esquema para un taller. Eso ocurrió un martes, y decidieron presentar el taller el domingo siguiente, pues la amiga de Jenny se iba de vacaciones la siguiente semana.

Todo se organizó muy rápido, pero Jenny estaba experimentando un bloqueo al desarrollar su parte del taller. Llegó el sábado y estaba desesperada por esta situación. Entonces, pensó en invocar al arcángel Gabriel para pedirle ayuda.

Jenny recordó: "Saqué el libro de Doreen, *Arcángeles y maestros ascendidos,* y encontré la invocación a Gabriel. Decidí tener la intención de que el arcángel me guiaría cuando escribiera mis meditaciones. Después de respirar profundamente varias veces y centrarme, leí la invocación en voz alta, permitiendo que las palabras y la energía me llenaran. Después de volver a respirar profundamente varias veces más, tomé la pluma y empecé a escri-

I
II
III
IV
V
VI
VII
VIII
IX
X

bir. Las palabras fluían a través de mí, y la mayor parte del tiempo ni siquiera estaba consciente de lo que estaba escribiendo. Simplemente permití que Gabriel se canalizara a través de mí para crear las meditaciones que serían más benéficas para los participantes".

Después de una hora (que ella sintió solo como unos minutos), Jenny había escrito las tres meditaciones que necesitaba. Le dio las gracias a Gabriel y luego le pidió que la ayudara a presentarlas al día siguiente.

Jenny recordó: "Me alegro de haberlo hecho porque mi amiga y yo cambiamos de planes justo antes de comenzar con el taller. Aun así, todo fluyó con facilidad y

sin esfuerzo. Pude sentir la guía de Gabriel todo el tiempo; me ayudó a moderar el ritmo de mis meditaciones y guio mis palabras mientras hablaba. El taller salió muy bien y estamos haciendo planes para repetirlo en el otoño. A partir de esta experiencia, me están fluyendo más ideas para otros talleres y presentaciones, y definitivamente voy a invocar a Gabriel cuando los esté diseñando. ¡Gracias, arcángel Gabriel, por tu ayuda y tu constante apoyo!".

Como Gabriel es ilimitado, puede asistir a todos los que le piden ayuda para entregar mensajes. Solo tienes que pensar o decir: "Por favor, guía mis palabras y acciones para que traigan bendiciones a todos los involucrados", y Gabriel estará presente para ayudarte. Los ángeles son mensajeros del amor de Dios, pero deben respetar la Ley del Libre Albedrio. Por tanto, no está permitido que Gabriel y los demás ángeles intervengan a menos que tú solicites su ayuda.

Aunque las palabras que usas cuando hablas con otras personas son importantes, para un ángel lo que cuenta son las intenciones y la energía que respaldan a las palabras. Por lo tanto, no importa *cómo* pidas su ayuda, lo importante es que lo hagas.

La voz y la comunicación clara

A veces, la comunicación clara requiere algo más que la elección de palabras o la confianza. El arcángel Gabriel también ayuda a las personas que tienen trastornos del lenguaje o acentos demasiado marcados.

Por ejemplo, a lo largo de casi toda su vida, la gente le había dicho a Amanda Chappel que tendía a hablar entre dientes, pero en realidad nunca les creyó hasta hace poco tiempo, cuando tomó la decisión consciente de empezar a concentrarse en el chacra de la garganta y en expresarse con claridad.

Amanda dijo:

Recuerdo que les pedí a los ángeles que me ayudaran para poder hablar con más claridad; les pedía apoyo para la mayoría de las cosas. Poco después, recibía su guía para que leyera "en voz alta". Eso no fue un problema, porque por lo general leía antes de irme a la cama, cuando los demás ya estaban dormidos. Al principio, no podía creer lo mucho que me sofocaba al leer unos cuantos párrafos.

Cuando dominé con fluidez la lectura en voz alta me guiaron para que "empezara a cantar". A partir de entonces, canto constantemente en el coche, y cuando estoy sola en la casa y hay música; no puedo creer lo mucho que he llegado a estar en contacto con el tono, el volumen y la claridad de mi voz. Los demás incluso han notado que ahora hablo con mucha mayor claridad, y sé exactamente a quién darle las gracias, porque veo su nombre en todas partes, ¡el arcángel Gabriel!

He conocido personas hermosas que, como Amanda, se sentían frustradas cuando intentaban comunicarse verbalmente con otras. En mis clases, he trabajado con sanadores y maestros talentosos que se sienten intimidados porque su lengua materna no es la que se habla en el país donde viven. Estos sanadores y maestros no hacen su trabajo porque les preocupa que las personas no les entiendan, o que no puedan articular las palabras correctamente.

Estos obstáculos pueden superarse con la ayuda del arcángel Gabriel, como lo ilustra la conmovedora historia de Amanda. Su experiencia también es un ejemplo de que el nombre de Gabriel en sí es un signo de la presencia del ángel. En el siguiente capítulo exploraremos este tema con mayor detalle.

Capítulo 6

El nombre de Gabriel y otros signos celestiales

Los ángeles no son sigilosos ni tímidos. Quieren que sepamos de su presencia a nivel personal y global. Saben que cuando nos damos cuenta de que son reales, nos relajamos y nos sentimos más seguros y más cómodos.

En mis libros anteriores, dedicados a arcángeles específicos (*Los milagros del arcángel Miguel* y *Los milagros sanadores del arcángel Rafael*), expliqué cómo cada uno de ellos manda señales de su presencia. El arcángel Miguel, por ejemplo, envía personas serviciales que llevan el nombre de Miguel, y el arcángel Rafael te guía a médicos que se llaman Rafael, y así sucesivamente.

Por eso, no es de sorprender que el arcángel Gabriel haga lo mismo. Cuando trabajas activamente con Gabriel, o estás recibiendo su ayuda, es posible que conozcas cierto número de personas que se llaman Gabriel, Gabby o Gabriela. No se trata de coincidencias. El cielo envía señales para confirmar tus sentimientos y fortalecer tu fe en la Divinidad.

Por ejemplo, Gertrud Polonyi siempre supo que los ángeles la estaban protegiendo, pero más o menos en 2009, empezaron a aparecer señales claras de su presencia. Ese fue un periodo difícil de su vida, y a menudo les pedía a los ángeles que la guiaran y oraba pidiendo su amor.

En esa época, Gertrud empezó a conocer personas de ambos sexos cuyo nombre era Gabriel o Gabriela. Además, una canción que le transmitía una profunda sensación de consuelo se escuchaba en la radio con frecuencia, como si fuera un mensaje para ella. Resulta que se trataba de la canción "Gabriel", de la banda Lamb. Ese verano, Gertrud y sus amigos fueron a un festival, donde para su sorpresa, Lamb fue la última banda que se presentó. La última canción que interpretaron fue "Gabriel".

Gertrud mencionó: "Todavía recuerdo con mucha claridad... la atmósfera sufrió un cambio total; eran mil personas divirtiéndose, festejando y bebiendo, que se convirtieron en una sola unidad y un solo espíritu. El cambio fue impresionante, muy espiritual. Al final de la canción, toda la multitud, incluyéndome a mí, aplaudía, vitoreaba, coreaba 'Ohm' al unísono. Esto duró aproximadamente media hora. Fue asombroso, y las lágrimas bañaban mi rostro".

Gertrud había tenido problemas con su salud física desde 2010, y las cosas empeoraron a principios de 2011. Un día, cuando estaba en una librería, de pronto se sintió muy mareada y creyó que se iba a desmayar en ese momento. Entonces escuchó una voz en su cabeza que le decía: *Todo está bien. Solo busca un lugar donde puedas tomar algo y siéntate a descansar un rato.*

Gertrud se las arregló para llegar con dificultad a una cafetería cercana; después de pedir una taza de té chai, se sentó en una mesa que estaba frente a un ventanal que daba a la calle. Ella estaba temblando y tenía problemas para respirar; lo único que podía hacer era rezar.

"Por favor ayúdenme, ángeles; ¡Por favor, ayúdenme!" Imploraba Gertrud.

Unos minutos después, un gran camión azul se detuvo frente al ventanal donde estaba sentada Gertrud y para su asombro, lo que estaba escrito en su costado con enormes letras blancas era el nombre de GABRIEL.

"Repentinamente sentí que tenía que reírme", dijo Gertrud. "No pude recibir una señal más clara del arcángel Gabriel. Sentí escalofríos en todo mi cuerpo y supe que él estaba conmigo. Para mi sorpresa, el mareo desapareció y estaba tranquila y en paz; finalmente pude volver a respirar bien. Todavía sonrío cuando pienso en lo maravillosos que son los ángeles, y en lo que tienen que enfrentar para arreglarlo todo de modo que nosotros estemos en el lugar correcto en el momento adecuado, para poder recibir sus mensajes y sus señales".

Como ya he dicho, el nombre de Gabriel en hebreo significa "la fuerza de Dios". La vibración misma de este nombre emana fuerza. Por eso, cuando Gertrud lo vio, no solo confirmó que el ángel le estaba ayudando... ¡sino que su energía impulsó la de Gertrud!

Si *necesitas* más fuerza, repite el nombre de *Gabriel* en voz alta o mentalmente.

Los nombres de los niños

Mis investigaciones me han enseñado que Dios y los ángeles nos ayudan a diseñar los detalles de nuestra vida antes del nacimiento. Seleccionamos el género adecuado, las características físicas, los padres y el lugar de nacimiento, al igual que otros detalles que serán un apoyo

para nuestra misión. También elegimos el nombre de pila perfecto.

Nuestro nombre definitivamente nos afecta. Los investigadores en el campo de la conducta y en el área de los negocios han descubierto que existe la posibilidad de que las personas que tienen ciertos nombres estudien matemáticas y ciencias, mientras que las que tienen otros nombres posiblemente lleguen a ser ejecutivos de éxito.

Sin embargo, lo más importante es que te *guste* tu nombre. Si sientes afinidad por tu nombre y lo disfrutas, es como si percibieras una nota musical armoniosa. Si no, te avergonzarás un poco cada vez que lo escuches.

Yo creo que el cielo les "dice" a los futuros padres el nombre que deben darle a su bebé. Esto garantiza que el niño tenga el nombre cuyas vibraciones se alinean con su misión. Si los padres pasan por alto esta información intuitiva, o para empezar ni siquiera la escuchan, al niño no le va a gustar su nombre o pasará toda la vida sin sentir una conexión con él. Tendrá una sensación de que *¡ese no es mi verdadero nombre!* Posteriormente en la vida, es posible que la persona se cambie de nombre.

A medida que los padres, a nivel colectivo, adquieren una mayor sensibilidad y conciencia espiritual, escucho más historias como la de esta mujer llamada Lourdes Valencia.

Lourdes y su esposo no lograban decidir qué nombre ponerle al bebé que iban a tener. Entonces, Lourdes tuvo un sueño claro y lúcido en el que escuchó una voz que decía: "Su nombre es Gabriel, por mí". A Lourdes todavía no le habían hecho un ultrasonido y no sabía el sexo del bebé que estaba esperando, así que se sorprendió al escuchar que la voz se refería al bebé con un nombre masculino.

A la mañana siguiente, Lourdes le habló a su esposo de este sueño. Pero antes de que ella pudiera decir el nombre, su esposo mencionó que él también había despertado con una sensación respecto a un nombre. Así que decidieron escribir los nombres en una hoja de papel e intercambiarlos. Cuando lo hicieron, se sorprendieron al ver que ambos habían escrito el mismo nombre: ¡Gabriel! Así fue como llamaron a su hijo, que nació en octubre de 2002.

Los ángeles se aseguraron de decirles a ambos, a la mamá y al papá, qué nombre era el adecuado para su hijo. ¡Por fortuna, ambos lo escucharon!

Otro hecho notable en esta historia es que el nombre de la madre de Gabriel también se relacionaba con la Virgen María. Lourdes, por supuesto, es el lugar icónico en el sur de Francia donde Bernadette tuvo una visión de la Santísima Virgen. Ella le dijo a Bernadette que escarbara en la tierra y brotó un manantial curativo. Se han verificado 70 curaciones milagrosas relacionadas con personas que han visitado el manantial de Lourdes, y se han dado a conocer muchas otras curaciones que aún no se han comprobado.

Por lo tanto, esta historia es incluso más hermosa porque el nombre de la madre de Gabriel es Lourdes, y la Santísima Virgen y el arcángel Gabriel están unidos para siempre.

Seguir las pistas del nombre de Gabriel

Muchas personas que reciben mensajes y guía del arcángel Gabriel me han dicho que el ángel les manda pistas usando el nombre de Gabriel. Este es un ejemplo relacionado con una mujer llamada Elle:

La relación de Elle con su pareja andaba mal, así que pidió y recibió una gran ayuda del arcángel Gabriel. Elle sospechaba que su pareja la estaba engañando, así que llamó al arcángel Gabriel. Él guio a Elle para que viera la página de su pareja en Facebook, e irónicamente descubrió que una mujer llamada Gabby (diminutivo de Gabriela) le había mandado mensajes cariñosos. Cuando se lo mencionó a su pareja, él admitió que le estaba siendo infiel con Gabby.

Desconsolada, Elle recurrió de nuevo al arcángel pidiéndole ayuda. De inmediato, escuchó una canción en la radio que decía: "Considérate afortunada, ella te lo ha quitado", y Elle se dio cuenta de que era un alivio haber terminado su relación con este hombre.

Entonces, Elle siguió su intuición y se puso en contacto con una antigua amiga; ¡le dio mucho gusto saber que esa amiga se cambiara el nombre y ahora se llamara Gabriela! Su amiga le leyó las cartas del oráculo y eso le dio mayor tranquilidad sobre su ruptura con esa pareja infiel.

Al día siguiente, Elle conoció a un hombre en el trabajo; su nombre era (lo adivinaste) Gabriel.

Elle suspiró profundamente y entendió que todas estas señales del arcángel Gabriel le indicaban que él la cuidaba y la protegía.

El arcángel Gabriel como "ángel guardián"

Como Gabriel es un ser ilimitado, puede estar con toda la gente en forma simultánea sin perder su poder ni su eficacia. A veces, los arcángeles (como Miguel, Rafael y Gabriel) se quedan con ciertas personas simplemente como lo haría un ángel guardián. En lugar de ir y venir, el arcángel siempre está al lado de la persona. Esto usualmente sucede porque la misión de la persona se alinea con la especialidad de ese arcángel en particular.

No tienes que ser especial, ni un "elegido", o un santo, para tener un arcángel a tu lado como un guardián constante. Simplemente debes tener una misión Divina en la vida que se beneficie con el apoyo de ese arcángel. Si pides que cierto arcángel se quede contigo, lo hará. Insisto, tener un arcángel como guardián no reduce la habilidad de ese ser para ayudar a otros, puesto que los arcángeles tienen un poder supremo e ilimitado.

A lo largo de los años, he conocido a muchas personas que tienen al arcángel Gabriel a su lado. Por lo general, son personas cuya misión se relaciona con una de las especialidades de Gabriel, los niños o el trabajo de mensajero.

Técnicamente, en la angelología (el estudio de los ángeles), un "ángel guardián" y un "arcángel" existen en dos frecuencias de vibración diferentes. Los arcángeles son más poderosos y su frecuencia y categoría es más alta que la de los ángeles guardianes; son los jefes de los ángeles de la guarda. Cada persona tiene un ángel guardián, pero no todas tienen consigo un arcángel. Por tanto, cuando decimos que un arcángel es un ángel guardián, queremos decir que el arcángel actúa como un guardián constante.

¿Cómo sabes si un arcángel está contigo o cuáles son los nombres de tus ángeles guardianes? Todo lo que tienes que hacer es preguntar.

Tranquiliza tu mente cerrando los ojos y respirando profundamente. Luego di (en voz alta o en silencio):

Ángeles guardianes, por favor
díganme sus nombres.

Presta atención a los primeros nombres que lleguen a tu mente. Podrías pensar en un nombre, o escucharlo o verlo. Para Edgar Muñoz Olaya, la respuesta llegó en un sueño.

Edgar empezó preguntando conscientemente el nombre de su ángel guardián. ¡Poco después, tuvo un sueño claro y lúcido que respondió a esa pregunta!

Esto es lo que él recuerda: "Estaba en un gran salón blanco. Hacia el lado izquierdo de la parte de atrás del salón, vi un ángel con una túnica semitransparente suspendido en el aire. Este ángel tenía el cabello rubio y corto. Miré directamente sus ojos azules, pero no dijo una palabra. Sin embargo, sabía cuál era mi pregunta, porque poco después entraron al salón otros dos ángeles que se movían de izquierda a derecha. Cada uno sostenía una esquina de una piedra rectangular de mármol que tenía un nombre escrito con una tipografía muy similar al Brush Script [*Brush Script*]. El nombre era Gabriel".

Edgar despertó muy impresionado y feliz. Ese es un sueño que nunca olvidará.

Los ángeles con frecuencia responden a nuestras preguntas a través de los sueños, porque es cuando nuestra mente-ego (esa parte de nosotros que es temerosa y escéptica) está dormida. De hecho, como se dijo en el Capítulo 3, es muy eficaz pensar en una pregunta dirigida a Dios y a tus ángeles guardianes cuando te estás quedando dormido. Definitivamente te responderán cuando estés soñando. Tal vez cuando despiertes no recuerdes los detalles con tanta claridad como los recordó Edgar. Sin embargo, la respuesta estará en tu mente inconsciente, desde donde ayudará a guiar y a apoyar tus acciones futuras.

En la siguiente historia, una mujer que escuchó que Gabriel era su guardián recibió comunicación adicional en sus sueños.

Patrizia estaba en un taller en el que fue guiada a preguntar el nombre de su ángel guardián. Cuando escuchó "Gabriel", se sorprendió, pues pensaba que el arcángel solo era una figura bíblica. Además, Patrizia había vivido un periodo muy difícil que había desestabilizado su fe.

Cuando Patrizia volvió a casa, después de haber asistido al taller, y le habló a su familia de su experiencia con el ángel, Vanessa, su hija de diez años, que habla con los ángeles, decidió enseñarle a su mamá cómo escuchar la voz de Gabriel. Esto es lo que dijo Patrizia:

> *Yo estaba bloqueada por el enorme miedo que tenía y que estaba muy arraigado debido a la educación que recibí en mi infancia. Llegó el momento en que me quedé dormida y en mi sueño escuché una voz que me decía: "No necesitas tenerme miedo. No te voy a lastimar". Era la voz más hermosa que hubiera escuchado, porque era amor puro y tenía el sonido de la música. Incluso hoy en día, cuando recuerdo el sonido de la voz de Gabriel, siento ganas de llorar.*
>
> *Ser capaz de comunicarme con el arcángel Gabriel y recibir sus mensajes me ha dado fuerza, valor y mucha esperanza. Me ha tranquilizado y también me ha permitido tener un panorama más amplio de la razón por la cual sucede lo que sucede a nuestro alrededor.*

Muchas personas se identifican con los temores de Patrizia. Si te educaron haciéndote creer que solo las figuras con autoridad religiosa podían hablar con Dios o con los ángeles, tal vez tengas miedo de hacerlo. Quizá te preocupa que puedas ofender a Dios o atraer una energía inferior.

Estos temores son comprensibles, y por supuesto, recurrimos al discernimiento al ponernos en contacto con el mundo espiritual. Por eso nos concentramos en los ángeles divinos de Dios, incluyendo a nuestro amado arcángel Gabriel.

Todas las personas están igualmente calificadas para hablar con Dios y con los ángeles, y merecen escuchar sus mensajes. Puedo imaginar lo hermoso y pacífico que sería este mundo si todos oráramos continuamente y siguiéramos la guía Divina.

El arcángel Gabriel ayuda a todas las personas de igual manera, incluyendo a aquellas que no están familiarizadas con este ángel en particular, como lo ilustra esta extraordinaria historia:

Izumi es japonesa y había escuchado hablar de los ángeles, pero en su infancia nunca aprendió ningún dato específico. Un día leyó algo que decía: "Si quieres saber el nombre de tu ángel guardián, solo pregúntalo". Así que Izumi lo hizo, y el nombre de Gabriel apareció en su mente.

Izumi no había oído sobre este ángel porque no se le educó con el relato de la Navidad ni de la Anunciación, que es parte de la "Navidad".

Izumi recordaba: "Me sorprendió mucho escuchar realmente el nombre del ángel. Fue la primera vez que sentí que los ángeles en verdad estaban cerca de mí. Esta experiencia hizo que me interesara en los ángeles y quisiera saber más sobre ellos".

Sí, el arcángel Gabriel puede ayudarte y *te* ayudará justo en este momento, si se lo pides. Tu petición puede ser más o menos así:

Mi amado Dios y mi amado arcángel Gabriel,
gracias por guiarme para que me exprese con claridad
y honestidad, con palabras afectuosas y bien

articuladas, que otras personas puedan escuchar y tomar en serio. Por favor, permitan que todas mis comunicaciones logren salud y bendiciones para todos. Amén.

En el siguiente capítulo, exploraremos lo que significa ser uno de los mensajeros profesionales del arcángel Gabriel.

Capítulo 7

Los mensajeros profesionales de Gabriel

Ya hemos visto cómo el arcángel Gabriel ayuda a los escritores en su trabajo como mensajeros, y cómo guía a aquellos que se comunican mediante la palabra hablada. En este capítulo abordaremos otras formas que puede tomar el trabajo de los mensajeros.

He descubierto que cualquier persona que inspira o enseña a otros puede obtener el apoyo amoroso del arcángel Gabriel. Por ejemplo, los artistas hacen de este mundo un lugar más hermoso y nos traen energía de sanación a través de sus proyectos creativos. Sus obras de arte transmiten un mensaje especial.

Los actores y actrices como mensajeros de la salud

Quienes trabajan en las artes escénicas, (actores, actrices, comediantes, etc.) pueden ser mensajeros sanadores. Su trabajo inspira risa, lágrimas e ideas nuevas, y todo esto tiene efectos terapéuticos.

Así que es lógico que el arcángel Gabriel guíe y asista a toda clase de mensajeros. En cierta forma, considero que los mensajeros humanos son parte del equipo celestial del arcángel Gabriel.

Por ejemplo, el arcángel Gabriel constantemente ayudó a Shivani Sharma en su trabajo como actriz, quien nunca olvidó una noche específica en la que el arcángel vino en su ayuda.

Ella actuó en una obra teatral durante seis noches consecutivas, y en la última noche, sus familiares y amigos fueron a verla. Aunque nunca se sentía nerviosa al actuar frente a desconocidos, siempre sentía mariposas en el estómago cuando sabía que sus seres queridos estaban sentados entre el público. Por lo tanto, cinco minutos antes de presentar un monólogo muy intenso y emocional, empezó a sentir pánico.

Los actores, colegas de Shivani, que estaban acostumbrados a verla tranquila y serena tras bambalinas, le preguntaron si algo estaba mal, y ella les habló de su nerviosismo y qué lo causaba. Hicieron su mejor esfuerzo por consolarla, pero sin importar lo que dijeran, no se reducía la sensación de mariposas en el estómago.

Shivani recordaba:

Llegó el momento de presentarme, así que me dirigí a mi punto de entrada detrás del telón. Faltaban exactamente dos minutos para que empezara con mi monólogo. Mi corazón latía a toda velocidad y las palmas de mis manos empezaron a sudar. Yo acostumbro invocar a mis ángeles en momentos de desesperación, así que de inmediato traté de pensar en un arcángel relacionado con la comunicación y las artes. Recordé que había leído sobre el arcángel Gabriel, así que exclamé: "¡Ar-

cángel Gabriel! ¡Por favor, ayúdame! ¡Soy un manojo de nervios!".

Al instante, sentí una fuerte presencia a mi lado derecho, y después tuve una sensación de calma. Sentí la necesidad de hacer respiraciones largas y profundas; y al hacerlo, cuatro palabras aparecieron instantáneamente en mi mente: solo sé tú misma. *Supe exactamente lo que significaban esas palabras. Ser yo misma es ser una actriz que le hace justicia al personaje que representa sin que la audiencia me distraiga. Con esa actitud, entré al escenario.*

Shivani hizo su monólogo con una enorme confianza. Su voz era fuerte, clara y estable. Pudo concentrarse tan bien, que sintió que ella desaparecía gradualmente y su personaje se hacía cargo. Cuando salió del escenario después del monólogo, sus colegas exclamaron: "¡Bien hecho!", y sus familiares y amigos también la felicitaron después de la obra.

Shivani dijo: "Experimenté un momento asombroso en mi carrera como actriz, ¡que pudo haber sido desastroso si no hubiera sido por el arcángel Gabriel! ¡Ahora ya no dudo en recurrir a él siempre que actúo!".

El arcángel Gabriel es el máximo agente, director y capacitador de los artistas que expresan mensajes de sanación. A lo largo de los años, he escuchado historias en las que Gabriel ayuda a los actores y a las actrices a conseguir papeles y otros trabajos para expresar su arte. Después de todo, la energía y los mensajes que sanan pueden transmitirse a través de obras teatrales, películas y programas de televisión.

Lisa Borchel, que es actriz y pintora, sabía que su misión era enseñar y sanar a través del arte y la actuación. Ella ignoró este hecho después de cumplir veinte años porque tenía demasiado miedo de ser pobre. Pero al avanzar en edad intentó otras cosas, experimentó un despertar espiritual y sintió que tenía que ir a Los Ángeles a entrenarse con un maestro de actuación.

En cuanto llegó a la ciudad de Los Ángeles, Lisa les pidió a los ángeles una señal o confirmación de que le convenía establecerse ahí en forma permanente. La última noche que estuvo en la ciudad, vio a unos amigos en una taberna. Mientras estaba formada esperando entrar al baño, un hombre latino se le acercó y dijo: "Hola, soy Gabe". Lisa no entendió lo que le dijo, así que él repitió: "Soy Gabe, o sea 'Gabriel'". En cuanto el hombre estrechó la mano de Lisa, al instante sintió amor, calidez, destellos color cobre y luz blanca.

Lisa dijo: "En ese momento, todavía no sabía que era el ángel Gabriel, pero entonces me preguntó si me iba a mudar a Los Ángeles. Esta era la señal que estaba buscando, y al día siguiente empecé a prepararme para establecerme definitivamente en esa ciudad".

¿Cuántas veces te ha inspirado una obra teatral o una película, o han hecho que veas la vida con nuevos ojos? Tal vez una actuación especialmente inspiradora ha cambiado tu vida. Es la energía sanadora de Dios que se canaliza a través de la actuación de los artistas.

Cada obra teatral, película o programa de televisión tiene mensajeros ocultos que transmiten información que sana.

Rhiannon Seals, por ejemplo, trabaja tras bambalinas en un teatro, ayudando a los actores y actrices a prepararse para su actuación en el escenario. Rhiannon siempre ha sido clarividente y ha recibido mensajes durante toda su vida. Sin embargo, ha tenido que aprender por

la vía difícil a no compartir estos mensajes con otros porque no siempre los reciben bien.

Pero una noche, mientras trabajaba, Rhiannon aprovechó la oportunidad y compartió un mensaje del arcángel Gabriel. En esta forma, llegó a ser una mensajera del ángel mensajero, ¡y todo resultó bien!

Rhiannon recordó lo que sucedió: "Cuando estaba tras bambalinas, ayudando a una actriz a ponerse su voluminoso vestuario, percibí un sonido de tono muy alto en mi oído derecho, que siempre es la señal de que recibiré un mensaje de Gabriel". Entonces, Rhiannon tuvo una visión de Gabriel de pie detrás de la actriz.

"Supe que Gabriel tenía un mensaje que debía transmitirle a la actriz, así que actué con cautela. Primero le pregunté si creía en los ángeles. Cuando dijo que sí, le dije que el arcángel Gabriel estaba detrás de ella". Rhiannon explicó cómo Gabriel les ayudaba a los mensajeros, incluyendo a los artistas, a los actores y actrices.

Después, Rhiannon entregó el mensaje de Gabriel a la actriz: "Quiere ayudarte con tus audiciones para que consigas los trabajos que deseas. No tengas miedo, sé audaz y recibirás tu recompensa".

En cuanto Rhiannon dijo eso, el arcángel Gabriel volvió a aparecer detrás de la actriz, dándole confianza. Rhiannon compartió esta visión con la chica, que lloró y sintió la carne de gallina al recibir esa información.

Una semana después, la actriz le dijo a Rhiannon: "Quería contarte qué sucedió después de que compartiste esa visión conmigo. Tuve una audición la semana pasada, y antes de que fuera mi turno pensé en lo que me dijiste. Estaba nerviosa, pero luego decidí olvidarme de todos mis miedos y actuar con la audacia que me mencionaste. ¡Bueno, salí, hice mi mejor audición y me sentí de maravilla! ¡Y esta noche recibí un correo electrónico del director diciéndome que tengo el papel protagónico!".

También le comentó que este era el papel de sus sueños, el que siempre había querido. Dijo que sentía que había conseguido el papel gracias al mensaje y a la ayuda del arcángel Gabriel.

Las producciones teatrales son proyectos que se hacen en colaboración y requieren de la pericia de muchas personas que trabajan juntas. Aunque los actores y actrices atraen casi toda la atención, a menudo el personal que se encuentra tras bambalinas es el responsable del éxito o del fracaso de una producción.

En todas las historias que he recibido sobre la ayuda que el arcángel Gabriel ofrece a quienes trabajan en las artes escénicas, siempre hay un elemento en común en los mensajes significativos que se transmiten en la producción. Gabriel ayuda a todos los mensajeros que tienen intenciones puras de ayudar, sanar e inspirar.

El pánico escénico es normal antes de cualquier aparición. Sin embargo, esos miedos brotan del ego, que se preocupa por la posibilidad de desilusionar al público. El ego siempre se concentra en preguntas negativas como: "¿Qué pasaría si...?" y a menudo estas preocupaciones se hacen realidad.

Por tanto, Gabriel nos saca del ego para que los mensajes sanadores puedan transmitirse en todas las actuaciones. Estos mensajes no solo animan al público, sino también a la persona que los entrega.

Trish Grunz, que es maestra y directora de teatro y también actriz cómica, a menudo invoca al arcángel Gabriel antes de salir al escenario y de inmediato siente que todo va a estar bien. Ella pide fuerza y ora para que la audiencia disfrute su actuación (o la actuación de sus estudiantes), y que durante el tiempo que estén juntos olviden cualesquier problemas que pudieran tener.

Trish dijo: "El intercambio de energía que se produce entre mi persona y la audiencia realmente me asombra y me impacta, pues sé que Gabriel está conmigo".

Mensajeros de las artes visuales

Hasta el momento, hemos examinado las profesiones de mensajeros en las que se trabaja con palabras, ya sea en una obra escrita, en la comunicación verbal o en las artes escénicas. Pero algunas personas entregan sus mensajes sin palabras a través de las artes visuales.

Creo que todos estaríamos de acuerdo con que las obras de arte estimulan e inspiran el alma. Si eres como yo, seguramente te encanta recorrer los museos y las galerías de arte. Las personas que saben pintar expresan la belleza de Dios con la magia de la alquimia (por eso he incluido muchas pinturas del arcángel Gabriel en este libro). Frecuentemente colaboro con artistas profesionales en el diseño de mis cartas de oráculos y las portadas de mis libros. Todos los artistas con quienes he estado en contacto se dedican a la integridad de su arte. Pintan con amor y con resolución.

Una artista llamada Pamela Nielsen compartió conmigo esta historia:

> *Empecé a pintar en 2003. Varios años más tarde encontré el libro* Arcángeles y maestros ascendidos, *y leí sobre los ángeles que ayudan a los artistas.*

Al invocar a estos ángeles, vi de manera específica una imagen mental del arcángel Gabriel a mi derecha. En esa época, estaba pintando obras nuevas para un enorme proyecto hotelero en Las Vegas. Cuando iba camino a Las Vegas en mi coche, vi que Gabriel viajaba conmigo. Cuando empecé a crear las obras, sentía su presencia detrás de mi hombro derecho, ayudándome con mis creaciones. En realidad, siento su presencia todo el tiempo, entre cada uno de mis proyectos artísticos. Gabriel ha estado conmigo en cada paso de mi carrera.

Recientemente, le encargaron a Pamela que creara una pintura original de gran tamaño. Invocó al arcángel Gabriel, pidiéndole que le ayudara a seleccionar los colores, las formas y el tono emocional de la obra, de manera que se conectara con la energía y el hogar de sus clientes. El arcángel constantemente le decía a Pamela que no se preocupara, y que cuando llegara el momento de empezar a pintar la obra, ella lo sabría. Pamela ha aprendido a confiar en el proceso creativo, que proviene del interior. Cuando pinta, usa muy pocos pinceles.

"Recibí la pieza de metal sobre la que haría la pintura un miércoles", dijo Pamela, "y cuando desperté el jueves, sabía que ese era el día en que haría la pintura. Estaba segura de que Gabriel estaba ahí, y sabía que mi obra saldría exactamente como la había visualizado. Una vez más, se me guio intuitivamente sobre cuánta pintura usar en mis instrumentos y cómo aplicarla. Resultó como la había visualizado, y mis clientes estaban encantados. Sé que el arcángel Gabriel está conmigo siempre que tengo que llevar a cabo un proyecto. Me siento agradecida por su ayuda y de saber que puedo contar con él. ¡Gabriel es mi ángel del arte!

El arte de sanar puede asumir formas ilimitadas. He conocido personas que expresan mensajes sanadores a través de la fotografía, del diseño de modas, de la joyería, de arreglos de flores, de la danza, la decoración de interiores, el diseño de redes, escribiendo e interpretando música, y muchos otros medios. En cada caso, el artista tiene la intención de ayudar a la gente. La obra de arte queda automáticamente impregnada con la energía de esta intención llena de amor. Aunque el efecto sanador ocurre en forma inconsciente, definitivamente se recibe.

Para sanar a la gente, un artista necesita público. Por eso el arcángel Gabriel se dedica a crear conexiones entre los artistas y las audiencias, de la misma forma en la que el arcángel Rafael crea conexiones entre los sanadores y sus pacientes. Los ángeles se aseguran de guiar a todas las personas que podrían recibir bendiciones de una obra de arte para que la encuentren.

Por ejemplo, Adriana Cárdenas, una diseñadora gráfica de Colombia, soñaba con llegar a ser una artista reconocida. Había hecho pinturas para niños y también se había involucrado en la decoración de interiores, pero no tenía idea de cómo ponerse en contacto con las galerías para exponer su obra ampliamente.

Sabiendo que Gabriel es un arcángel muy amoroso y poderoso, que ayuda a los artistas, Adriana decidió recurrir al ángel mensajero y pedirle que se le abrieran las puertas de la oportunidad. También decidió abrir por completo su corazón para poder recibir sin condiciones.

Unas semanas después, la invitaron a una exposición donde las personas que tenían negocios pequeños podían mostrar su trabajo. Adriana decidió participar, sintiendo en lo profundo de su corazón que era una puerta que se estaba abriendo para ella.

Así lo recordó Adriana:

Muchas personas visitaron la exposición y se acercaron a mi stand. *De pronto, un hombre de casi 50 años de edad, con una energía muy agradable y una conversación muy amable, empezó a hacerme preguntas sobre mis pinturas y sobre las técnicas que usaba.*

Después de hablar durante un rato, sonrió y me dijo: "Creo que tu trabajo es hermoso y que tendrás un futuro brillante con tus pinturas. Sé que serás famosa con tu trabajo artístico. Me llamo Gabriel, como el arcángel, para que no olvides mi nombre. Soy arquitecto y tengo una maestría en Bellas Artes, y tengo todos los contactos que podrías imaginar con galerías de arte aquí en Colombia y en otros países. Me gustaría trabajar contigo y guiarte, si quieres que lo haga".

He estado trabajando con él durante seis meses; estamos preparando mi primera exposición, que será en Toronto, Canadá, dentro de dos meses. Y estaré en otras dos exposiciones que se presentarán dentro de poco tiempo.

¿Qué más puedo decir? Los ángeles como Gabriel siempre están de nuestro lado. Sólo necesitamos abrir nuestro corazón para recibir su amor y gratitud.

¡Una vez más, el arcángel Gabriel mandó su tarjeta de presentación con una persona que se llamaba como él para ayudar a Adriana!

Mensajeros musicales

Los griegos de la antigüedad creían en el poder sanador de la música. Apolo, el dios de la música, fue el padre de Esculapio, el dios de la curación. La terapia musical se introdujo en el hospital de Esculapio. Platón, Pitágoras y el sabio chino Confucio, enseñaron sobre las propiedades curativas de la música, en lo emocional y en lo físico. En tiempos modernos, los científicos han confirmado que la música es benéfica para la salud física.

Las bellas melodías y las letras de las canciones pueden animarnos e inspirarnos. Así que es lógico que el arcángel Gabriel ayude a las personas que entregan mensajes de amor y de energía sanadora a través de la música. Los músicos, al igual que los artistas y los escritores, pueden invocar al arcángel Gabriel para que los guíe y los apoye. El ángel proporciona inspiración y motivación, y también crea conexiones entre el artista y el público que recibe los beneficios sanadores de la música.

Por ejemplo, Jacqi Maltby Michaels fue bendecida con la capacidad de ganarse la vida haciendo lo que le fascina: ¡cantar! A veces, ha tenido un éxito increíble, pero también ha tenido que enfrentar desafíos. A lo largo de la última década, ha estado presentando un espectáculo individual conocido como "Cantar desde el alma", como artista titular en todas las líneas importantes de cruceros. Ha viajado por el mundo y ha vivido bien. Cuando incluyó a los ángeles en su trabajo, empezó a sentirse verdaderamente realizada y en conexión Divina con su misión.

Y ahí es donde entró el arcángel Gabriel. Hace un par de años, la industria de los cruceros se redujo y cada vez era más difícil encontrar trabajo. Pagar las cuentas se volvió más complicado, y además Jacqi estaba desolada porque había terminado con una relación, así que estaba enfrentando un conflicto emocional.

Una noche, se estaba preparando para el espectáculo, pero se sentía muy triste, necesitada de amor y horriblemente deprimida. Cuando se estaba maquillando, sus ojos se llenaron de lágrimas. No tenía idea de cómo iba a presentar esa noche su espectáculo individual de alta energía, pues estaba hecha pedazos.

Así es como Jacqi lo recuerda:

Yo solo quería acurrucarme y llorar hasta el cansancio. Me decía: ¡Eres una profesional; puedes hacerlo! Además, tenía *que hacerlo porque mi subsistencia depen-*

día de ello. Me detuve y oré pidiendo ayuda, pero no estaba muy convencida. Simplemente caminé por inercia, y cuando me di cuenta, estaba tras bambalinas esperando el momento de actuar. Sonreía al personal y a los músicos, pero tenía problemas.

Fui a mi camerino para elevar otra oración, pero de nuevo empecé a desmoronarme. Clamé al cielo: "¡No puedo hacer esto!", grité: "¡Por favor ayúdenme!".

Entonces escuché la voz femenina más asombrosa y etérea que decía: "Nosotros te ayudaremos. Todo va a estar bien. Nosotros te ayudaremos. Estarás bien".

Pregunté: "¿Quién eres?".

La respuesta fue: "Yo soy el arcángel Gabriel. Estoy aquí para ti, y te ayudaré; vamos a trabajar".

De pronto, me sentí llena de una decisión llena de paz. Casi como si estuviera bajo un hechizo, entré al

escenario y empecé con el espectáculo. A medida que presentaba cada número, podía sentir que la luz que resplandecía en mi interior era cada vez más brillante. Cuando sentía que iba a flaquear, escuchaba claramente la voz de Gabriel que me decía con cariño: "Ten confianza, todos estamos aquí, y te ayudaremos a tener éxito".

Milagrosamente, Jacqi no solo fue capaz de presentar todo su espectáculo, sino que fue el mejor espectáculo de todo el crucero. Sentía que contaba con una inspiración Divina, y su banda, el público y todo lo demás estaban llenos de pasión y emoción. Después de una ovación de pie, estaba sollozando, pero ahora eran lágrimas de alegría. Cuando se fue a la cama esa noche, se sentía amada, protegida y bendecida por haber recibido un don tan maravilloso. ¡Entonces supo que los ángeles eran reales y que pueden ayudarnos a tener éxito en cualquier circunstancia!

Jacqi explicó:

Desde entonces, nunca subo a un escenario sin invocar a los ángeles, pidiéndoles que me guíen durante mi actuación. Lo último que hago antes de entrar al escenario es preguntarle al arcángel Gabriel: ¿Qué necesito ahora para comunicar mejor la Divina luz y el amor de Dios a mi público?

Siempre recibo una respuesta de una o dos palabras, confío en ella sin importar lo que sea y la llevo conmigo al escenario. Nunca jamás me falla, y al final bajo del escenario sabiendo que estoy llevando a cabo la misión sanadora de Dios y canalizando algo que es muy superior a mí. Mi trabajo se ha convertido en algo hermoso que hago sin esfuerzo, incluso cuando tal vez no esté al cien por ciento. ¡Ahora sé por qué canto!

Cualquier persona que tenga el compromiso de transmitir mensajes sanadores puede recibir la guía y el apoyo del arcángel Gabriel con solo pedir su ayuda. Así como los ángeles son mensajeros del amor y la luz sanadores de Dios, las personas también pueden actuar como portadores de la inspiración Divina.

Este es un ejemplo de la oración que puedes decir:

Dios mío, te pido que se me asigne la misión Divina de llevar mensajes sanadores a cualquier persona que los necesite. Que mi tarea sea creativa y llena de gozo. Gracias por apoyar mis mensajes artísticos que transmiten tu Divino amor y tu luz. Amén.

Capítulo 8

Gabriel, el ángel de la fuerza

Uno de los significados del nombre del arcángel Gabriel es "Dios es mi fuerza", y este nombre no se le asignó a este poderoso ángel a la ligera. Como ya hemos visto a lo largo de este libro, Gabriel es el equilibrio perfecto entre la protección femenina (de los padres, los niños y los artistas sensibles) y el poder motivacional masculino. Es probable que esta sea la razón por la que a veces se le vea como un ser femenino y otras como un ser masculino.

Por ejemplo, en la siguiente historia, Gabriel actúa como protector, con una actitud muy masculina, parecida a la del arcángel Miguel:

David Litterello, un hombre de familia y de negocios de Maryland, había concertado una cita importante en la ciudad de Nueva York. Su plan era hacer el viaje de tres horas en coche el domingo por la noche y estar listo para su cita de negocios en lunes por la mañana.

Por alguna razón, cuando despertó el domingo, llegaron a su mente pensamientos sobre el arcángel Gabriel, pero ese día se saturó de agitadas actividades familiares, así que hizo a un lado esos pensamientos. Más o menos a las 8:00 p.m. guardó en su auto lo que necesitaba para el viaje y se dirigió al norte, rumbo a Nueva York. Después de dos horas, David empezó a sentirse muy cansado. Estaba ansioso por llegar a su destino y empezó a conducir muy rápido. A las 10:30 p.m., viajaba a aproximadamente a 120 kilómetros por hora en la autopista de Nueve Jersey, que estaba casi desierta y oscura.

Al acercarse al Puente George Washington, un camión con materiales de construcción salió repentinamente por un lado de la autopista, invadiendo el carril donde circulaba su coche. David estaba aturdido y no se dio cuenta de que su auto dio un giro drástico a la izquierda seguido de un rápido giro a la derecha, para evitar al camión que se le venía encima. Durante los siguientes 15 minutos condujo en estado de *shock*, no podía creer lo que acababa de ocurrir.

Así lo recordaba David: "Todo el incidente parecía surrealista, casi como si no hubiera ocurrido. Pero luego recordé que había estado pensando en el arcángel Gabriel esa mañana cuando desperté. Sabía que solo un ángel pudo haber intervenido en ese momento para ayudarme a evitar un choque con el camión que se me venía encima. La reunión del día siguiente tuvo un impacto importante en mi carrera y en mi vida, y la experiencia me cambió en muchas formas".

Cuando necesites fuerza y protección, el arcángel Gabriel está presente para ayudarte.

Mensajero de alta tecnología

Aunque muchas personas piensan en el arcángel Gabriel dentro de un contexto bíblico, él se ha mantenido al día con la modernidad. Gabriel todavía tiene la trompeta para anunciar sus mensajes, pero también es muy bueno

para la tecnología actual. Me encanta esta historia en la que Gabriel se hizo presente en una sesión de mensajes de texto.

Cherry Hsu, originaria de Nueva Zelanda, tuvo un encuentro interesante con el arcángel Gabriel en mi ta-

ller Ángel Intuitivo que impartí en Australia no hace mucho tiempo. Durante una meditación, anuncié los nombres de cada uno de los arcángeles, uno por uno, acompañados de su melodía correspondiente. En cuanto cerró los ojos, Cherry entró en un estado de tranquilidad.

Cuando dije en voz alta: "arcángel Gabriel", Cherry vio una brillante luz color naranja con el ojo de su mente, y al instante sintió una conexión con él. Entonces, de pronto, su teléfono celular empezó a vibrar en su bolsa de mano.

Cherry dijo: "En ese momento pensé: *¡Gracias a Dios que estaba en modo de silencio y no pegué un salto para levantarme de mi asiento!*".

Después de la meditación, Cherry revisó su celular y leyó un mensaje de texto de la hija de una amiga que le pedía que la ayudara con un problema relacionado con la informática. Se sorprendió un poco, ya que casi nunca recibía llamadas de esta persona, pero Cherry se puso en contacto con ella y le dio gusto poder resolver el problema.

"Más tarde, en retrospectiva", recordó Cherry, "pensé que había sido interesante, porque el arcángel Gabriel se relaciona con la comunicación y con la transmisión de mensajes. Era como si Gabriel quisiera recordarme que estaba presente para ayudarme, y literalmente me envió un mensaje de texto desde muy lejos. Al mismo tiempo, pude ayudar a la hija de mi amiga".

Señales y mensajes claros

Si, como Cherry, crees que estás recibiendo un mensaje de Gabriel... confía en que así *es*. Pero si aún no tienes la seguridad de que sea realmente un mensaje Divino, pide que se te confirme:

Por favor, mándame una señal en el mundo físico, que yo pueda percibir y entender con facilidad, para ayudarme a saber si te escuché con precisión.

O si ya estás recibiendo señales, pero no estás seguro de saber lo que significan, puedes decir:

Por favor, dame más información sobre el significado y la guía que hay detrás de estos símbolos. Ayúdame a entender cómo esta información se aplica a mí.

Si *ya* sabes lo que el arcángel Gabriel te está diciendo para guiarte, pero te sientes temeroso o no sabes si seguirlo, puedes pedir más fuerza y valor:

Por favor, apoya mi fe, mi fuerza y mi valor para llevar a cabo cambios saludables en mi vida y entrar en acción hacia el sendero de mi misión Divina.

Altibajos

Cuando pedimos la ayuda de Dios, siempre la recibimos. La sabiduría infinita de nuestro Creador ve las soluciones a todo tipo de problemas. Por lo general, estas soluciones incluyen altibajos que superan nuestra capacidad humana para planificar y predecir.

Por eso es tan importante renunciar a la necesidad de controlar el resultado de nuestras oraciones. Simplemente reza pidiendo ayuda y luego no obstaculices los caminos de Dios.

Cuando esperas que las oraciones se respondan en cierta forma, no percibes la respuesta, ya que se manifiesta de manera distinta a la que esperabas. O si tu oración incluye "decirle a Dios cómo arreglar las cosas", puedes reducir la velocidad con la que se resuelve tu situación.

Después de orar, por favor no pierdas tiempo o energía preocupándote por "cómo" se responderá tu oración. Deja la logística en manos de Dios.

Tu único papel en una oración es ofrecer la petición original (porque debido a la Ley del Libre Albedrío, como he dicho antes, el cielo solo puede intervenir si tú lo permites), y luego seguir la guía que se te da.

A continuación, te presento un magnífico ejemplo de una mujer que pidió amistades nuevas y después siguió la guía que recibió.

Recientemente, Kristina G. descubrió que el arcángel Gabriel es uno de sus ángeles guardianes. Después de "escribirle", pidiéndole que quería desarrollar sus destrezas como fotógrafa y que llegaran nuevos amigos a su vida, Kristina escuchó algo que parecía un mensaje en clave Morse en la ventana de su habitación. Se asomó y vio una bellísima puesta de sol, y sintió la inspiración de salir y tomarle fotos.

Kristina dijo:

> *Cuando estaba tomando fotos llegó una chica que estaba paseando a su perro. Charlamos un poco y ella siguió caminando. Una voz me dijo una y otra vez: "Habla con ella". Corrí detrás de la chica pidiéndole que me esperara. Hablé más con ella y le pedí su núme-*

ro telefónico. ¡Teníamos planes de conocernos bien y pasar el rato juntas!

Más o menos después de una hora descubrí que uno de mis fotógrafos de la naturaleza favoritos estaba

ofreciendo un foro para que las personas pudieran compartir sus ideas y desarrollar su trabajo. ¡Estoy ansiosa de participar en este foro! Estoy muy agradecida con Dios y con los ángeles por su amor, guía y apoyo.

Las dos peticiones de Kristina (fotografía y amistad) se respondieron al mismo tiempo porque estuvo dispuesta a seguir su inclinación a salir, a hablar con una extraña y a unirse a un club de fotografía. Seguir la guía que recibimos a veces es salir de nuestra zona de confort, pero siempre vale la pena.

Gabriel, un ángel práctico y con los pies en la tierra

Algunas personas piensan que los ángeles son seres "insustanciales", pero son totalmente prácticos. Los ángeles están aquí para llevar a cabo la misión de paz de Dios, en una persona a la vez. Por eso, los ángeles están dispuestos a ayudarte a ti y a tus seres amados con aquello que *les* traiga paz, sin importar lo que sea. ¡Y esa es una misión *muy* práctica!

El arcángel Gabriel te ayudará con toda clase de comunicaciones, como lo hemos visto en los ejemplos que se presentan en este libro. Como la comunicación clara es la base de las relaciones personales y comerciales, el arcángel Gabriel sana nuestras conexiones con los demás, guiando nuestras palabras orales y escritas.

Por eso es lógico que el arcángel Gabriel haya intervenido en una situación donde tenía que llegarse a un acuerdo sobre una póliza de seguros, de modo que prevaleciera la comunicación clara.

Hace años, B*, la hija de trece años de Lamdany, se vio involucrada en un terrible accidente cuando se dirigía a casa después de salir de la escuela. Chocó con un camión y fue un milagro que sobreviviera. Pasó casi un año y medio antes de que pudiera volver a caminar. La familia pensaba que todo estaba bien y que la vida podría volver a ser normal, pero poco después B empezó a sentir dolores cada vez más intensos, y después de estar caminando durante cuatro años, tuvo que volver a usar muletas. Cuatro años más tarde estaba en una silla de ruedas. Nadie se explicaba esta clase de regresión.

Mientras tanto, la compañía de seguros que era responsable de la atención a largo plazo de accidentes escolares, se negó a pagar porque creían que seguramente había otra razón por la cual B no podía caminar después de tanto tiempo.

Nada parecía moverse en una dirección positiva. B se cayó de la silla de ruedas y se lastimó un brazo, entró en una depresión severa y se le prescribieron fármacos psicotrópicos.

Lamdany recuerda:

En el verano de 2008, leí en uno de los libros de Doreen que el arcángel Gabriel es el ángel que puede ayudarnos cuando existe un bloqueo en una situación, así que le pedí ayuda para sanar todas las causas que impedían un resultado positivo en el caso de mi hija. Unos cuantos días después, tuve una sensación de alivio en relación con toda la situación. Por primera vez, estaba muy segura de que llegaría el día en que todo saldría bien.

Varias semanas después, B nos mandó un correo electrónico desde la universidad, donde estaba estudiando física, y nos preguntó si nos parecía bien que fuera a una clínica de rehabilitación para que le ayudaran con su brazo. Por supuesto le dijimos que fuera lo más pronto posible, aunque la compañía de seguros se negara a pagar por ese tratamiento.

En la clínica, B conoció a otro paciente que empezó a conversar con ella. Resulta que era el vicepresidente de la aseguradora que se había negado a ayudarle. Él entonces concertó una cita en las oficinas de la compañía para que recibiera algo de ayuda financiera.

Mi esposo y yo asistimos con B a esa reunión y el vicepresidente de la compañía de seguros estaba presente. Lo primero que hizo fue ofrecerle una disculpa a nuestra hija por todo lo que tuvo que soportar debido a los errores que la compañía había cometido. Al final, no solo recibió un rembolso por los gastos médicos anteriores, sino que también se cubrieron los gastos de su rehabilitación en la clínica.

Para todos los involucrados, esto fue un milagro, y todo sucedió unos cuantos días antes de la Navidad. Lamdany y su familia le dieron las gracias al vicepresidente por su ayuda, y por supuesto, expresaron su gratitud al arcángel Gabriel por su Divina intervención.

Sabes que el arcángel Gabriel está contigo cuando...

Gabriel, como todos los arcángeles, ama de manera incondicional; está presente en muchas religiones, es ilimitado, puede ver más allá de lo superficial, conoce tu verdadera naturaleza Divina y tu misión. Por tanto, Gabriel está feliz de ayudarte a ti, y a todas las personas, en situaciones relacionadas con niños, con la comunicación clara y con la necesidad de fortaleza.

Lo único que pide es que lo solicites. Solo di el nombre de *Gabriel,* o piénsalo, y el ángel estará a tu lado al instante. La presencia de Gabriel, como la de los demás arcángeles, es inconfundible.

Sabes que Gabriel está contigo cuando...

- ...piensas en el arcángel Gabriel de repente.
- ...constantemente escuchas o lees referencias sobre Gabriel
- ...constantemente conoces o te encuentras con personas que se llaman Gabriel
- ...tienes un fuerte deseo repentino de escribir.
- ...haces el compromiso de trabajar en tus proyectos artísticos.
- ...recibes mensajes intuitivos sobre tu hijo(a).
- ...ves el color cobre o naranja a donde quiera que vas, o estos colores te atraen.
- ...ves destellos de luz cobriza o anaranjada sin que tengan un origen físico.

- ...ves lirios blancos.
- ...ves cornetas o trompetas
- ...*sientes* que Gabriel está contigo.

Los niños confían en su intuición en forma natural, y esto incluye sus sentimientos sobre los ángeles. Elevo una oración para que los adultos conserven esta fe pura.

Cuando Rolinka tenía cuatro años, su papá le dio un adorno navideño que era un ángel. La pequeña Rolinka de inmediato decidió que era el arcángel Gabriel, aunque su familia no entendía su razonamiento. Desde ese día, Rolinka habla con Gabriel sobre todo lo que pasa, lo que ha sido un alivio para esta niñita solitaria que nunca sentía que encajaba con otras personas.

Rolinka sabe que Gabriel la aconseja y la consuela. Hace su mejor esfuerzo por escuchar, en especial cuando debe enfrentar cambios en la vida o experiencias dolorosas. Ahora tiene 47 años de edad y todavía conserva su adorno navideño de Gabriel.

Rolinka mencionó otra señal de que los ángeles (incluyendo a Gabriel) se comunican con nosotros; se trata de un sonido agudo en un oído. Esta es una forma no verbal en la que los ángeles "descargan" información importante en tu persona. Tal vez no escuchas las palabras específicas, pero sus respuestas estarán presentes como un conocimiento en tu mente.

El oído en el que escuchas este sonido es tu "oído espiritual", y puedes confiar en los sonidos que recibes a través de él. Por otra parte, el otro oído es, por lo general, el "oído del ego", que te da pensamientos preocupantes que se basan en el miedo y no en la realidad. En cuanto empieces a distinguir estos dos oídos, desarrollarás más fe en la presencia de lo Divino.

También puedes pedir que el sonido tenga un menor volumen, si es demasiado fuerte. Y la mejor noticia es que puedes pedirle al arcángel Gabriel que te hable, si es necesario, o que te aclare cualquier mensaje que sea confuso.

¡Lo único que tienes que hacer es pedirlo!

ZDRAVO·MARIJO·MILOSTI·PUNA
Fec. et pic.
Collegium

Apéndice

Referencias bíblicas sobre el arcángel Gabriel

Estos son los pasajes bíblicos en los que se menciona a Gabriel de manera específica:

Y oí una voz de hombre entre las riberas del Ulai, que gritó y dijo: Gabriel, enseña a este la visión.

(Daniel 8:16)

Aún estaba hablando en oración, cuando el varón Gabriel, a quien había visto en la visión al principio, volando con presteza, vino a mí como a la hora del sacrificio de la tarde.

(Daniel 9:21)

Algunas personas han hecho empeño por ordenar una narración de los acontecimientos que han ocurrido entre nosotros.

Tal como nos han sido transmitidos por aquellos que fueron los primeros testigos y que después se hicieron servidores de la Palabra.

Después de haber investigado cuidadosamente todo desde el principio, también a mí me ha parecido bueno escribir un relato ordenado para ti, ilustre Teófilo.

De este modo podrás verificar la solidez de las enseñanzas que has recibido.

Siendo Herodes rey de Judea, vivía allí un sacerdote llamado Zacarías. Pertenecía al grupo sacerdotal de Abías, y su esposa, llamada Isabel, era también descendiente de una familia de sacerdotes.

Ambos eran personas muy cumplidoras a los ojos de Dios y se esmeraban en practicar todos los mandamientos y leyes del Señor.

No tenían hijos, pues Isabel no podía tener familia, y los dos eran ya de edad avanzada.

Mientras Zacarías y los otros sacerdotes de su grupo estaban oficiando ante el Señor, le tocó a él en suerte, según las costumbres de los sacerdotes, entrar en el Santuario del Señor para ofrecer el incienso.

Cuando llegó la hora del incienso, toda la gente estaba orando afuera, en los patios.

En esto se le apareció un ángel del Señor, de pie, al lado derecho del altar del incienso.

Zacarías se turbó al verlo y el temor se apoderó de él.

Pero el ángel le dijo: "No temas, Zacarías, porque tu oración ha sido escuchada. Tu esposa Isabel te dará un hijo y le pondrás por nombre Juan.

"Será para ti un gozo muy grande, y muchos más se alegrarán con su nacimiento.

"Porque este hijo tuyo será un gran servidor del Señor. No beberá vino ni licor, y estará lleno del Espíritu Santo ya desde el seno de su madre.

"Por medio de él muchos hijos de Israel volverán al Señor, su Dios.

"Él mismo abrirá el camino al Señor con el espíritu y el poder del profeta Elías; reconciliará a padres e hijos y llevará a los rebeldes a la sabiduría de los buenos. De este modo preparará al Señor un pueblo bien dispuesto".

Zacarías dijo al ángel: "¿Quién me lo puede asegurar? Yo ya soy viejo y mi esposa también".

El ángel contestó: "Yo soy Gabriel, el que tiene entrada al consejo de Dios, y he sido enviado para hablar contigo y comunicarte esta buena noticia.

"Mis palabras se cumplirán a su debido tiempo, pero tú, por no haber creído, te vas a quedar mudo y no podrás hablar hasta el día en que todo esto ocurra".

El pueblo estaba esperando a Zacarías, y se extrañaban que se demorase tanto en el Santuario.

Cuando finalmente salió, no podía hablarles, y comprendieron que había tenido alguna visión en el Santuario. Intentaba comunicarse por señas, pues permanecía mudo.

Al terminar el tiempo de su servicio, Zacarías regresó a su casa.

Y poco después su esposa Isabel quedó embarazada. Durante cinco meses permaneció retirada, pensando:

"¡Qué no ha hecho por mí el Señor! Es ahora cuando quiso liberarme de mi vergüenza".

Al sexto mes el ángel Gabriel fue enviado por Dios a una ciudad de Galilea, llamada Nazaret.

A ver a una joven virgen que estaba comprometida en matrimonio con un hombre llamado José, de la familia de David. La virgen se llamaba María.

Llegó el ángel hasta ella y le dijo: "Alégrate, llena de gracia, el Señor está contigo".

María quedó muy conmovida al oír estas palabras, y se preguntaba qué significaría tal saludo.

Pero el ángel le dijo: "No temas, María, porque has encontrado el favor de Dios.

"Concebirás en tu seno y darás a luz un hijo, al que pondrás el nombre de Jesús.

"Será grande y justamente será llamado Hijo del Altísimo. El Señor Dios le dará el trono de su antepasado David.

"Gobernará por siempre al pueblo de Jacob y su reinado no terminará jamás".

María entonces dijo al ángel: "¿Cómo puede ser eso, si yo soy virgen?".

Contestó el ángel: "El Espíritu Santo descenderá sobre ti y el poder del Altísimo te cubrirá con su sombra; por eso el niño santo que nacerá de ti será llamado Hijo de Dios.

"También tu parienta Isabel está esperando un hijo en su vejez, y aunque no podía tener familia, se encuentra ya en el sexto mes del embarazo.

"Para Dios, nada es imposible".

Dijo María: "Yo soy la servidora del Señor, hágase en mí tal como has dicho". Después la dejó el ángel.

Entonces María tomó la decisión de ir, sin más demora, a una ciudad ubicada en los cerros de Judá.

Entró en la casa de Zacarías y saludó a Isabel.

Al oír Isabel su saludo, el niño dio saltos en su vientre. Isabel se llenó del Espíritu Santo.

Y exclamó en alta voz: "¡Bendita tú eres entre las mujeres y bendito el fruto de tu vientre!

"¿Cómo he merecido yo que venga a mí la madre de mi Señor?

"Apenas llegó tu saludo a mis oídos, el niño saltó de alegría en mis entrañas.

"¡Dichosa tú por haber creído que se cumplirían las promesas del Señor!".

María dijo entonces: "Proclama mi alma la grandeza del Señor.

"Y mi espíritu se alegra en Dios mi Salvador, porque se fijó en su humilde esclava, y desde ahora todas las generaciones me dirán feliz.

"El Poderoso ha hecho grandes cosas por mí: ¡Santo es su Nombre!

"Muestra su misericordia siglo tras siglo a todos aquellos que viven en su presencia.

"Dio un golpe con todo su poder: deshizo a los soberbios y sus planes.

"Derribó a los poderosos de sus tronos y exaltó a los humildes.

"Colmó de bienes a los hambrientos, y despidió a los ricos con las manos vacías.

"Socorrió a Israel, su siervo, se acordó de su misericordia, como lo había prometido a nuestros padres, a Abraham y a sus descendientes para siempre".

María se quedó unos tres meses con Isabel, y después volvió a su casa.

Cuando le llegó a Isabel su día, dio a luz un hijo.

Y sus vecinos y parientes se alegraron con ella al enterarse de la misericordia tan grande que el Señor le había mostrado.

Al octavo día vinieron para cumplir con el niño el rito de la circuncisión.

Y querían ponerle por nombre Zacarías, por llamarse así su padre. Pero la madre dijo: "No, se llamará Juan".

Los otros dijeron: "Pero si no hay nadie en tu familia que se llame así".

Preguntaron por señas al padre cómo quería que lo llamasen.

Zacarías pidió una tablilla y escribió: "Su nombre es Juan", por lo que todos se quedaron extrañados.

En ese mismo instante se le soltó la lengua y comenzó a alabar a Dios.

Un santo temor se apoderó del vecindario, y estos acontecimientos se comentaban en toda la región montañosa de Judea.

La gente que lo oía quedaba pensativa y decía: "¿Qué va a ser este niño?". Porque comprendían que la mano del Señor estaba con él.

Su padre, Zacarías, lleno del Espíritu Santo, empezó a recitar estos versos proféticos:

Bendito sea el Señor, Dios de Israel, porque ha visitado y redimido a su pueblo.

Ahora sale triunfante nuestra salvación en la casa de David, su siervo.

Como lo había dicho desde tiempos antiguos por boca de sus santos profetas:

Que nos salvaría de nuestros enemigos y de la mano de todos los que nos odian.

Que nos mostraría el amor que tiene a nuestros padres y cómo recuerda su santa alianza.

Pues juró a nuestro padre Abraham que nos libraría de nuestros enemigos para que lo sirvamos sin temor, justos y santos, todos los días de nuestra vida.

Y tú, niño, serás llamado Profeta del Altísimo, porque irás delante del Señor para prepararle sus caminos.

Para decir a su pueblo lo que será su salvación. Pues van a recibir el perdón de sus pecados.

Obra de la misericordia de nuestro Dios, cuando venga de lo alto para visitarnos cual sol naciente.

Para iluminar a los que viven en tinieblas, sentados en la sombra de la muerte, y guiar nuestros pasos por un sendero de paz.

A medida que el niño iba creciendo, le vino la fuerza del Espíritu. Vivió en lugares apartados hasta el día en que se manifestó a Israel.

(Lucas 1)

Sobre la Autora

Doreen Virtue tiene licenciatura, maestría y doctorado en psicoterapia y trabaja con el reino de los ángeles. Es autora del libro y las cartas del oráculo de *Sanar con los ángeles; arcángeles y maestros ascendidos* y *El manual de terapia con ángeles* entre otras obras. Sus libros están disponibles en la mayoría de los idiomas alrededor del mundo.

Doreen ha aparecido en programas de televisión como *Oprah,* CNN, *The View,* y otros programas de radio y televisión; regularmente escribe columnas en las revistas *Woman's World (El mundo de la mujer)* y *Spirit & Destiny (Espíritu y destino).* Para mayor información sobre Doreen y los talleres que imparte, por favor visita www.AngelTherapy.com.

Puedes escuchar el programa radiofónico de Doreen en vivo cada semana y solicitar una canalización visitando HayHouseRadio.com®.

Títulos publicados en esta editorial de

Doreen Virtue

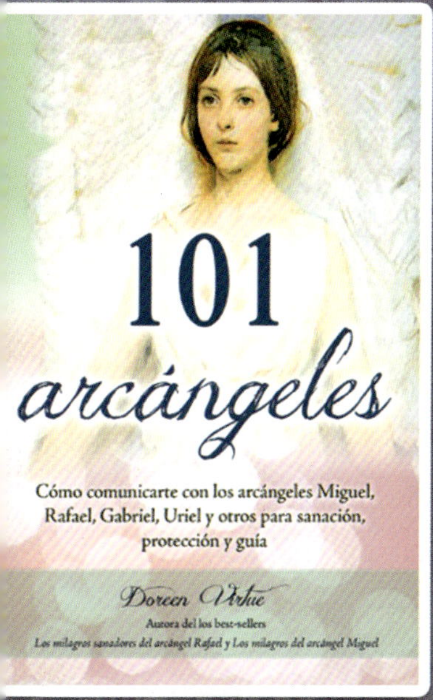

Cómo
escuchar
a tus
ÁNGELES
Doreen Virtue, Ph.D.
autora del Best-seller "Medicina de Ángeles"

Cómo
sanar un
corazón
triste
Doreen Virtue y James Van Praagh

Guía diaria
de tus
ángeles
365 mensajes angelicales
para aliviar, sanar y
abrir tu corazón
Doreen Virtue, Ph.D.
autora del Best-seller "Cómo escuchar a tus ángeles"

DOREEN VIRTUE
Autora del best seller Los milagros del arcángel Miguel
LOS MILAGROS DEL
ARCÁNGEL
GABRIEL

Los milagros
del
Arcángel
Miguel
Doreen Virtue, Ph.D.
autora del Best-seller "Guía diaria de tus angeles"

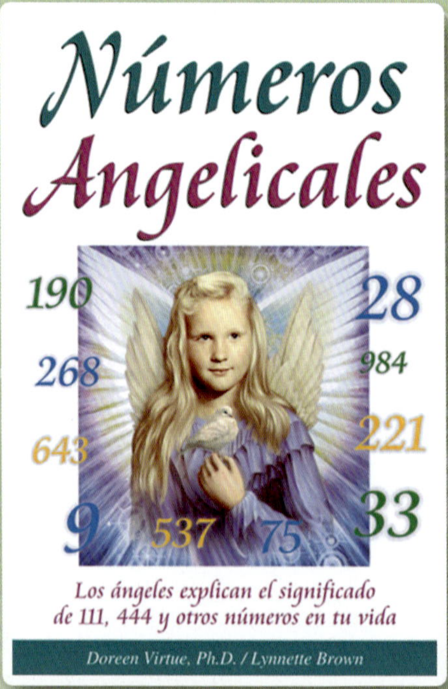
Números Angelicales
190
28
268
984
643
221
9
537
75
33
Los ángeles explican el significado de 111, 444 y otros números en tu vida
Doreen Virtue, Ph.D. / Lynnette Brown

Sanación con Hadas
Mensajes, manifestaciones y amor del mundo de las hadas
Doreen Virtue, Ph.D.

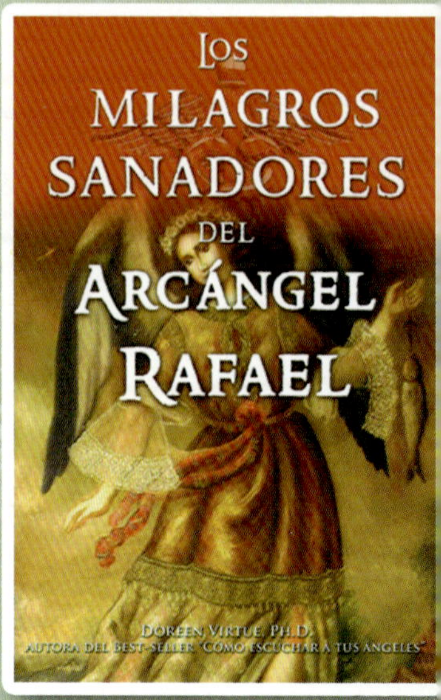
Los Milagros Sanadores del Arcángel Rafael
Doreen Virtue, Ph.D.
Autora del best-seller "Cómo escuchar a tus ángeles"

Manual de
terapia con
Ángeles
Autora del best seller *Terapia con ángeles*
Doreen Virtue

Medicina
de
Ángeles
Cómo Sanar el Alma y el Cuerpo
con Ayuda de los Ángeles
Dra. Doreen Virtue

Doreen Virtue
Reinos
de los
ángeles
terrenales
Más información de ángeles encarnados, elementales, magos y otros trabajadores de la luz.

Sanación
con los
Ángeles
Los ángeles te asisten en
todas las áreas de tu vida
Doreen Virtue, Ph.D.
autora del Best-Seller "Terapia con Ángeles"

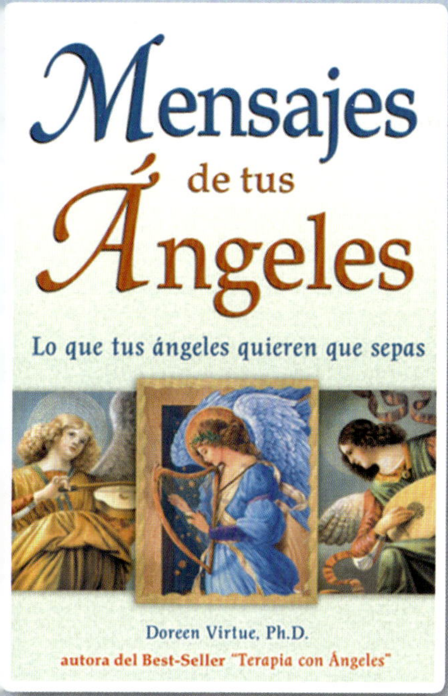
Mensajes
de tus
Ángeles
Lo que tus ángeles quieren que sepas
Doreen Virtue, Ph.D.
autora del Best-Seller "Terapia con Ángeles"

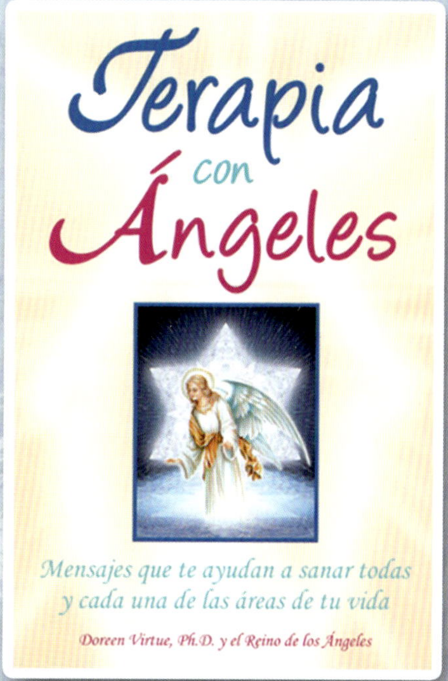
Terapia
con
Ángeles
Mensajes que te ayudan a sanar todas
y cada una de las áreas de tu vida
Doreen Virtue, Ph.D. y el Reino de los Ángeles

SIRENAS Y
DELFINES
Mágicos
CARTAS DEL ORÁCULO
DOREEN VIRTUE, PH. D.

Mensajes
de tus
Ángeles
Lo que tus ángeles quieren que sepas
CARTAS DEL ORÁCULO
Doreen Virtue, Ph.D.
autora del Best-Seller "Terapia con Ángeles"